Boundaries

バウンダリーズ

境界線

ヘンリー・クラウド
ジョン・タウンゼント

中村 佐知・中村 昇 共訳

増補改訂版

地引網出版

ヘンリーとルイーズ・クラウド
そして
ジョンとレベッカ・タウンゼントへ

あなたがたが境界線《バウンダリー》について訓練してくれたおかげで
私たちの人生は大いに変わりました。

謝辞

1992年版に寄せて

スコット・ボラインダー氏とブルース・ライスカンプ氏は当初から本書のビジョンを理解してくださいました。お二人が手配してくださったミシガン湖畔での会合で、私たちはゾンダーバン社の他のスタッフにもこのビジョンを伝えさせていただくことができました。

編集を担当してくださったサンディー・ヴァンダー・ズィット氏は、ローリー・ウォルバーグ氏と共に原稿を整え、本書をより読み易く、より正確に、またわかりやすいものにしてくださいました。ダン・ラニヨン氏は本書を適切な長さまで切り詰めてくださいました。

デイブ・アンダーソン氏はこの本をビデオ・カリキュラムに編集してくださいました。

シーリー・イェイツ氏は契約から本の完成まで、全ての行程を通して私たちを励まし、支えてくださいました。

2017年版に寄せて

ゾンダーバンの編集発行人のデイビッド・モリス氏は、本書の改訂版を思い描き、実現させてくださいました。

サンディー・ヴァンダー・ズィット氏は今回も編集工程を指揮し、クリスティーン・アンダーソン氏は章立てを見事に調整してくださいました。

最後に、原書が発行されてから二十五年間、カンファレンスやラジオ、テレビ番組、電子メールや手紙、電話、そしてソーシャルメディアを通じて出会った多くの方々が、本書がいかに彼らの人生に影響を与えたかを私たちに伝えてくださいました。皆さんの体験を分かち合ってくださり、本書の次の版を作るよう励ましてくださったことを感謝いたします。

推薦文

ＩＦＭ（家族・結婚研究所）代表・相談室長　丸屋　真也

本書の原著をはじめて読んだのは、私が米国の臨床心理学の専門大学院に在学中のことでした。まさに「目から鱗」というか、今でもその時の感動は忘れられません。私は、「バウンダリー」を博士論文のテーマにさえしました。

バウンダリーというのは、自分の責任と他人の責任の領域の境界線のことなのですが、私が臨床に携わってクライアントの抱える問題に接して驚いたのは、この境界線の曖昧さがあらゆる人間関係の根底に潜んでいるということでした。そして、この境界線の曖昧さは、日本社会の根底にある日本人特有の傾向であり、それだけ問題の根っこは深いのです。

日本におけるカウンセリングも含めたこれまでのアプローチを考えてみるときに、互いの責任を明確にするよりは、むしろ曖昧にするような対処の仕方であったと思われます。曖昧にすると、どちらか一方に我慢を強いるようになり、解決するどころか、表向きは平穏でも関係的には身動きできなくなるような、八方塞がりの状況に追い込まれてしまうのです。

しかし、バウンダリーの概念を用いたアプローチは、この根底の問題にメスを入れながら対処することが可能なのです。方法としては、まずバウンダリーの有効な手段である「ノー」と言う選択肢を明確にします。人と人との間の曖昧さから生じる問題に対しては、「ノー」を言わずして根本的な解決はあり得ません。また、「ノー」と言う選択肢は、単に「ノー」と言うための「ノー」ではなく、心から「イエス」と言うためでもあることを強調します。

さらにバウンダリーは、自分を取り巻く人間関係がどんなに八方塞がりのようであっても、有効な解決手段を提供します。例えば他人の態度や行動が原因で生じた怒りや不安等の感情も、他人のせいにするのではなく、つまり、相手を変えることではなく、自分を変えることで解決しようとするのです。

このようなアプローチこそ、片方だけではなく、共に成長できる人間関係の構築が可能となります。その秘訣は、本書が「真理」と「愛」という本来相容れないような二つの概念を統合しているからです。真理だけを土台とする関係は傷つきやすく、それだけもろくもなりますが、「愛を伴った真理」を土台とした関係は、互いの責任の領域を尊重しつつ形成することができます。そしてこれは、バウンダリーを確立すること無しには不可能なのです。

皆様が本書を読むことで、これまで考えも及ばなかったような知恵が与えられ、人間関係における実際的な対処法を見い出すことでしょう。心からお薦めします。

【目次】

第三部　健全な境界線《バウンダリー》の発達

※増補改訂版の刊行にあたり、第12章を追加し、訳文を一部改訂しました。

聖書の引用は、特に指定のない限り『聖書 新改訳2017』を使用。（協会共同訳）は『聖書 聖書協会共同訳』。NIVはNew International Version, NLTはNew Living Translation, NASBはNew American Standard Bible.

ゴールドメダリオン賞受賞

ゴールドメダリオン賞とは、米国のEvangelical Christian Publishers Associationが選定する、最優秀のキリスト教図書に贈られる賞です。賞の制定は1978年。内容、文学性、デザイン、貢献度における秀逸性をもとに選定されるゴールドメダリオン賞は、業界の中で最も権威ある賞の一つです。

第一部

境界線《バウンダリー》とは何か

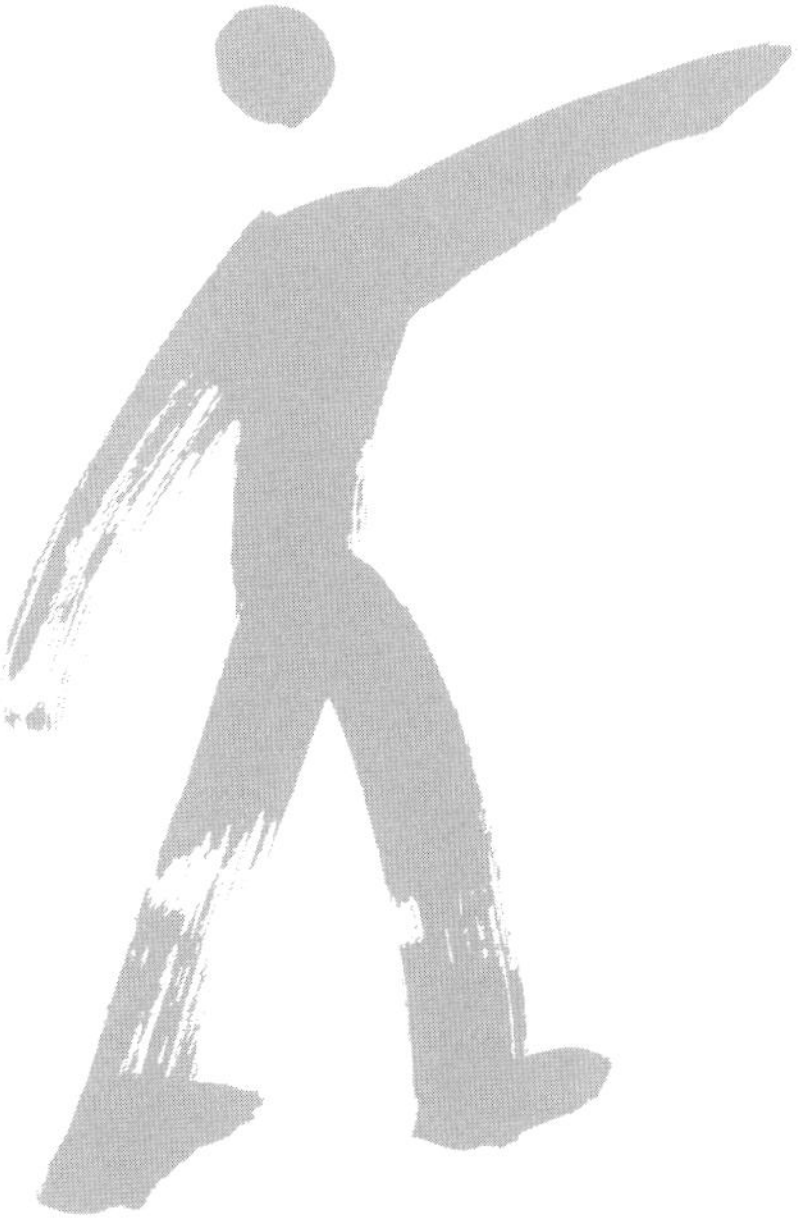

Boundaries

第1章　境界線《バウンダリー》を持たない人のある一日

Boundaries

午前6時

目覚ましが鳴り響いた。シェリーは寝不足でかすんだ目をあけ、その騒々しい乱入者を止めると、枕元の灯りをつけてベッドの上に身を起こした。そして壁をぼうっと見つめながら思考を目覚めさせようとした。

（どうして今日はこんなに気が重いのかしら。主よ、あなたは喜びの生活を約束してくださったはずではありませんか？）

朦朧《もうろう》とした意識がはっきりしてくると、シェリーは気がかりの原因を思い出した。三年生の息子のトッドの担任と午後4時半に面談することになっていたのだ。そして、電話で話した記憶がよみがえってきた。「フィリップスさん、こちらはジーン・ラッセルです。息子さんの成績と、……それから行状について、ちょっとお話したいことがあるのですが、面談できませんか？」

トッドは先生の話をじっと聞くことができない子どもだった。シェリーやウォルトの話さえ聞かないのだ。とても意志の強い子だし、シェリーは彼の気力をくじきたくはなかった。その方がもっと大事ではないだろうか。

「でも、今はそんなこと心配してる場合じゃないわ」。三十五歳の身体を起こし、シャワーに向かいながらシェリーはつぶやいた。「今日は一日中、問題が山積みなんだから」

シャワーを浴びているうちにシェリーの頭は回転し始めた。一日のスケジュールを頭の中で確認した。九歳のトッドと六歳のエイミーは、たとえシェリーが外で働いていなかったとしても十分に手がかかる年頃だった。

「ええと……朝食を作って、お弁当を二つ詰めて、それからエイミーの学校の劇の衣装を縫うのを仕上げて――7時45分に迎えの車が来る前に縫い終わるかどうか微妙だわ」

シェリーは夕べのことを恨みがましく思い返した。可愛い娘を喜ばせるため、夜のうちに衣装を仕上げておくつもりだったのだ。しかし思いがけず、シェリーの母親が訪ねて来た。礼儀上母をもてなさざるを得なくなり、これでまた夜の予定がお流れになった。そしてなんとか時間を取り戻そうとしたが、思い出すのも惨めな結果になった。

なるべく愛想よくしようと、シェリーは母親に取り繕って言った。「お母さんが急に来てくれて嬉しいわ！　でも、おしゃべりしながら、ちょっとエイミーの衣装を縫ってもいいかしら？」母親がどう反応するか想像がついていたので、シェリーは心の中で縮こまった。

「シェリー、あなたの家族の時間を邪魔するのだけは嫌だと、いつも言っているでしょう」。夫を亡くして十二年になるシェリーの母親は、未亡人としての自分の立場を殉教者の位置にまで引き上げていた。「だってね、あなたのお父さんが死んでから、私はずっと寂しく生きてきたのよ。今でも家族が懐かしいわ。だから、あなたから家族の時間を奪うなんて、そんなことが私にできると思う?」

（すぐにわかるわ……。）シェリーは心の中でつぶやいた。

「だから、どうしてあなたがウォルトや子どもたちと一緒に会いに来てくれなくなったのか、わかってるの。私なんか退屈ですものね。子どもに人生を捧げ尽くした、ただの孤独なお婆さん。誰が私なんかと時間を過ごしたいと思うもんですか」

「違うのよ、お母さん、そうじゃないの!」シェリーは大急ぎで言った。母とはこのような感情のやりとりが何十年も続いていて、メヌエットを踊り続けているようだった。「そういう意味じゃないの、違うのよ。わかるでしょう。お母さんが来てくれるのは、とっても特別なことなのよ。お母さんの所へもっと訪ねて行きたいんだけど、私たちのスケジュールだと、なかなかそうもいかなくて。だから、お母さんの方から足を運んでくれて、とっても嬉しいの!」（主よ、この小さな嘘のせいで私を打ち殺さないでください。）シェリーは無言で祈った。「本当に、衣装なんていつでも縫えるから大丈夫」。（この嘘も赦してください。）「じゃ、コーヒーでもいれましょうか?」

母親は溜息をついた。「わかったわ、あなたがどうしてもと言うんだったらね。でも、あなたの邪魔をしているんじゃないかと思うと嫌なのよ」

母親は夜遅くまで残っていった。彼女が去った頃にはシェリーはすっかりうんざりしていた。しかし、自分にこう言い聞かせた。（少なくとも、お母さんの孤独な一日をちょっと明るくしてあげることはできたわ。）その時、煩わしい声が、心の中でふいに聞こえてきた。（もし本当に助けになったのなら、どうしてお母さんは帰る時になってもまだ孤独だと言い続けてたの？）その考えを振り切るようにシェリーは床に就いたのだった。

午前6時45分

シェリーは我に返った。「今さらどうしようもないわ」。なかなか閉じない黒い麻のスカートのジッパーを閉じながら、ブツブツと独り言を言った。他のスーツと同じように、このお気に入りのスーツもきつくなってしまった。（もう中年にさしかかっているのかしら。）シェリーは考えた。（今週こそはダイエットとエクササイズを始めなくちゃ。）

午前7時45分

奇跡的にも子どもたちは迎えの車に間に合い、ウォルトも仕事に出て、シェリーは家を出で玄関のドアに鍵をかけた。深呼吸をしながら、彼女は心の中で祈った。（主よ、私は今日という日を待ち望んでいません。何か希望が持てることをお与えください。）運転中は何度も信号に引っかかったが、シェリーはその間に化粧を仕上げた。（主よ、赤信号が長いことを感謝します……）

午前8時45分

会社に駆け込みながら腕時計を見た。ほんの数分だけの遅刻だ。シェリーはマカリスター社で人事部長（director）をしている。恐らく同僚たちは、シェリーの遅刻はいつものことと納得し、もはや彼女が時間どおりに出社することも期待していないだろう。

しかし、彼女は間違っていた。同僚たちはすでに彼女抜きで週に一度の重役会議を始めていた。シェリーは抜き足さし足で誰にも気づかれないようにしたが、人々の目は彼女があたふたと着席する様子に注がれた。周りをさっと見渡すと、シェリーはちらりと笑顔を見せ、「渋滞がひどくて……」とつぶやいてみせた。

午前11時59分

その後、午前中はたいした問題もなく過ぎた。何かを提唱することにおいても、問題を解決することにおいても有能なシェリーは、スタッフたちに愛され、会社にとっても貴重な人物だった。ただ、昼食前になって一つ面倒が転がりこんだ。

内線電話が鳴った。「シェリー・フィリップスです」

「シェリー、ああよかった、そこにいてくれて。もしもう昼食に出ちゃっていたら、どうしようかと思っていたところだったわ」。聞き間違えようのない声だ。ロイス・トンプソンとは小学生の頃からの付き合いだ。ロイスはひどく神経質で、いつも何らかの危機に瀕していた。シェリーはそんなロイスにいつも「寄り添う」よう努めてきた。しかしロイスの方はシェリーの状況について関心を示すことはなく、シェリーが自分の問題に少しでも触れようものなら、話をそらすか、その場を立ち去るのが常だった。

シェリーは心からロイスを愛していたし、彼女の問題を心配していた。しかし、ロイスは友達というよりは、むしろクライアントのようだった。シェリーはそんな二人の偏った関係を快く思っていなかった。いつものように、シェリーはロイスに腹を立てている自分に罪悪感を覚えた。クリスチャンである以上、他者を愛し、助けることを聖書が重んじているのは知っていた。（私ったら、またたわ。）彼女は自分に言い聞かせるのだった。（他の人のことよりも、自分のことばかり考えている。どうか主よ、自由にロイスに与えることができるように、私があまり自己中心に陥ることのないように助けてください。）

シェリーは尋ねた。「どうしたの、ロイス」

「もう最悪、とにかく最悪なのよ！」ロイスは答えた。「アンは今日学校から送り返されて来るし、トムは昇進し損なったし、私の車は高速道路で故障しちゃうし」

（そのくらい私の生活では毎日のことよ！）内側から憤りが湧いてくるのを感じながらも、シェリーはただ答えた。「ロイスったら、かわいそうに！　そんなに何もかもいっぺんに、大丈夫なの？」

ロイスは嬉々として事細かに説明しはじめた。しかしそれは、あまりにも詳細にわたっていて、シェリーはロイスを慰めるのにランチタイムの半分以上を費やすはめになった。（まぁファストフードでも食べられれば、何もないよりはましね。）

ドライブスルーで注文したチキンバーガーが出来上がるのを待ちながら、シェリーはロイスのことを考えていた。（何年もロイスの話を聞いて、慰め、助言をしてきたことがいくらかでも彼女の役に立っているのなら、それなりに価値のあることかもしれないわ。でも、ロイスは二十年前にしていた失敗と同じ失敗を今でも繰り返しているじゃないの。どうして私はこんなことをやっているのかしら。）

午後4時

午後はとりたてて何事も起きないままに過ぎた。上司のジェフ・モアランドがシェリーを呼び止めたのは、彼女が学校の先生との面談に行くためにオフィスを退出しようとしていた矢先だった。「間に合ってよかったよ、シェリー」。マカリスター社きっての出世頭であるジェフは、結果を出せる人物だ。問題は、彼が「結果を出す」にあたって、しばしば他人を利用することである。今までに何十回となく聞いたことのあるセリフが再びシェリーの耳に入ってきた。「実は、少し時間が押していてね」。ジェフは言った。「ちょうど今、来週の取締役会議で使う僕のプレゼンテーションの下書きを君に送ったところだよ。あとはちょっと書き直して編集すればいいだけだ。明日、事前確認のために幹部たちに配らなくちゃならんのでね。でも、君ならすぐにできるだろう?」

彼は媚びるような笑みを見せた。

シェリーは動揺した。ジェフが言う「ちょっとだけ編集」というのがどれほどのものかは語り草になっていた。今回も、「ちょっと」ではすまないだろう。（プレゼンテーションに必要なデータは三週間前に渡しておいたのに！　自分の締切りのことで自分の面目を保つために私を利用して、この人はどこに消えようというつもりなの？）シェリーは内心怒りに燃えた。

しかし素早く冷静さを取り戻して言った。「もちろんです、ジェフ。問題ありません。お役にたてて嬉しいわ。何時までに必要ですか？」

「9時でいいだろう。いやぁ、悪いね。助かるよ、シェリー。困ったときにはいつも君のことを真っ先に思い出すんだ。君は頼りになるからね」。ジェフはそう言うと歩み去った。

頼りになる、忠実だ、信頼できる……シェリーは考えた。（私から何かを引き出したい人たちからいつもそう言われてきたわ。まるで体《てい》のいい尻拭い役ね。）突然、罪悪感が彼女を襲った。（ああ、またたわ。また恨みがましくなっている。主よ、「置かれた場所で花を咲かせる」ことができるよう、どうか助けてください。）しかしシェリーは、できることなら別の花鉢に植え替えてもらいたいと密かに願っている自分に気がついた。

午後4時30分

トッドの担任のジーン・ラッセルは有能な教師で、問題行動を起こす子どもの複雑な事情を見抜くことのできる人物だった。面談はいつもと同じようにウォルト抜きで始まった。トッドの父親は仕事を抜け出すことができなかったため、二人の女性は一対一で話した。

「決して悪い子ではないんですよ、フィリップスさん」。ラッセル先生は励ました。「トッドは聡明で、元気いっぱいのお子さんです。彼がよく気をつけている時は、クラスの中でも一番楽しい子の一人です」

シェリーは斧が打ち下ろされるのを待った。(単刀直入に言ってよ、ラッセル先生。うちの子は「問題児」なんでしょう？　今さら驚くことでもないわ。私には問題児につり合った「問題のある生活」があるんだから。)

シェリーが不安そうにしているのを感じ、ラッセル先生は話を先に進めた。「問題は、トッドは制限された範囲内にとどまれないことです。たとえば授業中、子どもたちが決められた課題をやるとき、集中できないのです。座席から立ち上がって歩きまわり、他の子どもたちの邪魔をします。そしておしゃべりを止めません。私がそんなことをしてはいけませんと注意しようものなら、非常に怒って強情になります」

シェリーは我が子をかばって言った。「トッドは注意欠陥症なんじゃないでしょうか。あるいは多動症とか」

ラッセル先生は首を横にふった。「トッドの二年生の時の担任が去年それを疑ったとき、トッドは心理テストを受け、多動症などではないという結果が出ました。彼は興味のある事柄なら、充分集中して課題をこなすことができるのです。私はセラピストではありませんが、要するにトッドは規則を守ることに慣れていないだけのような気がします」

シェリーは、今度は息子ではなく自分の保身に回った。「家庭に何らかの問題があるとでもおっしゃるのですか？」

ラッセル先生は話しにくそうだった。「先にも言いましたように、私はカウンセラーではありません。三年生くらいでは、ほとんどの子どもが規則に抵抗することはよくわかっています。ただトッドの場合、度が過ぎるのです。彼がやりたくないことを私がやりなさいと言おうものなら、それだけでもう第三次世界大戦になってしまうのですよ。トッドは学力テストでも認知テストでもすべて正常な結果が出ているので、ご家庭での様子はどうなのかな、と思ったまでです」

シェリーはもはや、涙をこらえようとはしなかった。何もかもに押し潰されそうな思いで、両手に顔を埋めてしばらくの間、泣いた。

「ごめんなさい。今日はあまりにもいろんなことがありすぎたので……」。ようやく涙がおさまると、シェリーはハンドバッグの中を手探りでティッシュを探しながら言った。「違うんです、それだけじゃないんです、ラッセル先生。正直に申しますね。先生がおっしゃるトッドの問題は、私たちにとっても同じなのです。主人と私は家庭でもあの子に言うことをきかせようと必死なんです。一緒に遊んでいるときやおしゃべりしているときは、トッドはそれはそれは良い子です。でも、ちょっとでも彼をしつけようとすると、手のつけられない癇癪を起こすのです。ですから、申し訳ありませんが、先生にお話しできるような解決法は思いつきません」
ラッセル先生はゆっくりとうなずいた。「フィリップスさん、ご家庭でも同じ問題があると知って、私にはとても参考になりました。少なくともこれからは、私たちは解決に向けて一緒に考えて行くことができますから」

午後5時15分

午後のラッシュアワーの渋滞を、シェリーは妙にありがたく感じた。(少なくとも、ここでは誰も私を悩ます人はいないわ。) 車の中で、シェリーは次の危機に備えて対策を練った。子どもたち、夕食、ジェフのプロジェクト、教会……そしてウォルト。

午後6時30分

「これでもう四回目よ、いい加減にしてちょうだい。夕食の支度がで・き・ま・し・た・よ!」怒鳴るのは嫌だったが、そうでもしないとどうにもならない。子どもたちとウォルトはいつも、気が向けばのろのろとやって来る、といった調子だ。たいていの場合、全員が揃う頃には食事はもう冷めているのだった。
何がいけないのかシェリーには見当がつかなかった。料理は得意なので、食事がまずいせいではないのはわかっていた。実際、いったん食卓につきさえすれば、みんなあっと言う間に食べてしまうのだ。

ただしエイミーを除いて……。娘が黙って座ってうわの空で食べ物をつついている様子を見ながら、シェリーは再び落ち着かない気持ちになった。エイミーはとても愛らしく、感受性豊かな子どもだ。なぜこの子はこんなに内にこもっているのだろう。エイミーが積極的であったためしがない。いつも読書をしたり、絵を描いたり、そうでなければ、ただ「いろんなことを考えながら」自分の部屋に座っているのが好きな子だ。

「何を考えているの？」シェリーが聞いてみると、エイミーはいつも「いろんなこと」と答えるのだった。シェリーは、娘の人生から自分が閉め出されているように感じた。母娘の会話や「女の子だけ」の話をしたり、二人で買い物に出かけることをシェリーは夢見ていた。しかしエイミーの心の奥底には、誰も立ち入ることのできない秘密の場所がある。我が子の、この触れることのできない部分に届きたいと、シェリーは切に願っていた。

午後7時

夕食がまだ終わらないうちにシェリーの携帯が鳴った。（ボイスメールに転送させればいいわ。家族で一緒に過ごす貴重な時間なんてもうほとんどないのだから。）そう思ったものの、待ってましたとばかりに別の思いが彼女の頭をよぎった。（誰か私を必要としている人かもしれない。）

いつものようにシェリーは自分の頭の中の第二の声に従い、電話に出るために立ち上がった。

しかし、表示された電話番号を見て、シェリーの心は沈んだ。（もう席を立ったのだし、これも片付けてしまいましょう。）

「今、いいかしら。お邪魔じゃない？」フィリス・レンフローは言った。教会の婦人会のリーダーだ。

「とんでもない、何の邪魔でもないわよ」。シェリーはまた嘘をついた。

「シェリー、私、困ってしまってね」。フィリスは言った。「今度の修養会でマージーがグループ活動の担当をすることになっていたんだけど、急に断られてしまったのよ。何やら『家庭の事情』なんですって。ねぇ、あなた代わりにやってもらえないかしら」

修養会……。シェリーは教会の婦人たちの恒例の合宿が今週末だということをすっかり忘れていた。子どもたちと夫を残し、二日間、主と二人きりになって美しい山麓《さんろく》を散歩できることを、実のところ彼女は楽しみにしていた。実際、一人きりになれるなら、それは決められたグループ活動に参加するよりずっと嬉しいことだった。しかしマージーの代わりを務めるとなると、自分の貴重な一人の時間を犠牲にしなければならない。（だめよ、できっこない……。）シェリーは断りさえすればいいのだった。

反射的に、もうひとつの思考パターンが横入りしてきた。（シェリー！　神さまと女性たちに仕えることができるなんて、素晴らしいことじゃないの！　わがままな思いを手放して、ほんのわずか自分の時間を犠牲にするだけで、他の人たちの人生を大きく変えることができるのよ！　考えてごらんなさいよ。）

考えるまでもなかった。この聞き慣れた声に逆らわず従うのが、彼女の常となっていたのだ。ちょうど、母親や、フィリスや、そしてたぶん神さまの声に対してもそうであるように。誰の声だかわからないが、無視することなどできなかった。習慣には勝てなかった。

「喜んでお手伝いするわ」。シェリーはフィリスに答えた。「マージーがやったところまでを私にまわしてちょうだい。そしたら私が続きをやるから」

フィリスはホッとしたように大きな溜め息をついた。「シェリー、これが犠牲なのは分かっているわ。私自身、毎日そうなんですもの。でも、これこそまさにクリスチャンの豊かな人生よね。生きたささげ物になることって」

（あなたがそうおっしゃるならね……。）シェリーは思った。しかしその「豊かな」部分は一体いつになったらやってくるのだろうと思わずにはいられなかった。

午後7時45分

やっと夕食が終わり、ウォルトはフットボールの試合を見るためにテレビの前に陣取った。トッドはXboxをするためにヘッドフォンをつけ、ビデオゲームに没頭していった。エイミーはいつのまにか自分の部屋へと消えていた。

テーブルの上には食器が残ったままだ。この家族には、後片づけは手伝うものだという考えがないようだ。とはいえ、子どもたちは手伝いをするにはまだ小さすぎるのかもしれない。シェリーはテーブルから食器を下げ始めた。

午後11時30分

以前のシェリーなら、夕食の後片づけをし、子どもたちを時間どおりに寝かしつけ、それからジェフから回ってきたプロジェクトをこなすぐらいのことは楽々とできたはずだった。危機や締切りが迫るとアドレナリンが急増し、あとは食後のコーヒーさえあれば、ものすごい勢いで仕事を片付けることができた。だてに「スーパーシェリー」と呼ばれていたわけではない。

しかし、最近では目に見えてそれが困難になってきていた。もはやストレスが彼女を以前のように駆り立てることはなくなった。日増しに集中力が失われ、日付けや締め切りを忘れることが多くなった。そしてそのことがどうでもよく思えるようにさえなっていた。

ともかく、ただ意志の力によって、シェリーは持ち帰った仕事のほとんどを片付けた。プロジェクトの出来映えは完全ではなかったかもしれないが、そんなことはどうでもいいほどジェフのことを恨んでいた。(でも…)とシェリーは考えた。(ジェフにやると言ったのは私だし。彼のせいじゃないわ、私の責任ね。これを私に押しつけるのは不公平だって、どうしてジェフに言えなかったのかしら。)

今はそんなことを考えている場合ではなかった。今夜、本当にやらなくてはならないこと、つまりウォルトとの話し合いに取りかからなくては。

交際中そして結婚後しばらくの間、シェリーとウォルトの関係はうまくいっていた。彼女が混乱しているとき、ウォルトには決断力があった。彼女が不安に感じているとき、彼は強かった。もちろんシェリーがこの結婚に貢献していなかったわけではない。ウォルトの感情的な淡白さに気づいたシェリーは、二人の関係に欠けている愛とぬくもりを提供することこそ自分の役目だと思っていた。（神様は良いチームをつくってくださったわ。）シェリーは自分に言い聞かせた。（ウォルトにはリーダーシップがあって、私には愛がある。）ウォルトが心の痛みを理解してくれそうもないとき、彼女はそう思うことで孤独さを乗り切っていた。

しかし年月を重ねるにつれて、二人の関係が次第に変化してきたことに気づいた。初めのうちはちょっとしたことだったが、だんだんと顕著になっていった。シェリーが不満を口にすると、彼はトゲのある物言いをするようになった。もっと支えてもらいたい気持ちを伝えようとすると、彼の目には無関心さが見てとれた。シェリーに対して自分のやり方を押しつけようとする彼の要求は、次第に強引さを増していった。

そして癇癪《かんしゃく》。きっと仕事からくるストレスなのだろう。あるいは子どもができたせいかもしれない。いずれにしても、シェリーはこのように意地悪で怒りに満ちた言葉を、まさか自分の夫から聞くことになるとは夢にも思っていなかった。彼の怒りを浴びるのにたいした理由はいらなかった。トーストを焦がしたとか、当座預金の残高がマイナスになってしまったとか、車にガソリンを入れておくのを忘れたとか、その程度のことで十分だった。

出てくる結論はただ一つだった。つまり、この結婚はもはやチームによるものではないということだ。もっとも今まではチームだったのかといえば、それも疑わしいが。今やそれは親子の関係と言ってよく、シェリーは本来自分のものではない役を負わされていた。

最初のうちは考え過ぎだと思っていた。（またたわ、私ったらせっかく素晴らしい人生が与えられているのに、自分でわざわざ問題を探している。）シェリーは自分に言い聞かせた。そう考えればしばらくの間は心が休まった。しかしそれも、ウォルトが次に癇癪を起こすまでのこと。そして痛みと悲しみが、自分では受け入れがたい真実を彼女に思い知らせるのだった。

ウォルトが支配的な人だと認めざるを得なくなると、シェリーは全ては自分のせいだと考えるようになった。（私だって、私みたいなこんなお荷物と一緒に暮らしていたら癇癪も起こすわよね……）彼女は思うのだった。彼があんなにも批判的で苛立っている元凶は自分なのだと。

その結果シェリーが行き着いたのは、『ウォルトを愛することで彼の怒りを静める』という解決法だった。長年彼女が頼ってきたこの救済策は、次のような具合だ。まず、ウォルトの癇癪の起こし方や動作、言葉などから彼の感情を読むことを学んだ。シェリーはウォルトの機嫌にきわめて敏感になった。時間に遅れることや意見の相違、また彼女自身の怒りといった、ウォルトの癇癪を誘発しやすいデリケートなことがらに関しては特にそうだった。シェリーがおとなしくウォルトの言うことをよく聞いているうちは、物事はうまくいった。しかしわずかでも彼女が見苦しい自分の好みを見せようものなら、自らの首を差し出すのも同然だった。

シェリーはウォルトの感情をうまく、また素早く読むことを学んだ。感情的な一線を越えてしまったと感じると、彼女は「ただちに撤回する」という『ウォルトを愛する法』の第二ステップを遂行した。ウォルトの視点に立ち（本当はそうでもないのだが）、静かに自分の言葉を飲み込んだり、「一緒に暮らしにくい奴」であることを認めて即座に謝ったりすることなどは、どれも役立った。

『ウォルトを愛する法』の第三ステップは、シェリーの誠意を示すために何か特別なことをすることだった。普段から魅力的な服装をする、あるいは週に何度か彼の好きな食物を作るなどのような。そもそも聖書はそのような妻であれと言っているではないか。

この『ウォルトを愛する法』の三つのステップはしばらくの間は功を奏したが、平和は決して長続きしなかった。「ウォルトを愛することで彼の怒りを静める」ことの問題は、シェリーがウォルトのご機嫌を取り続けるのに、どうしようもなく疲れてしまうことだった。ウォルトの怒りはさらに長く続くようになり、そのせいでシェリーはますます彼から距離を置くようになった。

シェリーの夫に対する愛は消耗しつつあった。以前はどんなに事態が悪化しても、神さまが二人を結びつけて下さったのだから、二人の愛で必ずや危機を乗り越えることができると思っていた。しかしここ数年は、愛というよりはむしろコミットメント（責任）になっていた。正直に言えば、ウォルトにしばしば恐れと恨みしか感じていない自分に気づいていた。

今夜話そうと思っていたのは、まさにそれだった。このままではいけない、何とかして初めの愛を再び燃え上がらせないと。

シェリーは居間に入って行った。テレビに映っていた深夜番組のコメディアンはちょうどセリフを終えたところだった。「あなた、お話ししてもいいかしら?」シェリーは恐る恐る尋ねた。答えはなかった。近くに寄ってみて、その理由が分かった。ウォルトはソファの上で寝てしまっていた。ウォルトを起こそうかと思いながら、自分が前回「無神経」だったときに彼に言われたきつい言葉を思い出した。シェリーはテレビと電気を消し、誰もいない寝室に向かった。

午後11時50分

ベッドに横たわりつつ、今の自分を支配しているのは孤独感なのか疲労感なのか、シェリーは自分でもよくわからなかった。孤独感だということにして、枕元のテーブルから聖書を取り上げ、新約聖書を開いた。(主よ、何か希望が持てるものをお与えください。お願いします。)シェリーは無言で祈った。マタイの福音書五章三節から五節のキリストのことばに目がとまった。

心の貧しい者は幸いです。天の御国はその人たちのものだからです。
悲しむ者は幸いです。その人たちは慰められるからです。
柔和な者は幸いです。その人たちは地を受け継ぐからです。

（でも主よ、私はもう、そのように感じています！）シェリーは抗議した。（私は、心が貧しく感じます。自分の人生や結婚、子どものことで嘆き悲しんでいます。柔和でいようと努力しているのですが、いつも踏みにじられているように感じるのです。あなたのお約束はどこに、希望はどこにあるのですか？　あなたはどこにおられるのですか？）

シェリーは暗がりの部屋で答えを待った。何も与えられなかった。ただシェリーの頬をつたう涙が聖書のページの上に落ちる音が聞こえた。

問題は何か？

シェリーは自分の人生を正しく生きようとしています。結婚、育児、仕事、人間関係、そして主との関係において、良い結果を出そうと努力しています。しかし、何かが違うのは明らかです。人生がうまくいっていないのです。シェリーは深い霊的・感情的な痛みの中にいます。

誰しもシェリーが味わっているジレンマには覚えがあるでしょう。彼女の孤独、無力感、混乱、罪責感。そして何よりも、自分の人生なのに自分の手に負えないという感覚……。

シェリーの状況をよく見てください。あなた自身の生活と驚くほどよく似た部分があるかもしれませんね。彼女の葛藤を理解することは、あなた自身の葛藤に光を当てるのに役立つでしょう。

シェリーにとって解決策にならないことは、すぐに見分けがつきます。

第一に、**いくら頑張っても解決にはなりません**。シェリーは自分の人生がなんとかうまくいくように多くのエネルギーを費やしています。彼女は怠け者ではないのです。第二に、**恐れから親切にしても解決にはなりません**。シェリーの八方美人的な努力は、彼女が必要としている親密な関係をもたらしていないようです。第三に、**他人のために責任を取ってあげても解決にはなりません**。シェリーは他人の感情や問題の面倒を見る達人ですが、自分自身の生活はみじめな失敗作であると感じています。実を結ばぬ努力、恐れから出る親切、過剰な責任感。これらの問題の中核はこれです。つまり、シェリーは人生を自分のものとすることに深刻な困難を覚えているのです。

エデンの園で、神はアダムとエバに「所有権《オーナーシップ》」について語られました。「生めよ。増えよ。地に満ちよ。地を従えよ。海の魚、空の鳥、地を這うすべての生き物を支配せよ」（創世記1・28）。

神の似姿に造られた私たちは、一定の任務において責任を持つように造られました。私たちの責任（または所有権）には、何が自分の仕事であり、何がそうでないかを知ることが含まれます。自分に課せられた義務ではないことを次々と背負い込む働き人は、いずれ燃え尽きてしまうでしょう。自分がするべきこととそうでないことを見分けるには知恵が必要です。私たちは一人で何もかもはできないのです。

シェリーは、何が自分の責任であり何がそうでないかを区別することにとても苦労しています。正しいことをしたい、あるいは摩擦を避けたいと願うあまり、本来自分のものではない問題を、神の意図に反していつも引き受けてしまうのです。母親の慢性的な孤独感、上司の無責任、友人の絶え間ない危機、教会のリーダーによる罪悪感を呼び起こす自己犠牲についてのコメント、そして夫の未成熟さ。

しかもシェリーの問題はそこで終わりません。「ノー」と言えないでいることが、息子にも大きな影響を及ぼしています。彼は、我慢をしたり、学校で適切な行動を取ることができません。また、シェリーが「ノー」と言えないでいることが、どういうわけか娘を引きこもらせているようです。

私たちの生活における責任と所有権の混乱は、「境界線《バウンダリー》」の問題です。家を所有している人なら誰でも自分たちの土地の周りに物理的な境界線を引くように、私たちは、精神的、身体的、感情的、霊的な境界線を自分たちの人生に引く必要があります。それは、どこまでが自分の責任であり、どこからは違うのかを区別できるようになるためです。シェリーの数々の葛藤に見られるように、適切な境界線を、適切な時に、線を引くべき人との間に引けないでいると、大きな害をもたらすことになるのです。

そして、これこそ今日のクリスチャンたちが直面している最も深刻な問題の一つです。大勢の誠実で献身的な信者たちが、どうすれば聖書的にふさわしい限度を設けることができるのか、大きな混乱の中で葛藤しているのです。そして、境界線が引けていないと指摘されると、彼らは次のような質問をします。これらはもっともな質問です。

1. 限度を設けつつ、なおも愛に溢れた人でいることはできるだろうか。
2. 適切な境界線とはどういうものか。
3. もし誰かが私の境界線のせいで怒ったり傷ついた場合にはどうしたらいいか。
4. 私の時間や愛、エネルギー、お金を求めてくる人たちに対しては何と答えたらいいか。
5. 境界線を引こうと思うとき、罪悪感や恐れを覚えるのはなぜか。
6. 境界線と従順はどのような関係にあるのか。
7. 境界線は自己中心的ではないのか。

今まで、これらの問題に対して聖書が示す答えが正しく伝えられていなかったため、境界線について多くの間違いが教えられてきました。それだけでなく、鬱、不安障害、摂食障害、依存症、強迫性障害、罪責感、恥、パニック障害、結婚や人間関係における葛藤など、臨床心理学的な多くの症状は、その根底に境界線の問題があります。

本書では境界線について聖書的な見解を提示します。境界線とは何か、それによって何が守られるのか、境界線はどのように形造られ、どのように損なわれ、どのように修復されるのか、そしてどのように境界線を用いたらいいのか、などです。本書は前述の疑問に答えるだけでなく、さらに多くの示唆を与えることでしょう。私たちの目標は、皆さんが聖書的な境界線を適切に用いることによって、神が、ご自身の子どもである皆さんに望んでおられる目的や人間関係に到達できるよう手助けをすることです。

シェリーの聖書に関する知識は、彼女に境界線が欠けていることを裏付けているようです。境界線は、神のご性質の中で、神が造られた世界で、また神の民の間で機能しており、そこに深い聖書的な本質が見られます。皆さんがこの境界線の聖書的な本質を知るようになること、それが本書の目的です。

第2章　境界線《バウンダリー》とはどういうものか

Boundaries

私（ヘンリー）を訪ねて来たあるご夫妻から、このような相談を受けました。彼らにはビルという二十五歳の息子がいて、その息子を「直して」欲しいと言うのです。この手の依頼は珍しくありません。ビルはどこですかと尋ねると、彼らは言いました。「あの、来たくないと言うものですから」

「どうしてですか?」

「ええと、彼は自分に問題があるとは思っていないのです」

「彼の言うとおりかもしれませんね」。私の返事は彼らを驚かせたようでした。「お話を聞かせてください」

二人は、幼児期に始まった息子の問題を列挙しました。彼らから見ると、ビルはどうも「できが悪い」のだそうです。近年では、薬物に手を出す、学校を退学する、就職できない、などの問題を抱えていました。

彼らが息子をとても愛し、その生活態度に心を痛めているのは明らかでした。息子を変えて責任ある人生を歩ませようとあらゆる努力をしてきたものの、何もかもうまくいかなかったのです。ビルは今でも薬物を使い、やるべきこともせず、よくない仲間たちと付き合っていました。

彼らは、息子には必要なものをいつも全て与えてきたと言いました。ビルがまだ学校に行っていたときは、「アルバイトのために勉強したり遊んだりする時間を削らなくてすむように」と多額のお金を持たせていました。授業に出なくなったり学校を退学になると、「彼にとってもっと良いかもしれない」別の学校に転入させるため、二人は喜んで八方手を尽くしました。

話をしばらく聞いて、私はこう言いました。「息子さんの言うとおりだと思いますよ。彼には問題がありませんね」

彼らは信じられないという表情で、たっぷり1分間は私のことを見つめました。まるでストップモーションがかかったかのようでした。ついに父親が口を開きました。「私の聞き間違いでしょうか。先生は、息子には問題がないとおっしゃるのですか？」

「そのとおりです」。私は言いました。「息子さんには問題がありません。問題があるのはあなたがたです。ビルは自分がやりたいことはほとんど何でもできるじゃないですか。簡単ですよ。彼の好き勝手な暮らしのために、あなたがたが支払い、あなたがたが苦労し、あなたがたが心配し、あなたがたが計画し、あなたがたがエネルギーを費やしているのですから。ビルには問題がありません。あなたがたが彼の肩代わりをしてしまったからです。これらのことはビルの問題であるべきなのです。ところが、現状ではどれもお二人のものになっています。**彼に問題のいくらかでも自分で背負わせるよう、お手伝いいたしましょうか？**」

彼らは、どこかおかしいのではないかと言わんばかりの目で私を見ました。しかし、事態がわかりかけてきたようでした。「『彼に問題のいくらかでも自分で背負わせる』とはどういう意味ですか？」母親が尋ねました。

「それはですね」。私は説明しました。「この問題の解決法は、ビルの行動の『つけ』があなたがたにではなく、ビル自身にまわるように、いくつかの境界線《バウンダリー》を明確にすることだと思うのですよ」

「『境界線《バウンダリー》』とは何ですか？」父親が尋ねました。

「このように考えてみましょう。ビルはあなたにとって、庭の芝に水を撒かない隣人のようなものです。ところが、お宅の庭のスプリンクラーをつけると、水はいつでも柵を越えて隣の彼の芝に降り注ぎます。お宅の芝は徐々に茶色くなり枯れていきますが、ビルは自分の青々とした芝を見て『僕の庭は調子がいい』と思うのです。息子さんの人生は、ちょうどそんな感じなのですよ。彼は勉強もせず、計画も立てず、仕事もしません。にもかかわらず、快適な住まいを持ち、懐も温かく、家庭で責任を果たしている人にふさわしい権利を全て欲しいままにしています。

もしあなたが自分の地所の境界線をもう少し明確に引き、スプリンクラーの水があなたの芝の上に落ちるように調整すれば、ビルは自分で水を撒かない限り、埃まみれの暮らしをすることになります。しばらくは気に入らないでしょうがね。

現状では、彼は無責任で幸せです。そしてあなたがたは、責任を果たしているけれどみじめです。ほんのわずか境界線を明確にしさえすれば、この状況は大きく変わります。彼の問題をあなたの庭に侵入させず、本来あるべき場所である彼の庭にとどめておくように、柵を立てればいいのです」

「それは少し酷《こく》ではありませんか？　そんなふうにただ助けるのをやめてしまうなんて」。父親が尋ねました。

「助けてあげることが今まで彼の役に立ってきましたか？」私は聞き返しました。

その表情から、彼が理解し始めているのがわかりました。

目に見えない境界線と責任

物理的な世界では、境界線ははっきりと目に見えます。柵、立札、壁、ワニのいる堀、よく刈り込まれた芝生、生け垣などはどれもみな物理的な境界線です。外見はそれぞれ違っても、「私の地所はここから始まります」という同じメッセージを発しています。土地の所有者は、自分の地所内で起きる事柄に関して法的に責任を負います。所有者でない人は、その土地で起こることに関して責任を負いません。

物理的な境界線は、**誰かが権利証書を保有している土地**を目に見える形で仕切ります。役所に行けば、このような管理責任の境界が実際にどこにあるのか、その土地に関する用件があるときは誰に言えばいいのか、調べることができるでしょう。

霊的な世界にも境界線が同じように存在しますが、物理的な境界ほどはっきりとは見えません。この章の目的は、目に見えないあなたの境界線を明確にし、境界線があなたの愛を深め、いのちを守る不変の真理であることを理解する手助けをすることにあります。実際に、これらの境界線はあなたの心の範囲を明確にし、それを見張り、見守るのを助けるのです（箴言4・23）。

「私」と「私ではないもの」

境界線は私たちを定義します。何が私であり、何が私ではないのか、その範囲を明確にします。私がどこで終わり、他の人がどこから始まるのかを示します。それによって私は自分に関する所有権を意識できるのです。

私が何を所有し、何に関して責任を負っているのかを知ることは、私に自由を与えます。私の庭がどこから始まりどこで終わるのかを知っていれば、その範囲を何にでも自由に用いることができます。責任の所在がはっきりした人生には多くの可能性があります。しかし、もし私が自分の人生を「所有」していないのなら、私の選択や可能性の幅は非常に狭まります。

たとえば誰かがあなたに「この土地をしっかり守りなさい。ここで何かあったらあなたの責任を問いますから」と言っておきながら、その土地の境界線がどこにあるのか教えてくれなかったとしたら、とても混乱してしまうでしょう。あるいは土地を守るための手段を何も与えてくれなかったとしたらどうですか。混乱するだけでなく、危険にさえなりかねません。

しかし、こういうことがまさに、感情的・霊的に起こるのです。神は、私たちがみな自分の「範囲内」に生きるようにと、この世界を造られました。つまり、私たちは自らのたましい（soul）を居住地とし、「私たち」を構成しているものに関して責任を負うということです。「心はその人自身の辛さを知っている。その喜びにほかの者はあずかれない」（箴言14・10）。自分の心の中にあるものは自分で取り扱わなくてはなりません。そして境界線は、それが何であるかをはっきりさせます。もし私たちに境界が示されていなかったり、誤った境界が教えられていたとしたら、大きな痛みを被《こうむ》ることになります。

聖書は私たちの境界が何であり、それをどのように守るか、はっきりと教えています。しかし家族や、過去の人間関係などがその境界について混乱させることがよくあります。

境界線は自分の責任範囲を示すだけでなく、自分の地所に無いもの、責任の範疇外のものも明確にします。たとえば、私たちは他人に関しては責任を負いません。「他人を制すべし」とは誰からも言われていないのに、私たちはそれをしようと多くの時間とエネルギーを費やしているのです！

「対して（To）」と「関して（For）」

私たちは他者に対して（to others）、また自分自身に関して（for ourselves）責任を負います。ガラテヤ人への手紙六章二節は「互いの重荷を負い合いなさい。そうすれば、キリストの律法を成就することになります」と言っています。このみことばは、互いに対する私たちの責任を表しています。

一人で負うには重すぎる「重荷（burdens）」を抱えて苦しんでいる人がたくさんいます。彼らはそれを一人で負う十分な強さも、資源も、知識も持たず、助けを必要としています。自分一人の力ではできない人を助けるために自らを否むことは、キリストの犠牲的な愛を示します。これは、キリストが私たちのためにして下さったことです。主は、罪からの救いという私たちが自分の力ではできないことを代わりに行ってくださいました。これが「～に対して」責任を負うということです。

一方で、五節は「人にはそれぞれ、自分自身の重荷を負うことになる」とも言っています。誰しも、その人にしか負うことのできない責任があります。これらのものに関して、私たちは日々責任をもって成し遂げていかなくてはなりません。これが私たち自身の「重荷（load）」です。他の人には私のために代行できないことがあります。人生には、自分自身の「重荷（load）」として所有権を行使しなくてはならないことがあるのです。

BurdenとLoadのそれぞれに相当するギリシャ語から、これらの語句の意味について洞察することができます。Burdenに相当するギリシャ語の単語は「過剰な重荷」、つまり私たちを圧迫してしまうほど重い荷物を意味します。まるで巨石のようなもので、私たちを押し潰してしまいます。巨石を自分で運ぼうと思ってはいけません。背中を痛めてしまいます。巨石を運ぶのには助けが必要です。巨石とは、人生における危機や惨事などです。

これに対して、Loadに相当するギリシャ語は「荷物」、つまり「日々の労苦という重荷」を意味します。この単語は誰もが行なわなければならない毎日の出来事のことを言っています。このような荷物はリュックサックのようなものです。リュックなら運ぶことができます。自分のリュックは自分で運ぶべきです。自分自身の感情、態度、行い、そして神が私たちそれぞれに与えられた責任は、自分で対処せよということです。それには努力が必要ですが。

人々が「巨石」を日々の荷物のように扱って助けを拒絶するとき、逆に「日々の荷物」をあたかも自分で負う必要のない巨石であるかのように振る舞うとき、問題が起こります。その結果、前者では果てしない痛み、後者では無責任が生じます。

痛みの中にとどまったり、無責任に陥ったりしないために、「私」とは何を指すのか、私の責任の境界線がどこにあり、他人のそれがどこから始まるかを判断することは、とても重要です。私たちは何に関して責任を負うのか、この章の後半で定義していきます。その前に境界線の本質について、もう少し詳しく見ておきましょう。

良いものは内に、悪いものは外に

境界線は自分のものを他人のものから区別し、自分で管理できるようにします。それは、自分の心を「あらゆる努力をもって」（箴言4・23 NASBより私訳）守るのを助けてくれます。私たちは、自分を養うものは柵の内側にとどめ、害を与えるものは外側に閉め出しておく必要があります。**つまり、境界線によって良いものを内に保ち、悪いものを外に閉め出す**ことができます。境界線は私たちの「聖なるもの」が他者によって踏みつけられないように守ります（マタイ7・6）。真珠は内側に、豚は外側にとどめるのです。

時折、私たちは悪いものを内側に抱え、良いものを外側に置いてしまうことがあります。そのようなとき、境界線を開いて良いものを内に入れ、悪いものは外に出す必要があります。言い換えれば、柵には門が必要なのです。たとえば私の内に痛みや罪があったとします。癒やされるためには神と他者にそれを正直に伝える必要があります。告白することによって、痛みや罪が内側で私たちを毒し続けることがないように「外に出す」のです（第一ヨハネ1・9、ヤコブ5・16、マルコ7・21－23）。

そして良いものが外側にある場合、門を開いてそれを「内に入れる」必要があります。イエスはこれを、イエスとイエスの真理を「受け入れる」ことと言いました（黙示録3・20、ヨハネ1・12）。私たちは他者から多くの益を受けますが、そのためには私たちが「広く開かれ」ている必要があります（第二コリント6・11－13）。ところが、他者からの良いものに対して境界線を閉ざしてしまい、欠乏状態が続くことがよくあるのです。

要するに、境界線は壁ではないのです。聖書は、「周りに壁を築いて他者から自分を隔離しなさい」とは言っていません。事実、私たちは彼らと「ひとつ」であるべきだと言っています（ヨハネ17・11）。共同体の中にいるべきなのです。しかしいかなる共同体でも、それぞれのメンバーは自分自身の場所と所有物を持っています。つまり、地境は通り抜けができるくらいに浸透性があり、危険なものは閉め出しておける程度の強度があるということです。

人が成長の過程で虐待を受けると、境界線の役割を逆転させ、**悪いものを内側にとどめ、良いものを外側に閉め出してしまうこと**が往々にしてあります。メアリーは子どもの頃に父親から虐待を受け、適切な境界線を作ることができませんでした。その結果、彼女は心を閉ざし、痛みを内側にこもらせてしまいました。メアリーは自分から痛みを表現し、心の外に出すことをしなかったのです。また、彼女を癒やそうとする外からの援助に対して心を開くこともしませんでした。さらに、他者が絶えず彼女の心の中にさらなる痛みを「落として」いくのを許していました。そのため彼女が助けを求めに来た時には、多くの痛みを抱え、いまだに虐待に遭い、外からの援助に壁を作って心を閉ざしている状態でした。

メアリーは境界線の機能を逆転させなければなりませんでした。彼女には、悪いものを外に閉め出せる充分に強固な柵と、すでに内側にある悪いものを外に出し、なくてはならない良いものを内側に入れるための門が必要だったのです。

神と境界線

境界線の概念は、元をたどれば神の性質そのものから来ています。神はご自身を他者から明瞭に区別し、自分のことには自ら責任を負われます。考え、感情、計画、何を許し何を許さないか、何を好み何を好まないか、などを私たちに語られます。それによってご自身の性格を定義し、その責任を取られるのです。

神はまた、被造物や私たちから分離した存在です。神はご自身を他者から区別されます。私たちに自らの性質とそうでないものを示されます。たとえば、神は愛であり、闇ではないと言われました（第一ヨハネ4・16、1・6）。

さらに神は、三位一体のなかにも境界線を持っておられます。父・子・聖霊は一つですが、同時に各々境界線を持った区別されるべき三つの位格です。それぞれが独自の個性と責任を持ち、また互いに愛とつながりを持っておられるのです（ヨハネ17・24）。

また、神がその庭において許されることには限度があります。神は罪には対峙し、行いには結果を伴わせます。神はご自分の家を守り、邪悪なものがその中に入り込むことを許しません。神を愛する人々を招き入れ、同時にご自身の愛を外側に放たれます。「門」の開閉が理にかなっているのです。

神は、私たちをご自身の「似姿」に造られたように（創世記1・26）、私たちに一定の個人的な責任を与えられました。私たちが地上を「治め支配し」、与えられた人生をよく管理することを願っておられます。そのためには、私たちも神に倣って境界線を築く必要があるのです。

様々な境界線の例

あなたを他者から区別するもの、つまりあなたがどこから始まりどこで終わるのかを示すものなら、何でも境界線の役割を果たします。以下は境界線のいくつかの例です。

皮膚

あなたを定義する一番基本的な境界線は、あなたの皮膚です。この境界線は「あの人は本当に私の肌に障《さわ》る（"He really gets under my skin"）」というように、個人的な境界線が侵されたことの比喩としてよく用いられます。この身体的境界こそ、あなたが自分を他者と区別するものとして最初に学ぶものです。人は赤ん坊の頃に、自分を抱いているお父さんやお母さんと自分は違うのだということを徐々に学びます。

そして皮膚という境界線は、良いものを内に保ち、悪いものを外に閉め出します。あなたの血液や骨を守り、身体の内側にまとめて収納します。また細菌が体内に侵入するのを防ぎ、感染からあなたを守ります。同時に、皮膚には開口部があり、そこから食物のような「良いもの」は内に入れ、老廃物のような「悪いもの」は外に出します。

身体的・性的虐待の被害者は、往々にして境界線の意識が脆弱です。人生の早いうちから、自分の所有地は皮膚から始まるわけでないと教え込まれるからです。人に自分の所有地を侵され、好き勝手なことをされてきた結果、後に境界線を確立させることに困難を覚えるのです。

言葉

物理的な世界では、たいてい柵などの建造物が境界線を引きますが、霊的な世界では柵は目に見えません。それでも、言葉を用いて立派に防御柵を築くことができます。

境界線を引くのに最も基本的な言葉は、「いいえ」「ノー」です。この言葉はあなたが他者から分離した存在であり、あなたを管理するのはあなたであることを表明します。「いいえ」と言うことに関して（また「はい」と言うことに関しても）明確であることは、聖書全体を通して流れているテーマでもあります（マタイ5・37、ヤコブ5・12）。

「いいえ」というのは対立を表明する言葉です。聖書は、私たちは「いいえ、その行いはよくありません、私はそれには関わりません」と愛をもって人々と対峙すべきであると言います。「いいえ」

「ノー」という言葉は虐待を制限するためにも重要です。他者が私たちに罪深い取り扱いをする時には「ノー」と言うように、聖書の多くの箇所が強く勧めています（マタイ18・15－20）。

聖書はまた、他者に「いやいやながら、強いられて」与えてはいけませんと警告しています（第二コリント9・7）。明確な境界線を持たない人々は、他者からの支配、プレッシャー、要求、また時には実際の必要に対しても、「ノー」と言うことに困難を覚えます。このような人たちは、「ノー」と言うと相手との関係が損なわれてしまうのではないかと感じます。そこで消極的に応じるのですが、内心では恨みがましく思うのです。人があなたに何かをするようにプレッシャーをかけることもありますし、それを「しなくてはならない」という自己の意識が内側からプレッシャーをかけることもあります。もしこの外的または内的プレッシャーに対して「ノー」と言えないのなら、あなたは自分の所有物への支配力を失っていることになり、「自制」の実を享受していません。

言葉を使ってあなたの感情や意図、嫌いなものを伝達するとき、他者の目にあなたに属するものが明確になります。自分の所有物を明確にする言葉を使わないと、あなたがどういう人なのか人々にはよくわかりません。神は、「わたしはこれを好み、あれを憎む」、あるいは「わたしはこれをして、あれはしない」とおっしゃることで、ご自分の立場を明らかにされました。人々はあなたの言葉によってあなたの立場を知り、あなたの輪郭を把握するのです。「私に向かって怒鳴らないでください！」と言うことは、あなたがどのような人間関係を築くつもりなのか人々にはっきりと示し、あなたの庭での「決まりごと」を知らせることになります。

真理

神と神の所有物に関する真理を知ることで、人は自分の限度をわきまえ、神の境界線を学ぶことができます。神の現実は不変であるという真理を悟ることは、あなた自身を神との関係において定義するのに役立ちます。たとえば神が、人は蒔いたものを刈り取る(ガラテヤ6・7)とおっしゃるとき、あなたはその現実に照らして生き方を決めるか、あるいはそれに抵抗して傷つき続けるかのどちらかです。神の真理に即して生きることは現実に即して生きることです。そして現実に即して生きるとき、より良い人生を歩むことができるのです(詩篇119・2、45)。

一方で、サタンは現実を歪めることに非常に長けています。エデンの園で彼が神の境界線と真理を疑うようにエバを誘惑したときのことを思い出してください。その結果、惨事が訪れました。

神の真理であれ、あなた自身についての真理であれ、真理を知り、その中にとどまるなら、常に安全です。自分の境界線からはみ出したところで生きようとして、無秩序で不安定な生活を送っている人が大勢います。彼らは自分自身に関する真理を受け入れることも表現することもしません。自分が誰であるかについて正直であるとき、あなたは聖書が重んじる裏表のない統一された人格を形成することができます。

物理的な距離

箴言二二章三節は「賢い者はわざわいを見て身を隠し」と言います。ある状況から物理的に離れることが境界線を保持するのに役立つときがあるのです。イエスがよくそうなさったように、身体的、感情的、霊的な限界まで頑張ったあとで、補給のためにいったん身を引くのは良いことです。

あるいは、危険から逃れ、害悪に歯止めをかけるために退く場合もあるでしょう。私たちをいつまでも傷つける人から離れ、自らのために安全な場所を確保するよう聖書は強く勧めています。あなたが身を退ければ、残された人は交わりを失い、それによってその人の行いに変化がもたらされるかもしれません（マタイ18・17－18、第一コリント5・11－13）。

虐待的な人間関係の中で、あなたにも境界線があると相手にわからせるには、多くの場合、当事者同士が問題に対処する気になるまで距離を置くことが唯一の方法です。

時間

生活の中で自分の手に負えなくなってしまった部分は、境界線を引いて、もう一度所有権を取り戻す必要があります。人やプロジェクトからしばらく時間をとって離れることは、その一方法です。

霊的にも感情的にも自分の親から離れることのできなかったアダルトチルドレン（訳注：親がアルコール依存症であるなど何らかの機能不全のある家庭で育った大人）の場合、時間をとって離れることがしばしば必要となります。彼らはそれまで親との関係をずっと「抱擁」し「保って」きました（伝道者3・5－6）。そのような付き合い方が年齢不相応となったあとも、手放すことを恐れてきたのです。彼らは少し時間をかけて境界線を築き、今までの関係から離れて新しい関係を生み出す必要があります。親たちにはしばらくのあいだ疎外感を与えるかもしれませんが、このようにしばらく離れていると、たいていの場合、両親との関係は改善します。

感情的な距離

感情的に距離を置くことは、あなたの心に避難場所を与える一時的な境界線です。決して永続的な生き方ではありません。虐待の中に長くいた人たちは、感情的に「しばらく休む」ための安全な場所を見つけるべきです。虐待のある結婚では、加害者が自分の問題を直視し、信頼できるようになるまで、虐待されている側が感情的な距離を置く必要がある場合もあります。

傷や失望に自らをさらし続けるべきではありません。もし今までずっと虐待の中にいたのなら、状況が安全になり、変化のパターンがはっきりと見てとれるまで、戻るべきではありません。「赦し」の名のもとに信頼の回復を急ぐあまり、相手が「悔い改めにふさわしい実」（ルカ3・8）を結んでいるかどうかを確認しない人が大勢います。虐待傾向のある人、依存症の人に対して、真の変化を見ないまま心を許し続けるのは、愚かなことです。相手を赦すべきなのは確かです。しかし、持続した変化が見られるまでは、あなたの心を守ってください。

他の人々

境界線を設け、それを守るためには、第三者からの援助に頼る必要があります。相手の依存症や支配、虐待にさらされている人たちは、「お人好し」でいることにすっかり慣れてしまっているため、境界線を引こうにも、支援者たちの助けなしにはなかなか難しいのが実情です。こういった支援システムは、虐待や支配に対して生まれて初めて「ノー」と言う力を与えてくれます。

境界線を引くために周りからの援助が必要な理由は二つあります。第一に、**人との関わりは人生における最も基本的な必要**だからです。人は関係を保とうとして大いに悩みます。抵抗すればパートナーが去って行き、一人取り残されるのではないかとの恐れから、虐待を容認してしまう人が大勢います。一人きりになることを恐れるあまり、多くの人が悪いパターンの中に何年も閉じ込められています。境界線を引くと、自分の人生に愛の関係を持てなくなるのではないかと恐れるのです。

しかし、心を開いて周囲からの助けを受けるとき、彼らは虐待する人だけが愛の源ではないこと、そして限度を設定するにあたって支援システムがいかに心強いかを知るようになります。もはや一人ではありません。キリストの教会の存在が、殴打をかわす力を彼らに与えてくれるのです。

他者とのつながりが必要なもう一つの理由は、私たちには**新しい情報と教えが必要**だからです。教会や家族から、境界線は非聖書的であり、不親切で自分勝手なものだと教え込まれてきた人が大勢います。心の内側で古い「録音」が繰り返し嘘を吹き込んで、彼らを束縛し続けるのです。そこから来る罪悪感に彼らが立ち向かうのを助けるためには、聖書的な良い支援システムが必要です。彼らには、変化することへの罪悪感や古いメッセージに対抗するため、協力してくれる人が必要なのです。第二部で、主要な人間関係の中で境界線を築くにはどうすればよいかを詳しく見ていきます。とりあえずここで大切なのは、境界線とは孤立状態の中で築くものではなく、サポートしてくれる人々抜きには築き得ないということです。

（行動がもたらす当然の）結果

他人の所有地に不法侵入すれば、結果《コンセクエンス》が伴います。「立ち入り禁止」の看板は、その境界線を越えれば訴えますよ、と言っているのです。聖書も「この道を行けばこうなり、別の道を行くなら別のことが起こる」と告げ、この原則を何度も繰り返し教えています。

聖書が特定の行動に対して結果を設定しているように、私たちの境界線も、それを越えたときにどのような結果が起こるのかをはっきりさせておく必要があります。「どうしても飲酒（あるいは、夜中に帰宅すること、私を殴ること、子どもに向かって怒鳴ることなど）を止めないなら、あなたが何らかの処遇を受けない限り、私はあなたの元から離れます！」という警告を夫婦のどちらかが最後まで遂行していれば、どれだけ多くの結婚が破綻せずにすんだことでしょう。あるいは、親が「次の職が見つかる前に今度仕事を辞めたら、もうお金は渡しませんよ」、「これ以上この家でマリファナを吸い続けるなら、ここから出て行ってもらいますよ」という警告を最後まで遂行していたなら、どれだけ多くの青年の人生が変わっていたことでしょうか。

テサロニケ人への手紙第二の三章一〇節で「働きたくない者は食べるな」と言ったとき、パウロは真剣でした。神は無責任な行動は許容しないのです。怠けるなら飢えるのが当然の結果です（箴言16・26）。

結果は、柵に適度な「トゲ」を与えます。トゲがあることで人々は不法侵入が深刻な違反行為であり、私たちが本気で自分を尊重していることを知ります。それは、私たちはあくまでも有益な価値に従って生きることを大切にしており、そのためには闘いも辞さないということを周りに教えるのです。

私の境界線の内側には何があるのか？

善きサマリア人のたとえ（訳注：ルカ10・25―37参照）は、いろいろな意味で正しい行動のお手本です。境界線が守られた時と侵された時の両方をわかりやすく表現しています。もしこのサマリア人が境界線を持たない人だったらどんな話の展開になっていたか、少し考えてみましょう。

物語はご存知のとおりです。エルサレムからエリコへ向かって旅をしていたある人が強盗に遭いました。強盗は彼の着物をはぎ取り、殴りつけ、半殺しにして逃げて行きました。祭司とレビ人は傷ついた人を無視して道の反対側を通り過ぎて行きました。しかしサマリア人は彼を見てかわいそうに思い、傷に包帯をし、宿屋へ連れて行き、彼の面倒をみました。次の日、サマリア人は宿屋の主人にいくらかのお金を渡して言いました。「介抱してあげてください。もっと費用がかかったら、私が帰りに払います」（ルカ10・35）。

ここでお馴染みのストーリーから少し離れてみましょう。この時、怪我をした人が起き上がってこう言ったとします。

「えっ、もう行ってしまうのですか？」

「はい。エリコで、どうしても片付けなければならない仕事があるので」。サマリア人が答えます。

「それは少し自分勝手だとは思いませんか？　私はこんなにひどい目に遭っているのですよ。一人で置き去りにされるのは嫌です。イエス様はあなたを、たとえとしてどのように用いるでしょうかね。危急の場合だというのに私をこんなふうに置いていくなんて、まるでクリスチャンらしくないではありませんか！『自分を捨てる』というのはどうなったのですか？」

「確かに、あなたの言うとおりですね」。サマリア人は言います。「あなたを一人でここに置いていくのは、あまりに不親切だ。もっと何かしてあげるべきですね。出発を二、三日遅らせることにしましょう」

そこで彼は、その男性のそばに、もう三日間とどまることにします。彼は男性の話し相手になり、その人が満たされ、快適であるようにと気を配ります。三日目の午後、ドアがノックされ、伝言が届きました。エリコの取引先からでした。「もうこれ以上は待てません。ラクダは別の業者に売ることにしました。次の群れは六か月後に来ます」

「何てことをしてくれたんだ！」サマリア人は受け取った伝言を振りまわしながら、まだ傷の癒えない男性に向かって叫び声をあげます。「とんでもないことになってしまったじゃないか。このラクダは仕事で必要だったのに、君のおかげで失ってしまった。これでは商品を配達することができない。このせいで私は倒産してしまうかもしれない。一体どうしてくれるんだ！」


多かれ少なかれ、どこか聞き覚えのある話ではないでしょうか。善意で他人の必要を満たしてあげようとするものの、その人はあなたを巧みに言いくるめ、あなたが与えるつもり以上のものを要求します。そして私たちは自分自身の生活に必要だったものまで失うことになり、そのことで怒り、恨みがましく思うのです。あるいは逆に、私たちの方が、人からより多くを得ようと相手が譲歩するまで圧力をかけることがあるかもしれません。相手は自由意志によってではなく、いやいやながら与えることになり、手放さざるを得なくなったもののゆえに私たちを恨みます。これでは、どちらの側にとっても益になりません。

このような状況を避けるために、境界線の内側には何が含まれるのか、私たちは何に関して責任を負うのかを考える必要があります。

感情

感情は、クリスチャンの世界で不当に悪者扱いされてきました。本質的ではないもの、果ては肉的なものとまで呼ばれてきました。その反面、感情が私たちの動機や行いに大きな役割を果たす例は、枚挙にいとまがありません。心が傷つけられたと言って、人々が互いに邪悪なことをし合うのを何度見たことがありますか。あるいは、自分の感情を何年にもわたって押し殺し、自殺未遂に至るまで放っておいたせいで入院させられる人がどれだけいるでしょうか。

何もかも感情任せにすべきではありませんが、感情を無視すべきでもありません。聖書は自分の感情を「所有」し、また意識しているようにと言います。多くの場合、感情はあなたが良い行いをする原動力になります。善きサマリア人は、怪我をしたユダヤ人を見てかわいそうに思い、彼を介抱しました（ルカ10・33）。放蕩息子の父親は、息子を見てかわいそうに思い、彼を抱きしめました（ルカ15・20）。またイエスは、人々を見て何度も「かわいそうに思い」彼らを教え導きました（マタイ9・36、15・32）。

あなたの心から出る感情で、人間関係がどのような状態にあるかを知ることができます。感情によって、人間関係がうまくいっているか、あるいは問題があるのかが分かるのです。もし、親しみや愛情を感じているなら、おそらくうまくいっています。もし、怒りを感じているなら、対処しなければならない問題があります。ここで大切なのは、あなたの感情はあなたの責任下にあり、あなたがそれを所有し、あなたの問題として扱わなければならないということです。それによって、感情が指し示している問題が何であれ、それに対する答えをあなた自身で探し始めることができます。

態度と信念

態度とは、何かに対するあなたの姿勢であり、他者、神、人生、仕事、人間関係などに対してあなたが取る立場に関わるものです。信念とは、何であれあなたが真実として受け入れているものです。多くの場合、私たちは不快感の原因が自分の態度や信念であるとは思いません。むしろ、私たちの始祖アダムとエバがそうであったように、人のせいにします。私たちは自分自身の態度と確信を自分のものとして所有する必要があります。なぜならそれは自分の地境の内側にあるものだからです。態度や信念の影響を受けるのは私たちであり、同時に、唯一それを変えることのできるのも私たちです。

態度に関して難しいのは、私たちはそれを人生の早い時期に習得してしまうことです。態度によって自分がどのような人間であり、どのように機能するのかが大体決まります。自分の態度と信念に何の疑問も差し挟んだことのない人たちは、イエスがおっしゃっていた、神の戒めよりも「人間の言い伝え」を守るという罠にはまる恐れがあります（マルコ7・8、マタイ15・3）。

境界線に問題のある人たちは、しばしば責任に対して歪んだ態度を持っています。彼らは感情や選択、行いなどに関して当人に責任を負わせるのは愛のないことだと感じるのです。しかし箴言では、限度をわきまえ責任を受け入れるならいのちを救うと、繰り返し語っています（箴言13・18、24）。

行動

行動には結果が伴います。パウロが述べているように、「人は種を蒔けば、刈り取りもすることになる」（ガラテヤ6・7）のです。勉強をすれば、成績は向上します。仕事に行けば、給料をもらえます。運動をすれば、もっと健康になるでしょう。他人に対して愛をもって接すると、より親密な人間関係を持てるようになるでしょう。反対に、怠惰や無責任、自制心のない行いを蒔くのであれば、貧困や失敗、だらしない生活のつけを刈り取ることになると思ってください。これらは、私たちの行動がもたらす当然の帰結です。

しかし、人生における種蒔きと刈り取りの法則が他者によって妨害されるとき、問題が生じます。飲酒や虐待をするなら、その結果を被るべきなのは、飲酒や虐待した本人です。「道を捨てる者には厳しい懲らしめがある」のです（箴言15・10）。人々を彼ら自身の行動の当然の結果から救済するなら、それは彼らを無力にしてしまいます。

これは親子の間でよく見られます。親は子どもに自分の行動の当然の結果を刈り取らせる代わりに、しばしば怒鳴ったり口やかましく小言を言ったりします。愛をもって限度を与え、温かさをもって結果を刈り取らせる育児をするなら、子どもたちは自分の人生を管理しているという実感を持ち、自信のある人間に育つでしょう。

選択

自分の選択には自分で責任を持つ必要があります。これによって「自制」の実が結ばれます（ガラテヤ5・23）。境界線に関してよく見られる問題は、自分で自分の選択の責任を負わず、他の人に責任転嫁しようとすることです。人が自分がしたこと、またはしなかったことについて説明をするとき、どれだけ「～せざるを得なかった」「～のせいで」という表現を用いるか、考えてみてください。このような言い方は、自分の選択を左右しているのは自分ではないという、私たちの思い違いを露わにします。支配権を持つのは他の誰かだと考え、そうやって自分の基本的な責任から逃れようとするのです。

　どのように感じようとも、自分の選択を支配しているのは、ほかでもない自分だということを認識しなくてはいけません。それによって、コリント人への手紙第二の九章七節にあるように「いやいやながらでなく、強いられてでもなく」自分で自分の選択ができるようになります。パウロは、与える人が「与えなくてはならなかった」から与えたと感じるような贈り物なら、それを受け取ることさえ拒んだのです。彼はかつて「あなたの親切は強いられたものではなく、自発的なものとなるため」（ピレモン1・14）と言って贈り物を返したこともありました。ヨシュアも、あの有名な「選択」の箇所で民に同じことを言いました。「主に仕えることが**不満なら、……あなたがた**

が仕えようと思うものを、今日**選ぶがよい**」(ヨシュア24・15　強調は著者)。

イエスが語ったぶどう園の労働者のたとえ話でも、自分がいったん承諾した賃金について腹を立てた労働者に向かって主人が同様のことを言いました。「友よ、私はあなたに不当なことはしていません。あなたは私と、一デナリで同意したではありませんか」(マタイ20・13)。その労働者は、ある金額で働くことに自分の意志で同意したのに、他の人が少ない労働時間で同じだけの賃金を得たからといって腹を立てたのです。

放蕩息子の兄もいい例です。彼は自ら家に残って仕えることを選んだのに、後になって腹を立てました。自分の選択に満足しなかった彼は、家に残ることを選んだのは自分だったことを思い出す必要がありました。

聖書のいたるところで、人々は自分の選択を思い起こさせられ、その責任を取るよう求められています。パウロも言うように、私たちが肉に従って生きるなら、死ぬことになり、御霊によって生きるなら、私たちは生きるのです(ローマ8・13)。人を喜ばせるため、あるいは罪悪感から選択をすると、私たちの中に苦みが残ります。それは罪の産物です。私たちは何を「なすべきか」を人から徹底的に教え込まれているので、強制されて何かをしても、それは愛の姿だと思ってしまうのでしょう。

境界線を設定すると、自分の選択に関して否応なく責任を負うことになります。選択するのは、あなたです。選択の結果を負わなくてはならないのも、あなたです。そして、自分に納得できる選択をさせないでいるのは、他ならぬあなた自身かもしれません。

価値

私たちは、自分が愛し、重要と見なすものに価値を置きます。ところが、自分が価値を置くものに関して責任を取らないことが少なからずあります。神からの栄誉よりも、人からの栄誉を愛することに執心するのです（ヨハネ12・43）。価値を置き違えていると、人生を真に享受できません。自分の一番深い願いを満たすのは力や富、快楽だと思うのですが、私たちが本当に切望しているのは愛なのです。

愛すべきでないものを愛したり、一時的な価値しか持たないものを大切にしてしまうために、自分の行いが手に負えなくなることがあります。そのようなとき、その行いについて責任を取り、「私は心の中で**自らを満足させないものに価値を置いて**います」と告白するなら、私たちは神と人から助けをいただいて、自分の内側に「新しい心を造る」ことができます。境界線は、古くて有害な価値観の存在を否定するのではなく、それを神に変えていただけるよう、自分の責任として所有する手助けをするのです。

限度

より良い境界線を築くためには、限度に関する次の二つの側面が特に重要です。一つは**他者に**

限度を設けることです。これは、境界線について語るとき一番よく言われる要素です。実際には、他者に限度を設けるという言い方は正しくありません。それはできないことです。私たちにできるのは、良くない行いをする人たちに自分自身をさらさないよう、自分に限度を設けることです。私たちには彼らを変えたり、彼らの振る舞いを正しくすることはできません。

私たちの模範は神です。神は人々に正しい振る舞いを「させる」ために彼らを「制限する」ことはなさいません。神は基準を設けられますが、人々には自分のありのままの姿でいさせ、彼らがふさわしくない行いをするなら、ご自身を彼らから遠ざけるのです。要するに、「もしそれがあなたの選択なら、そのように振る舞っても構いませんが、その代わりあなたは私の家には入れませんよ」と言うのと同じことです。天の御国は悔い改める者たちの場所で、そういう人は誰でも歓迎されます。

しかし神は、邪悪で悔い改めをしない人々にはご自身を現そうとはなさいません。私たちもそうあるべきです。みことばは、破壊的な行動を取る人々からは離れるようにとの訓戒に満ちています（マタイ18・15―17、第一コリント5・9―13）。それは無慈悲になるのとは違います。自らを引き離すことは、愛を守るのです。なぜなら、そうすることで、私たちは愛を破壊するものに対抗するからです。

境界線を語るうえで有益な限度のもう一つの側面は、**自分自身の内側に限度を設けること**です。私たちの心の内側には、感情や衝動、欲求を、外に表現せずに置いておける場所があるべきです。

抑圧のない自制が必要なのです。

私たちは自分自身に対して「ノー」と言えなくてはなりません。これには、破壊的な欲求や悪いものではないけれど、その時点では追求すべきでない欲求が含まれます。境界線やアイデンティティー、所有権、責任、自制などにとって、人の内側にある規律は非常に重要です。

資源・賜物

次の二つの応答を比べてみてください。

「よくやった。良い忠実なしもべだ。おまえはわずかな物に忠実だったから、多くの物を任せよう。主人の喜びをともに喜んでくれ。」（マタイ25・23）

「悪い、怠け者のしもべだ。私が蒔かなかったところから刈り取り、散らさなかったところからかき集めると分かっていたというのか。それなら、おまえは私の金を銀行に預けておくべきだった。そうすれば、私が帰って来たとき、私の物を利息とともに返してもらえたのに。だから、そのタラントを彼から取り上げて、十タラント持っている者に与えよ。」

（マタイ25・26－28）

与えられた資源とその使い途について、私たちが負うべき責任を神がどう定めているか、これほどわかりやすく表現している箇所はありません。この例では金銭について語っていますが、能力、才能や賜物にも当てはまります。私たちの才能は明らかに境界線の内側にあり、私たちの責任の及ぶところです。しかし、才能を自分のものとして行使することには不安も多く、また常にリスクが伴います。

タラントのたとえは、私たちが賜物を用いて多くの実を結んでいるとき、より幸せであるのはもちろんのこと、同時に説明責任が伴うと言っています。「悪い怠け者」のしもべが陥った失敗への恐れに打ち勝つためには、努力、訓練、学習、祈り、資源、そして恵みが必要です。彼は恐れたことを叱責されたのではありませんでした。何か新しく困難なことに挑戦するときには、誰しも恐れを抱きます。このしもべは、自分の恐れに立ち向かうことなく、ベストを尽くそうとしなかったことを叱責されたのです。自分の恐れに立ち向かわないことは、神の恵みを否定し、与えられた賜物と、学んでいる私たちを支えてくださる神の恵みの両方を侮辱することになります。

思考

私たちの知性と思考とは、神の似姿を映す大事な鏡です。地上の造られた物で、私たちのような思考力を持つものはいません。私たちだけが知性を尽くして神を愛するように召されている唯一の被造物です（マルコ12・30）。そしてパウロは、「すべてのはかりごとを取り押さえて、キリ

には次の三点が含まれます。

1．自分自身の思考を所有しなくてはならない。 自分でものごとを考えない人たちが大勢います。そのような人は、他人の考えをよく吟味することなしにそのまま受け入れているのです。彼らは決して疑問に思うことなく、また「彼らの考えについて考えること」なく、他人の意見や論理を鵜呑みにします。確かに他人の意見に耳を傾け考慮するべきではありますが、だからといって決して他の人に「自分の心を渡して」しまうべきではありません。私たちは、人との関わりを保ちつつ自分自身で物事を検討し、鉄のように互いを「研ぎ」合いながらも各自の思考を持った個人として固く立つべきです。

2．知識において成長し、知性を広げなければならない。 私たちは神と神のみことばに関する知識において成長する必要があります。ダビデは神のみことばを知ることについてこう言いました。「いつのときも　あなたのさばきを慕い求めて　私のたましいは押しつぶされるほどです。……あなたのさとしこそ　私の喜び　私の助言者です」（詩篇119・20、24）。また、神の創造とその御手の業も神について多くを教えます。神の造った世界について学ぶことは、地とその中の全てのものを「支配し、従えよ」という命令に従うことになるのです。賢明な管理者になるためには、私たちに与えられたこの世界について学ばなければなりません。脳外科の手術であろうと、銀行口座の残高の計算であろうと、育児であろうと、より良い人生を歩み、神にご栄光を帰すためには頭を使わなくてはなりません。

3．歪《ゆが》んだ思考を明らかにしなくてはならない。 私たちはみな、物事を明確に見ず、歪んだ考え方や受け止め方をする傾向があります。恐らく、最も顕著なのは人間関係における歪みでしょう。人をありのままの姿で見ることは滅多にありません。私たちの受け止め方は、過去の人間関係や他人についてこう思うという先入観によって歪められています。一番よく知っている人たちについてでさえもです。はっきりと見ることができないのは、私たちの目のなかにある「梁《はり》」のせいです（マタイ7・3－5）。

人間関係の中で自分の思いを所有するには、自分が間違っている可能性のある部分を積極的に点検することが必要です。新しい情報を取り入れていくに従って、私たちの思考は現実に近いものへと適応していくのです。

また、自分の考えを他人にはっきりと伝達しているかどうかを確認する必要もあります。他人は自分の心を察するべきであり、自分が何を欲しているか知っていて当然だと思っている人が大勢います。それでは欲求不満に陥ることでしょう。パウロでさえ「人間のことは、その人のうちにある人間の霊のほかに、いったいだれが知っているでしょう」と言いました（第一コリント2・11）。境界線についてなんとうまく表現していることでしょうか。私たちには自分自身の考えがあり、もし他人にそれを知って欲しいのであれば、はっきり言葉にしなければならないのです。

願望

私たちの願望は境界線の内側にあります。私たちはみな、それぞれ異なる願望や欲求、夢、願い、目的、計画、飢え、渇きを持っています。人はみな、「私」を満足させたいのです。しかし周りに満足している「私」たちがほとんどいないのは、なぜでしょう。

問題の一つは、私たちの人格の中で境界線がはっきりしていないことです。私たちは、本当の「私」が誰であるか、自分が本当に望んでいるものが何なのか、自分でわかっていないのです。願望の多くは本物のように見えます。しかしそれは自分の本当の願望を所有していないことからくる情欲です。たとえば、多くのセックス依存症者は性的な体験を求めていますが、彼らが本当に欲しているものは愛情なのです。

本当の願望を自覚せず、不純な動機から求めることは問題です。ヤコブは、このように書きました。「あなたがたは、欲しても自分のものにならないと、人殺しをします。熱望しても手に入れることができないと、争ったり戦ったりします。自分のものにならないのは、あなたがたが求めないからです。求めても得られないのは、自分の快楽のために使おうと、悪い動機で求めるからです」（ヤコブ４・２―３）。

私たちは自分が欲するものをあまり積極的に神に求めません。また私たちの願望は、実際には必要のないものと混ざってしまっています。神は私たちの願望にとても関心を寄せておられます。神がそれらを造ったからです。次のみことばを考えてみてください。「あなたは　彼の心の望みをかなえ　唇の願いを退けられません。あなたは幸いに至る祝福をもって彼を迎え　頭に純金の冠を置かれます」（詩篇21・２―３）、「主を自らの喜びとせよ。主はあなたの心の願いをかなえてくださる」（詩篇37・４）、「主を恐れる者の願いをかなえ」（詩篇１４５・19）。

神は、ご自分の子どもたちに喜んで贈り物を下さいます。しかし神は思慮深い親なので、与えるものが私たちにとって益になるよう、心を配られるのです。何を求めるべきかを知るためには、自分が本当はどのような者で、本当の動機は何であるのかを知らなければなりません。自分のプライドを焚きつけ、エゴを増長するものを欲しがっても、神がそのようなものを与えようと思われるかは疑問です。しかし、私たちにとって良いものであるなら、神は大いに関心を示されるのです。

私たちはまた、自分の願望を追求するにあたって積極的な役割を果たすように命じられています（ピリピ２・12―13、伝道者11・９、マタイ７・７―11）。私たちは自分の欲求をはっきり把握し、それを追求することによって、人生に充足感を得ます。「望みがかなえられるのは心地よい」（箴言13・19）。しかしそれには多くの努力を伴います！

愛

愛を与え、愛に応答できる能力は、私たちの最も偉大な賜物です。私たちの中心にあるのは、神がご自身の似姿に造られた心です。愛を受け入れ、また外に向かって愛を溢れ出すことのできる心は、人生にとって不可欠です。

傷や恐れのために愛を与えたり受け取ったりすることに困難を感じている人たちが大勢います。心を他者に向かって閉ざしてしまう結果、自分が空虚で無意味に感じるのです。恵みと愛を内側に受け取り、またそれを外側に向かって解き放つことは、共に心の持つ機能であると聖書は明言しています。

聖書はどのように愛すべきだと言っているでしょうか。「あなたは心を尽くし、いのちを尽くし、知性を尽くして、あなたの神、主を愛しなさい。……あなたの隣人を自分自身のように愛しなさい」（マタイ22・37、39）。また、愛をどのように受け取るべきかについてはこう言っています。「コリントの人たち、私たちはあなたがたに対して率直に話しました。私たちの心は広く開かれています。あなたがたに対する私たちの愛の心は、狭くなってはいません。むしろ、あなたがたの思いの中で狭くなっているのです。私は子どもたちに語るように言います。私たちと同じように、あなたがたも心を広くしてください」（第二コリント６・11－13）。

愛に満ちた心は、ちょうど心臓がそうであるように、**そこに血液が流れ込み、またそこから流**

れ出る必要があります。そして心臓と同じように、私たちの心もまた筋肉です。信頼筋です。この信頼筋は使われ、鍛えられなくてはなりません。傷を負うと、それは衰え、弱まります。

私たちはこの愛の機能に関して責任を持ち、それを用いなくてはなりません。隠された愛、拒絶された愛は、どちらもいのちを奪います。

また多くの人々が、どれだけ自分が愛に抵抗しているか、気づいていません。周りに愛が溢れているのに孤独感を覚えるのは自分が愛に応答しないからだ、と悟らないのです。彼らはしばしばこのように言います。「人の愛は私の心に『入って来ない』」。この表現は、応答する責任が自分にあることを否定しています。私たちは愛における責任を避けるため巧妙に立ちまわりますが、心が自分の所有物であることを認め、その領域における自分の弱点を克服する必要があります。そうすることでいのちが通うようになるのです。

私たちは、自分のたましいのこれら全ての領域について責任を負わなくてはなりません。これらはみな私たちの境界線の内側にあるものだからです。しかし、自分の境界線の内側のものを管理することは容易ではありません。他者に彼らの境界線の中のものを管理させることも同様です。境界線を設け、それを維持するには努力がいります。しかし次の章で見ていくように、境界線に

問題があるとき、それはいくつかの大変はっきりとした形をとって表れます。

第3章　境界線《バウンダリー》の問題

Boundaries

境界線について聖書から学ぶ一日セミナーをしたときのことです。セミナー終了後、ひとりの女性が手を挙げて次のような質問をしました。「私にも境界線の問題があることはわかります。しかし、浮気をした挙げ句、お金を全部持って逃げていったのは夫の方です。彼の境界線に問題はないのですか？」

境界線はよく誤解されます。一見すると、境界線に問題があるのは、自分で許容限度を決められない人の側のように思えます。しかし、他者の限界を尊重しない人もまた、境界線の問題を抱えています。前述の女性は限界の意識があやふやだったかもしれません。しかし、夫の方も彼女の限界を尊重しなかったのです。

この章では、境界線の問題をいくつかの種類に分け、考えを整理するための手がかりにしたいと思います。「ノーと言えない人」だけが境界線の葛藤を抱えているわけではないことがわかるでしょう。

迎合的な人たち――悪いことに「はい」と言う

「恥ずかしいことをお話ししてもいいですか?」ロバートが口を開きました。ロバートは私（ジョン）の新しいクライアントで、なぜ自分には妻の絶え間ない要求を退けることができないのか、その原因を探ろうとしていました。よその家族がやっていることをいちいち真似しようとして、破産寸前になっていたのです。

「私は四人きょうだいの末っ子で、唯一の男の子です。私の家庭には、喧嘩についての変なダブルスタンダードがありました」。ロバートは言いにくそうに咳払いをしました。「姉たちは、私より三歳から七歳年上で、私が六年生になるまで、彼女たちの方がずっと大きくて強かったのです。姉たちは自分たちの方が大きくて強いのをいいことに、あざができるまで私のことを引っ掻いたり殴ったりしました。本当に、さんざん痛めつけたのです。

でも、一番不思議だったのは両親の態度でした。彼らはいつもこう言いました。『ロバートは男の子だろう。男の子は女の子を叩いたりしてはいけない。それはマナー違反だ』。マナー違反だなんて！　相手は三人がかりで攻めてくるというのに、それに対抗するのがマナー違反なのでしょうか?」ロバートは言葉を止めました。恥ずかしさでそれ以上続けられないようでしたが、もう十分でした。彼の話から、妻との衝突の理由が少し明らかになりました。

境界線を引く、すなわち「ノー」と言うのはいけないことだと子どもに教える親は、「他人に欲しいままに振る舞わせよ」と言っているようなものです。そういう親は、邪悪な世の中に、子どもたちを無防備なままで送り出すことになります。その悪は、支配的な人、操作的な人、他人を食い物にする人や、さまざまな誘惑という形を取って現れます。

このような邪悪な世界にいても安全に感じるには、子どもたちは次のようなことを言えなくてはなりません。

- 「いいえ」
- 「反対です」
- 「しません」
- 「やらないことにします」
- 「止めてください」
- 「痛いです」
- 「それは間違っています」
- 「それは悪いことです」
- 「そこに触らないでください」

「ノー」と言う能力を阻むことは、その子にとって生涯のハンディキャップになります。ロバートのような障害を持つ大人は、ここで最初に取り上げるような境界線の傷を抱えています。つまり、悪いことに対して「はい」と言ってしまう習慣です。

このタイプの境界線摩擦は「**迎合**」と呼ばれます。迎合的な人たちの境界線は、曖昧で不明瞭です。他人の必要や要求に「溶け込んで」しまうのです。何かを求めてくる人たちから離れて、ひとりで立つことができません。たとえば、「付き合い上」という理由だけで、レストランでも映画でも、友人たちと同じものを好むふりをします。彼らは波風をたてないように、他人との違いを最小限にとどめます。まるでカメレオンのようです。しばらくすると周りに埋もれて見えなくなります。

悪いことに対して「ノー」と言えないと、いろいろな面に影響が及びます。生活の中の害悪を拒絶できないばかりか、**悪を認識することさえできなくなることがよくある**のです。迎合的な人たちが危険な、あるいは虐待的な関係を自覚するときには、すでに手遅れになっている場合が少なくありません。霊と感情の「レーダー」が壊れていて、自分の心を見守る能力がないのです（箴言４・23）。

この種の境界線問題は「ノー」と言う筋肉を麻痺させます。「ノー」と言って自らを守る必要があるときに、その言葉が喉元につかえて出てきません。理由は様々です。

- 相手の感情を傷つけることへの恐れ
- 見捨てられたり別れたりすることへの恐れ
- 他者に完全に依存したいという願い
- 他者の怒りに対する恐れ
- 罰せられることへの恐れ
- 恥をかくことへの恐れ
- 悪人または自分勝手と思われることへの恐れ
- 霊的でなくなることへの恐れ
- 過度に厳格で批判的な自分の良心への恐れ

この最後の恐れは実際には罪悪感として認識されます。過度に厳格で批判的な良心を持つ人たちは、神でも責めないようなことで自分を責めるのです。パウロが「良心が弱いために汚される」（第一コリント8・7　協会共同訳）と言っているとおりです。彼らは自分の内に住む非聖書的で批判的な「親」と衝突するのを恐れ、適切な境界線を必要以上に強化してしまうのです。

罪悪感に屈するとき、私たちは過酷な良心の言いなりになっています。過酷な良心に背くのが怖くて、他者と対決できません。つまり悪いことに対して「はい」と言ってしまいます。対決はさらなる罪悪感を生み出すからです。

聖書の言う「従順」は、このような迎合とは区別される必要があります。マタイの福音書九章一三節には、「わたしが喜びとするのは真実の愛。いけにえではない」とあります。言い換えれば、神が私たちに欲しておられるのは内側から従うこと（真実の愛）であり、外見は従順でも内側では恨みがましく思う（いけにえ）ようなものではないということです。迎合的な人は、自分の選択によってではなく恐れのゆえに、境界線をほとんど持たないまま、むやみに責任ばかりを負ってしまうのです。

回避的な人たち――良いことに対して「いいえ」と言う

リビングルームは急に静まりかえりました。この聖書研究会はかれこれ六か月にわたりクレイグス宅で集まっていましたが、突然親密さが増したようでした。その晩集まっていた五組の夫婦は、いつもの「叔母のセーラのために祈ってください」的なリクエストではなく、自分たちの生活の本当の悩みを分ち合い始めたのです。みな涙を流し、ただ善意でアドバイスするだけでなく、心から共感し、痛みを共有していました。ホスト役のレイチェル・ヘンダーソンを残して全員、順番に発言をしました。

この聖書研究会を立ち上げるにあたって、レイチェルは中心的な働きをしてきました。夫のジョーと二人でやり方を決め、他の夫婦たちに声をかけ、集まりのために家庭を開放しました。

しかし、リーダーとしての役割に追われて、自分の悩みについて打ち明けたことは一度もありません。他の人の悩みを聞く方に徹し、自分の問題を語ることは避けていたのです。この晩、他のメンバーはレイチェルの番を待ちました。

レイチェルは咳払いをしました。部屋を見渡し、ついに話し始めました。「この部屋にいるみんなの問題を聴きながら感じたんだけど、みんなが抱えている問題に比べれば、私の問題など取るに足らないと主は語っておられる気がします。私の小さな悩みのために時間を取るのはわがままですよね。だから……誰か、デザートが欲しい人はいますか?」

誰も口を開きませんでした。ただ、失望が皆の顔にありありと見てとれました。レイチェルがこれまで皆に手をさしのべてきたように、今度は皆がレイチェルに手をさしのべる機会を、彼女はまたもや避けてしまったのでした。

このような境界線の問題を「**回避**」と言います。良いことに対して「ノー」と言うことです。自分の必要を認識し、他者に中に入ってもらい、助けを求めることができない状態です。回避的な人たちは、自分に必要があるときに身を引いてしまいます。他者からの支援を求めないのです。

なぜ回避は境界線の問題なのでしょうか。この問題の中心にあるのは、境界線を壁と混同してしまうことです。境界線は本来「呼吸」できるようになっています。門のついた垣根のように、良いものを中に入れ、悪いものを外に出すことができます。壁は悪いものも良いものも中に入れることができません。誰も彼らに触れることができないのです。

神は私たちの個人的な境界線に門を与えてくださいました。私たちが安全な関係を楽しみ、破壊的な関係は避ける自由を持つためです。神ご自身を中に入れたり外に閉め出したりする自由さえお与えになったのです。

見よ。わたしは、戸の外に立ってたたいている。だれでも、わたしの声を聞いて戸を開けるなら、わたしはその人のところに入って彼とともに食事をし、彼もわたしとともに食事をする。
（黙示録3・20）

神は、たとえ私たちと関係を持つためであっても、私たちの境界線を侵《おか》そうとはなさいません。それは信頼関係に傷をつけることになるとご存知だからです。必要があるとき、悔い改めたいときに、自分自身を開いて神をお迎えするのは私たちの責任です。しかし、回避的な人たちにとっては、神に対しても人に対しても、自分を開くことはほとんど不可能なのです。

何も通さない壁のような境界線のせいで、回避的な人たちは神が認められた本当の必要に対しても頑なになります。彼らは自分の問題や当然の必要を、何か悪い破壊的なもの、恥ずかしいものと感じてしまうのです。

なかには迎合的であると同時に回避的な人もいます。少し前のカウンセリングセッションで、マーティーは自嘲的に笑って言いました。「パターンが見えてきたわ。誰かが私と4時間過ごしたいときには『ノー』と言えず、私が誰かと10分過ごしたいときにはお願いすることができないの。私の頭の中の配線を入れ替えることができればいいのに！」

マーティーのようなジレンマを体験している大人は大勢います。悪いことに「はい」と言い（迎合的）、良いことに「いいえ」と言う（回避的）のです。この二つの境界線問題を同時に持つ人たちは、害悪を拒絶することができないばかりでなく、自分が人には快く差しのべる支援の手を、人からは受け取ることができません。彼らはいつまでたっても枯渇感から抜け出せず、しかも失われたエネルギーをどこからも補充することができないのです。

迎合的で回避的な人たちは「逆転した境界線」と呼べる状況に陥っています。必要な場所には境界線がなく、あるべきではない場所に境界線を持っているのです。

支配的な人たち——他人の境界線を尊重しない

「辞めるって？　一体どういうことだ。いま辞めてもらったら困るんだよ！」スティーブはデスク越しにアシスタント・マネージャーを睨みつけました。フランクはスティーブの下で数年働いてきましたが、ついに嫌気がさしたのです。彼は自分の仕事に全力投球してきました。しかし、スティーブの要求はとどまるところを知りませんでした。

残業手当もなしに時間外の仕事を頼まれることが度々ありました。スティーブのごり押しによって休暇のスケジュールを変更したことも二度あります。しかし決め手となったのは、スティーブがフランクの帰宅後に電話やテキストメッセージによる連絡を入れ始めたことでした。たまに時間外に連絡がくるくらいなら許容できたでしょうが、ほぼ毎日、夕食時になるとフランクの家族は彼が上司と電話やテキストで打ち合わせをするのを食卓についたまま待たなくてはならなかったのです。

フランクは勤務時間を尊重してほしいと何度も訴えようとしたのですが、スティーブはフランクがどれだけ疲れているかなど、全く聞く耳を持ちませんでした。スティーブにはフランクがどうしても必要だったのです。フランクがいれば自分は見栄えが良かったのですから。それに、スティーブにとってフランクをこき使うのは簡単なことでした。

スティーブは、他者の境界線を聞いて受け入れることができない人でした。「ノー」と言われると、それなら相手の気持ちを変えてやろうと思ってしまうのです。このような境界線の問題は「**支配**」と呼ばれます。支配的な人たちは他者の限界を尊重することができません。自分で責任を負いたくないため、他者を支配してしまうのです。

優秀な営業担当者を育てるには「ノー」は「たぶん」、「たぶん」は「はい」であると教えよ、というジョークがあります。支配的な人たちは、まさにこのジョークを地で行きます。商品の売り上げを伸ばすのには役立つかもしれませんが、このような態度では人間関係は壊れてしまいます。高圧的、操作的、攻撃的な人と思われてしまいます。

他者の「ノー」に耳を貸せない人（「ノー」と言えない人とは違います）の一番の問題は、自分の責任を他者に投影する傾向があることです。自分自身が負うべき荷物を他人に負わせようとして、様々な方法を用いて支配するのです。

第2章でお話しした「巨石とリュックサック」を覚えていますか。支配的な人は、自分の巨石（危機や押しつぶされそうな重荷）だけでなく、リュックサック（個人的な責任）まで負ってくれそうな人を探します。もしスティーブが自分の仕事は自分の責任でこなしていたら、フランクも時にはひと頑張りしてスティーブに助けの手を差し出すことを厭わなかったでしょう。しかし、無責任な彼の肩代わりを押し付けられるプレッシャーのせいで、この有能な人は他に仕事を探さざるを得なくなったのです。

支配的な人には二つのタイプがあります。

1. 強引な支配者　このタイプの人たちは他者の境界線に耳を傾けようとしません。戦車のように他者の垣根を轢《ひ》き倒します。言葉で虐待することもありますし、身体的虐待を加えることもあります。しかしほとんどの場合、他者にも境界線があると気づいていないだけなのです。このような人たちはまるで「はい」だけの世界に住んでいるようなものです。他人の「ノー」が入る余地がありません。彼らは他者を変えようとし、自分が思い描く人生に、周りの世界を合わせようとします。そして自分には他者をそのままの姿で受け入れる責任があるなどとは思ってもみません。

強引な支配者の例にペテロがいます。イエスが弟子たちに自分が受けようとしている苦難や死、復活について語っていたとき、ペテロはイエスをわきに連れ出していさめ始めました。しかし、イエスはペテロを叱って言いました。「下がれ、サタン。あなたは神のことを思わないで、人のことを思っている」（マルコ８・33）。

ペテロは主の境界線を受け入れたくなかったのです。しかしイエスは、自らの境界線を侵したペテロと、ただちに対決なさいました。

２．操作的な支配者　操作的な支配者は、強引な支配者ほど正直ではなく、人を境界線の外に誘い出そうとします。巧みに「はい」と言わせるのです。自分の思いどおりに事を運ぶため、間接的に状況を操作します。彼らは他者に自分の重荷を運ばせるよう、そそのかします。罪悪感に訴えることもあります。

トム・ソーヤーが友達を丸め込んで自分の代わりに壁のペンキ塗りをさせたのを覚えていますか。彼は壁のペンキ塗りがあたかも特権であるかのように思わせたので、子どもたちはペンキを塗るために列を作ったほどでした！

イサクの息子のヤコブは双子の兄エサウをだまして長子の権利を奪い取りました（創世記25・29－34）。そして母親の助けを借りて、エサウの祝福を自分に与えるよう、父親をもだましたのです（創世27・1－29）。事実、ヤコブという名前は「だます者」を意味します。彼はうまく立ち回って、幾度となく他者の境界線を侵害してきました。

ヤコブの操作的で境界線を尊重しない生き方は、神が人の姿をとって現れ、ヤコブと対決するまで続きました（創世記32・24－32）。神は一晩中ヤコブと「格闘」し、それから彼の名前をイスラエルに変えたのです。イスラエルとは「神と戦った者」を意味します。神はヤコブのももの関節を外されました。

そしてヤコブは変わりました。もはや、ずる賢いことをしなくなり、正直になりました。新しい名前からもわかるように、彼の強引さは一層明確になりましたが、彼は攻撃的な性格を自分のものとして「所有」するようになったのです。操作的な支配者は、その不誠実さを正面から指摘されて初めて、責任をとり、悔い改め、自分や他者の限界を受け入れられるようになります。

操作的な人は、自分の中に他者を支配したいという欲求があることを認めません。自分の自己中心性を棚に上げます。彼らは箴言に出てくる姦通する女性のようです。「彼女は食べて口をぬぐい、『私は不法を行なわなかった』と言う」（30・20）。

信じがたいかもしれませんが、迎合的な人も回避的な人も、どちらも支配的であり得ます。しかし、強引であるよりは操作的でありがちです。たとえば、迎合的で回避的な人が感情的な支援を必要とするとき、彼らは友人に何か良い事をするかもしれません。愛のある行動を示せば自分もまた愛を受けることができるだろうと思うのです。そして返礼を期待しながら待ちます。時には何年も待つこともあります。特に、人の心を読むのが下手な人に対して良いことをした場合はそうなります。

このような状況の何がいけないのでしょうか。それは、これが愛の姿ではないことです。神が言われる愛は、自分の投資に対する見返りを期待しません。「自分の利益を求めない」のです（第一コリント13・5）。自分も良くしてもらおうと期待して他の人に良くすることは、他者を支配するための間接的な方法にすぎません。あなたがこのような策略を「受ける」側になった経験があるなら、お分かりでしょう。最初は賛辞や恩恵を受けるのですが、次の瞬間には、その厚意についていた値札に気づかなかったがゆえに、支配者の感情を傷つけているのです。

境界線の傷

ここであなたはこう思っているかもしれませんね。「ちょっと待って。どうして支配的な人が『傷ついた人』と呼ばれるのですか。彼らこそ傷つける側であって、傷ついた人ではないでしょう！」実際、支配的な人は他者に多くのダメージを与えます。しかし彼ら自身もまた境界線の問題を抱えているのです。水面下で何が起きているのかを見てみましょう。

支配的な人たちは、しつけられていない人たちです。自分の衝動や欲求を抑制する能力がほとんどありません。「人生において欲しいものを得ている」かのように見えるのですが、それでもまだ自分の欲の奴隷です。彼らは満足の遅延（訳注：後に得るさらに良いもののために現在の欲求を我慢すること）ができません。他者からの「ノー」を嫌がるのはそのためです。彼らが自分自身の境界線を守るようになるためには、何より他者の境界線に耳を傾けることを学ぶ必要があります。

また、支配的な人たちには自分の人生に関する管理・責任能力があまり有りません。ずっと強引に押し通すことや間接的に操作することに頼ってきたため、世の中で独力で機能することができないのです。唯一の救済策は、支配的な人たちが自分の無責任さの結果を自ら経験することです。

最後に、支配的な人は孤立しています。恐れや罪悪感、あるいは依存関係のゆえに彼らと一緒にいる人たちはいますが、正直に認めるなら、支配的な人は自分が愛されていると感じることは滅多にありません。他人が自分と一緒にいるのは、自分が裏で操っているからに過ぎないと、心の奥底でわかっているからです。もし脅したり操作するのを止めたら、見捨てられてしまうでしょう。そして、どこか深いところで、彼らは自分の孤独さに気づいています。「愛には恐れがありません。全き愛は恐れを締め出します」（第一ヨハネ4・18）。他者を恐怖に陥れたり罪悪感を味わわせたりしながら、同時に愛されることはないのです。

無反応な人たち——他者の必要に耳を貸さない

ブレンダの手は話しながら震えていました。「いつもなら、マイクに多少のことを言われても特に気になりません。でも、この二週間くらい、子どもの問題や仕事のストレスがたまっていたのか、とても気が弱くなっていたのだと思います。今回、彼の返事を聞いて怒りは覚えませんでした。ただ、傷ついたのです。とてもひどく傷つきました」

ブレンダは、ここしばらくの結婚生活の悩みを語っているところでした。彼女はマイクとの結婚は総じてうまくいっていると思っていました。マイクは家族を養っているし、熱心なクリスチャンであるし、父親としてもしっかりしていました。ただ、二人の関係においてブレンダの痛みや必要は受けとめてもらえなかったのです。

ブレンダによると、その出来事は特にどうということもなく始まりました。子どもたちを寝かしつけたあと、マイクと寝室で話をしていました。ブレンダは育児に関する恐れや仕事での自分の力不足について、マイクに打ち明け始めました。

すると、マイクは彼女の方を向いてこのように言いました。「自分が感じていることが気にいらないなら、感じ方を変えればいいじゃないか。人生は厳しいんだ。まぁ、どうしようもないよ、ブレンダ」

ブレンダは打ちのめされてしまいました。素っ気ない返答を予想しておくべきでした。もともと自分の弱みを表現するのは苦手で、冷ややかなマイクに対してはなおさらでした。今やブレンダは自分の感情を粉々に打ち砕かれたように感じました。マイクには彼女の悩みなど全く理解できていないようでした。理解したいとも思わなかったのでしょう。

なぜこれが境界線に関する問題なのでしょうか。ただ無神経なだけではありませんか。たしかにそういう部分もありますが、それほど単純なものではありません。境界線は、私たちが何に関して責任を負い、何に関しては負わないかという、自分の責任の範囲を表すものであることを思い出してください。私たちは他者の感情や態度や行いの責任を負うべきではありませんが、それでもお互いに**対して**一定の責任はあるのです。

単なる扶養者、また育児のパートナーとしてだけでなく、愛情ある夫として、マイクにはブレンダと気持ちを通わせる責任があります。ブレンダと心を通わすことも、自分のからだのように妻を愛することのうちです（エペソ5・28、33）。彼はブレンダの感情的な健康に**関して**は責任を負いません。それでも、**彼女に対して責任がある**のです。ブレンダの必要に応答できないマイクは、自分の責任を怠っていることになります。

愛の責任に対する関心が欠けているため「**無反応**」と呼ばれるこれらの人たちがとる行動パターンは、「あなたの手に善を行う力があるとき、受けるべき者にそれを控えてはならない」という箴言三章二七節の勧めとは正反対です。（この節の「力」とは私たちが差し出せるものや必要に応じられる度合いのことです。）ここでもう一つの鍵となるみことばは「自分に関することについては、できる限り、すべての人と平和を保ちなさい」（ローマ12・18）です。もう一度、この条件に目を留めてください。「自分に関することについては」です。受け入れようとしない人に平和を与えることはできません！

これらのみことばはどちらも同じことを言っています。つまり、神が私たちの人生に送り込んだ人に対して、一定の限度内で私たちは面倒を見たり助けたりする責任がある、ということです。自分にそれをするゆとりがありながら関わることを拒絶するなら、それは境界線に関する問題だと言えます。

無反応な人たちは次の二つのグループのどちらかに分けられます。

1．他者の必要に対して批判的な精神を持つ人たち。（自分自身の必要に対する嫌悪を他者に投影する。マタイ七章一−五節でイエスが語っている問題）このような人たちは自分自身が不完全であることを嫌うので、結果として他者の必要を無視するのです。

2．自分の欲求や必要に浸っているために他者を除外する人たち。（自己愛の一形態）

この自己陶酔を、他者を愛するためにまず自分自身の必要を満たすという、神から与えられた責任と混同しないでください。「それぞれ、自分のことだけではなく、ほかの人のことも顧みなさい」（ピリピ２・４）。神が私たちに自分自身の面倒を見ることを願っておられるのは、そうしてこそ、自らが危機に陥ることなく他者を助けられるからです。

支配的な人たちと無反応な人たち

支配的で無反応な人たちは、自分から視線を移して物事を見ることがなかなかできません。自分の悩みの責任は他人にあると思い込み、面倒を見てくれそうな人を探すのです。彼らは境界線の曖昧な人のもとに引き寄せられます。そのような人たちは人間関係において自然と多くの責任を背負い込み、それについて文句を言わないからです。さながら、お馴染みの人間模様ジョークのようです。「面倒見のいい世話焼きの人が、支配的で無神経な人と出会ったらどうなるでしょう？　答えは、結婚する！」

実際、これはもっともなことです。迎合的で回避的な人は、世話をする相手を探しています。彼らは相手の必要に「はい」と言い続け、自分自身の必要からは目を背けます。ここ

境界線の問題の要約

「いいえ」と言えない	「いいえ」を受け入れない
迎合的な人 罪悪感を覚えたり、他者によって支配される。境界線を設定できない。	**支配的な人** 強引あるいは操作的に他者の境界線を侵す。
「はい」と言えない	「はい」を受け入れない
無反応な人 愛する責任に対して境界線を引く。	**回避的な人** 他者からの愛を受けることに対して境界線を引く。

に支配的で無反応な人ほどうってつけの人がいるでしょうか。そして支配的で無反応な人たちは、彼らを責任から遠ざけてくれるような人を探しています。ここに迎合的で回避的な人ほどうってつけの人がいるでしょうか。

前頁の表は四種類の境界線の問題を示します。[1] あなたはどの境界線問題で葛藤していますか。

この表を見れば一目でわかるでしょう。

機能的境界線と関係的境界線

境界線に関する最後の問題は、機能的境界線と関係的境界線の区別についてです。**機能的境界線**とは、課題やプロジェクト、仕事などを完成させる能力を言います。成績、規律、自発性、計画性と関係があります。**関係的境界線**とは、自分が関わりを持つ人々に対して真理を語る能力のことです。

別の見方をすると、機能的境界線とは私たちのうちにある「マルタ」の部分で、関係的境界線とは「マリア」の部分と言えます（ルカ10・38―42）。マリアとマルタはイエスの友人でした。マルタが食事を用意する一方で、マリアはイエスの足下に座りました。マルタがマリアは手伝ってくれないと苦情を言うと、イエスは言いました。「マリアはその良いほうを選びました」（42節）。イエスはマルタが忙しくしているのがいけないと言ったのではありません。ただ、適切な時に適切なことをしていなかったということです。

優れた機能的境界線を持っているものの、関係的境界線は貧弱だという人たちが大勢います。つまり、課題はかなり高いレベルで遂行することができるけれど、友人に向かって「いつも遅刻されると困る」と言えないのです。この逆もあります。自分の不満や苦手なものを相手にきわめて正直に伝えられるものの、朝起きて仕事に行くことはできないという人もいるでしょう！

これまで様々な異なるカテゴリーの境界線について見てきましたが、では、境界線とはどのようにして作られるのでしょうか。持って生まれたように境界線を備えた人がいる反面、境界線を全く持たない人もいるのはなぜでしょうか。他の多くのことと同じく、これはあなたが育った家庭環境と大いに関わってきます。

第4章 境界線《バウンダリー》ができるまで

Boundaries

ジムは誰にも「ノー」と言えたためしがなく、上司に対してはなおさらでした。彼は大企業の運営管理者に昇進し、その信頼性から「おまかせジム」で通っていました。

しかし、自分の子どもたちからは「幽霊」という別名をもらっていました。ジムはほとんど家にいなかったのです。「おまかせジム」でいるためには、夜遅くまで職場で仕事をし、仕事上の付き合いで一週間に何度も外食し、週末でも出勤しなければなりませんでした。たとえ子どもたちと魚釣りや動物園に行く約束をしていたとしてもです。

ジムは頻繁に家を空けるのが良いことだとは思っていませんでした。しかし「こうすることで子どもたちに尽くしているのだ。こうやって子どもたちに楽な暮らしをさせているのだ」と自分に言い聞かせていました。妻のアリスは「お父さんのいない夕食」について、子どもたち（と自分）に「お父さんなりの私たちに対する愛情表現なのよ」と説明していました。そして、自分でもほとんどそれを信じていました。

しかしある晩、アリスはついに堪忍袋の緒が切れました。ジムを居間のソファに座らせると、言いました。「まるで母子家庭のように感じるのよ。初めのうちはあなたがいなくて寂しいと思っていたけど、もう何も感じなくなってしまったわ」

ジムはアリスと目を合わせないようにしながら答えました。「わかってる、わかってるよ。もっとみんなにノーと言えたらと自分でも思ってはいるんだ。だけど、なかなかそれができなくて……」

「あなたがノーと言える人を知っているわよ」。アリスはジムを遮って言いました。「私と子どもたちよ！」

この一言で、ジムの深いところで何かが切れました。痛み、罪悪感と恥ずかしさ、あきらめと怒り……。

言葉がジムの口をついて出てきました。「僕が好きでこんなふうにいつも他の連中の言いなりになっていると思うのか？　家族をがっかりさせて楽しんでいるとでも言うのか？」落ち着きを取り戻そうとジムは言葉を止めました。「アリス、僕は今までずっとこうだったんだよ。いつも人を失望させるのが恐かった。自分のこういうところが大嫌いだ。人生そのものが嫌でしょうがないよ。どうしてこんなふうになってしまったんだろう」

ジムはどうして「こんなふうに」なってしまったのでしょうか。彼は家族を愛していました。妻や子どもたちという彼にとって一番大切なものをないがしろにすることなど、ジムは全く望んでいませんでした。彼の問題は結婚した日に始まったわけではありません。それは子どもの頃からの、いくつかの重要な人間関係をとおして徐々に発達したのです。もはやこの問題は、彼の性格構造の一部になっていたのです。

境界線を構築する能力は、どうやって発達するのでしょうか。それを知るのがこの章の目的です。あなたの境界線がどこで崩れ始めたのか、あるいはコンクリートで固められてしまったのか、そしてどのようにそれを修復したらいいのか――などについて理解の手がかりになることを願っています。この章を読むにあたり、人生と発達に関するダビデの祈りを心に留めましょう。

神よ　私を探り　私の心を知ってください。
私を調べ　私の思い煩いを知ってください。
私のうちに　傷のついた道があるかないかを見て
私をとこしえの道に導いてください。
（詩篇１３９・23―24）

それが自ら招いたものであろうと、他者によって負わされたものであろうと、傷や欠陥があるのなら、神はあなたがその箇所を知ることを願っておられます。境界線の葛藤を作り出している主要な人間関係や力関係に光を当てていただくよう、神に求めてください。現在を修復し、より良い将来を確かなものにするためには、過去があなたの味方です。

境界線の発達

「狂気は遺伝する。それは子どもから受け継ぐ」というジョークがありますが、境界線は遺伝しません。形成されるものです。神が望んでおられる、正直で責任感があり、自由で愛に満ちた人間になるためには、子どもの頃から限界について学ぶ必要があります。境界線の発達は生涯続くプロセスです。しかし一番大切な段階は、私たちの人格が形作られる幼少期です。

　聖書は親たちに「若者をその行く道にふさわしく教育せよ。そうすれば、年老いても、それから離れない」（箴言22・6）と教えていますが、このみことばを誤解している親が大勢います。彼らは「その行く道」とは「子どもが行くべきだと親が思う道」だと思っているのです。境界線の摩擦がすでに始まっているのがおわかりでしょうか。

　この箇所が実際に意味しているのは、「神がその子どものために計画された道」ということです。言い換えれば、良い子育てとは、子どもを何かのクローンや完璧な理想像に仕立てようとして感情的に無理やり追い立てることではありません。良い子育てとは、神が子どもたちに用意しておられる将来を彼らが自分で発見し、その目標に向かって進むのを手伝うことです。

聖書は、私たちの人生は段階的に進むと教えています。ヨハネが「子どもたち」「若者たち」「父たち」に向かって手紙を書いているのは、それぞれの年代になすべき独特の働きがあるからです（第一ヨハネ2・12－13）。

境界線もまた、特定の明確な段階を経て発達していきます。実際、児童発達の専門家たちは、幼児や子どもたちが親とやりとりする様に注目して、境界線の発達を数段階に分類することに成功しています。

絆作り――境界線形成の基礎

ウェンディには理解できませんでした。何かしっくりこないのです。共依存に関するありとあらゆる本を読みました。自己主張と意志表現に関するオンラインの講義も受けました。「私にはできる！」と何度も自分に言い聞かせました。それにも関わらず、母親と電話で話すたびに、どんなアドバイスもテクニックも、どこかに消えてなくなってしまうのでした。

子どもたちの話をすると、決まって最後には、ウェンディの子育てのどこが足りないか、あれこれと言われました。母親は、「私はあなたより長く母親をやってるんだから、私の言うとおりにすればいいのよ」と言うのです。

ウェンディは母親の助言を快く思っていませんでした。アドバイスを受けることが嫌だったわけではありません。それどころか大歓迎でした。ただ、母親は自分のやり方が唯一絶対だと主張するのです。ウェンディは母親との関係を新しくしたいと願っていました。彼女の支配や、さり気ない批判、柔軟性のなさなどについて、思っていることを正直に言いたい。母親と大人同士の友情を築きたかったのです。

しかし言葉が出てきません。自分の気持ちを説明する手紙を書こうともしました。電話をする前には話す練習もしました。それでも、いざとなると動揺して口をつぐんでしまうのです。ウェンディは母親の前で従順に、感謝するそぶりをし、子どものように振る舞うのは得意でした。しかし後になると腹が立って、また言いくるめられてしまったと気づくのです。もうこの関係は一生変わらないのではないかと希望を失いかけていました。

ウェンディの悩みから、境界線を形成するにあたって必ず必要となるものが一つ見えてきます。どんなに自分に言い聞かせ、本を読み、学び、練習をしても、**神と人との支援関係を持たずして、境界線を引くことも発達させることもできないのです。**何があってもあなたを愛してくれる人たちとの深くて継続的な感情の結びつきができるまでは、限界を設定しようなどと考えてもいけません。

私たちの最も深い必要は、どこかに属すること、関係の中にいること、霊的・感情的な「家」

を持つことです。「神は愛です」とヨハネの手紙第一の四章一六節にあるように、神はそのご性質により、まさに関係の中におられます。愛とは関係を意味し、それは互いへの思いやりと責任を伴う人と人とのつながりなのです。

神がそうであるように、私たちにとって最も中心的な必要は、つながりを持つことです。創造されたばかりの完璧な世界にあっても「人がひとりでいるのは良くない」（創世記２・18）と神が言われたのは、結婚についてではありません。関係について語っておられるのです。私たちの周りにいる、信頼と絆で結ばれ、助けを求めることができる人たちとの関係です。

私たちは関係を持つように造られました。他者と感情的な結びつき（愛着）を持つことは、たましいの存在の基礎になるものです。この基礎にひびが入ったり欠陥があったりすると、境界線は発達できません。なぜでしょう？　それは、私たちが関係を持っていないと、衝突があったときに行き場がないからです。愛されているという確証がないと、できることは次の二つに限られます。どちらも良い選択とは言えません。

1．限界を設けて関係を失うリスクを負う。　これはウェンディの恐れでした。ウェンディは母親に拒絶され、一人きりになって孤立することを恐れていました。彼女は安心感を得るために、なおも母親とのつながりを必要としていたのです。

2．限界を設けずに他人の願いに捕らえられたままでいる。　母親に対する許容の限度を設けないことで、ウェンディは母親の願いに捕らえられたままでした。

ですから、幼児の発達における最初の課題は、母親や父親との間に絆を結ぶことです。幼い子どもたちは、自分がこの世に歓迎されていて安全であると学ぶ必要があります。赤ちゃんとの絆を作るには、母親と父親は情緒面において安定した、温かくて優しい、分かりやすい環境を用意してあげなくてはいけません。この段階での母親の仕事は、自分との結びつきを通して子どもをこの世との関係に招き入れてあげることです。（多くの場合、これは母親の仕事ですが、父親や他の保護者も同じようにすることができます。）

絆は、母親が子どもの必要に応答するときに作られます。そばにいてもらう必要、抱かれる必要、食べ物の必要、おむつを替えてもらう必要などです。母親は自分の必要を満たしてくれる存在だと身体で覚えるとき、赤ちゃんは優しくいつも変わらない母親像を吸収し、自分のものにします。

この段階の赤ちゃんは母親と自己を区別することができません。彼らは「ママと僕はひとつ」だと考えます。これは「**共生関係**」と呼ばれることがあります。母親と「寄り添って泳いでいる」ような感じです。この共生関係による結びつきのために、母親が近くにいないと赤ちゃんはパニックになるのです。母親以外に彼らを慰めることができる人はいません。赤ちゃんの中の母親像は、生まれてから数か月間の数多くの体験をもとに形造られます。母親が「寄り添う」ことによって達成されるのは「**情緒的対象恒常性**」と呼ばれる状態です。対象恒常性とは、たとえ母親から離れている時でも母親との一体感と安心感を子どもが心に持ち続けている状態を言います。様々な場面で変わらない愛情を体験することで、子どもの内側に自分は安全であるという意識が形成されます。子どもの心に組み込まれたのです。

対象恒常性は、聖書では「愛に根ざし、愛に基礎を置いている」（エペソ３・17）、また「（キリスト）のうちに根ざし、建てられ」（コロサイ2・7）と表現されています。ここからわかるのは、**神は、私たちがたとえひとりでいる時でも孤独感を抱くことがないように、神ご自身と人から充分に愛されることを望んでおられる**ということです。[2]

絆づくりは下準備です。初期の人間関係に慣れ、安心感を得るにつれ、子どもたちは境界線の発達に伴う分離や摩擦に耐えるための強固な基礎を築いていきます。

分離と個体化――たましいの構築

「まるで急にスイッチが入ったみたいだったわ」。ジェンは同じ教会の母親の会の友人に言いました。乳幼児を持つ母親が一緒に活動や会話を楽しむ会です。「一歳の誕生日にね――ちょうどその日よ――うちのヒラリーが、見たこともないような世界一気難しい子になっちゃったの。前の日までは、これが最後の食事とばかりにホウレンソウをもりもり食べていたのに、次の日には床に全部ぶちまけるようになったのよ！」

ジェンの話にうなずいたり微笑んだりしながら、他の母親たちも口を揃えて自分の子がちょうど同じころに人格が変わったようだったと言いました。機嫌が良くてあやしやすい赤ちゃんはどこかへ行ってしまい、不機嫌で要求ばかりする幼児になっていたのです。

何が起きたのでしょうか？　生後一年目に始まりおよそ三歳まで続くこの変化は、経験豊富な小児科医や児童療法士には周知の事実です。この変化は、時に混乱や無秩序をもたらしますが、実は全く正常なものです。子どもへの神のご計画の一部なのです。

幼児が安心感と愛着を得るようになると、次の必要が持ち上がってきます。赤ちゃんの自律性、つまり独立心が現れ始めるのです。児童の専門家はこれを「**分離と個体化**」と呼びます。「**分離**」とは、子どもが自分は母親とは違うのだと知覚する必要であり、「私ではない」という意識を体験することです。「**個体化**」とは、子どもが母親から分離し、アイデンティティーを発達させていく過程です。これは「私」を意識する体験です。

まず「私ではない」ものを意識しなければ「私」を持つことはできません。それはちょうど、木や薮が生い茂った土地に家を建てるようなものです。まず家を建てる場所に生えている木々を取り除かなければなりません。家を建てるのはそれからです。あなたも、まずは自分が誰でないのかを見極める必要があります。その上で、神があなたに与えられた正真正銘の真のアイデンティティーを発見するのです。

唯一記録に残っているイエスの少年時代の記述からも、この原則が見てとれます。イエスの父と母がイエスを残してエルサレムを出発した時のことを覚えていますか。彼らが戻ってイエスが宮で教えているのを見つけると、母親は彼を叱りました。それに対するイエスの言葉はこうでした。「どうしてわたしを捜されたのですか。わたしが自分の父の家にいるのは当然であることを、ご存じなかったのですか」（ルカ２・49）。言い換えれば、「お母さん、わたしにはあなたとは異なる価値や考えや意見を持っています」ということです。イエスは、自分が誰でなく、また誰であるかということを知っていたのです。

この分離－個体化のプロセスは、個が完成していくためのなめらかな移行期間ではありません。子ども時代に健全な境界線を築くために、非常に大切な三つの段階があります。それは分化期、練習期、そして再接近期です。

分化期――「ママと僕はひとつじゃない」

「あんまりじゃありませんか」。生後五か月の幼児を持つ母親が私に言いました。「四か月の間、私たちは、それはそれは幸せな時を持っていたんです。エリックが無邪気に私を頼ってくれる姿がとても愛おしくて。彼は私を必要としていましたし、私がいれば、彼は幸せでした。でも、それが突然変わってしまったのです。エリックは……何と言うかこう、落ち着きがなく、じっとしていられなくなって、私に抱かれるのを嫌がる時もありました。私よりも、他の人たちや、明るい色のおもちゃに興味を示すようになったのです！」
そして彼女の結論はこうでした。「つまりこういうことですよね。エリックは四か月間だけ私が必要だったのです。母親に残された仕事は、次の十七年半を費やして子どもを手放すことだというわけですね！」

この母親の言うことは大方当たっています。赤ちゃんは最初の五か月から十か月間に大きな変化を遂げます。「ママと僕はひとつ」から「ママと僕はひとつじゃない」へと移り変わるのです。この期間の中で、赤ちゃんは母親との受け身の結合から抜け出し、外の世界へと積極的に興味を示し始めるようになります。彼らは、外には大きくてワクワクするような世界があると気づき始めます。そして自分もその分け前にあずかりたいと思うのです！

この時期を児童心理学者は「分化期」または「孵化《ふか》期」と呼びます。これは新しいものごとを探索したり、触れたり、味わったり、感じたりする時期です。この段階の子どもたちは、まだ母親に依存していますが、もはや母親との親密さにくるまれているわけではありません。数か月にわたる養育が報われ、子どもは充分な安心感を持つようになり、冒険に出始めます。見る間に全速力で這い這いし始めます。彼らは何ひとつ見逃したくないのです。地理的な境界線が動いています。母親とは反対の方向にです。

分化期にある赤ちゃんの目を覗き込んでみてください。それは、神が彼のために創造された植物や動物や大地を前にして大きく見開かれたアダムの目です。発見への欲求や学習意欲が見てとれるでしょう。それについてヨブ記一一章七節にはこう書かれています。「あなたは神の深さを見極められるだろうか。全能者の極みを見出せるだろうか」。いいえ、できません。しかし、私たちは被造物を発見し、体験し、創造者を知るようにと造られたのです。

これは、初めて母親になった人にとっては難しい時期です。この章の最初に登場したお母さんのように、失望するかもしれません。自分自身がちゃんと「孵化」することのないまま大人になった女性にとっては、特に困難でしょう。赤ん坊との親密さや、必要とされ依存されることだけを求めるからです。このような女性たちは、何人も子どもを生んだり、なにかと乳児と時間を過ごそうとします。そして多くの場合、育児における「分離」の部分を楽しまず、自分と赤ちゃんの間に距離があることを好みません。これは母親にとっては痛みを伴いますが、子どもにとっては必要な境界線です。

練習期――「僕には何でもできるぞ！」

「でも、楽しくしていたいと思うことのどこがいけないのですか？　退屈するために生まれてきたわけではないでしょう」。デレクが抗議しました。四十代後半のデレクは、まるで大学生のような服装をしていました。しわも無く、よく日焼けした彼の顔は、中年男性にしては不自然に見えました。

どこかが変でした。デレクは、三十五歳以上の独身男性のグループから二十代三十代の男性グループに移りたいと牧師に相談していたのです。「彼らとはペースが合わないんですよ。僕はジェットコースターが好きだし、夜遅くまで出歩いたり、職を転々とするのが好きなんです。若さを保つことができるじゃないですか」

デレクのような人は、分離・個体化の第二段階、すなわち「練習期」から未だに抜け切れていません。練習期は、だいたい生後十ヶ月から十八ヶ月の頃で（後からまた戻ってきますが）、赤ちゃんは歩いたり言葉を使うことを学び始めます。

練習期は分化期とは劇的に異なります。分化期にある赤ちゃんは新しい世界に圧倒されていて、まだ母親にかなり頼っていましたが、練習期の子どもは母親を置き去りにしようとします。歩行という能力を新たに獲得して、自分は全能であるように思い始めます。歩き始めた幼児はウキウキして元気いっぱいです。そして急な階段を降りたり、フォークをコンセントに突っ込んだり、猫の尻尾を追いかけたりと、なんでもやってみたくなるのです。

デレクのようにこの段階にとどまっている人たちは、付き合うにはとても愉快な存在でしょう。ただし、彼らの大風呂敷や無責任さについてあなたが口を出さない限り、ですが。そんなことをすると、あなたは「興ざめな人」と言われます。そして、練習期の子どものような人と結婚している「興ざめな人」と話をするとよくわかるのですが、これほど疲れる仕事はありません。

箴言七章七節は、練習期から抜け出せずにいる若者について語っています。「浅はかな者たちを見ていると、若者のうちに、良識のない一人の若い者がいるのに気づいた」

　この若者にはエネルギーはありますが、衝動を押さえることができず、情熱にも境界線がありません。この段階から抜け出せない大人に多いのですが、性的に見境がなくなります。そして最後には死んでしまいます。「最後は矢が彼の肝を射抜く。それは自分のいのちがかかっているのを知らずに、鳥が罠に飛び込むようなものだ」（箴言7・23）。

　練習中の人は、自分は逃げ切ることができると思っています。しかし、つけは必ずまわってきます。

　練習期の幼児（彼らには全能という表現がぴったりです！）が親から最も必要とするのは、彼らの喜びには喜びをもって応答し、彼らが舞い上がるときには一緒に舞い上がり、そして安全のためのいくつかの限度を設けることです。子育ての上手い親は、ベッドで飛び跳ねる幼児と一緒に遊びます。子育てが下手な親は、飛び跳ねることを一切禁じて子どもを押さえつけるか、あるいは全く限度を設けず、そこに親のオレンジジュースやコーヒーがあっても自由に飛び跳ねさせてしまいます。（デレクの両親は後者でした。）

　練習期の子どもたちは、積極的であり自発的であることは良いことだと学びます。この時期の子どもたちに対して、やる気をくじくことなく首尾一貫した現実的な境界線を設ける親は、子どもがこの移行期を通り抜けるのを助けます。

「赤ちゃんの初めの一歩」を描いたポスターを見たことがありますか。中には描写が間違っているものもあります。子どもが両腕を大きく広げたお母さんの方へ、ためらいがちに進もうとしている構図です。現実は違います。ほとんどの母親は、こう報告します。「私はうちの子どもの初めの一歩を後ろから見ました！」練習中の幼児は安らぎとぬくもりを離れ、興奮と発見へと向かっていくのです。物理的・地理的境界線は、子どもが危険にさらされることなく行動を学ぶのを助けます。

練習期は、独立した個人へと向かう最終ステップに必要なエネルギーと意欲を子どもに与えますが、エネルギッシュな興奮がいつまでも続くわけではありません。車はいつもフルスピードでは走れません。短距離走者は何マイルも同じペースを保てません。同じように、練習期の子どもも次の段階、すなわち「再接近期」に移行せざるを得ないのです。

再接近期――「僕にはできないこともある」

再接近期（rapprochement）は「調和の取れた関係の回復」を意味するフランス語から来た用語で、この時期は生後十八か月から三歳頃までの間に訪れます。言い換えると、子どもが現実に戻ることです。過去数か月間恐いもの知らずだったのが、「僕はやりたいことが全部できるわけではない」という認識へと徐々に変わっていきます。子どもたちはこの世の中は恐ろしい場所だと気づきます。彼らは、まだ母親が必要だと実感するのです。

再接近期は母親とのつながりに戻って来る段階です。しかしこの時は前とは違います。今度は、子どもはより分離した自己をもって関係の中に入ります。それぞれ異なる考えと感情を持った二人の人間の関係です。そして、子どもは自意識を失うことなく外界と関わりを持つ用意ができています。

概して、これは子どもにとっても親にとっても難しい時期です。再接近期にある幼児は憎らしく、反抗的で、癇癪を起こしやすく、とにかく怒っています。まるで慢性の歯痛に苦しむ人のようです。

この時期の幼児が境界線を引くのに使う道具をいくつか見てみましょう。

怒り　怒りは人の友です。神は目的を持って怒りをつくられました。それは、何か直面すべき問題があることを私たちに知らせます。子どもにとって怒りとは、自分の経験が他の人の経験とは違うことを知るための方法です。自己と他者の区別をつけるために怒りを用いる能力は境界線です。怒りを適切に表現できる子どもは、後々《のちのち》の人生で誰かが自分を傷つけたり支配しようとしているときに、それを察知することができるのです。

所有権　再接近期には小さな子どもの語彙に「**私のもの**」「**私の**」「**私**」といった言葉が入ってきます。そのため、時には単なる「自己中心的」段階と誤解されることもあります。スージーは自分の人形を誰にも触らせたくありません。ビリーは遊びに来たお友達と自分のトラックで一緒に遊びたくありません。自己を形成していくうえで大切なこの過程は、クリスチャンの親にとって往々にして理解しがたいものです。「まぁ、あの困った罪の性質が、私の可愛い娘の中で醜い顔をのぞかせているわ」。親たちはそのように言い、友人たちもしたり顔で頷きます。「お友達と分け合ったり、親切にするようにといつも言っているのに、この子もやっぱり自己中心から逃れられないのね」

これは正しくもなければ聖書的でもありません。子どもが新たに発見した「私のもの」への執着は、確かに私たち生来の自己中心性にルーツを持っています。サタンがそうであったように「いと高き方のようになろう」（イザヤ14・14）と願う、私たち全てのうちにある罪深い堕落した性質の一部です。しかしながら、このような単純な理解は、私たちが神の似姿に造られたことは真に何を意味するのか、その全体像に考えが及んでいません。

神の似姿に造られたとは、所有権を持つこと、あるいは管理者であることも意味します。アダムとエバがこの地上を従え治めるために統治権を与えられたように、私たちもまた自分の時間、エネルギー、才能、価値、感情、行動、金銭など、第2章で触れた全てのものに対して良き管理者であるように求められています。「私のもの」という感覚がなければ、これらの資源を開発し、育み、守るための責任感を持ちようがありません。「私のもの」がなければ、神と神の御国に捧げるための自己も持ち得ないのです。

私のもの、私の、私、は悪い言葉ではないということを、子どもたちはどうしても知る必要があります。正しい聖書的な育児をすれば、子どもたちはいずれ犠牲を学び、寛大で愛に満ちた心を持つようになるでしょう。しかしそうなるためには、まず先に、充分愛された人格を持つことが必要不可欠なのです。「私たちは愛しています。神がまず私たちを愛してくださったからです」（第一ヨハネ４・19）。

「いや」「だめ」一語の境界線　再接近期の幼児は、人間の言語の中で最も大切な言葉の一つを頻繁に使います。それは「いや」や「だめ」という（英語の「ノー」に相当する）言葉です。分化期のうちに表れることもありますが、再接近期に完成します。これは子どもが最初に学ぶ、言葉による境界線です。

「いや」や「だめ」という言葉は、子どもが好きではないものから自分を分離させるのに役立ちます。子どもに選択する力を与えます。彼らを守ります。親が子どもの「いや」にどう対処するかは、その子の発達において非常に重要です。子どもがいつも同じ食べ物を拒絶することに気を留めなかったある夫婦は、後になるまでその子がその食べ物のうちの一つにアレルギーがあることに気づきませんでした！

この年齢の子どもが「いや」依存症になることはよくあります。昼寝や野菜を拒絶するだけでなく、アイスキャンディーやお気に入りのおもちゃにさえ背を向けます。彼らにとって「いや」と言うことの方が価値があるのです。自分が完全に無力だと感じないですむからです。

「いや」に関して、親にはやるべきことが二つあります。一つは、子どもに「いや」と言っても大丈夫だと感じさせてあげることです。それによって**子どもの境界線を励ます**のです。もちろん何でも自分の好きなことを選べるわけではありませんが、小さな子どもでも「いや」と言うことが尊重されてしかるべきです。賢い親なら、子どもが抵抗したからといって侮辱されたと思ったり怒ったりすることはありません。むしろ子どもが「いや」と言うときでも「はい」と言うときと同じくらい愛されているのだと感じさせてあげるでしょう。このような親は、子どもが「いや」と言ったからといって感情的に距離を置くことはせず、つながりを保ち続けます。多くの場合、親の片方が赤ちゃんの「いや」に疲れ果ててしまったなら、もう片方が助けてあげなくてはいけません。このプロセスには努力が必要です！

ある夫婦の娘は、叔母を訪問しても決してキスやハグをしようとはしませんでした。そのため叔母は傷つき、親はジレンマを感じていました。その女の子は、親しくしたがる時があるかと思えば、近寄りもせず見ているだけという時もありました。この夫婦は叔母の苦言に対し、このように言いました。「私たちはケイシーに、自分には人々に愛情を示す義務があるとは思って欲しくありません。自分の人生の舵は自分で握って欲しいのです」。彼らは、娘の「はい」は「はい」、「いいえ」は「いいえ」であるようにと願いました（マタイ5・37）。彼らは、娘が将来、悪に対抗できるように、「いや」と言う力を持って欲しかったのです。

再接近期の子どもを持つ親が直面するもう一つの課題は、**子どもが他者の境界線を重んじるよ**

うに助けてあげることです。子どもは、「いや」と言えるだけでなく、他者の「いや」を受け入れることを学ぶ必要があります。

親は子どもの年齢に応じて適切な境界線を引き、それを守らなくてはいけません。たとえば、おもちゃ屋で癇癪を起こされても負けないことです。店にあるおもちゃの半分を買い与えて子どもを黙らせる方が恥をかかずにすむとしてもです。また、タイムアウト（訳注：しつけのために一定の時間、部屋の隅などに座らせて一人で静かにさせておくこと）や、厳重に言い聞かせること、さらに必要とあればスパンクなども行使しましょう。「望みのあるうちに、自分の子を懲らしめよ。しかし、殺そうとまで考えてはならない」（箴言19・18）。言い換えると、手遅れになる前に、限度を受け入れることを子どもに教えなさいということです。

境界線の構築は三歳児に最もはっきりと見てとれます。この時期までに、子どもたちは以下の課題を習得しているべきです。

1. 自意識を放棄せず、人から離れる自由も失わず、他者と感情的に結びつく能力。
2. 愛を失うことを恐れずに他者に対して適切な「いや」「だめ」を言う能力。
3. 感情的に人から距離をとることなく他者からの適切な「いや」「だめ」を受け入れる能力。

これらの課題を見て、ある友人が冗談半分に言いました。「これを三歳までに身につけないといけないのかい？　四十三歳まででは駄目かな？」そうです、これは途方もなく難しいことなのです。しかし境界線の発達は、人生の早い時期が肝心です。

境界線が重要となる時期が、人生にはあと二回あります。一つは青年期で、これは幼少期の再現です。この時期には性的関心、性自認、競争、大人としてのアイデンティティーといった、より成熟した問題が関わってきます。しかし、この混乱しがちな時期においても、いつ誰に対して「はい」「いいえ」を言うかを知ることが中心課題なのは同じです。

二つめは成人初期、つまり家を離れたり、大学を卒業して就職したり、結婚したりという時期です。この時期の若い成人は、生活上の規律を失います。授業のベルも、他者から強制されるスケジュールもなく、恐ろしいほどたくさんの自由と責任、そして親密さや関与の要求などが出てきます。これは往々にして、適切な境界線の引き方についてさらに集中的に学ぶための時期となります。

適切な境界線を学ぶ時期が早ければ早いほど、人生の後になって混乱や不安を感じることが少なくてすみます。人生の最初の三年間で学ぶべきことを学べば、比較的順調な（完全に順調だというわけではありません！）青年期を過ごし、わりと無理なく成人期に移行できます。子ども時代に問題があっても、青年期に家族が大いに努力するなら、まだ何とかなるでしょう。しかし子ども時代と青年期の両方とも境界線に重大な問題を抱えたまま過ごすと、成人してから大変なことになりかねません。

児童発達に関する講演を聞いたある女性がこのように言いました。「私の幼少期や青年期がどうあるべきだったかを知ることは、確かに有益です。しかし本当に役に立つのは、何が悪かったのかを知ることです」。次に、私たちの境界線の発達がどこでおかしくなるのかを見ていきましょう。

境界線の傷――何がいけないのか？

境界線の問題は、数えきれないほどの出会いや、私たち自身の気質や性格に根ざしています。しかしながら最も重要な境界線の摩擦は、生まれてから数年間のうちに起こります。分離・個体化の三つの段階である分化期、練習期、再接近期のいずれか、あるいは全てにおいて見られるかもしれません。一般的に、損傷の時期が早く、程度が強ければ強いほど、境界線の問題は深刻になります。

内にこもる

「なぜだかわからないけど、とにかくそうなってしまうのよ」。イングリッドは友人のアマンダとコーヒーを飲みながら考え込みました。「ほんの些細なことでも、母と意見が合わないたびに、母がそこからいなくなってしまったような、とても嫌な感じがするの。彼女は傷つくと内にこもってしまうみたいで、そうなると私には引き戻すことができないのよ。愛する人と心が通わなくなったと思うのって、最悪の気分だわ」

正直に認めましょう。「ノー」と言われて嬉しい人はいません。支援や親しい付き合いや赦しを他の人に拒絶されるとき、それを受け入れるのは難しいものです。しかし良い人間関係は、拒絶し衝突する自由の上に築き上げられるものです。「鉄は鉄によってとがれ、人はその友によってとがれる」(箴言27・17)。

適切に「ノー」と言えることは、良い人間関係だけでなく、成熟した人格形成の基本でもあります。発達過程にある子どもは、自分の境界線が尊重されることを知る必要があります。**子どもが言うことを聞かなくても、好き勝手に振る舞っても、試行錯誤をしても、そのせいで愛するのをやめてしまわないことが非常に重要です。**

どうかこの点を誤解しないでください。親が子どもに許容限度を設けることは大切です。子どもはどの線は越えてはいけないのか、知る必要があります。過度な振る舞いを見せたときには、聖書的で年齢に応じた処遇を受けなければなりません。(実際、親が子どもたちに適切な境界線を設定し、それを維持しなければ、子どもたちは別の種類の境界線の傷を受けることになります。それについては次で述べます。)ここで言っているのは、子どもに無制限の自由を与えよということではありません。たとえ子どもが親に同意しないときでも、親は子どもの側にいて、つながりを保つ必要があるということです。だからと言って、親は怒ってはいけないという意味でもありません。子どもから身を引いてはいけないという意味です。

「神は罪を憎むが、罪人のことは愛される」とよく言われますが、これは本当です。神の愛はいつも変わらず「決して絶えることがありません」（第一コリント13・8）。小さな子どもが悪いことをしたときに、親が子どもとつながりを保ちつつ問題を取り扱う代わりに、子どもから距離を置いてしまうなら、神の変わることのない愛が正しく伝わりません。親が感情を傷つけられたり、失望したり、腹が立ったからといって身を引いてしまっては、子どもに「あなたがお行儀よくしている間は愛せるけど、お行儀よくしていない時は愛せないわよ」というメッセージを送ることになります。

子どもは、それをこのように受け取ります。「私がいい子にしていれば愛されるけど、悪い子にしていると見捨てられてしまう」

自分を子どもの立場に置いてみましょう。あなたならどうしますか。難しい決断ではありませんね。神は人々を愛情と関係を持つ必要のある存在として創造されました。子どもから距離を置いてしまう親は、実質上、霊的・感情的に脅迫しているようなものです。子どもにとっては、親に反対しないふりをして関係を保つか、あるいは親からますます遠ざかって、この世で一番大切な関係を失うかのどちらかです。十中八九、子どもはおとなしくしていることでしょう。

子どもが限界を設定しようとした時に親が身を引いてしまうと、その子どもは従順で愛に満ちた繊細な部分をますます際立たせ、発達させていきますが、同時に、自分の中の攻撃的な部分、真実を語ろうとする部分、独立した部分を恐れ、それらに不信感を抱き、憎むようになります。怒ったり、気難しくなったり、試行錯誤をする時に愛する人が自分から離れてしまうと、子どもは自分の中のそのような部分を隠すようになります。

　子どもに「あなたが怒るとお母さんは傷つくのよ」と言う親は、母親の感情を管理する責任を子どもに負わせていることになります。実際、**その子どもは、自分の親の親にさせられてしまっています。**時には二歳か三歳にしてそうなることもあります。「あなたが腹を立てるのはわかるわ。でも、そのおもちゃはあげませんよ」と言う方が、はるかに良いことです。そして親は、自分の傷ついた感情は、配偶者や友人、あるいは主のもとへ持っていけばいいのです。

　生まれながらの性質として、子どもたちは「全能」です。自分がいい子だったからお天気がよく、悪い子だったから雨が降る、という世界に生きているのです。そして自分のこと以外にも大切な必要や出来事があるのだと学んでいくにつれ、子どもたちは自分の全能性を徐々に手放していきます。しかし、幼少期の数年の間に、この全能性が境界線の傷に直接関わってきます。親が身を引くのを感じるとき、子どもたちはすぐに、お父さんやお母さんの感情は自分のせいなのだと思います。全能とはこういう意味です。「僕はお母さんやお父さんの身を引かせることができるくらい力があるんだ。気をつけなくちゃ」

　傷ついた声色を使う、理由もなく長時間沈黙するなど、微妙な形で感情的に内にこもる親もいます。あるいは大泣きする、病気になる、叫ぶなど、もっとあからさまな場合もあります。このような親を持つ子どもたちは、境界線を引くと、ひどい孤独に陥り見放されることになる、と恐れる大人になります。

境界線に対する敵意

「どうして僕がノーと言えないか、自分でその理由がわかりますかって？」ラリーはクスクスと笑いました。「もっと難しい質問をしたらどうですか？　僕は軍の中で育ちました。父の言葉は法律だったのです。そして父に同意しないことは即ち反抗だと見なされました。九歳のとき、一度だけ父と違うことを言ったことがあります。僕に思い出せるのは、激しい頭痛を感じつつ部屋の反対側で目を覚ましたということだけです。あとは、傷ついた感情の山ですね」

もう一つの境界線の傷は、先の傷より容易に見分けがつきます。それは境界線に対して親が持つ敵意で、子どもが離れようとすると親が腹を立てるのです。敵意は怒りに満ちた言葉、体罰、あるいは不適切な制裁などの形で現れます。

子どもに「私の言うとおりにしなさい」と言う親もいるでしょう。これはもっともなことです。親が子どものことに責任を持つのは、神が定めたことです。しかし、それに加えて「喜んでそれをしなさい」と言うなら、子どもは苛立ちます。子どもの心は親のそれとは別のものであることを否定するからです。「子どもがそれを喜んでするようにさせる」ことは、子どもを心理的に圧迫し、「神の歓心を買おうとする人」ではなく、「人の歓心を買おうとする人」（ガラテヤ1・10）にしてしまいます。

なかには子どもの境界線を批判する親もいます。

「もし私の言うとおりにしないなら、〇〇しますよ」
「何がなんでも私のやり方に従いなさい」
「母親に楯突くものではありません」
「おまえのその態度は変える必要があるぞ」
「あなたが不快に思う理由なんて無いはずよ」

子どもは親の権威と支配のもとにあるべきです。しかし子どもが成長の過程で自立していくことを親が罰するのであれば、子どもは恐らく傷つき、恨みを募らせてしまうでしょう。

このような敵意は、神が用意されたしつけの方法とは似ても似つかぬものです。しつけとは、結果を用いて自制を教えるための術《すべ》です。無責任な行動には、こんなことなら今後もっと責任を持とうと思わせるような痛みが伴うべきです。

「何がなんでも私の言うとおりにしなさい」というやり方は、子どもたちに従順なふりをすることを教えてしまいます。少なくとも、親がそばにいるところではそうです。「あなたには選択の余地があります」というやり方であれば、子どもたちは自分の行動には自分で責任を持つことを学びます。「ベッドを整えなさい。さもないと一か月間遊びに行ってはいけません」と言う代わりに、

「ベッドを整えればテレビゲームで遊んでもいいでしょう。でもベッドを整えないなら、今日はゲームで遊べませんよ」と言うのです。子どもは、親に従わないことでどの程度までなら痛みを受けてもいいか、自分で決断します。

神のしつけは「教える」のです。罰するのではありません。

霊の父は私たちの益のために、私たちをご自分の聖さにあずからせようとして訓練されるのです。すべての訓練は、そのときは喜ばしいものではなく、かえって苦しく思われるものですが、後になると、これによって鍛えられた人々に、義という平安の実を結ばせます。

（ヘブル12・10－11）

子どもたちが自分と異なる考えを持つことや、不従順や、あれこれ試してみることに対し、親がただ敵意を示すだけなら、子どもたちが訓練されることはありません。彼らは我慢することや責任を持つことの意義は学ばず、他人の怒りを避けることだけを学ぶのです。クリスチャンの中で、いくら聖書で愛について読んでいても、なぜ神の怒りを恐れる人たちがいるのか、不思議に思ったことがありませんか。

境界線への敵意がもたらす結果は、なかなか目には見えません。なぜなら子どもたちは従順そうな笑顔で覆い隠すことをいち早く学ぶからです。このような子どもたちが大人になったとき、彼らは鬱や不安感や人間関係における摩擦、さらには薬物乱用などといった問題に苦しみます。境界線に傷を受けた人たちの多くは、その時になって初めて、自分が問題を抱えていたことに気づくのです。

敵意を感じると、「ノー」と言うことも「ノー」を聞くことも難しくなります。子どもたちの中にはやがて他者との関係で容易に纏綿《てんめん》状態（訳注：人間関係内で互いの役割が曖昧になり依存し合うために、各人の自律性が阻害される状態）に陥る者も出てきます。あるいは外向きに反応して支配的になる子どももいます。ちょうど敵意に満ちた自分の親のようになるのです。

親の敵意に対して、二つの異なる反応があることを聖書は語っています。まず父親たちに「子どもたちを苛立たせてはいけません。その子たちが意欲を失わないようにするためです」（コロサイ3・21）と言います。厳しくされると親の言いなりになり、内にこもる子どもたちがいるのです。同時に、「子どもたちを怒らせてはいけません」（エペソ6・4）とも言っています。敵意に対して怒りをもって反応する子どももいるからです。その多くは、大人になると、ちょうど自分を傷つけた親のようになります。

過度の支配

過度の支配は、普段は愛情深い親が、子どもに誤った選択をさせまいとして厳しすぎる規則や制限を設けるときに起こります。たとえば、我が子を怪我や悪い習慣から守ろうとして他の子どもと遊ばせなかったり、子どもが風邪をひくのを恐れて曇りの日に雨靴を履かせたりといった具合です。

過度の支配は次の点で問題です。子どもを守り管理することは確かに親の大切な責任ですが、子どもが失敗をする余地も残さなくてはいけません。私たちは「経験によって」（ヘブル５・14）成熟へ進むのだということを忘れないでください。過度に支配された子どもは依存や纏綿状態に陥ったり、確固とした境界線を引くことや守ることができなかったりします。また、なかなか冒険したり創造的になれません。

限界の欠如

アイリーンは溜息をつきました。彼女が「へまをする」たびに、夫のブルースが週に二回は癇癪を起こすのです。今回ブルースが怒鳴っていたのは、晩にビリングス夫妻と出かける予定だったのに、急に日にちを変更しなければならなくなったためでした。アイリーンが当日の午後４時になるまでベビーシッターの手配を忘れていたのです。

アイリーンには、なぜブルースがそんな些細な事にこだわるのか理解できませんでした。彼には少し休養が必要なのかもしれない……（それだわ！）ハッとひらめきました。（休暇が必要なのよ！）休暇は一か月前に取ったばかりだったことを彼女は忘れていました。

アイリーンの両親は愛情に満ちていましたが、子どもには大変甘い人たちでした。彼らはアイリーンに自分のことは自分でするようにと教えることができなかったのです。しつけのためのタイムアウトも、自分の行いの結果を負わせることも、スパンクも、何もしませんでした。彼らは溢れるばかりの愛情と溢れるばかりの赦しがあれば、娘は立派な大人になるだろうと思っていたのです。

ですから、アイリーンが自分の行為の後始末をしなかったときには、いつでも母親が代わりにそれを行いました。家の車を三回ぶつけて駄目にしたときには、父親が彼女に専用の車を買い与えました。銀行の当座預金からお金を下ろし過ぎたときは、母親が黙ってそっとお金を足し入れました。「だって、愛は寛容なり、でしょう?」というのが彼らの言い分でした。

両親のアイリーンに対する限界の欠如は、彼女の人格形成にとってマイナスでした。アイリーンは愛情に満ちた妻であり、母であり、会社員ではありましたが、周りの人たちは彼女のだらしなく不注意な暮らしぶりにいつも苛立ちを覚えていました。彼女と付き合い続けるのは、彼らにとって大きな負担でした。しかし彼女は憎めないタイプだったため、面と向かって指摘することで彼女の気持ちを傷つけるのを誰もが避けていたのです。結果として、問題は解決されないままでした。

親の境界線の欠如は、敵意とは正反対の問題です。この場合も、聖書的なしつけがなされていれば、アイリーンが人格を発達させるのに必要な規律が与えられていたはずです。

時には、親の限界の欠如が感情的なつながりの欠如と相まって、非常に攻撃的で支配的な人間を生み出すことがあります。スーパーマーケットで四歳の子どもが母親を完全に支配している様子を見たことがあるでしょう。母親は息子に癇癪を止めるよう懇願し、嘆願し、脅します。そして最後には途方に暮れて、子どもが欲しがって泣いていたキャンディーを与えてしまいます。「でも、これが最後ですからね」と、なんとか支配権を保とうとするのですが、その時にはもう、支配権など跡形もなくなっているのです。

では、この四歳児がそのまま四十歳になったとしましょう。シナリオは変わっても、話の筋は同じです。彼が機嫌を損ねたとき、あるいは誰かが彼に対して境界線を引こうとするとき、同じ癇癪が噴出します。しかもその時にはすでに三十六年間、この世が彼に迎合してきたのです。彼が変わるためには、非常に強力で一貫性のある回復のプログラムが必要でしょう。時には入院、時には離婚、時には刑務所、時には病気といった状態を通して回復が訪れることもあります。しかし、人生のしつけから逃れられる人はいません。結局、否応なくしつけられるのです。私たちは常に、自分が蒔いたものを刈り取ります。それが人生の後になればなるほど、状況はより嘆かわしいものになります。なぜなら、それだけ失うものが大きいからです。

ここでは他人の境界線や必要をなかなか受け入れられない人について述べていますが、このような人たちも、厳格過ぎる境界線によって傷を受ける人たちと同じくらい、境界線の欠如によって傷を受けているのです。

一貫性のない限界

時々、子育てに関する混乱や、自分自身が受けてきた傷のせいで、厳しい限界と散慢な限界を併せ持ち、子どもに対して矛盾したメッセージを送ってしまう親がいます。そうなると子どもたちは、家庭や人生のルールがわかりません。

アルコール依存症の家庭は、しばしば一貫性のない限界を示します。親が、ある日は優しくて愛情に満ちているのに、次の日には不当に厳しかったりするのです。飲酒によって行動が変化するため、ことさらそうなります。

アルコール依存症は子どもの境界線に大きな混乱をもたらします。アルコール依存症の親に育てられた人たちは、人間関係の中に決して安心感を得ることができません。彼らは、相手にいつ失望させられるだろうか、突然攻撃されるのではないだろうかと、絶えずびくびくし、常に警戒しています。

アルコール依存症者を親に持つ成人にとって、限界を設定することは感情的に多大な苦痛を伴います。「ノー」という言葉は、尊重してもらえるかもしれないし、激しい怒りを引き起こすかもしれないのです。彼らはヤコブの手紙一章六節に出てくる「風に吹かれて揺れ動く、海の大波のよう」な、二心の人のように感じます。自分が何に関して責任を持ち、何に関しては持たないのか、よくわからないのです。

トラウマ

ここまでは、家族関係の特徴について取り扱ってきました。内にこもる、敵意を持つ、不適切な限界を設けるなどは、子どもに対する親の振る舞いでした。これらは長い時間をかけて子どもの心に刷り込まれていきます。

加えて、あるショッキングな出来事（トラウマ）が境界線の発達に損傷を与えることがあります。トラウマとは、性格的な傾向ではなく、激しい痛みを伴う感情的な体験です。感情的、身体的、性的虐待はトラウマになります。事故や衰弱性の疾患もトラウマになります。親の死、離婚、過度な経済的逼迫のような深刻な喪失もトラウマになります。

内にこもる、敵意を抱くといった性格に関わる傾向と、トラウマとの違いを見るためには、森の木がどのような状況で傷つくか考えてみるとわかりやすいでしょう。土地が痩せているために十分な養分が行き渡らなかったり、太陽の光や水分が多すぎる、または少なすぎると木にはよくありません。性格的傾向は、このようなものです。一方でトラウマは、雷が木に落ちるようなものです。

トラウマは、子どもの発達の基礎になる次の二点を揺るがすことで、境界線の形成に影響を与えます。

1. 世界はそこそこ安全である。
2. 私は自分の生活を管理することができる。

トラウマを経験する子どもたちは、これらの基礎が揺らぐのを感じます。彼らはこの世界にあって自分は安全に守られているのか、わからなくなります。そして危険が近づいても、自分の考えを何も持つことができず、怯えるようになるのです。

ジェリーは、両親から何年間も身体的虐待を受けていました。彼は若いころに家を出て、海兵隊に入りました。そして何度かの交際と結婚をしましたが、どれもうまくいきませんでした。外見は強そうに見える彼が、なぜか支配的な女性を求めてしまうのです。そして三十代になってセラピーを受けているとき、自分の中にあるその傾向を理解し始めました。彼はそのような女性が彼を「うまく扱える」ことにすっかり惚れ込んでしまうのです。そしてその女性に迎合するパターンができ上がり、ジェリーはいつも失う側にいたのです。

ある日のセッションで、ちょっとした言いつけを聞かなかったことで母親に顔を何度も叩かれたことがあったのを思い出しました。ジェリーは自分の身を守ろうと、空しい試みをしたことを鮮明に覚えていました。「お母さん、お願い。ごめんなさい。何でもお母さんの言うとおりにするから。お願い、お母さん」。ジェリーが無条件で母親に従うと約束したとき、彼を打つ手はようやく止まりました。この記憶が、妻やガールフレンドとの関係における彼の無力さと自制心の欠如に結びついていたのです。女性たちの怒りは彼をいつも怯えさせました。そして彼は、ただちに応じてしまうのでした。ジェリーの境界線の発達は、母親の虐待によって深くダメージを受けていたのです。

神は、トラウマの被害者に対して特に関心を向けられるようです。「心の傷ついた者を癒やすため、……わたしを遣わされた」（イザヤ61・1）。神はトラウマで傷ついた人を愛情に満ちた人々によって癒やすことを願っておられます。

ほとんどの場合、家庭内のトラウマの被害者は、人間関係において不適切または罪深い扱いを日常的に受けています。境界線から身を引くことや境界線に対する敵意が、トラウマを生み出す土壌をつくっているのです。

自分自身の性格的特性

誰かのことを、「あの人は生まれる前からそういう性格だった」、と言うのを聞いたことがありませんか。たとえば、あなたはいつも活動的で恐いもの知らず、常に新しい世界を求めていたかもしれません。あるいは、「いにしえの昔から」静かに物事に思いを巡らせることを好んでいたかもしれません。

境界線の問題は、私たちの個人的な性格によっても影響を受けます。たとえば、もともと非常に攻撃的な性格をしている人は、境界線の問題にも真っ向から対決します。あまり積極的でない人は、境界線からも尻込みします。

自分自身の罪深さ

私たち自身の堕落も、境界線の発達に問題を投げかけます。堕落とは、私たちがアダムとエバから受け継いだものです。それは神の被造物であることへの抵抗であり、謙遜への抵抗でもあります。自分の立場を受け入れようとせず、全能で「支配する」ことを慕い求め、誰も必要とせず、誰に対しても説明責任を負おうとしません。堕落は私たちを罪と死の法則につなぎます。そして、そこから私たちを救い出せるのはキリストだけです（ローマ8・2）。

さて、読者の皆さんにも境界線の問題や境界線の形成とはどんなことなのかがはっきりと見えてきたはずです。次に、境界線が私たちの人生の中でどのように働いていて、人生全体を通じてどのように発達していくべきか、聖書が語っていることを見ていきたいと思います。

第5章　境界線《バウンダリー》の十の法則

Boundaries

仮に、地球とは異なる原理が働いている惑星があり、あなたはその星の住人であるとします。その星には重力がなく、お金のような媒介物も存在しないとしましょう。そしてエネルギーや栄養は、飲食によってではなく、浸透作用によって摂取されます。そんな星に住んでいたあなたが、突然、何の前ぶれもなく地球にやって来てしまいました。

移動中の眠りから目覚め、空中に静止した宇宙船から一歩外に出たとたん、地面に墜落します。あなたは「痛っ」と声を上げますが、なぜ落ちたのかはよくわかりません。落ち着きを取り戻すと、少しあたりを探索してみることにしました。ところが、重力という新しい現象のせいで飛ぶことができません。そこで歩き始めます。

しばらくすると、不思議なことにお腹がすき、喉が渇いてきました。どうしたのでしょう。あなたが住んでいた惑星では、銀河系が体に栄養を自動的に補給してくれていたのに。幸い、あなたは地球人に出会い、食事が必要なのだと教えてもらいます。さらにありがたいことに、その人はジャックス・ダイナーというレストランを薦めてくれました。

教えられた道を通ってレストランに行き、必要な栄養が含まれている地球食を何とか注文します。たちまち気分が良くなりました。しかし、食べ物を持ってきてくれた人が、食べたものの代わりとして「十五ドル払え」と言います。あなたには彼が言っていることがさっぱりわかりません。さんざん口論をした挙句、制服を着た人たちがやって来て、あなたを連れ去り、格子のある小さな部屋へ入れてしまいます。「一体全体どうなっているんだ?」あなたは首をかしげます。

誰かに危害を加えるつもりなどなかったのに、訳の分からない「刑務所」とかいう所に入れられてしまいました。もはや自分の好きなように動きまわることができず、恨めしく思います。やりたいことをしようとしているだけなのに、足は痛くなるし、歩き過ぎて疲れるし、食べ過ぎてお腹も痛くなりました。良いところです、この地球という星は。


荒唐無稽な話だと思いますか? 機能不全に陥った家族、つまり神のやり方で境界線が機能していない家庭に育った人が社会に出るとき、実際この宇宙人のような体験をしているのです。今まで聞いたこともなかった霊的原理が様々な関係と人を支配している大人の世界に、突然やって来てしまうのです。彼らは傷つき、空腹を覚え、刑務所に入ることさえあるかもしれません。し

かし、現実に沿った行動をするための原則を全く知らず、むしろ現実に逆らっています。自分自身の無知に囚われ、そこから出られなくなっているのです。

神の世界は、法則と原理によって成り立っています。霊的な法則は重力と同じくらい現実的なもので、たとえ法則そのものを知らなくても、その結果は人の目に明らかです。人生や人間関係の原理を教わらなかったからといって、そこにあなたが当てはまらないわけではありません。私たちは人生に織り込まれている神の原理を知り、それに従って生きていく必要があります。以下に掲げる境界線の十の法則を学べば、あなたの人生は違ったものになっていくでしょう。

法則一「種蒔きと刈り取りの法則」

因果関係の法則は人生の基本となる法則です。聖書はそれを**種蒔きと刈り取りの法則**と呼んでいます。「人は種を蒔けば、刈り取りもすることになります。自分の肉に蒔く者は、肉から滅びを刈り取り、御霊に蒔く者は、御霊から永遠のいのちを刈り取るのです」（ガラテヤ６・７－８）。

人は自分が蒔いたものを刈り取ることになると神は言われますが、それは私たちを懲らしめているのではありません。神はただ世の中の道理を語っておられるだけです。タバコを吸えば、恐らくあなたはしわがれ声になるでしょう。肺がんになるかもしれません。お金を使い過ぎれば、債権者から電話がかかってくるでしょう。食べ物も買えず、飢えることになるかもしれません。

一方で、きちんと食事をとり定期的に運動をしていれば、風邪をひいたりインフルエンザで苦しんだりすることもあまりないでしょう。よく考えて予算を立てていれば、請求書が来ても支払いができるし、食料品を買うこともできるはずです。

しかし、時には自分が蒔いたものを刈り取らずにすんでしまうことがあります。本来自分が刈り取るべき結果を、他の誰かが横から刈り取ってしまうからです。もし、あなたがお金を使い過ぎるたびに、預金が底を尽かないようにと母親が口座に入金したり、クレジットカードの支払いを立て替えてくれるなら、あなたは自分のお金の使い方に関する刈り取りをしないですみます。あなたの行いの自然の結果として生まれるしつこい借金の取り立てや空腹などから、母親があなたを守っているのです。

この母親の例が示すように、種蒔きと刈り取りの法則を妨げることは可能です。妨げるのは、往々にして境界線を持たない人々です。テーブルから転がり落ちるグラスをキャッチして重力の法則を遮るように、無責任な人々をわざわざ助け出して、因果関係を意図的に変えてしまうのです。自らの行いの当然の結末から人を助け出してしまうと、その人はいつまでたっても無責任なままです。種蒔きと刈り取りの法則が無効になったわけではありません。依然として働いています。しかし、行動を起こした人がその結果に苦しむのでなく、他の人が苦しんでいるのです。

今日では、他者を繰り返し助けてしまう人のことを「共依存者」と呼びます。共依存に陥っている境界線を持たない人は、無責任な人の事実上の連帯保証人になっています。そして結局、彼らが物理的にも感情的にも霊的にも支払いを負担する一方で、肝心の浪費家は何の責任も負わずに勝手な振る舞いを続けます。愛され、甘やかされ、良い待遇を受け続けるのです。

しかし境界線を設定するなら、愛する人の人生の種蒔きと刈り取りの法則を妨げないですみます。境界線は、種を蒔く人に刈り取りも強いるからです。

無責任な人に面と向かって注意するだけでは助けになりません。私のクライアントは、よくこのようなことを言います。「でも、私はジャックにはっきり言っています。彼の行動について私がどう思っているかとか、彼は変わらなくてはならないということを、ちゃんと話しているのです」。現実には、その人は口やかましく言っているに過ぎません。ジャックにしてみれば、自分の行いは自分に何の痛みももたらしていないので、変わる必要を覚えないのです。**無責任な人に正面きって注意しても、その人にとっては痛くも痒くもありません。彼に痛みをもたらすのは、彼の行いの自然な結果だけです。**

もしジャックが賢明なら、面と向かって言われれば行いが変わるかもしれません。しかし、破壊的なパターンに陥っている人たちは、たいていの場合賢明ではありません。彼らの行動が変わるためには、まず自分の行いの結果を我が身に受ける必要があるのです。聖書は、愚かな人々を諭しても無駄であると言っています。「嘲る者を叱るな。彼があなたを憎まないために。知恵のある者を叱れ。彼はあなたを愛する」（箴言9・8）

共依存者が無責任な人を注意しても、自分自身に屈辱と痛みが返って来るにすぎません。実は、相手の人生における種蒔きと刈り取りの法則に介入するのをやめればいいだけなのです。

法則二「責任の法則」

境界線や、自分自身の人生に関して責任を持つようにという話を聞くと、多くの場合、人々は「なんと自己中心的なのでしょう。私たちは互いに愛し合い、自分を捨てるべきではありませんか」と言います。中には本当に我儘で自己中心的になったり、誰かに何かをしてあげたりするときに罪悪感を抱く人もいます。これらは、責任についての聖書的な理解ではありません。

責任の法則は、他者を愛することを含みます。「愛しなさい」という戒めは、クリスチャンにとって律法の全てです（ガラテヤ5・13－14）。イエスはそれを「わたしの」戒めと呼びました。「わたしがあなたがたを愛したように、あなたがたも互いに愛し合うこと、これがわたしの戒めです」（ヨハネ15・12）。あなたが他者を愛していないとき、あなたは自分に関する責任を十分に取っていないことになります。あなたは自分の心を放棄しているのです。

責任の境界線が混乱すると、問題が生じます。私たちは互いに愛し合うべきですが、それは互いになり代わることではありません。私にはあなたに代わってあなたの気持ちを感じることはできません。あなたに代わって考えることはできません。あなたに代わって行動することはできません。限界によってあなたが感じる失望を、あなたに代わって克服することはできません。つまり、あなたに代わって成長することは私にはできないのです。同様に、あなたが私に代わって成長することもできません。私たちの個人的な成長に関して聖書が命じていることは、「恐れおののいて自分の救いを達成するよう努めなさい。神はみこころのままに、あなたがたのうちに働いて志を立てさせ、事を行なわせてくださる方です」（ピリピ２・12－13）。あなたはあなた自身に関して責任があり、私は私自身に関して責任があるのです。

聖書は、自分がしてほしいように人にもすべきだ、とも言っています。私たちは、打ちのめされて無力で希望もないとき、間違いなく助けが欲しいと思うでしょう。これは「～に対して（to）」の責任における、とても重要な側面です。

「～に対して」の責任におけるもう一つの側面は、与えるだけでなく、他者の破壊的で無責任な行動に対して制限を設けることです。自らの罪のもたらす結果から人を助け出してしまうのは良くありません。同じことの繰り返しになるだけだからです。その人の行動パターンを補強してしまうのです（箴言19・19）。これは育児に関する原則と同じで、他者との間に限度を設けないことは傷を生み、破滅へと導くのです（箴言23・13）。

聖書が一貫して強調するのは、必要に対しては与え、罪に対しては制限を設けるべきだということです。境界線は、まさにこのことを助けます。

法則三「力の法則」

「十二ステップ」（訳注：依存症者などの自助グループで用いられている回復のためのプログラム）の運動がキリスト教界で大きくなってくるに従い、セラピーや相互援助のグループに参加するクリスチャンは同じような戸惑いを口にします。「私には自分の行動をどうすることもできないのでしょうか？　もしそうなら、どうやって責任を持てるようになれますか？　私には何をする力があるのでしょうか？」

「十二ステップ」も聖書も、人は道徳的に破綻していることを認めなければならないと教えます。アルコール依存症者は自分がアルコールに対して無力であることを認めます。自分には自制の実がないことを認めるのです。依存症に対して無力であり、ちょうどパウロが「私には、自分のしていることが分かりません。自分がしたいと願うことはせずに、むしろ自分が憎んでいることを行っているからです。……私は、したいと願う善を行わないで、したくない悪を行っています。……私のからだには異なる律法があって、それが私の心の律法に対して戦いを挑み、私を、からだにある罪の律法のうちにとりこにしていることが分かるのです」（ローマ7・15、19、23）と言っていたのと同じです。これが無力さというものです。ヨハネは、私たちは皆このような状態にあり、それを否定するなら自分を欺くことになると言っています（第一ヨハネ1・8）。

このようなパターンを打破する力をあなたは自分では持っていませんが、後に勝利の実をもたらすはずのことを行う力は持っています。

1．**あなたには、自分の問題をありのままに認める力がある。**聖書はこれを「告白」と呼んでいます。告白とは「同意する」という意味です。あなたには少なくとも「それは私です」と言う能力はあります。まだ問題を変えることはできないかもしれませんが、それを告白することはできます。

2．**あなたには、自分の無力さを神に差し出す力がある。**助けを求めたり自らを委ねることはいつでもできます。あなたには、へりくだって神に自分を差し出す力があるのです。自分で自分を治すことはできないかもしれませんが、「医者」を呼ぶことはできます！　聖書の中の「へりくだりなさい」という戒めには、いつも素晴らしい約束が伴います。告白、信じる、助けを求めるなど、あなたにできることをするなら、神があなたにできないこと、すなわち変化をもたらしてくださるのです（第一ヨハネ1・9、ヤコブ4・7−10、マタイ5・3、6）。

3．**あなたには、自分の境界線の内側にあるものをますます明らかにしてもらうよう、神と人とに求める力がある。**

4．**あなたには、自分の中にある悪に背を向ける力がある。**これは「悔い改め」と呼ばれます。完璧になるという意味ではありません。自分の罪深い部分を見て、変えたいと思うようになるということです。

5．**あなたには、成長の過程で負った傷や子ども時代から引きずっている必要について、へり**

くだって神と人から助けを求める力がある。あなたが持つ問題の多くは、内側が満たされていないことに起因します。そこであなたは、神と人とにその必要を満たしてもらうよう求めなくてはなりません。

6．あなたには、自分が傷つけた人と向き合い、関係を修復する力がある。自分自身と自分の罪に関して責任を取り、あなたが傷つけた人に対して責任を取るためには、これを行う必要があります。マタイの福音書五章二三、二四節はこう告げています。「ですから、祭壇の上にささげ物を献げようとしているときに、兄弟が自分を恨んでいることを思い出したなら、ささげ物はそこに、祭壇の前に置き、行って、まずあなたの兄弟と仲直りをしなさい。それから戻って、そのささげ物を献げなさい」

一方で境界線は、あなたが何に対しては力を持たないのかも明らかにします。それは、境界線の外側にあるもの全てです！「平静の祈り」が何と言っているか、耳を傾けてみましょう。（恐らく、これほどうまく表現された境界線の祈りは他にないでしょう。）

神よ、私にお与えください
変えることのできないものを受け入れる平静な心を
変えることのできるものは変える勇気を

そしてそれらを見分ける知恵を

言い換えれば、「神よ、私の境界線を明らかにしてください！」という祈りです。神に変えていただくよう自らを差し出すための努力は、あなたにできることです。しかしそれ以外は、天気も、過去も、経済も、あなたには変えられません。特に他者を変えることはできません。**あなたには他者を変えることはできないのです。**どんな病気で苦しむよりも、他者を変えようとして苦しむ人が大勢います。しかしそれは不可能なのです。

あなたにできるのは、他者に影響を与えることです。ただしこれには秘訣があります。あなたには他者を変えることはできないので、彼らの破壊的な行動パターンがこれ以上あなたに及ばないように、あなた自身が変わらなくてはならないのです。彼らとの付き合い方を変えましょう。それまでのやり方が通用しなくなれば、彼らは変わろうと思うかもしれません。

他者を変えることを放棄するときに起こるもう一つの変化は、あなた自身が健やかになることです。彼らはあなたの健やかさに気がつき、うらやむかもしれません。自分もその健やかさが欲しいと思うかもしれません。

最後にもう一つ。何があなたで、何があなたでないかを見分けるための知恵が必要です。あなたには何を変える力があり、何を変える力はないのか、見分ける知恵を求めて祈ってください。

法則四「尊重の法則」

人が自分の境界線の問題について話すとき、何度も出てくる言葉があります。それは「彼ら」です。「私がノーと言えば、**彼ら**は私を受け入れないでしょう」。「私が限度を設けたら、**彼ら**は私に腹を立てるでしょう」。「私の本当の気持ちを話したら、**彼ら**は一週間は私と口を聞いてくれないでしょう」

私たちは他者がこちらの境界線を尊重してくれないことを恐れます。人のことに気を取られるあまり、自分自身がよくわからなくなります。時には、他者の境界線を裁いて問題を起こすのは私たちの方だったりします。次のようなことを言ったり思ったりするのです。

「どうしてちょっと立ち寄って、私を一緒に乗せて行ってくれないのかな。通り道なのに！『一人になる時間』なら他にいくらだってあるでしょうに」

「会合に来てくれないなんて、なんて身勝手なんだろう。他の人は自分の時間を犠牲にしているというのに」

「『駄目だ』って、一体どういうことなんだ。ほんのしばらくお金が必要なだけなのに」

「私はあなたに、あれだけいろんなことをしてあげたのだから、一つくらい私のお願いを聞いてくれてもいいじゃないの」

私たちは他者の境界線の引き方を裁きます。彼らがどのように与えるべきか、私たちの方がよく知っていると思うのです。そしてたいていの場合、それは「彼らは私がして欲しいと思うようにすべきだ！」ということを意味します。

しかし聖書は、私たちが裁くなら、私たちもまた裁かれると言っています（マタイ7・1－2）。私たちが他者の境界線を裁くとき、私たちの境界線もまた同じ裁きを受けます。もし他者の境界線を非難するなら、彼らも私たちの境界線を非難するでしょう。これによって私たちの内側で、恐れが恐れを生み出し、引くべき境界線を引くことに不安を抱くようになります。結果として相手に合わせ、後から恨み、私たちが「与えた愛」は不快なものとなってしまうのです。

ここで**尊重の法則**が必要になってきます。イエスが言われたように、「人からしてもらいたいことは何でも、あなたがたも同じように人に」すべきです（マタイ7・12）。私たちは他者の境界線を尊重する必要があります。自分自身の境界線を尊重してもらおうと思うなら、他者の境界線を愛する必要があるのです。自分ならこうして欲しいと思うやり方で、私たちもまた他者の境界線を扱うべきです。

私たちに「ノー」と言う人を私たちが愛し尊重するなら、彼らもまた私たちの「ノー」を愛し尊重するでしょう。自由は自由を生みます。私たちが御霊によって歩んでいるなら、私たちは他者に自分で選択をする自由を与えます。「主の御霊がおられるところには自由があります」（第二コリント3・17）。もしどうしても私たちが裁くのであれば、「自由をもたらす完全な律法」（ヤコブ1・25）による裁きでなければなりません。

私たちが他者に関して真に心を寄せるべき問いは、「私ならやるだろうこと、あるいは私が彼らにやって欲しいことを、彼らはやっているだろうか？」ではなく、「彼らは本当に自分の意志で自由に選択しているだろうか？」です。私たちが他者の自由を受け入れるなら、彼らが境界線を引いたからといって、怒ったり、罪悪感を持ったり、あるいは愛することをやめてしまったりはしません。他者の自由を受け入れるなら、自分自身の自由についても快く思えるのです。

法則五「動機の法則」

スタンは混乱していました。受けるよりも与える方が幸いであると聖書で読みましたし、教会でも学びました。しかし、それが真実だとあまり感じられなかったのです。彼が「いろいろとやってあげた」結果、感謝されたと感じることは滅多にありませんでした。彼は自分の時間とエネルギーに対して、周りの人たちがもっと考えてくれたらいいのにと思いました。それでも、誰かが彼に何かを頼めば、やってあげるのでした。これは愛の行為だと思っていましたし、彼は愛のある人になりたかったのです。

ついにスタンは、疲れが溜まりに溜まって鬱になりかかり、私のところにやって来ました。どうしたのか尋ねると、彼は「愛しすぎたのです」と答えました。

「どうやったら『愛しすぎる』ことができるのですか?」私は尋ねました。「そんな話は聞いたことがありませんよ」

「いえ、簡単ですよ」スタンは言いました。「人のために、僕がやらなくてもいいようなことまで、いろいろとやってあげるのです。そうすると、僕はとても落ち込むのです」

「あなたが何をしているのか私にはよくわかりませんが、少なくともそれは愛ではありませんね。聖書は、真の愛は私たちを祝福し、喜びをもたらすと言っています。愛は鬱ではなく、幸せをもたらすものです」

「どうしてそうおっしゃるのですか。僕は皆のためにそれはそれは多くのことをしています。僕は与えに与えています。どうして僕には愛がないなんて言うのですか?」

「あなたの行いの実からわかるのですよ。愛があるなら、落ち込むのではなくて、幸せを感じているべきでしょう。あなたが人のためにどんなことをしているのか、少し聴かせていただけませんか?」

しばらく話をしているうちに、スタンは自分の「行い」の多くが、愛からではなく、恐れから出たものであることがわかりました。小さい頃、彼が母親の思いどおりにしないと、母親は彼に愛情を示さなくなると知ったのです。結果として彼は、嫌々ながら与える習慣を身につけました。

彼が与える動機は、愛ではなく、愛を失うことへの恐れだったのです。

スタンはまた、他者の怒りを恐れていました。子どもの頃、父親がよく彼に向かって怒鳴ったので、怒りを伴う衝突を恐れるようになりました。この恐れのせいで、人に「ノー」と言えなくなりました。自己中心的な人は、他者が「ノー」と言うとよく怒るものです。

スタンは愛を失ったり、人を怒らせるのが怖くて「はい」と言っていました。このような誤った動機は、私たちが境界線を設定するのを妨げます。

1．**愛を失うこと、または見捨てられることへの恐れ**。「はい」と言ってから後になってそれを後悔する人たちは、他者からの愛を失うことを恐れています。彼らは愛を得るために与えるのですが、愛を得られないと、見捨てられたように感じます。

2．**他者の怒りへの恐れ**。ある人たちは、過去の傷や未熟な境界線のために、他者の怒りを受けることに耐えられません。

3．**孤独への恐れ**。愛を「勝ち取り」、孤独に終止符を打つことができると考え、他人に譲歩する人もいます。

4．**内側にある「善人の私」を失うことへの恐れ**。私たちは愛するために造られました。その結果、愛していないと痛みを感じるのです。「あなたを愛しているから、それをしたくありません」と言える人は、あまりいません。そのような言い方は、彼らにとって納得がいかないのです。彼らにとって、愛とはいつでも「はい」と言うことだからです。

５．**罪悪感。**　多くの人が罪悪感から与えています。内側にある罪悪感を払拭し、いい気分でいるために十分な良い行いをしようと努力しています。彼らは「ノー」と言うとき、居心地の悪い気持ちになります。そこで、自分は良いことをしていると思うために努力し続けるのです。

６．**払い戻し。**　恩着せがましいことを言われながら何かを受け取った経験がある人は大勢いるでしょう。たとえば、親が「お母さんは、あなたがもらっているほど良いものを持っていたためしがないわ」、「それだけもらっておいて、よく恥ずかしくないわね」などと言うのです。子どもは自分が受け取ったもの全てに対して、支払いをしなければならないように思ってしまいます。

７．**承認。**　多くの人が、今も親からの承認を得たい子どものような感覚でいます。そのため、誰かから何かを求められると、この象徴的な「親」である相手を「喜ばせる」ために与えないといけないと感じるのです。

８．**他者の喪失感に対する過剰な同一化。**　多くの場合、人は自分自身の失望や喪失を適切に処理できないでいます。そのため、自分が「ノー」と言えば他の人を失望させるかもしれないと思うと、相手の悲しみを何倍にも「感じて」しまいます。他者をそんなにも傷つけるのはいたたまれないので、相手に譲歩するのです。

以上をまとめると、こういうことです。私たちは「自由」であるように召されており、その自由は感謝や喜びが溢れ出る心、そして他者への愛を生みます。豊かに与えることには素晴らしい報いがあります。受けるより与えるほうが幸いだというのは真実です。もし、与えることがあなたに喜びをもたらしていないなら、**動機の法則**を見直す必要があるでしょう。

動機の法則は「自由が一番、奉仕は二番」と言います。恐れから解放されるために奉仕をするなら、必ず失敗に終わります。まずは神に恐れを取り扱っていただき、それを解決していただきましょう。その後、あなたが召されている自由を守るための健全な境界線を築くのです。

法則六「見極めの法則」

「でも、もし私がそれをしたいと言ったら、彼は傷つくんじゃありませんか？」ジェイソンは尋ねました。ビジネスパートナーが良い成績を上げていない仕事について、自分が担当を代わってやってみたいと言うので、私（ヘンリー）はそのことについてパートナーと話してみるよう勧めたのです。

「確かに彼は傷つくかもしれませんが、それのどこがいけないのですか？」そう私は答えました。

「だって彼を傷つけたくありませんから」。ジェイソンは当然でしょうと言わんばかりに私を見ました。

「彼を傷つけたくないという気持ちはよくわかりますが、それはあなたが下さなくてはならない決断と、どういう関係があるのですか？」

「彼の気持ちを考慮に入れないで決定するなんて、できるわけありませんよ。残酷じゃないですか」

「あなたのおっしゃるとおりですね。それは残酷でしょう。で、いつ彼に話すつもりですか？」

「彼にそれを言ったら傷つくだろうと、たった今言ったじゃないですか。それは残酷だろうと」。彼は当惑したように答えました。

「いいえ、言っていませんよ。私は、彼の気持ちを考慮に入れずに話すのは残酷だろうと言ったのです。それは、あなたがすべきことをしないでいることとは全く別の話です」

「何がどう違うのか私にはわかりません。どちらにしても彼を傷つけるじゃないですか」

「しかしそれが彼の害になるわけではありません。そこが大きな違いですよ。それどころか、その傷は彼を助けることになるでしょう」

「いよいよわからなくなりました。彼を傷つけることが一体どう彼を助けることになるのですか？」

「そうですね。歯医者に行ったことはありますか？」私は尋ねました。

「もちろんありますよ」

「虫歯の治療で歯を削られたとき、あなたは痛い思いをしましたか？」

「ええ」

「歯医者はあなたに害を及ぼしましたか？」

「いいえ、おかげで虫歯が良くなりました」

「痛みを与えることと害を与えることは違うのです」。私は説明しました。「虫歯になるようなお菓子を食べたとき、痛みましたか？」

「いいえ、美味しかったです」。彼はだんだんわかってきたという表情で笑顔を見せて言いました。

「それはあなたに害を与えましたか？」

「はい」

「それが私の言いたかったことです。痛みをもたらすものが常に害であるわけではありません。実際、むしろ益になることもあります。そして、心地良いことが大いに害になる場合もあるのです」


あなたは境界線を引くことによる効果を見極め、相手に対して責任を果たす必要があります。

しかしそれは、誰かが傷ついたり怒ったりするからといって境界線を設定するのを避けるべきだという意味ではありません。境界線を持つこと――ジェイソンの場合、パートナーに「ノー」と言うことでしたが――は、目的のある人生を生きるということなのです。

イエスはこれを「狭い門」と呼びました。「滅びに至る広い門」から入り、必要な場所に境界線を引かないでいることは簡単です。しかし、その結果はいつでも「滅び」なのです。正直で目的のある人生だけが良い実を結びます。境界線を引く決断は難しいものです。そこには意志決定や他者と向き合う必要があるからです。そうするとき、愛する誰かに痛みをもたらすことになるかもしれません。

私たちが意志決定をするときにもたらされる痛みを考慮に入れ、その痛みに共感することは必要です。たとえばサンディの場合はどうでしょうか。サンディはクリスマス休暇に実家に帰って家族と共に過ごすよりも、仲間たちとスキーに行く方を選びました。母親はがっかりしましたが、害を受けたわけではありません。サンディの決定は母親に悲しみをもたらしました。しかし母親が悲しむからといってサンディは気持ちを変えるべきではないのです。母親の痛みに対する愛のある応答はこのようなものでしょう。「お母さん、私も一緒にクリスマスを過ごせなくて悲しいわ。でも、夏に帰るのを楽しみにしているわね」

娘の選択の自由を尊重するのであれば、サンディの母親は「クリスマスに帰って来てもらえないのはとても残念だけど、お友達と楽しい旅行になるといいわね」と答えるでしょう。彼女は失望を自分のものとしながら、なおかつサンディが友人と共に時間を過ごすという決定を尊重します。

他者の意に沿わない決定をするとき、私たちはその人に痛みをもたらします。間違いを犯している人を正面から諭すこともまた、痛みをもたらします。しかし、私たちが怒りを他の人と分かち合わないでいると、苦みや憎しみが入り込みます。自分が傷ついたとき、それについて互いに正直である必要があるのです。「それぞれ隣人に対して真実を語りなさい。私たちは互いに、からだの一部分なのです」(エペソ4・25)。

鉄が鉄を研ぐように、私たちも成長するために互いに向き合い、真理を語り合う必要があります。自分について否定的なことを聞くのを喜ぶ人はいません。しかし長い目で見れば、それは私たちにとって良いことです。私たちが賢明ならば、そこから学ぶだろうと聖書は言っています。友からの訓戒は、痛みをもたらすとしても、私たちにとって益となります。

対決によって相手に生じる痛みを評価しなければなりません。この痛みが相手にとってプラスになり、場合によっては、彼らや、彼らと私たちの関係にとって最善のものであるのかを見極める必要があります。痛みを肯定的に評価するということです。

法則七「主体性の法則」

全ての行動(作用)には、同等で反対の反応(反作用)があります。パウロは怒りと罪深い欲情は律法の厳しさに対する直接の反応であると言いました(ローマ4・15、5・20、7・5)。エペソ人への手紙とコロサイ人への手紙では、怒りと幻滅は親の不公正に対する反応だと言っています(エペソ6・4、コロサイ3・21)。

何年間も受け身で迎合的だった人が、ある日突然爆発して、一体何事が起きたのかと驚くことがよくあります。そして、その人が通っていたカウンセラーや、長く付き合ってきた友人のせいだろうと思ったりします。

実際は、何年も迎合し続けたことで、その間に鬱積した怒りが爆発するのです。この反応は、境界線を引くステップとして、特に被害者にとって有益です。彼らは、身体的または性的虐待、感情的脅迫や操作によって押し込められていた、無力な被害者としての場所から抜け出す必要があるからです。彼らの解放は歓迎されるべきです。

しかし、この段階は継続すべきでしょうか。反応段階は、境界線を築くために必要ですが、十分ではありません。母親に向かって豆を投げつけるのは、二歳児にとっては自我の芽生えなので重要なことですが、四十三歳になってもまだ続けていたら問題です。虐待の被害者にとっても、自分の無力さへの怒りや憎しみを感じることはとても重要ですが、残りの人生で「被害者の権利」を叫び続けるのは、「被害者意識」から抜け出せなくなっている状態です。

起きたことに反応する生き方をしていると、感情的に得るものは次第に減っていきます。自分の境界線を発見するために、反応はしなければなりませんが、境界線をいったん発見したなら、今度は「その自由を肉の働く機会」としてはいけないのです。「互いに、かみつき合ったり、食い合ったりしているなら、互いの間で滅ぼされてしまいます」（ガラテヤ5・13、15）。最終的には、自分が反応した人々と、もう一度一緒になって、あなたの隣人をあなた自身のように愛しつつ、同等の立場の人間として、つながりを確立しなくてはなりません。

このようにして、反応的境界線に代わって**主体的**境界線が確立していきます。今度は反応をとおして得た自由を用いて、互いに愛し、楽しみ、仕えることができます。主体的な人々は、自分が何を愛し、何を欲し、何を目的とし、何を大切に思っているかということを表現します。何を嫌い、何を好まないか、何に反対し、何をしないかによって知られている人々とは大違いです。

反応的な被害者は、おもに彼らの「反対」する生き方で知られていますが、主体的な人々は権利を主張しません。彼らはそれを生きているからです。力とは、あなたが要求するものではなく、あなたが表現するものです。力の究極の表現は、愛です。力を誇示する能力ではなく、抑制する能力です。主体的な人は「隣人を自分自身のように愛する」ことができます。彼らはお互いを尊重します。彼らは「己に死ぬ」ことができ、「悪をもって悪に報い」ません。律法の反応的な生き方を越えて、反応することなしに愛することができます。

イエスが律法になお支配されている反応的な人と自由な人を比較しているのを見てみましょう。「『目には目を、歯には歯を』と言われたのを、あなたがたは聞いています。しかし、わたしはあなたがたに言います。悪い者に手向かってはいけません。あなたの右の頬を打つ者には左の頬も向けなさい」(マタイ5・38―39)。

あなたの反応的段階や感情を自ら所有することなしに、自由になろうとしないでください。感情を行動に移す必要はありませんが、それを表現することは必要です。言うべきことは言えるように練習する必要があります。これ以上深く侵入されないよう自分の所有地に柵を築くためには、虐待的な人から十分離れる必要があります。そうして初めて自分のたましいの中に発見した宝物を所有するのです。

しかし、そこにとどまらないでください。霊的な成熟が目指すものは「自己の発見」よりさらに高い所にあります。反応的段階はあくまでも段階であって、アイデンティティーではありません。それは必要ですが、十分ではないのです。

法則八「ねたみの法則」

新約聖書は、ねたみ深い心を強く戒めています。ヤコブの手紙を見てみましょう。「あなたがたは、欲しても自分のものにならないと、人殺しをします。熱望しても手に入れることができないと、争ったり戦ったりします」（ヤコブ４・２）。

ねたみやうらやみは境界線とどういう関係にあるのでしょうか。それは恐らく、私たちが持つ最も基本的な感情だと思います。堕落の直接の結果であり、サタンの罪でした。聖書は、サタンが「いと高き方のように」なりたいと願ったと言っています（イザヤ14・14）。彼は神をねたんだのです。さらに同じ手口でアダムとエバをそそのかし、あなたがたも神のようになれると誘惑しました。サタンも、私たちの始祖であるアダムとエバも、自分という存在、自分の身のほどに満足しませんでした。自分が持たないものを欲しがり、それが彼らを滅ぼしたのです。

ねたみは、「良いもの」とは「私が持っていないもの」であると考えます。そして自分が持っている良いものを憎みます。他の人が達成したことをさり気なくけなし、その価値を貶《おとし》めるような行為を、あなたも何度となく見たことがあるでしょう。私たちはみな、人格の中にねたみ深い部分を持っています。しかし、この罪の真に破壊的なところは、ねたみによって自分の欲しいものを手に入れることは絶対にできず、私たちを強欲で欲求不満な状態に永久に閉じ込めるということです。

自分が持っていないものを欲しがるなと言っているのではありません。神は私たちの心の願いをかなえてくださると言っておられます。ねたみが問題なのは、私たちの境界線の外にあるもの、つまり他者に焦点を合わせてしまうからです。人が持っているものや人が達成したことに焦点を合わせていると、自分の責任をないがしろにすることになり、しまいには心が空虚になるでしょう。ガラテヤ人への手紙六章四節を見てください。「おのおの自分の行いをよく調べてみなさい。そうすれば、自分を他人と比較することなく、自分自身に誇りを持つことができるでしょう」（ＮＩＶから私訳）。

ねたみはとどまるところを知りません。境界線を持たない人たちは、空虚で満たされない思いを抱いています。彼らは他人が満たされているのを見てねたむのです。そのような時間とエネルギーは、自分に欠けているものの責任を取り、それについて何かを為すために使われるべきです。

行動を起こすことが唯一の脱出の道です。「自分のものにならないのは、あなたがたが求めないからです」（ヤコブ４・２）。そして聖書は「あなたが働かないから」だとも言っています。ねたみの対象は所有物や業績だけではありません。私たちは、神が与えてくださった賜物を育てる（ローマ12・６）代わりに、人の品性や人格をねたむこともあります。

このような状況を考えてみてください。

孤独な男性が他人の親密な関係をうらやましく思いながら自分は孤立したままでいる。

独身の女性が、結婚して家族を持つ友人をうらやみつつも人との交流からは身を避けている。

仕事で行き詰まりを感じている中年の女性が、何か楽しめるものを探したいと思いつつも、「でも…」と言ってばかりで踏み出せないでいる。それでいて「一歩を踏み出した」人たちのことをねたみ、不快に思っている。

自ら高潔な生活を選んだ男性が、「あらゆることを楽しんでいる」人たちをねたみ、苦々しく思っている。

これらの人々は皆、自分からは行動を起こさず、自分を他者と比較し（ガラテヤ6・4）、行き詰まったまま腹を立てているのです。次のような人たちとの違いを見てください。

孤独な男性が、人間関係の欠如を自分自身の問題と認め、自らを振り返って神に問う。「なぜ私は、いつも人々から身を避けてしまうのだろう。せめてカウンセラーのところに行って、このことについて話をすることはできるはずだ。人付き合いは苦手だとしても、助けを求めることはできるだろう。誰もこんな生活をしているべきではない。行動に移そう」

独身女性が自分に問う。「どうして私は誰からも誘われないし、いつも交際を断られるのかしら。私がやっていることや、コミュニケーションの方法、出会いを求める場所に問題があるのかな。どうすれば、もっと人から興味を持たれる人間になれるだろう。セラピーのグループに入るのもいいかもしれないし、マッチングサイトに登録すれば私と同じ趣味を持った人に出会えるかもしれない」

中年女性が自分に問う。「どうして私は自分の興味を追求するのをためらってしまうのだろう。自分がやりたいことのために今の仕事を辞めるのを、なぜ自己中心と思ってしまうのかしら？何を恐れているのだろう。自分のしたいことをしている人たちは、本当のところ、みんなリスクを負ったり、仕事を変えるために働きながら学校へ行ったりもしている。もしかしたら私は、そこまではやりたくないのかもしれない」

高潔な男性が自分に問う。「もし私が本当に神を愛し、仕えることを自分で選んでいるのなら、どうしてまるで奴隷のように感じているのだろう。私の霊的な生活に何か問題があるのだろうか？　神を知らない人たちの生き方をうらやむなんて、私の本音は何なのだろう？」

これらの人々は、他人をねたんだりうらやんだりする代わりに自分自身に疑問を投げかけています。あなたがねたみを感じたら、自分に何かが欠けているしるしだと思いましょう。その時、自分が何を苦々しく思っているのか、うらやんでいるものが自分に無いのはなぜなのか、そしてそれが本当にあなたの願うべきものなのかを神に尋ねるべきです。その願いを叶えるために何をすべきか、あるいはその願望を手放すべきか、神に尋ねて示していただきましょう。

法則九「活動の法則」

人間は応答者であり主唱者（initiator）でもあります。境界線の問題は多くの場合、私たちのイニシアチブの欠如によって起こります。イニシアチブとは、自らを後押しする、神によって与えられた能力です。私たちは招きに応答しますが、同時に自分で人生を切り開くのです。

子どもが周りの世界に対して自然と自分を試し、その世界から限界を学ぶとき、最良の境界線が生まれます。こうすれば、積極的な子どもはやる気を失うことなく限度を学ぶことができます。私たちの霊的・感情的健やかさは、この気力を持っているか否かに関わります。

タラントのたとえ（マタイ25・14―30）に出てくる両者を比べてみましょう。成功した人は活動的で積極的でした。彼らは**自ら主導権を握り、前進した**のです。失敗した人は受身で、何もしませんでした。

受身な人たちの多くは、もともと邪悪だとか悪い人だというわけではありません。しかし残念なことに、悪とは活動的な力なので、受身で抵抗しないでいると、それに染まってしまうのです。受身であることは、決して報われません。神は私たちの努力に応じて報いてくださいますが、私たちの代行者にはなってくださいません。それは私たちの境界線を侵すことになります。神は私たちが人生の扉を積極的かつ活動的に求め、扉をたたいて欲しいと願っておられるのです。

神は恐れを抱いている人に対して邪険ではないことを私たちは知っています。聖書には神の憐れみについて数多くの記述があります。しかし、神が受身な人を用いることはありません。あの「悪い、なまけ者のしもべ」は受身でした。彼は自ら努力しようとしなかったのです。神の恵みは失敗を覆ってくれますが、受身を埋め合わせることはできません。自分のことは、自分がしなくてはならないのです。

神が懲らしめる罪は、努力の結果失敗することではなく、努力しないでいることです。やってみて失敗して、もう一度やってみることを学習と言います。やってみようとしないなら、何の良い結果も生まれず、悪が大勝利をおさめます。神はヘブル人への手紙一〇章三八、三九節で、受身に対するご自身の意見を述べておられます。「『わたしの義人は信仰によって生きる。もし恐れ退くなら、わたしの心は彼を喜ばない。』しかし私たちは、恐れ退いて滅びる者ではなく、信じていのちを保つ者です」。神は受身の「恐れ退き」を容認なさいません。それが私たちのたましいにとっていかに破壊的であるのかがわかれば、その理由も納得できるでしょう。神は私たちが「いのちを保つ」ことを願っておられるのです。それが境界線の役割です。境界線は私たちの所有物であるたましいを定義し、それを保ちます。

鳥のひなが卵から孵ろうとしているとき、もしひなのために殻を破ってやると、ひなは死んでしまうという話を聞いたことがあります。鳥は自分で卵をつついて殻を破って出て来なければなりません。この積極的な「トレーニング」が、外の世界で機能できるよう鳥を鍛えるのです。この責任を奪われると、鳥は死んでしまいます。

神が造られた私たちにも同様のことが言えます。もし神が「卵の殻を破り」、私たちの責任を肩代わりすることで境界線を侵すなら、私たちは死んでしまうでしょう。受身になって恐れ退いてはいけません。境界線は、私たちが活動的、積極的になり、自ら扉をたたき、求め、尋ねてこそ形成されるものなのです（マタイ7・7－8）。

法則十「開示の法則」

境界線とは所有地の地境です。あなたがどこから始まりどこで終わるかを定義します。ここまで、なぜそのような地境が必要なのかを説明してきました。その中でも次の理由が特に重要です。それは、あなたは何もないところに独りで存在しているのではない、ということです。あなたは神と人との関わりの中に存在しています。あなたの境界線は、あなたを他者との関わりにおいて定義するのです。

境界線の概念そのものが、私たちが関係の中に存在しているという事実に関わっています。したがって、境界線とは結局、関係に関わるものであり、最終的には愛に関わる概念なのです。**開示の法則**がとても重要なのは、そのためです。

開示の法則とは、あなたの境界線は他者から見え、関係の中で彼らに言葉で伝えられるべきだということです。私たちは、人間関係の恐れに起因する多くの境界線の問題を抱えています。罪悪感、人から好かれないこと、愛を失うこと、つながりを失うこと、人から認められないこと、怒りを受けること、人に知られることなど、さまざまな恐れに悩まされています。これらはすべて愛における問題であり、神のご計画は、私たちが愛し方を学ぶことにあります。これらの問題は人間関係の中でしか解決できません。なぜなら人間関係こそこの問題の背景であり、霊的存在としての私たちの背景でもあるからです。

これらの恐れがあるため、私たちは境界線を隠そうとします。愛する誰かに「ノー」と正直に伝える代わりに、静かにそっと身を引きます。傷つけられたとき、そのために怒っていることを伝える代わりに、密かに恨むのです。誰かの無責任な行いが自分や自分の愛する人たちに与える影響を伝える代わりに、その人の無責任さがもたらした痛みに一人でこっそりと耐えることがよくあります。しかし、あなたの気持ちを正直に伝えることは、彼らのたましいにとっても有益なのです。

この他にも、妻が夫に自分の感情や意見を二十年間も言わずに、黙って譲歩しつづけたあげく、ある日突然、離婚届けを持ち出して自らの境界線を「表現する」などという例もあります。あるいは、何年にもわたって子どもの言いなりになるという「愛し方」をしてきた親もいるでしょう。限界を設けず、自分の「愛」の行為を苦々しく思っています。一方で子どもは、親の愛が本物ではないために愛されているとは感じられず、親は「今までこれだけしてあげたのに」と困惑します。

これらは、表現されずにきた境界線のために関係がこじれてしまった例です。境界線は実際に存在しており、周囲の人に伝えようと伝えまいと、私たちに影響を与えます。そのことを肝に命じなくてはなりません。宇宙人が地球の法則を知らなかったために苦しんだように、私たちが自分の境界線の現実を周囲に伝えないなら、同様に苦しむことになります。私たちの境界線が伝えられ、見えるところに置かれないと、それは間接的に、あるいは意図的に、曲げられて伝えられることになるでしょう。

聖書は多くの箇所でこの問題について語っています。パウロの言葉に耳を傾けてみましょう。「ですから、あなたがたは偽りを捨て、それぞれ隣人に対して真実を語りなさい。私たちは互いに、からだの一部分なのです。怒っても、罪を犯してはなりません。憤ったままで日が暮れるようであってはいけません」（エペソ4・25－26）。聖書が命じているのは、「正直であること」と「光の中にいること」です。さらにこう言っています。「しかし、すべてのものは光によって明るみに引き出され、明らかにされます。明らかにされるものはみな光だからです。それで、こう言われています。『眠っている人よ、起きよ。死者の中から起き上がれ。そうすれば、キリストがあなたを照らされる。』」（エペソ5・13－14）。

聖書は、私たちが光のうちにとどまり、光の子どもであれと繰り返し語っています。そこが神と人とにつながれる唯一の場所だからです。しかし、恐れのゆえに、私たちは自分のある部分を闇の中に隠してしまいます。そこでは悪魔が機会をうかがっています。私たちの境界線が光の中に出されるなら、つまりはっきりと伝えられるなら、私たちの人格はそこで初めて統合され始めるのです。パウロの言葉を用いれば「明らか」になり、明らかにされたものは光になります。そして変容され、変えられていくのです。癒やしはいつも光の中でなされます。

ダビデはそれを、このように言い表しました。「確かに　あなたは心のうちの真実を喜ばれます。どうか私の心の奥に　知恵を教えてください」（詩篇51・6）。神は、私たちと真実の関係を持つこと、そして私たちが互いの間で真実の関係を持つことを願っておられます。真実の関係とは、私の境界線や私自身について、人には伝えにくい部分にも光が当てられているということです。私たちの境界線は罪の影響を受けて「的外れ」になっているので、神にそれを癒やしていただき、周りの人にも益となるように、光のもとに引き出される必要があります。これが本当の愛への道です

——あなたの境界線を包み隠さずに伝えましょう。

宇宙人の話を思い出してください。ありがたいことに、神が私たちを異郷の地から外に連れ出すとき、無知のままにはしておかれません。神はご自分の民をエジプト人の手から助け出しましたが、同時にご自身の原則とやり方を彼らに教えました。それは彼らにとって、いのちのもとになりました。しかしこれらの信仰の原則が自分のものとなるまで、彼らは学び、実践し、いくつもの闘いを経なければなりませんでした。

おそらくあなたも、囚われの身から神によって導き出されたのではないでしょうか。機能不全の家族から、この世から、宗教的な独善から、目的のない雑然とした人生から、神はあなたを贖ってくださったのです。しかし神が保証してくださったものは、今度はあなたが自分で所有しなくてはなりません。神が導き入れてくださった国には、その国ならではの現実と原則があります。神のみことばからそれらを学んでください。そうすれば、神の御国はあなたが生きていく上で素

晴らしい場所だとわかるでしょう。

第6章　境界線《バウンダリー》に関する神話

神話とは、真実に見せかけた作り話であるとも言えます。時にはあまりにももっともらしく聞こえるので、クリスチャンは何も考えずにそのまま信じてしまいます。そのような神話は、私たちの家庭環境から来るものもありますし、教会や神学的な基盤に由来するものもあります。また、私たち自身の誤解によるものもあります。出どころが何であれ、以下に記す「真実のように聞こえる話」を、祈りをもって吟味してみてください。

神話一　境界線を引くことは自分勝手である

「ねぇ、ちょっと待ってよ」。テレサは首を横に振りながら言いました。「私を必要としている人たちに、どうして『それ以上はだめ』って言えるの？　それでは神様のためではなく、自分のために生きていることにならないかしら」

クリスチャンが境界線を引くことについて、テレサのような反論をする人は大勢います。自分の関心事には興味を持つが他人のことには無関心な、自己中心的存在になってしまうのではないかという、心の奥深くに根ざした恐れがあるのです。

もちろん、私たちは人々を愛し、他者の幸せを考えるべきです。それは間違いありません。実際、**他者を愛することこそ、まさにクリスチャンの一番の特質であると言えるでしょう**（ヨハネ13・35）。

境界線は、私たちを他者優先から自己優先へと変えてしまうのでしょうか？ そんなことはありません。**適切な境界線があってこそ、私たちは他者にもっと気を配ることができるようになります。**しっかりした限界を持つ人ほど、他者への配慮がよく行き届く人なのです。これはなぜでしょうか。

第一に、自己中心であることと管理責任を持つこととの違いをはっきりさせましょう。自己中心とは、他者を愛する責任を忘れて自分の願望だけに固執することです。願いを持つことは神から私たちに与えられた特質ですが（箴言13・4）、それには健全な目的と責任が伴わなければなりません。

そもそも、私たちが欲しいものと必要なものが一致するとは限りません。無神経な人は他者の話を聴くための助けが是が非でも必要でしょうが、彼がそれを望んでいるとは限らないのです。神にとって、私たちの願い事を全てかなえるよりも、私たちの必要を満たすことの方がはるかに大切です。たとえば、神はパウロの「肉体のとげ」が癒やされるようにとの願いを退けられました（第二コリント12・7－10）。しかし同時に、パウロが満ち足りるまで彼の必要を満たされました。「私は、貧しくあることも知っており、富むことも知っています。満ち足りることにも飢えることにも、富むことにも乏しいことにも、ありとあらゆる境遇に対処する秘訣を心得ています。私を強くしてくださる方によって、私はどんなことでもできるのです」（ピリピ4・12－13）

神が必要を満たしてくださるとわかれば、境界線を引くことに恐れを覚えるクリスチャンも気が楽になるでしょう。「また、私の神は、キリスト・イエスの栄光のうちにあるご自分の豊かさにしたがって、あなたがたの必要をすべて満たしてくださいます」（ピリピ4・19）。同時に、神は私たちの願望を「すべて悪いもの」とみなすわけではありません。主は、その多くを満たしてくださるでしょう。

私たちの必要は私たちの責任

しかしながら、いくら神が助けてくださると言っても、自分の必要を満たすことは基本的には私たちの仕事であると理解しておくべきです。受身になって他の人が私たちの面倒を見てくれるのを待っていてはいけません。イエスは私たちに「求めなさい……探しなさい……たたきなさい」（マタイ7・7）とおっしゃいました。私たちは「恐れおののいて自分の救いを達成」（ピリピ2・12）すべきなのです。たとえ神が「（私たちの）うちに働いて」（ピリピ2・13）くださると知っていても、自分の責任を取るのは私たち自身です。

多くの人がこれとは全く違った考えを持っています。自分の必要を何か悪いもの、自己中心的なもの、あるいは良く言ってせいぜい贅沢品であるかのように思うのです。あるいは逆に、必要なことは神や他の人がみんなやってくれるはずだと思う人もいます。しかし聖書が示すところは明らかです。私たちの人生は私たちの責任下にあるということです。

この真理は人生の最後に明白になります。「私たちはみな、善であれ悪であれ、それぞれ肉体においてした行いに応じて報いを受けるために、キリストのさばきの座の前に現われなければならないのです」（第二コリント5・10）。目の覚める思いではありませんか。

管理者として

限界の設定について理解するには、私たちの人生を神からの贈り物と考えればわかりやすいでしょう。支配人がオーナーに代わって店をしっかり管理するように、私たちも自らのたましいについて同じことをする必要があります。境界線不在のせいで店の管理がずさんになるのであれば、オーナーが私たちに腹を立てても不思議はありません。

私たちは自分の人生、能力、感情、思考、そして行いを成長させなければなりません。神は私たちに投資しておられ、私たちの霊的・感情的成長はその投資に対する「利息」です。私たちに害を与える活動や人々に対して「ノー」と言うとき、私たちは神の投資を守っているのです。これでおわかりでしょう。自己中心的であることと管理責任を持つことは大いに違います。

神話二　境界線は不従順のしるしである

多くのクリスチャンが、境界線を引き、それを守ることは反抗や不従順と取られるのではないかと恐れます。宗教の世界ではよく、「私たちのやり方に従わないのは無関心の表れである」などと言われます。この神話のために数えきれない人々が、霊的にも感情的にも価値のない活動からいつまでも抜け出せないでいます。

実は、境界線の欠如こそが往々にして不従順のしるしであって、それに気づけば人生が変わります。あやふやな限界を持つ人たちはしばしば、外側は従順ですが、内側は反抗的で恨みに満ちています。彼らは「ノー」と言いたいのですが、恐くて言えません。そこでいい加減な「はい」を言って自らの恐れを隠すのです。このダニエルのように。

礼拝後、ダニエルが車に乗り込もうとしたところにケンがやって来ました。（また来たぞ。）ダニエルは思いました。（今回はなんとか逃げ切れるといいが。）

「ダニエル！」ケンは大声で叫びました。「間に合ってよかったよ」

スモール・グループのリーダーをしているケンは、自分が主宰する聖書の学び会に人を誘うのに躍起でした。しかし、必ずしも皆が彼の集会に参加したいわけではないという事実に、いささか無頓着なところがありました。

「で、どの学びの司会をしてもらえるかな、ダニエル。預言か、伝道か、マルコの福音書か？」

ダニエルは心の中で必死に考えました。（「どれも興味がない」と言えばすむことだ。「声をかけないでくれ、やりたくなったら僕の方から言うから」と。だけどケンは教会で影響力のあるリーダーだからな。嫌だなんて言ったら、他のリーダーに何を吹き込まれるかわからないぞ。どの学びがいちばん短いのだろう。）

「預言にしようかな」。ダニエルは適当に言ってみました。しかし目論見は外れました。

「助かるよ！　終末に関する学びは、これから十八か月にわたってやるつもりなんだ！　じゃ、月曜日に」。ケンは勝ち誇ったように去って行きました。

ここで何が起きたのかを見てみましょう。ダニエルはケンにあえて「ノー」と言いませんでした。一見するとダニエルは従順を選んだかのように見えます。彼は聖書の学び会の一つを担当することにしました。これは悪いことではありませんね？　もちろんです。

しかし、もう一度よく見てください。ダニエルがケンに「ノー」と言わなかった、その動機は何だったのでしょうか。彼の「心の思いやはかりごと」（ヘブル4・12）は何だったのでしょうか。恐れです。ダニエルはケンが教会の中で持っている強い影響力を恐れていました。もしケンの機嫌を損ねたら、教会のメンバーとの人間関係をも失うのではないかと恐れたのです。

なぜ動機が重要なのでしょうか。それは内側の「ノー」**は外側の「はい」を無効にする**という聖書の原則をよく表しているからです。神は外側の従順さよりも私たちの心に関心を寄せておられます。「わたしが喜びとするのは真実の愛。いけにえではない。全焼のささげ物よりむしろ、神を知ることである」（ホセア6・6）。

言い換えれば、もし私たちが本当は「ノー」と思っているのに、神や人に「はい」と言うのであれば、私たちは迎合していることになります。それは嘘をついているのと同じことです。口では「はい」と言いながら、心は（そしてたいていの場合、中途半端な行動も）「ノー」と言っているのです。ダニエルは、ケンの聖書の学び会で一年半にわたる奉仕を本当に最後までやり通すと思いますか。恐らく他に優先事項ができて続けられなくなり、ケンには本当の理由を言わないまま途中で辞めることになるでしょう。

境界線は不従順のしるしである、という神話は、次のように考えるとよくわかると思います。つまり、**もし「ノー」と言えないのなら、「はい」とも言えない**ということです。なぜでしょうか。それは、従い、愛し、責任を果たそうとするときの私たちの動機と関わります。私たちはいつでも、愛の心から「はい」と言うべきです。もし動機が恐れであるなら、そこに愛はありません。

聖書は従順についてこのように語っています。「一人ひとり、**いやいやながら**でなく、**強いられて**でもなく、**心で決めたとおり**にしなさい。神は、**喜んで**与える人を愛してくださるのです」（第二コリント9・7　強調は著者）。

「いやいやながら」と「強いられて」という最初の二種類の与え方を見てみましょう。どちらにも恐れがあります。人に対する恐れかもしれないし、良心の呵責かもしれません。いずれにしても、このような動機は愛と共存することができません。なぜなら「愛には恐れがありません。全き愛は恐れを締め出」すからです（第一ヨハネ4・18）。私たちは一人ひとり心で決めたとおりに与えるべきです。「ノー」と言うことを恐れるのであれば、私たちの「はい」は妥協したものになるのです。

神は、私たちが恐れから従うことを喜ばれません。「恐れには罰が伴い、恐れる者は、愛において全きものとなっていないのです」（第一ヨハネ4・18）。神は愛の応答を求めておられます。

境界線は不従順のしるしでしょうか。そういう場合もあるでしょう。良いことに対して間違った理由から「ノー」と言ってしまうこともあります。しかし、「ノー」と言えることは、私たちの動機を明確にし、それについて正直になり、真実を語るのに役立ちます。そうすることで、私たちの内側で神に働いていただくことができるのです。このプロセスは、恐れに満ちた心では達成することができません。

神話三　境界線を引き始めると、人に傷つけられる

女性の聖書の学び会で、いつもは静かなデビーが発言をしました。今夜のテーマは「争いの聖

書的解決法」で、彼女はもはや黙っていられなくなったのです。「私は、自分の意見を裏付ける事実や理由を丁寧に説明することはできるの。でも、私が夫とは違う意見を言い出したら、彼はきっと出て行ってしまうわ。一体どうしたらいいの?」

デビーと同じような問題を抱えている人は大勢います。境界線を引く必要があると心から思っていても、そんなことをしたら大変なことになるのではと恐れているのです。

人が私たちの境界線に腹を立て、攻撃的になったり離れていったりすることはあるのでしょうか。もちろんあります。人が私たちの「ノー」に対してどう反応するか、それを支配する権利も力も、神は私たちにお与えになりませんでした。境界線を歓迎する人もいれば、それをひどく嫌がる人もいるでしょう。

イエスは金持ちの青年に、永遠のいのちについて厳しい真理を語りました。イエスはその青年にとってお金が偶像になっていると知っていたので、持ち物を売り払うように言いました。彼の心に神を迎える場所を作るためでした。しかし結果は思わしくありませんでした。「青年はこのことばを聞くと、悲しみながら立ち去った。多くの財産を持っていたからである」(マタイ19・22)。

手加減して、もう少し青年に受け入れやすい言い方もできたでしょう。「そうですね、90%ならどうですか?」と言うこともできたはずです。イエスは神であり、ルールを作るのは神なのですから。しかし、そうはしませんでした。この青年は誰を礼拝すべきかを知る必要がありました。それゆえイエスは、彼を立ち去らせたのです。

私たちも同じです。自分の境界線を砂糖まぶしにして他者に飲み込ませるわけにはいきません。**境界線は人間関係の質をはかる「リトマス試験紙」です。**境界線を尊重できる人たちは、私たちの意思や意見、また自分との違いも大切にしてくれるでしょう。境界線を尊重できない人たちは、私たちの「ノー」が気に入らないと言っているのです。そのような人たちは、「はい」や迎合だけを受け入れます。

イエスが「人々がみな、あなたがたをほめるとき、あなたがたは哀れです。彼らの先祖たちも、偽預言者たちに同じことをしたのです」（ルカ6・26）と言ったのは、「人の機嫌を取ってばかりいる人間になってはいけません。いつも人を喜ばせるだけの人間になってはいけません」という意味です。もし誰もがあなたの言うことをいつも喜んで受け入れているとしたら、あなたは真理を曲げている可能性が大です。

限度を設定することは、真理を語ることと関連があります。聖書は、真理を愛する人と、そうでない人を、はっきりと区別しています。前者は、あなたの境界線を歓迎する人です。それを受け入れて耳を傾けてくれる人です。「あなたが私と違う意見を持っていて良かった。おかげで私はより良い人間になれる」と言う人です。このような人は、**賢者**や**義人**と呼ばれます。

後者のタイプは限度を嫌います。あなたが異なる考えを持つことを嫌い、あなたを操って大事なものを手放させようとします。あなたにとって重要な関係を持つ人たちに、「リトマス試験紙」を試してみてください。ある領域で「ノー」と言ってみるのです。親密さが深まるか、最初から親密な関係などほとんどなかったか、はっきりするでしょう。

では、「境界線破り」を自認する夫を持つデビーはどうすればいいでしょう。彼は本当に彼女を置いて出て行ってしまうのでしょうか。そうなるかもしれません。私たちには他者を支配することはできません。しかし、もし彼を家につなぎ止めているのが唯一デビーの完全なる従順であるなら、これはそもそも結婚と言えるのでしょうか。そして、二人がこれらの問題を避けていては、どうやって関係を改善することができるでしょうか。

デビーが境界線を引けば、彼女は孤独へと追いやられてしまうでしょうか。そんなことはありません。もし真実を語ることで誰かがあなたから離れてしまっても、その時は教会が支援と霊的・感情的「家」を提供することができます。

決して離婚を勧めているのではありません。ここで言いたいのは、あなたは誰をも引き止めたり、愛を強要したりできないということです。それは最終的に、あなたのパートナー次第です。境界線を引いてみたら、一緒に住んではいたものの、それ以外のあらゆる点であなたのパートナーはすでにあなたから去っていたと分かる場合もあります。このような危機はしばしば、夫婦が和解して、結婚をもっと聖書的なものに作り変えるための機会となります。問題が明らかになるので、きちんと取り扱うことができるようになるのです。

一つ警告しますが、境界線を持たない人が限界を設定するようになると、その人は結婚生活の中で変わり始めます。さらに多くの不一致が出てくるでしょう。価値観について、時間の使い方について、金銭について、子どもについて、そしてセックスについて、摩擦が一層生じるようになります。しかし大抵の場合、限界を設定すると、自制がきかなくなっていた夫または妻は、しかるべき痛みを体験し始め、そのために結婚生活でより責任を持とうとするようになります。そして相手との関係を恋しく思うようになるため、境界線を設定した後で結婚が強められるケースが多くあるのです。

境界線のせいで私たちを離れたり攻撃したりする人もいるでしょう。彼らがどういう人格の持ち主であるかを知らないままでいるよりは、それを知った上で問題を正すためのステップを取る方が、好ましいと言えます。

絆作りが一番、境界線は二番

ジーナは、カウンセラーが彼女の境界線の問題を説明するのを注意深く聞いていました。「これで何もかも合点がいった気がします」。そのセッションが終わって帰り際、ジーナは言いました。「何をどう変えたらいいのか、見えてきました」

ところが次のセッションでは全く様子が違いました。オフィスに入って来た彼女は、意気消沈し、傷ついていました。「境界線なんて、聞いていたものと全然違うじゃないですか」。彼女は悲しそうに言いました。「今週、私は夫や子どもたち、両親、それから友人たちに向かって、あなたたちは私の境界線をちっとも尊重していない、とはっきり言ったのです。そうしたら、もう誰も私に話しかけてもくれません！」

何がいけなかったのでしょうか。確かにジーナは境界線を引く作業に即刻取り組みました。しかし、それをするための安全な場所を見つけることを怠ったのです。自分にとって大切な人たち全てから、ただちに自分を切り離してしまうのは賢明ではありません。あなたは関係を持つために造られたということを忘れないでください。あなたには他者との交わりが必要です。あなたがつながれる場所、無条件に愛される場所を確保しなくてはなりません。「愛に根ざし、愛に基礎を置いている」（エペソ３・17）場所にいてこそ、安心して真実を語る練習を始めることができるのです。そのように準備しておけば、あなたが聖書的な境界線を築こうとするときに誰かが抵抗しても、対処することができます。

神話四　境界線を設定すると、他人を傷つけてしまう

「いちばん困るのは、母に『ノー』と言うと彼女が黙り込んでしまうことです」。バーバラが言いました。「沈黙は45秒くらい続きます。私が母を訪問できないと言うと、決まって黙り込むのです。私が、勝手なこと言ってごめんなさいと謝って訪問の日程を決めると、ようやく口をきいてくれます。そのあとはもう大丈夫なのです。あの沈黙を避けられるなら、私は何だってしてしまいますよ」

境界線を設定すると、自分の限界が誰か他の人――あなたが心から幸福と成功を願っている誰

か――を傷つけてしまうのではないかと不安になります。

- あなたが車を使う必要のあるときに車を借りたいと言ってくる友人。
- いつも経済的に困窮していて年中お金を借りにくる親戚。
- あなたの調子が悪いときに助けを求めてくる人。

問題は、**あなた自身が時として境界線を攻撃の武器と見なしてしまう**ことです。しかしこれほど真理からかけ離れていることはありません。**境界線とは、防具なのです**。適切な境界線は、他者を支配したり、攻撃したり、傷つけたりはしません。単にあなたの宝物が不用意に奪われないようにするだけです。大人に向かって「ノー」と言うことは、あまり気持ちのいいものではないでしょう。しかし大人なら、自分で自分の必要を満たす責任があります。彼らは別の人を探さないといけないかもしれませんが、それで傷を負うわけではありません。

この原則は、私たちを支配したり操作しようとする人にだけ当てはまるのではありません。相手の必要が正当なものである場合も同様です。たとえ誰かが、助けが必要なのも無理はないというような問題を抱えていても、さまざまな理由で私たちが犠牲を払うべきではないときがあります。たとえば、イエスは御父と二人きりになるために群衆から離れました（マタイ14・22－23）。これらの場合、人々に自分の「リュックサック」（ガラテヤ6・5参照）を負わせ、必要を満たすために、他を当たるようにさせなければなりません。

これは非常に大切なポイントです。私たちは皆、神と一人の親友さえいれば十分というわけではないのです。私たちには助けとなるような関係が複数必要です。理由は簡単です。私たちに複数の頼れる人がいれば、それぞれの友人はゆとりを持てるからです。彼らだって人間ですから、忙しい時があるでしょう。時には手一杯で手伝えないこともあるでしょう。彼ら自身の傷や問題もあるでしょう。一人きりになりたい時もあるでしょう。

そんなとき、誰か一人が私たちを助けることができなくても、他の人に連絡すればいいのです。何らかの助けの手を差し伸べてくれる誰かです。そうすれば私たちは、誰か一人とスケジュールが合わないからといって、それに振り回されることはありません。

これこそが、聖書が教えるキリストのからだである教会の素晴らしいところです。私たちは、お互いに助けたり助けられたりを繰り返す、でこぼこだらけの不完全な罪人の集まりです。そして堅固な支援のネットワークがあれば、私たちは互いに助け合って、神が意図された姿に各人が成熟していけるのです。聖書がこう言っているとおりです。「謙遜と柔和の限りを尽くし、寛容を示し、愛をもって互いに耐え忍び、平和の絆で結ばれて、御霊による一致を熱心に保ちなさい」（エペソ4・2―3）。

このように聖書的な方法で複数の支援関係をきちんと築けば、他人の「ノー」を受け入れることができるようになります。なぜなら、私たちには他に行く場所があるからです。

神がパウロに、とげは取り除かない、とあっさり言われたことを思い出しましょう。神は誰にでも、かなり頻繁に「ノー」と言われるではありませんか！　神は、ご自身の境界線が私たちを傷つけるのでは、などと心配なさいません。私たちが自分の人生の責任を取るべきこと、そして時には「ノー」がまさにその助けになることもご存じなのです。

神話五　境界線は私の怒りを表す

ブレンダは、ついに勇気を奮い起こしました。もう週末に無給で働くことはしたくないと上司に告げる決心をして、話し合いを申し入れたのです。結果は良好でした。上司は理解を示し、事態は解決へと向かい始めました。全てはうまくいきました。ただ一つ、ブレンダ自身の心の中を除いては……。

話し合いは穏やかに始まりました。ブレンダは仕事上の問題を一つひとつ説明し、意見と提案を表明しました。ところが途中で、自分の内側に怒りがわき上がってくるのに気づき、動揺したのです。憤りと、不公平だと思う気持ちが抑えられなくなり、そんなことを言うつもりは全くなかったのに、上司の「金曜日のゴルフ」について幾つかの皮肉めいた言葉がブレンダの口をついて出てきました。

デスクに戻ってから、ブレンダは混乱しました。あの怒りはどこから来たのでしょうか。彼女は「そういう人」だったのでしょうか。犯人は、ブレンダが引き始めた境界線かもしれません。

人が真実を語り、限界を設定し、責任を取り始めるとき、往々にして「怒りの雲」がしばらくつきまとうことはよく知られています。気難しくなり、すぐに感情を害します。そして、ほんの些細なことで爆発してしまう自分に怯えるのです。友人たちは「あなたはもう以前のような優しい親切な人ではなくなってしまった」などと言い始めます。このような言葉によって罪悪感と恥の感覚がつのり、境界線を引き始めたばかりの人は、ますます混乱するのです。

これはつまり、境界線が私たちに怒りを抱かせるのでしょうか。決してそんなことはありません。この神話は感情一般、とりわけ怒りについての誤解から来ています。感情には機能があります。それは私たちに何かを知らせる役割を持った信号なのです。

「否定的な」感情が私たちに示すのは、次のような事柄です。恐れは、危険から離れて警戒するようにと知らせます。悲しみは、関係、機会、アイデアなどを失ったことを示します。怒りもまた、恐れと同じく危険を知らせる信号ですが、退くようにせき立てる代わりに、前に進んで脅威に立ち向かうようにと告げます。宮を汚した人々にイエスが激怒したのは、この感情の働きを表す例です（ヨハネ2・13―17）。

怒りは、境界線が侵されたことを私たちに教えます。怒りの感情は、ちょうど国家のレーダー防衛システムのように、私たちを傷つけ支配する危険が近づいていることを知らせる「早期警戒システム」の役割をするのです。

「しつこいセールスマンに敵意を感じるのは、そのせいだったのか！」カールは大声で言いました。「いらない」と言っても引き下がらないセールスマンをなぜ愛することができないのか、自分でもわからなかったのです。これはセールスマンがカールの経済的境界線の内側に入り込もうとしていたためで、彼の怒りがなすべきことをしたまででした。

怒りはまた、問題を解くための力を与えてくれます。自分自身や愛する人々、そして自分にとって大切な原則を守るための活力を私たちに注ぎ込みます。実際、旧約聖書では怒っている人を表現するのに「鼻息の荒い」という言い方がよく使われます[1]。闘牛場の中の闘牛が鼻を鳴らし、ひづめを蹴り上げ、まさに攻撃せんとする様子を想像すればわかるでしょう。

しかしながら、他の感情と同じく、怒りも時間というものを理解していません。危機に際してから2分――あるいは二十年――経つと自動的に消えてなくなるというわけではないのです！　怒りは適切に取り扱われる必要があります。そうでないと、心の内側にいつまでも残ります。

境界線に傷を負った人が限界を設定し始めると、しばしば内側からこみ上げてくる怒りに衝撃を受けるのはそのためです。これは多くの場合「新しい怒り」ではなく、「古い怒り」です。何年にもわたって声にならず、尊重されず、また聞き入れられなかった「ノー」の積み重ねなのです。私たちのたましいを侵し、毒してきた悪に対していつか真実を語ってやろうという思いが、私たちの内側で待ち構えていたのです。

聖書は、「奴隷が王となる」ときに地が震えると言います（箴言30・21－22）。奴隷と王の唯一の違いは、前者には選択の余地が全くなく、後者にはあらゆる選択肢があるということです。これまでの人生をずっと拘束されていた人に突如絶大な権力を与えたら、多くの場合、怒りに満ちた暴君を生み出すでしょう。何年にもわたって絶え間なく境界線が侵されると、強い怒りが生じるのです。

境界線を傷つけられた人たちが怒りによって「過去を清算する」のは、きわめて普通のことです。自分では全く気づいていなかったような過去の境界線の侵害を、振り返ってみる時期を持つ場合もあるかもしれません。

ネイサンの家族は、その小さな町では理想的な家族として知られていました。他の子どもたちは「おまえは親とすごく仲が良くていいよなぁ。うちの親なんて、僕のことなんかろくに気にかけもしないよ」と言ってネイサンをうらやんでいました。ネイサンは自分の家族仲が良いことをとても感謝していて、実は家族内で意見が分かれたり違ったりしないよう入念に操作されていたとは、全く気付いていませんでした。価値観や意見について誰も反発し合ったり喧嘩したりすることはなく、彼曰く「衝突をするのは愛がないからだ、といつも思っていました」

ネイサンが自分の過去を疑問に思うようになったのは、結婚生活がぎこちなくなり始めてからでした。よく考えもしないで、彼を操作し支配するような女性と結婚したのです。結婚して数年が過ぎると、二人の関係が深刻な危機に瀕していることに彼は気づきました。しかし自分でも驚いたことに、このような状況に陥ってしまった自分自身に腹を立てるだけでなく、人生をより良く生きる方法を教えてくれなかった親に対しても怒りを感じました。

彼が親から自立して一線を引こうとすると、いつも優しくたしなめられたものでした。それを思い出すたび、罪悪感を覚え、自分が不忠実だったように感じました。自分を育ててくれた温かい家族を心から愛していたからです。母親は彼が理屈っぽいと言っては泣いていました。お母さんを悲しませてはいけないと父に言われました。そしてネイサンの境界線は、いつまでも未成熟で機能不全のままでした。そのせいで失ったものがはっきりするにつれ、彼はさらなる怒りを覚えました。「人生の選択は自分でしてきました」。ネイサンは言いました。「でも、人に『ノー』ということを両親が私に教えてくれていたら、もっとずっと良かったことでしょう」

ネイサンは両親に対し、いつまでも怒り続けたでしょうか。そんなことはありません。そしてあなたもまた、そうする必要はないのです。とげとげしい気持ちが出てきたら、それを自分の中に閉じ込めず、誰かに告白しましょう。聖書は、癒やされるために、自分の欠けについて互いに真実を言い表し合いなさいと述べています（ヤコブ５・16）。あなたが怒りの中にあるときでも、あなたを愛してくれる人々を通して、神の恵みを経験してください。これが過去の怒りを解決するための第一のステップです。

第二のステップは、あなたのたましいの傷ついた部分を立て直すことです。侵されてしまった「宝物」の癒やしについて、あなたが取るべき責任を果たしましょう。ネイサンの場合、自律と安全の感覚が深く傷つけられていました。これを取り戻すために、大切な人間関係の中で、長期間にわたる努力を続ける必要がありました。しかし癒やされていくにつれて、彼は次第に怒りを感じなくなっていきました。

最後に、聖書的な境界線の感覚が身につくにつれて、今がもっと安全に感じられるようになります。自信がついてきます。以前ほど人のことでびくびくしなくなります。ネイサンの場合、妻との間により良い限界を設定することで、結婚生活が改善されました。あなたも境界線を改善していくうちに、以前ほど怒りが必要ではなくなっていきます。これは多くの場合、それまでは怒りがあなたにとって唯一の境界線だったことによります。一旦「ノー」と自由に言えるようになれば、もはや「怒りの信号」は必要なくなります。悪がやって来ても、境界線を用いて、それがあなたを傷つけるのを防ぐことができるようになるからです。

境界線を引き始めたときに自分の中に怒りを見出しても、恐れないでください。それはあなたの過去のたましいが抗議しているのです。たましいのその部分がまず明らかにされ、理解され、神と人とによって愛される必要があります。傷ついたたましいの癒やしとより良い境界線の発達のためにあなたに与えられた責任を果たすのは、その後です。

境界線は怒りを減少させる

ここで、怒りについて次の点が重要なポイントとなります。それは、境界線が聖書的であればあるほど、私たちはそれほど怒りを感じずにすむということです！　成熟した境界線を持つ人たちは、この世で一番怒りと縁のない人たちです。境界線を引き始めたばかりの頃は自分の中に怒りが増大するのを感じるものですが、これは境界線が成長し発達するにつれて過ぎ去って行きます。なぜでしょうか。「早期警戒システム」としての怒りの機能を思い出してください。私たちは自分が侵されたときに怒りを感じるのです。境界侵犯を防ぐことができれば、そもそも怒りを感じる必要がありません。自分の人生や自分にとって大切なものを、より良く管理できるようになります。

ティーナは毎晩夫が夕食に45分遅れて帰宅することを不満に思っていました。料理を温かくしておくのは大変でしたし、子どもたちはお腹を空かせて機嫌が悪くなるし、彼らの夜の宿題の時間がずれてしまうからでした。しかし、夫がいようといまいといつも定刻に夕食を始めるようにしたとき、状況は変わりました。夫は遅れて帰宅すると冷蔵庫に入った残り物を自分で温め直し、一人で食事をとらなくてはなりません。三回か四回このようなことが続くと、彼は仕事を早めに切り上げるようになりました!

ティーナの境界線（子どもたちと定刻に食事をすること）のおかげで、彼女は被害者や犠牲者としての意識を持たずにすむようになりました。彼女の必要は満たされ、子どもたちの必要も満たされ、もはや怒りを感じる必要もなくなったのです。「腹を立てるな、やり返せ」という諺は正確ではありません。「腹を立てるな、限界を設けよ」と言う方がずっといいのです。

神話六　他者が境界線を設けると私は傷つく

「ランディ、申し訳ないけれど、君にお金を貸すことはできないよ」。ピートが言いました。「今はちょっと都合が悪いんだ」

ランディは心の中で思いました。（親友のくせに。困ってるから助けを求めているのに、それを拒むなんて、何てやつだ。僕たちの友情がどれほどのものだったか、これでわかったよ。）

ランディは境界線を引かない人生に漕ぎ出そうとしています。なぜでしょうか。拒絶されるのが辛かったからです。他の人を自分と同じ目に遭わせるようなことは絶対にすまいと心の中で誓ったほどでした。

ランディのような人は大勢います。助けを求めたときに「ノー」と言われると、誰でも後味が悪いものです。「傷つけられた」「拒絶された」「冷たい」という気持ちになります。境界線を引くことが有益だとか良いことだとは思えなくなります。

他者の境界線を受け入れるのは確かに楽しいことではありません。「ノー」という言葉を聞いて喜ぶ人はいないでしょう。人の境界線を受け入れることが、なぜそんなに難しいのかを考えてみましょう。

第一に、**自分に対して不適切な境界線が引かれると、私たちは傷つきます。それが子ども時代であればなおさらです。**親が子どもに適切なタイミングで適切な量の感情的なつながりを与えないと、子どもは傷つくことがあります。子どもたちの感情的・心理的必要を満たすのは、他でもない親の責任です。子どもが小さいほど、感情的つながりの必要を満たすために行ける場所が他にあまりないのです。自己中心的、未成熟、あるいは依存的な親は、言うべきではないときに「ノー」と言って子どもを傷つけてしまいます。

ロバートが思い出せる最も古い記憶は、幼児のとき何時間もベビーベッドに置き去りにされたことでした。彼の両親は、ロバートが泣いてさえいなければ大丈夫だろうと、彼をそこに放置したのです。実際には、ロバートは泣くのを通り越して幼児性の鬱になっていたようです。親の「ノー」が、自分は無用なのだという深い感覚を生み、それは大人になっても彼についてまわりました。

第二に、**私たちは自分自身の傷を他者に投影します。**痛みを感じるときの反応として、悪い感情を自分のものとせず、人の上に投げかけるというやり方があります。これは「投影」と呼ばれます。子ども時代に不適切な境界線で傷ついた人々は、自分たちの脆弱さを他者に投影することがしばしばあります。自分自身の痛みを他者の中に感じ、彼らに対して限界を設定したらどれだけ悲惨なことになるだろうと想像し、そうすることをやめてしまうのです。

ロバートは三歳になる娘アビーに対して就寝時間の境界線を引くことができず、とても苦労をしていました。ベッドに行くことを嫌がってアビーが泣くといつでも、「僕は自分の娘を見捨てている。彼女には僕が必要なのに、そばにいてあげられない」と考え、内心うろたえるのです。実際は、寝る前にお話を読んであげたり、祈ったり、歌を歌ったりしてあげる素晴らしい父親でした。

しかし、娘の涙の中に自分自身の痛みを見てしまうのです。ロバートは彼自身の傷のために、朝まで歌を歌ったり遊んだりして欲しいというアビーの願いに適切な限界を設けることができなかったのです。

第三に、**人の境界線を受け入れることができないのは、過度に依存的な関係のせいかもしれません。**キャシーは夫が夜、彼女と話をしてくれないと、傷つき孤独に感じました。夫が沈黙すると彼女の中に深刻な疎外感が生まれました。彼女は、夫の境界線によって自分は傷ついているのではないだろうかと思い始めました。

しかし、本当の問題は、キャシーの夫への依存にありました。彼女の感情的な幸福は、夫がいつも側にいてくれることにかかっていたのです。キャシーは、アルコール依存症だった親が満たしてくれなかった自分の全ての必要を、夫に満たしてもらおうとしていました。夫に何か嫌なことがあって彼女とも口をきいてくれなくなると、キャシーの一日も最悪になってしまうのでした。

私たちは確かにお互いを必要としていますが、神以外に絶対不可欠な存在はありません。大切な人との間に摩擦が生じたせいで絶望してしまうなら、自分の必要を満たすためにその人に依存しすぎている可能性があります。そのような依存は子どもには当然のことですが、大人になるにつれてそこから脱し、いくつかの健全で支援的な関係を築いていく必要があります。一人の人に囚われるなら、それは私たちの霊的・感情的自由と成長を損ないます。

自分に尋ねてみてください。「この人に『ノー』と言われると困るという人が今夜死んでしまったら、私は誰のところに行くのだろうか」と。何人かの人と深くて有意義な人間関係を育むことはとても大切です。あなたに他に行くところがあれば、あなたと関わりを持っている人たちは罪悪感を感じることなしに「ノー」と言えるようになります。

どうしても「ノー」と言って欲しくないと思う人がいるなら、実質上、私たちはその人に人生の支配権を与えています。彼らに身を引くぞと脅されると、私たちは迎合するのです。これは結婚において頻繁に見られます。どちらか一方がもう片方の「別れてやる」という感情的脅迫の中に閉じ込められている状態です。このような関係は生き方としてふさわしくないだけでなく、決してうまくいきません。支配的な人は自分に気に入らないことがあれば何度でも身を引きます。一方、境界線を持たない人は、夫または妻を喜ばせようと必死になってあれこれ努力します。ジェームズ・ドブソン博士の『厳しい愛（Love Must Be Tough）』は、この類いの境界線問題に関する古典的な書物です。[2]

第四に、**他者の境界線を受け入れられないのは、自分の責任を放棄しているからかもしれません。**親友からの借金が必要だったランディは、この例です。彼は自分の経済的困窮をピートのせいにしていました。人から助けてもらうことにあまりにも慣れてしまったため、自分の幸せは誰か他の人が取るべき責任であるかのように思い込んでいる人たちがいます。助けてもらえないと、見捨てられ、愛されていないかのように感じるのです。

パウロは、今では所在の知られていない書簡の中でコリントの人々を厳しく諌めました。パウロは彼らの反抗に限界を設定したのです。

あの手紙によってあなたがたを悲しませたとしても、私は後悔していません。あの手紙が一時的にでも、あなたがたを悲しませたことを知っています。それで後悔したとしても、今は喜んでいます。あなたがたが悲しんだからではなく、悲しんで悔い改めたからです。

（第二コリント７・８－９）

コリントの人々は、パウロの境界線（それが何であれ）を受け入れ、それに応答しました。これが責任を取っているしるしです。

ここで、イエスの黄金律を思い出してみましょう。「ですから、人からしてもらいたいことは何でも、あなたがたも同じように人にしなさい」（マタイ７・12）。限界の設定にもこれを当てはめましょう。あなたは人から自分の境界線を尊重してもらいたいですか。それなら、あなたもまた他者の境界線を尊重してください。

神話七　境界線は罪悪感を生み出す

「どうも、どこかがおかしいという気がしてならないんですよ」。エドワードは首をかしげました。

「私の両親はいつもとても親切で、私のことを心配してくれました。とても良い親子関係をずっと保ってきました。そして……」彼は言葉を探して一瞬沈黙しました。

「そして、私はジュディに出会い、結婚しました。そして、とてもうまく行っていました。私たちは毎週、時にはもっと頻繁に両親を訪ねました。子どもにも恵まれ、全ては順調でした。そしてある時、私に遠方での仕事の話が来ました。ずっと私の夢だった役職で、ジュディもとても喜んでくれました。

ところが、私がその話を両親にするや否や、状況が変わってしまったのです。父の健康状態について頻繁に聞かされるようになりました。そこまで父の具合が良くないとは知りませんでした。また母の孤独についても聞かされるようになりました。私たちの存在が、彼らにとって唯一の希望の光だなどと言い出したのです。さらに、私のために彼らが払った犠牲の数々についても……。

どうすればいいと言うのでしょう。彼らの言うとおりです。両親は人生を私のために捧げてくれました。それだけしてもらっておいて、彼らを置き去りにすることができるでしょうか?」

このようなジレンマを感じているのはエドワードだけではありません。人との間に境界線を引く上で大きな障害となるものの一つに、義務感があります。両親だけでなく、私たちに良くしてくれた人たちに対して、私たちはどういう借りがあるのでしょうか。何が適切かつ聖書的で、何がそうではないのでしょうか。

多くの人たちが、義務を感じる相手には境界線を設定しないという選択をして、このジレンマを解決します。この意味では、親切にしてくれた人に「ノー」と言うときに生じる罪悪感を避けることができます。彼らはそうしていつまでも家を離れず、教会や学校を全く変えず、ずっと同じ仕事や友達のところに留まります。彼らの成長にとってより良い選択が他にあるとしてもです。

これは、**受け取ったものがあるから借りがある、**という考え方です。問題は、負債は現実には存在しないということです。私たちが受けた愛、あるいはお金であろうと時間であろうと、何か義務を負わされたと感じるものは何でも、贈り物として受け取るべきなのです。

「贈り物」とは、何の交換条件もないという意味です。必要なのは、感謝する心だけです。贈る方には、何か見返りがあるだろうなどという考えは毛頭ないのです。誰かを愛したがゆえにその人のために何かをしてあげたいという、ただそれだけの理由で与えるのです。それ以上でもそれ以下でもありません。

神から私たちへの救いの賜物もこのようなものです。神は御子のいのちをもって代価を支払われました。私たちへの愛ゆえでした。そして私たちの応答は、それを受け取り、感謝することです。なぜ感謝することがそんなに大切なのでしょうか。それは、神がなさったことへの感謝の思いが、私たちを他者への愛に駆り立てると、神はご存知だからです。「教えられたとおり……あふれるばかり感謝しなさい」（コロサイ2・7）。

私たちに親切にしてくれる人、純粋に私たちのことを心配してくれた人に対して、私たちはどんな借りを負っているでしょうか。それは感謝の気持ちです。そしてその感謝に満ちた心から、他者に助けの手を差し伸べるのです。

ここで、「受けるために与える」人と、無私の心で与える人を区別する必要があります。その区別は、たいていの場合簡単にできます。もし与えた側が、あなたの心からの感謝に対して気分を害したり怒ったりするなら、それは恐らく貸与だったのでしょう。もし感謝の心で十分なら、あなたが受け取ったものは罪悪感につきまとわれる心配のない正真正銘の贈り物だったのでしょう。

神は、感謝の心と境界線は別のものであると教えています。黙示録に七つの教会へ宛てたイエスの手紙がありますが、主は三つの教会――エペソとペルガモンとティアティラ――を選び出し、このように言われました。

1．彼らが成し遂げたことについて賞賛した。（感謝）

2．しかし、たとえそうであっても、彼らには「責めるべきことがある」と伝えた。（2・4、14、20）

3．最後に、彼らの無責任さを諌めた。（境界線）

神はこの二つの問題を混同させませんでした。私たちもそうあるべきです。

神話八　境界線は恒久的であり、相手とのつながりを切ってしまうのが恐い

「でも、もし私の気が変わったらどうしますか？」カーラは尋ねました。「もし親友との間に境界線を引いたら、彼女は私のもとを去って行き、私のことなど忘れてしまうのではないかと恐いのです」

「ノー」と言うかどうかは常にあなた次第であると理解することが大切です。あなたの境界線はあなたが所有しています。境界線があなたを所有しているのではありません。誰かとの間に限界を設けても、その人が愛をもって大人としての反応ができるようになれば、その境界線を調整すればいいのです。さらに、より安全なところまで来れば、境界線を引き直すこともできます。

境界線の引き直しや調整には聖書的な根拠があります。たとえば神は、ニネベの町が悔い改めたとき、それを滅ぼさないことにしました（ヨナ３・10）。また、パウロはマルコとも呼ばれるヨハネを、かつて彼がパウロの一行から離れてしまったので、宣教旅行には連れて行かないことにしました（使徒15・37－39）。しかし数年後には、彼を連れて来てもらうよう頼んでいます（第二テモテ４・11）。境界線を変える時期が熟したからです。

恐らく気づいたと思いますが、これらの神話のいくつかは、あなたが過去に学んだ歪んだ教えから来る単純な誤解です。しかし他のいくつかは、非聖書的な責任に対して、きっぱりと「ノー」と言えないことが原因です。どの神話があなたを縛っているのか、祈りをもって見直してみてください。この章で触れた聖書のことばを調べてみてください。そして、適切な境界線をあなた以上に願っておられるのは神ご自身であるという確信が持てるよう、祈り求めてください。

第二部

境界線《バウンダリー》の摩擦

Boundaries

第7章 境界線《バウンダリー》と家族

Boundaries

ニコールのような問題を抱えている人を、私（ヘンリー）は大勢知っていました。三十歳になる彼女は、実家から戻ると深い鬱状態に陥るというのです。

彼女がその問題について説明をしてくれたとき、実家を訪問すると必ずいつもそうなるのかと聞いてみました。

「まったく馬鹿げていますよね」。彼女は言いました。「私はもうそこに住んでいないのに。ただ訪ねて行くだけで、どうしてこんなふうになってしまうのでしょう」

訪問の様子について尋ねると、ニコールは幼なじみの友人との集まりや、食卓を囲む家族の団欒などについて話してくれました。そういう時間は楽しく、特に家族だけのときは楽しいのだそうです。

「『家族だけのとき』とはどういう意味ですか?」

「両親は私の友人を何人か食事に招くことがあって、私はそういうときもあまり好きではないのです」

「どうしてですか？」

ニコールはしばらく考えてから答えました。「きっと、罪悪感を覚えるからだと思います」。そして、両親がニコールと友人たちの生活を比べてさり気なくこぼす愚痴の数々について話し始めました。祖父母にとって子育ての手伝いに「参加」できるのはどんなに素晴らしいことかとか、ニコールがここに住んでさえいたら、ニコールの友人たちが参加している地元の様々な活動で彼女もさぞかし活躍できただろうとか、それは延々と続きました。

　そのうち、ニコールは実家から自宅に戻ってくると、何か悪いことをしているかのように感じている自分に気づきました。心のどこかで、本当は両親が望んでいるとおりにすべきではないのかと自分を責める思いがあったのです。

　彼女の問題は珍しいものではありません。ニコールは表向きは自分で選択をしてきました。生まれ育った家から巣立ち、自分の仕事を持ち、生活費は自分で稼いでいました。結婚して子どもも生まれました。しかし内側の事情は違ったのです。独立した個人となり、自分の人生に関わる選択を自由に行い、親の希望に添えないからといって罪悪感を覚えないですむような、感情的な自由がニコールにはありませんでした。まだプレッシャーに負けてしまうのです。

　本当の問題は内側にあります。境界線は所有物を定義するものだということを思い出してください。ニコールのような人たちは、自分の人生を本当に「所有」していないのです。自分の人生を所有している人なら、自分がどこに行く決断をしようとも、そのことについて罪悪感を覚えたりはしません。他者のことも考慮に入れますが、他人の願いに応える選択をするとき、それは愛による選択であり、罪悪感からではありません。悪いことを避けるためにではなく、進んで良いことをするための選択です。

境界線欠如の兆候

実家の家族との間に境界線がないことを示す典型的な兆候をいくつか見てみましょう。

ウィルスをもらう

よくあるシナリオは、こんな感じです。ある夫は、自分が育った家庭、つまり実家の家族との間に健全な感情的境界線を持っていません。そのため、彼らと電話で話したり直接会った後で、落ち込んだり、イライラしやすくなったり、自己批判的になったり、完璧主義になったり、喧嘩腰になったり、あるいは内にこもったりします。まるで実家の家族から何か悪いものをもらって、きて、それを自分の家族にうつしているようなものです。

実家の家族が彼の新しい家族にじわじわと影響を及ぼしているのです。ある一人の人との関係が他の人との関係に影響を及ぼしているようなら、それはまず間違いなく境界線に問題があることを示しています。あなたは自分の人生において、一人の人に力を与えすぎているのです。

ある若い女性が、セラピーで順調に良い方向に向かっていたのに、母親と話をしたとたん三週間も引きこもってしまったことがありました。そして、「私は少しも変わっていません。少しも良くなっていません」などと言うのでした。どうしても母親の言うことに呑み込まれてしまい、自分らしさを保つことができなかったのです。母親との癒着は彼女の他の人間関係にも影響を及ぼしており、母親と話をしたあと、周りの人との関わりもほとんど絶ってしまいました。彼女の人生を所有していたのは母親であり、彼女自身ではなかったのです。

脇役

「彼と一緒にいるときの彼女の様子には驚くよ」。ダンが言いました。「彼の願いをことごとく叶えることとしか眼中にないんだ。彼に批判されると、彼女はさらに頑張る。僕のことなんか事実上無視だよ。彼女の人生の『二番目の男』でいるのは、もううんざりだ」

ここでダンが言っているのは、メーガンの浮気相手のことではありません。父親のことです。ダンは、メーガンが自分よりも父親の意向を優先しているように感じ、嫌気がさしてしまいました。

これは、実家との間に境界線が欠如していることを示す典型例です。妻または夫が、自分はまるで「残りもの」をもらっているような気になります。配偶者が、自分よりも親に忠誠を尽くしているように感じるのです。自分の配偶者にこのように感じさせてしまう人は「(夫婦が)結ばれる前に（親から）離れる」というプロセスを完了していません。境界線に問題があるのです。神はこのプロセスを「男は父と母を離れ、その妻と結ばれ、ふたりは一体となる」ためのものとして意図されました（創世記２・24）。ヘブル語の「離れる」という言葉はもともと「解く」、つまり手放すとか放棄するという意味の語源から来ています。良い結婚のためには、配偶者は実家とのつながりを解き、結婚を通して生まれた新しい家族との間に新たなつながりを形成する必要があるのです。

これは、夫や妻が親戚との関わりを持ってはいけないという意味ではありません。しかし、実家との間の境界線は、明確に引かれる必要があります。夫婦のどちらか一方が実家との間に明確な境界線を引かない結果、配偶者と子どもたちは「残りもの」しかもらえず、そのせいで失敗する結婚が多いのです。

お小遣いをください

テリーとシェリーは魅力的な夫婦でした。大きな家を持ち、豪華な休暇を取り、子どもたちはピアノとバレエを習い、サマーキャンプに行き、自分専用のスキー、アイススケート、さらに電子機器まで持っていました。テリーとシェリーは成功に伴うあらゆるしるしを手にしていました。しかし、一つだけ問題がありました。テリーの給料ではこのライフスタイルはまかなえず、二人はテリーの実家から多額の経済的援助を受けていたのです。

テリーの両親は、息子に最良のものを与えたいと願い、それを実現するためにいつも手を貸していました。家を購入するのも、豪華な休暇も、子どもたちの習い事も、みんな実家の両親に支援してもらっていたのです。おかげでテリーとシェリーは本来手の届かないはずのものまで手に入れることができました。しかしそれには大きな代償が伴いました。

親からの度重なる経済的援助のおかげで、テリーの自尊心は蝕まれていました。そしてシェリーは、助けてくれた親の手前、彼らに伺いを立てずに自分の考えでお金を使うことが一切できないように感じていました。

テリーのケースは、既婚未婚を問わず、今日の若い大人に見られる境界線問題の典型例です。つまり、まだ経済的に大人になっていないのです。彼は、「私たちが持っているものを全て息子夫婦に与えたい」という両親の願望に対して境界線を引くことができませんでした。また、彼自身、親が抱いている成功の概念にすっかり慣らされていたので、自分でも親の願いに「ノー」と言えないでいました。親からの贈り物や援助を放棄してまで、完全に自立したいのかどうか、自分でもわからなかったのです。

テリーの例は、境界線の問題が「よい」経済状況をもたらした場合ですが、「困った」ことになる場合もあります。中身は子どものままで大人になってしまった人たちの多くは、自らのだらしなさや薬物・飲酒問題、浪費癖、あるいは現代特有の「まだやりたいことが見つからない」症候群のゆえに、ひっきりなしに経済的危機に陥ります。親の方は「今度こそうまくやってくれるだろう」と期待しつつ、失敗と無責任の人生をひた走る子どもにいつまでも資金を供給し続けます。しかし現実には、我が子の独立を阻み、一生の不具にしているのです。

経済的に一人立ちできない大人は、子どもと同じです。大人になるためには、自分で稼げる範囲内で生活し、自分の失敗の後始末は自分でしなくてはいけません。

お母さん、僕の靴下はどこ？

経済的には一人立ちしているものの、生活のある面ではまだ実家に世話になっている場合を、**永久未成年症候群**と言います。

このような子どものままの大人は、両親の家で多くの時間を過ごし、彼らと一緒に休暇を取り、洗濯物を頼み、食事も頻繁に世話になります。彼は父や母にとって、「何でも」分かちあってくれる一番の親友です。三十代にしてまだやりたい仕事が見つからず、貯金もなく、老後の計画も健康保険もありません。表面的にはさほど深刻な問題には見えませんが、多くの場合、父や母が自分の成人した子どもを感情的に家に引き止めているのです。

このようなことは、仲が良く愛に満ちた家族の間にしばしば起こります。そのような家庭はとても居心地がよく、離れがたいからです。（心理学者はこれをよく「纏綿《てんめん》家族」と呼びます。子どもたちが明確な境界線を持って分離できていない家族のことです。）家族全員とても仲が良いため、問題があるようには見えず、お互いに大変満足しています。

しかしながら、子どものままの大人が家族以外の大人との間に持つ関係は、機能不全に陥っていることがあります。「厄介者」の友人や恋人を持つかもしれません。仕事や異性の友人に対して責任ある関係を持続させることができないかもしれません。

彼らの経済状況にもしばしば問題があります。クレジットカードによる、いくつもの巨額の借金を抱え、税金はたいてい滞納しています。日々の生活の糧は稼いでいるものの、将来のことは考えていません。お金に関してはまるで青年期の頃と同じです。青年はサーフボードやギター、衣類といったものを買うのに十分なお金は稼いでも、目の前の現実より後のことは考えないのです。彼らの頭の中にあるのは、「今週末に遊ぶのに必要なだけ稼いだだろうか?」です。青年、そして親から自立できていない子どものままの大人は、いまだ親の保護のもとにいて、彼らの将来を心配するのは親の仕事になっているのです。

三人だと仲間割れ

機能不全の家族には、「三角関係」と呼ばれる境界線問題があることが知られています。それは次のようなものです。AがBに対して腹を立てています。しかしAはそのことをBに言いません。そしてCに電話をしてBについての愚痴を言います。Cは喜んでAからの打ち明け話を聞き、Aが三角ゲームをしたい時にはいつでもその相手をします。

そのうちBは孤独に感じ始め、Cに電話をします。そしてAとの摩擦について漏らします。C

はAだけでなくBとも打ち明け話を聞く関係になります。AとBの間の問題はまだ解決しておらず、Cには二人の「友達」がいます。

三角関係とは、二人の間の摩擦を解決できず、どちらかの側についてもらおうと第三者を引っぱり込むことです。これは境界線問題です。なぜなら**互いに直面するのを恐れ合っている人たちが、慰めと承認を得ようとして問題に関係のない第三者を巻き込む**からです。摩擦はこのようにしていつまでも続き、誰も変わることなく、不必要に敵が作られます。

三角形の中にいる人たちは、自分の敵意を親切な言葉とへつらいによって隠し、真実を語りません。Aはいつも大変思いやりがあり親切で、Bに対しても面と向かってならお世辞を言ったりもします。しかし、Cと話すときになると、Bに対する怒りが表れるのです。

これは明らかに境界線の欠如です。Aは自分の怒りを「所有」していないからです。Aが怒りを感じている相手こそ、その怒りについてAから直接聞くべきなのです。「ジョンがあなたのこと何て言ってるか、知ってる?」と言われて傷ついた経験は、あなたにも何度かあるでしょう。この前に話したとき、ジョンは何も言わなかったのに。

加えて、Cは二人の軋轢に巻き込まれ、問題を知っているがゆえにBとの関係が損なわれます。ゴシップは人々を仲違いさせます。ゴシップのネタにされている人々に説明する機会を与えないまま、彼らに対する私たちの見方を左右するからです。多くの場合、第三者から伝え聞く話は不正確なものです。聖書が、一人だけではなく少なくとも二、三人の証人の話を聞きなさいと命じているのはそのためです。

三角関係は実家の家族との間でよく見られる境界線問題です。親と子あるいは両親の間に昔からあった摩擦がもとで、家族の一人が他の一人に連絡して、もう一人の家族について話をするようになります。この非常に破壊的な構図が人間関係を麻痺させてしまうのです。

みことばは、摩擦があるときにはあなたが腹を立てている当人と直接話をすることが非常に大切であると強調しています。

人を叱責する者は、後になって、舌でへつらう者よりも恵みを得る。（箴言28・23）

心の中で自分の兄弟を憎んではならない。同胞をよく戒めなければならない。そうすれば、彼のゆえに罪責を負うことはない。（レビ19・17）

ですから、祭壇の上にささげ物を献げようとしているときに、兄弟が自分を恨んでいることを思い出したなら、ささげ物はそこに、祭壇の前に置き、行って、まずあなたの兄弟と仲直りをしなさい。それから戻って、そのささげ物を献げなさい。（マタイ５・23－24）

また、もしあなたの兄弟があなたに対して罪を犯したなら、行って二人だけのところで指摘

しなさい。（マタイ18・15）

これらのみことばは、最初に摩擦を生じた当事者のところに行って話をするなら、三角関係は簡単に避けられることを示しています。その人との関係をまっすぐにし、もしその人が問題を否定するのであれば、その時にはゴシップを流したり怒りをぶちまけるためではなく、問題の解決のために第三者に間に入ってもらいましょう。それから、その人と二人で当事者のところへ行き、問題を解決するよう努めるのです。

第三者には、自分が当人に向かって言うつもりのないことは決して言わないようにしましょう。

結局、誰が子どもなのですか？

「子は親のために蓄える必要はなく、親が子のために蓄えるべきです」（第二コリント12・14）。

自分の親の面倒を見るために生まれてきたような人たちがいます。彼らは自分から望んでその役目を担っているわけではありません。むしろそれを受け取ったのです。今日、そのような人たちのことを「共依存者」と呼びます。親が大人らしくない無責任な生活を送っているため、子どもは人生の早いうちから、親の責任を持つのは自分なのだと学びます。そのような子どもたちが大人になると、無責任な親との間に境界線を築くことに困難を覚えます。親から離れた人生を歩もうとするたびに、自分がわがままであるかのように感じてしまうのです。

確かに聖書は、子どもは成人したら年老いた親の面倒を見るべきだと教えています。「やもめの中の本当のやもめを大事にしなさい。もし、やもめに子どもか孫がいるなら、まずその人たちに、自分の家の人に敬愛を示して、親の恩に報いることを学ばせなさい。それが神の御前に喜ばれることです」（第一テモテ５・３－４）。親に対して感謝の気持ちを持ち、その恩に報いるのは良いことです。

しかし大抵の場合、二つの問題が出てきます。第一に、あなたの両親に「真の必要がある」とは限らないことです。彼らは無責任で、要求ばかりし、殉教者のごとく振る舞っているだけかもしれません。彼らの必要は、自分でリュックサックを背負うことかもしれないのです。

第二に、彼らに「真の必要がある」ときでも、あなたの方に明確な境界線がなくて、与えられる物と与えられない物の区別ができないこともあります。たとえば、老化に適応できない親に、あなたは際限なく与えているかもしれません。そうなると、親があなたの家族を支配していることになります。このような支配は結婚を破壊し、子どもたちを傷つけかねません。恨みがましくなることなく親を愛し感謝し続けることができるように、親に与えたいものと与えられないものを家族で決めておく必要があります。

良い境界線は恨みや憤りを防ぎます。**与えることは良いことです。**しかし、あなたの状況とあなたが持っている物に照らし合わせて、それが適切な分量であるように気をつけてください。

だって私はあなたのきょうだいでしょう

もう一つよく問題になる力関係は、成人した兄弟姉妹間の関係です。未成熟なまま大人になった人は責任感がなく、頼れるきょうだいに依存し、いつまでも子どものままで家族から巣立っていこうとしません。（この場合、精神的・身体的障害のある本当の必要を持ったきょうだいのことを言っているのではありません。）無責任な子どもは、大人になってもいつまでも昔からの家族ゲームを続けます。

ここで難しいのは、その人があなたの兄弟あるいは姉妹であるために、あなたが感じる罪悪感とプレッシャーです。親友のためにでも絶対にしないような愚かで全く助けにならないようなことを、兄弟姉妹にはする人たちがいます。「家族」であるという理由で、私たちの一番強固な柵でさえも崩されてしまうのです。

なぜそうなるのか？

一体どうして私たちはこのようなパターンを取り続けてしまうのでしょうか。何がいけないのでしょうか。

一つには、育った家庭で境界線の法則について学ばず、子ども時代からずっと持っていた古い境界線の問題を、大人になっても抱えているということが挙げられます。

また、私たちが聖書的な成長過程を経ることなく成人し、神の家族の一員になりきっていないということも考えられます。両方を見てみましょう。

古い境界線問題の継続

宇宙人の話を思い出してください。彼は別の惑星で成長したため、重力や、売買の媒介物としてのお金といった地球の法則には不慣れでした。

あなたが子どもの時に家庭で学んできたパターンは、大人になっても同じ人たちを相手に繰り返されます。無責任な行動に結果が伴わない、問題に直面することを避ける、限度をわきまえない、自分ではなく他人の責任をとる、与えたくないのに強制や罪悪感から与える、ねたみ、受け身、秘密主義などです。これらは新しいものではなく、それまで問いつめられることも悔い改められることもなかった古い行動様式です。

このような傾向は根深いものです。あなたは家族に合わせて生きることを学んできたわけですから、彼らのそばにいるだけで昔のパターンが戻ってくることもあります。成長の結果によってではなく、**記憶によって、**無意識のうちに行動し始めるのです。

それを変えるためには、まずこれらの「家族の罪」を見極め、そこから離れなくてはなりません。それを罪として告白し、悔い改め、それに対する取り扱い方を変えなくてはなりません。境界線を築くうえでの第一のステップは、今なおあなたが引きずっている家族の古いやり方を自覚することです。

実家との間にある境界線の問題に目を向け、どの法則が侵されているのかを見極め、そのせいであなたの人生が結んでいる良くない実が何であるかを突き止めましょう。

養子縁組

本書は霊的成長に関する本ではありませんが、境界線は成長に不可欠なものです。成長におけるステップの一つは、親の権威のもとから外に出て、自分を神の権威のもとに置くことです。

聖書は、子どもたちは成人するまで親の権威の下《もと》にいると言っています（ガラテヤ4・1－7）。実際、親には子どもに関する責任があります。しかし、成人して「説明責任を持つ年齢」に達すると、保護者や管理者の下から出て、自分自身に関して責任を負うようになります。クリスチャンは、父なる神というもう一人の親との関係に入ります。神は私たちを孤児のままにすることはなく、ご自身の家族の中に受け入れてくださいます。

新約聖書の多くのみことばが、生まれ育った家への忠誠を捨て、神の養子とされる必要を語っています（マタイ23・9）。神は私たちが神を自分の父と仰ぎ、親の仲介を持たないようにと命令しておられます。肉親にいつまでも忠誠を示している大人は、神の養子としての自分の新しい立場を認識していないのです。

多くの場合、私たちが神のことばに従っていないのは、まだ家族から霊的に独立していないことが原因です。新しい父に従うよりも、肉親を今までどおりのやり方で喜ばす必要があると感じてしまうのです（マタイ15・1－6）。

私たちが神の家族の一員となって、御父のやり方に従おうとするとき、地上の家族の中で摩擦が生じたり、分裂が生じたりすることがあります（マタイ10・35－37）。イエスは、私たちの霊的な絆こそ、最も親密で大切なものだとおっしゃいました（マタイ12・46－50）。私たちの真の家族は、神の家族です。

私たちにとって最も強いつながりとなるこの家族には、物事に一定のやり方があります。真実を語り、限度を設け、責任を取り、また責任を求め、互いに戒め合い、互いに赦し合う、などです。この家族の営みは、確固たる基準と価値観に基づいています。そして神は、ご自身の家族の中ではそれ以外のやり方をお認めになりません。

しかし、これは他とのつながりを切り捨てよという意味ではありません。私たちは神の家族以外にも友人を持つべきですし、実家とも強いつながりを持つべきです。しかし、次の二点を自問する必要があります。すなわち、**これらのつながりは私が正しいことをするのを阻んでいないだろうか**ということ、そして、**実家との関係において私は本当に大人になっているだろうか**ということです。

もし私たちの絆が真に愛に満ちたものなら、私たちは独立して自由があり、愛する心から「目的をもって」与えるでしょう。恨みや憤りを持たず、節度をもって愛し、邪悪な行いを許しません。

大人として「後見人や管理人」（ガラテヤ4・2）のもとから巣立つとき、私たちは真に大人として、大人としての決定をし、自分の思いを制しつつ（第一コリント7・37）、私たちの本当の父に従います。

家族との境界線問題の解決

実家との間に境界線を築くことは難しい仕事です。しかしそこには大きな報いがあります。これは、いくつかのはっきりとした段階からなるプロセスです。

症状を見極める

自分の生活の状況を見て、親や兄弟との間にある境界線問題の所在を見定めましょう。問うべき基本的な質問は、これです。「どこで自分の所有物への支配力を失ってしまったのだろうか？」その領域を見極め、自分が育った家庭との関連を見つけましょう。それが解決への第一歩となります。

摩擦を見極める

どのような力関係が働いているのかを見出してください。たとえば、あなたはどの「境界線の法則」を侵していますか。誰かと三角関係にありますか。親や兄弟に対して責任を取る代わりに、彼らに関して責任を取っていませんか。結果を断固として伴わせることができず、彼らの行いのつけをあなたが支払っていませんか。彼らや彼らとの摩擦について、受身で反応的ですか。

自分の行動を理解することなしに、そのような力関係から抜け出すことはできません。まず自分の目から「梁を取り除く」ことです。そうすれば状況がよく見えるようになり、家族と正しくつきあえるようになります。まずは自分自身を振り返り、自分がどこで境界線を侵しているかを突き止めてください。

摩擦の原因となっている「必要」を見極める

人は理由もなく不適切な振る舞いをするわけではありません。実家の家族に満たしてもらえなかった潜在的な必要を満たそうとしている場合がよくあるものです。愛されたい、認められたい、受け入れられたいという必要のために今なお身動きが取れなくなっているのかもしれません。この必要を直視し、それは神の家族にしか満たすことができないと認めましょう。あなたの新しい神の家族こそ、今やあなたの真実の「母、父、兄弟、姉妹」であり、神の御心を行い、神が造られたとおりのあなたを愛することのできる人たちです。

良いものを受け取る

自分の必要を理解するだけでは不十分です。**それは満たされなくてはなりません。**神はご自分の民を通してあなたの必要を喜んで満たされます。しかしあなたは自分を低くして、適切な支援システムの力を借り、良いものを受け取らなくてはなりません。タラントを地面の中に埋めたままにして、そのうち良くなるだろうと期待してはいけません。愛に応答し、受け取ることを学んでください。たとえ最初はうまくできなくてもです。

境界線の取り扱いを習得する

あなたの境界線の取り扱い技術は、まだ未熟です。ただちに難しい状況に適用させることはできません。まずは境界線が尊重され認められるような状況で練習してください。あなたの境界線を歓迎し、尊重してくれる支援グループの人たちの間で「ノー」を使い始めてください。

怪我から回復しつつあるときには、いきなり一番重いバーベルを持ち上げたりはしません。軽いものから徐々に重いものを持ち上げられるように訓練します。境界線技術の習得も、身体のリハビリと同じものと考えてください。

害悪に対してノーと言う

安全な状況で境界線の取り扱いを練習することに加え、傷を負いやすいような状況は避けてください。回復の初期の段階では、過去にあなたを虐待したり支配した人たちは避ける必要があります。

過去に虐待的または支配的だった人との間にもう一度関係を築き直す用意ができたと思ったら、友人や支援してくれる人を一緒に連れて行きましょう。傷つきやすい状況や関係に自ら逆戻りしないよう気をつけてください。あなたは大怪我から回復しつつあるのです。適切な道具を持つまでは関係を築き直すことはできません。和解を強く願うあまりに、支配的な状況に再びはまり込んでしまうことがないよう気をつけてください。

侵略者を赦す

赦しほど境界線を明確にするものはありません。誰かを赦すとは、その人を解放すること、つまり彼があなたに対して負っていた負債を取り消すことを意味します。赦すことを拒むなら、あなたはまだその人から何かを求めているのです。そしてたとえあなたが願っているものが復讐だとしても、あなたはその人に永久に縛られてしまいます。

家族の誰かを赦さないでいることは、いつまでも機能不全の家庭から自分を引き離すことができず、状況が一向に良くならない主な理由の一つです。そのような人たちは、家族から未だに何かを求めています。私たちに与えるものを持っている神から恵みを受け取り、借金を返済するお金を持たない人を赦す方がずっと良い選択です。そうすればあなたの苦しみは終わります。なぜなら、決してやってこない返済を期待し続ける必要がなくなるからです。そのような返済を期待していると、それが先延ばしにされるため心が病んでしまいます（箴言13・12）。

赦さないということは、あなたを傷つけた人が与える気のないものを要求することです。たとえそれが、ただ彼に自らの行いを告白させるだけだとしてもです。これは彼をあなたに「縛りつけ」、境界線を破壊します。あなたが育った機能不全の家庭を手放してください。切り離してください。そうすればあなたは自由になります。

反応ではなく、応答する

誰かが言ったり行ったりしたことにあなたが反応しているとき、あなたには境界線の問題があるかもしれません。もし誰かの言動のせいであなたが大混乱に陥るなら、その時点でその人があなたを支配していることになり、あなたの境界線はなくなっています。一方で、あなたが応答しているとき、あなたにはまだ選択の余地があり、コントロールを失っていません。

もし自分が反応していると感じたら、一歩退いて自制を取り戻してください。それによってあなたが他の家族に無理強いされて、意に反したこと、あなたの独立を侵すようなことを言ったり行ったりしないようにするためです。せっかく自分の境界線を保ってきたのですから、一番良い選択肢を選びましょう。応答することと反応することの違いは、あなたが自分で選択しているかどうかです。反応しているときには彼らが支配権を握っており、応答しているときにはあなたが支配権を握っています。

罪悪感からではなく、自由と責任をもって愛することを学ぶ

愛に満ちた境界線こそ最良の境界線です。いつまでも守りの体勢から抜け出せない人は、愛と自由を掴みそこなっています。境界線とは、愛するのをやめることではありません。むしろその逆です。あなたは愛するための自由を手にしつつあるのです。他者のために自己を否定し、犠牲を捧げるのは良いことです。しかし、その選択をするためには境界線が必要です。

あなたがもっと自由になるために、目的のある与え方を練習しましょう。境界線を引くことを学んでいる最中の人には、ときどき、誰かの願いを聞いてあげることは共依存だと思っている人がいます。それはまったく間違っています。あなたが自分で自由に選んで誰かのために良いことをするなら、それは境界線を強化します。共依存者は良いことをしていません。恐れのゆえに悪を許しているだけです。

第8章 境界線《バウンダリー》と友人

Boundaries

マーシャはどの番組を見るともなしにテレビのスイッチを入れました。親友のタミーとの電話のことを考えていたのです。タミーを映画に誘ったのですが、彼女にはその晩は他の用事がありました。今回も先に誘ったのはマーシャでした。そして今回も失望に終わりました。タミーはマーシャに電話をくれたことがありません。友情とはこういうものなのでしょうか。

「友情」。親密感、優しさ、二人が相互に引かれ合う関係、といったイメージがわく言葉です。友人は、私たちがどれだけ生き甲斐のある人生を送ってきたかの象徴です。自分のことを本当に知り、本当に愛してくれる人との関係を持たないまま人生を終えることほど悲しいことはありません。

友情には多くのものが含まれます。この本で取り上げる関係の多くが、部分的には友情であると言えます。しかしここでは便宜上、**機能よりも好意に基づいた、恋愛関係ではない人間関係**を友情と定義します。言い換えれば、仕事やミニストリーといった共通の目的をもとにした関係は除外します。単に一緒にいたいからという理由でつながっている関係として友情を見ていきましょう。

友人との間に起こる境界線の摩擦は、その性質も程度も様々です。各種の問題を理解するために、摩擦の例をいくつか取り上げて、それが境界線によってどう解決できるのか見てみましょう。

摩擦一　迎合的な人同士

それは、ある意味では素晴らしい友情でしたが、別の意味では悲惨とも言える関係でした。ショーンとティムはスポーツや趣味、娯楽の好みが一致していました。彼らは同じ教会に通い、お気に入りのレストランも同じでした。しかし、この二人は互いに対して親切すぎました。二人とも、相手に「ノー」と言うことができなかったのです。

二人がこの問題に気がついたのは、ある週末、急流の筏《いかだ》下りとコンサートが同じ日に重なってしまったことがきっかけでした。ショーンもティムも、両方好きだったのですが、どちらかを選ばなければなりませんでした。ショーンはティムに電話をし、筏下りに行こうと言いました。「もちろんだよ」。ティムは答えました。しかし、実は二人ともあまり筏下りに行きたくなかったのです。内心、どちらもコンサートに行くことを楽しみにしていました。

川を半分下ったところで、ショーンとティムはついにお互いに対して本音を吐くことになりました。びしょ濡れになり、すっかり疲れたティムが口を滑らせたのです。「君が筏下りに行こうなんて言ったから……」

「ティム！」ショーンは驚いて言いました。「僕はてっきり、君が筏下りに行きたいんだと思ってたよ！」

「とんでもない！　君が電話してきたから、君の方こそ筏下りに行きたいのかなと思ったんだ。参ったなぁ」。ティムはしょんぼりと言いました。「お互いをガラス人形のように扱うのは、そろそろ止めにした方がいいかもな」

迎合的な二人が一緒に何かをしようとすると、どちらも自分が本当にやりたいことができません。二人とも、恐くて相手に真実を語れないのです。

この問題に境界線のチェックリストを当てはめてみましょう。このリストを使えば、あなたが今、境界線設定のどの段階にいるかがわかるだけでなく、目標に到達するための手段も見えてきます。

1．**症状は何か。**　迎合的な人同士の問題の症状の一つは、不満感です。認めるべきでないものを認めてしまった、という感覚のことです。

2．**ルーツは何か。**　迎合的な人たちは、これまで人を失望させないよう「ノー」と言わない生き方をしてきました。両者は背景が似ているので、迎合的な二人が互いを助け合うのは往々にして非常に困難です。

3．**何が境界線の問題なのか。**　迎合的な人たちは、平和を乱さないよう自分自身の境界線を丁寧に否定します。

４．**誰が所有権を行使すべきか。**　相手をなだめたり喜ばせたりしようとする行為について、それぞれが当事者として責任を負わなくてはなりません。ショーンもティムも、互いに対して親切にすることで相手を支配していた事実を認める必要があります。

５．**何が必要なのか。**　迎合的な人たちは、支援グループであれ、家庭での聖書の学び会であれ、カウンセラーであれ、手助けをしてくれる何らかの人たちと交わりを持つ必要があります。相手を傷つけるのではないかという不安が、自分自身の境界線を築くことを困難にするのです。

６．**どのように始めるか。**　双方で、小さなことから境界線を引く練習を始めましょう。たとえばレストラン、教会の式次第、音楽などの好みについて本音を語りあうところから始めるといいかもしれません。

７．**どのように境界線を引き合うか。**　ショーンとティムは、面と向かって話し合い、ついに本音を語り、自分が設定したいと思っている限界を明かすことになります。二人とも相手との間により良い境界線を保つことを決心します。

８．**次のステップは何か。**　ショーンとティムは、自分たちの好みは思っていたほど似ていないと認める必要があるかもしれません。二人の間に少し距離をあける必要があるかもしれません。別のことをするときには別の友人と付き合うようにしても、二人の関係に傷がつくわけではありません。長い目で見れば、二人の友情を一層強めることになるかもしれないのです。

摩擦二　迎合的な人と強引な支配者

迎合的な人と強引な支配者との間の軋轢は、友人関係の中で一番よく見られる摩擦で、次のような典型的な症状を伴います。迎合的な人は、二人の関係の中で威圧感を受け、劣等感を覚えます。強引な支配者は、迎合者からうるさく言われることに苛立ちを感じます。

「わかったわ、あなたがどうしてもと言うならそうしましょう」。これは迎合的な人の決まり文句です。たいていの場合、強引な支配者は、迎合者の時間、才能、資源を利用しようとして無理を言い張るのです。自分が欲しいものを要求することに何のためらいもありません。時には、聞きもしないで欲しいものを勝手に持って行ってしまいます。強引な支配者が迎合者の持ち物を取って行くとき、「必要だったの」の一言で済ませるのです。それが車の鍵であろうと、一杯の砂糖であろうと、3時間という時間であろうと。

迎合者は多くの場合そのような関係に不満を感じているので、自分の方から行動を起こす必要があります。この関係を先の境界線チェックリストに照らし合わせてみましょう。

1．**症状は何か。**　迎合者は支配されていると感じ、憤りを覚えます。強引な支配者は、うるさく言われるのが気に入らないことを除いては、快く思っています。

２．**ルーツは何か。**　迎合的な人は恐らく、摩擦は受けとめるよりも避けるようにと教えられて育ったのでしょう。一方強引な支配者は、我慢したり自分の責任を取るように訓練されたことがありません。

３．**何が境界線の問題なのか。**　ここには二つのはっきりとした境界線問題が見られます。一つは迎合者が友人との間に明確な限界を設定できないこと、もう一つは強引な支配者が迎合者の限界を尊重できないことです。

４．**誰が所有権を行使すべきか。**　迎合的な人は、自分を強引な支配者の犠牲者だと思ってはいけません。自分から進んでさあ召し上がれと力を差し出しているのですから。自分の力を放棄することは、迎合者が相手を支配するやり方なのです。迎合的な人は、強引な支配者を喜ばせることによって支配します。そうすることで相手をなだめ、相手の行動を変えようとするのです。一方で強引な支配者は、自分はどうしても相手の「ノー」を聞き、限界を受け入れることができない、と認める必要があります。友人を支配したいという願望に対して、責任を取る必要があるのです。

５．**何が必要なのか。**　この友情関係の中でより不満に感じている方、つまり迎合的な人が、支援グループにつながりこの境界線問題に対処するための手助けを仰ぐ必要があります。

６．**どのように始めるか。**　友人とぶつかり合う準備として、迎合的な人はまず支援グループの中で限界を設定する練習をする必要があります。強引な支配者の方は、自分がいかに他者に不公平な扱いをしているか、そして他者の限界を尊重するにはどうすべきかについて、友人の親身で正直な意見を聞くことが特に有益です。

7．**どのように境界線を引き合うか。**　迎合者は聖書的な原則を友人関係に当てはめてみましょう（マタイの福音書18章を参照）。相手に対し、支配され威嚇されているように感じると、はっきり告げます。もしまた支配されるようなら、私はこの関係から離れますと相手に伝えるのです。

これによって相手を支配しようというのではありません。面と向かってはっきり話をすることは、相手から選択肢を奪う最終通告ではないのです。限界を設定することで、相手の支配的な行動は自分を傷つけ、友情関係にヒビを入れると知らせることにほかなりません。このような限界は、迎合的な人をさらなるダメージから守ります。強引な支配者は自分が望むままにいくらでも怒ったり威圧的になることができますが、迎合者は傷を負わないようそこから立ち去ります。安全になるまで、部屋から、家から、あるいは友情から遠ざかります。

強引な支配者は、自分の行動の結果を身をもって知らされます。友人がそばからいなくなってしまうと、友情が恋しくなり、友人を追い払ってしまった自分の支配的言動について責任を取り始めるようになります。

8．**次のステップは何か。**　この時点でもし双方にその気があれば、二人の関係についてもう一度話し合ってもいいでしょう。「あなたが批判的になるのをやめれば、私も口うるさく言うのをやめる」というような二人の間の基本原則を作り、新しい友情を築くことができます。

摩擦三　迎合的な人と操作的な支配者

「キャシー、とても困ったことになっちゃってね、私を助けられるのはあなただけなの。教会の会合があるんだけど、ベビーシッターを頼む人がいなくて……」

キャシーは、シャロンが窮状を訴えるのを聞いていました。またいつものとおりでした。シャロンは事前に計画するのを怠り、ベビーシッターを手配しておかなかったのです。このような自業自得の緊急事態に陥ると、シャロンはいつでもキャシーに助けを求めてきました。

キャシーは自分にばかりこの役柄を押し付けられるのが嫌でたまりません。シャロンはわざとやっているわけではありませんし、確かに正当な理由があって助けを求めているのですが、それでもキャシーは自分が都合良く利用されているように感じました。どうしたらいいのでしょうか。

迎合的な人と操作的支配者のこのようなやりとりの中で、多くの友人関係が行き詰まります。なぜシャロンは支配的だと言われるのでしょうか。シャロンは意識的に友人を操作しようとしているわけではありません。しかし、どんなに悪気がなくても、自分が困難に直面すると、彼女は友人を利用するのです。シャロンは友人が自分のために喜んで一肌脱ぐのは当然だと思っています。友人たちも、「しょうがないわね。これがシャロンなんだから」と言ってシャロンに合わせます。自分の中の憤りを押さえ込むのです。

では、この摩擦を境界線チェックリストにかけてみましょう。

1. **症状は何か。** 迎合者（キャシー）は操作的支配者（シャロン）が直前になって助けを求めて来ることに対して憤りを感じています。キャシーは自分の友情が当たり前のように思われていると感じ、シャロンを避け始めます。

2. **ルーツは何か。** シャロンの両親は、いつでも彼女を窮地から救い出していました。期末レポートを午前3時に終わらせる手伝いも、三十代の娘にお金を貸してあげるのも、親の役目でした。シャロンは、親切な人がいつも彼女を助け出してくれる寛容な世界に住んでいました。彼女は決して、自分の無責任さ、計画性のなさ、規律の欠如などに直面する必要がなかったのです。

キャシーは子どもの頃、自分が「ノー」と言うときに母親が見せるいかにも傷ついたような表情が好きではありませんでした。彼女は境界線を引くことで他者を傷つけるのを恐れるようになりました。友人、特にシャロンとの摩擦を避けるためならどんなことでもしたのです。

3. **何が境界線の問題なのか。** シャロンは前もって計画を立てず、自分のスケジュールに関して責任を取りません。責任が「自分の手に負えなくなる」と、最も身近にいる迎合的な友人に助けを求めます。するとキャシーが駆けつけて来るのです。

4. **誰が所有権を行使すべきか。** この関係を変えたいと思っている側のキャシーは、自分がいつでも言いなりになることが、予め計画しておかなくても大丈夫というシャロンの幻想に拍車をかけていることに気づきます。キャシーは犠牲者意識を捨てて、責任をもって「ノー」と言えるようにならなくてはなりません。

５．**何が必要なのか。**　キャシーは、シャロンとの間の境界線を見直すうえで、彼女を支援してくれる第三者とつながりを持つ必要があるでしょう。

６．**どのように始めるか。**　キャシーは信頼できる友人たちとの間で「ノー」と言う練習をします。協力的な雰囲気の中で、キャシーは人の言うことに反対したり、自分の意見を言ったり、人と対決することを学びます。グループの人たちは皆、キャシーがシャロンとの関係において力と導きを得られるよう祈ります。

７．**どのように境界線を引くか。**　次に一緒にランチを食べるとき、キャシーは自分が都合良く利用されているように感じているとシャロンに伝えます。もっと相互の関係が欲しいと思っていることを説明します。そして、これからはもう「緊急」のベビーシッター役はやらないという意志も伝えます。

自分がいかにキャシーを傷つけてきたか気づいていなかったシャロンは、この問題について心から申し訳なかったと思うでしょう。そして自分のスケジュールについて、もっと責任を持つようになります。直前になってキャシーにベビーシッターを頼もうとして断られ、大切な会合を欠席せざるを得なくなったことを数回繰り返し、ついに彼女は一～二週間前から計画を立てるようになります。

8. **次のステップは何か。** 二人の友情は成長し、深まります。いつか、キャシーとシャロンは自分たちがより親密になるきっかけとなったこの問題について、笑いながら話す日が来るでしょう。

摩擦四　迎合的な人と無反応な人

この章の最初に登場したマーシャとタミーのことを覚えていますか。二人のうち一人が全てのことをして、もう一人はのんびりしているという状況は、迎合的な人と無反応な人の摩擦の典型例です。片方は苛立ち、憤りを感じ、もう片方は何が問題なのかと不思議がっているのです。マーシャは、この友情は自分ほどにはタミーにとって重要ではないのだと感じています。

この状況を分析してみましょう。

1. **症状は何か。** マーシャは落ち込み、タミーのことを恨みがましく、自分が取るに足らない者のように感じています。しかしタミーの方は、マーシャの必要や要求に圧倒され、罪悪感を覚えているかもしれません。

2. **ルーツは何か。** マーシャは、自分にとって大切な関係のためには自分が先だって動かないと、いずれ見捨てられてしまうという恐れをいつも持っていました。そこで彼女は、周りの人を皆マリアにし、自分一人でマルタになっていたのです。愛する人ではなく働く人です（ルカ10・38－42）。

一方でタミーは、友情を得るために努力する必要が全くありませんでした。いつでも人気者で、親しい友人たちから与えられるままに受け取っていました。無反応でいても誰を失うことはありませんでした。実際、他の人たちは彼女と友達でいたくて自分から熱心に努力するのです。

３．**何が境界線の問題なのか。**　ここでは二つの問題が考えられます。第一に、マーシャはこの友情のために責任を負い過ぎています。彼女はタミーに自分自身の分を負わせていません（ガラテヤ６・５）。第二にタミーは、この友情のために十分な責任を負っていません。マーシャが何かやることを提案してくれるので、自分はそこから好きなものを選べばいいだけだと知っているのです。他の人がやってくれるのなら、どうして自分でやる必要があるでしょうか。

４．**誰が所有権を行使すべきか。**　マーシャは、自分のせいでタミーが何もしないですむことに関して責任を取る必要があります。自分が計画を立て、電話をし、全てをやろうとするのは、親切なふりをして実は愛を支配しようとしているだけだと気づくでしょう。

５．**何が必要なのか。**　二人とも他の友人からのサポートを得る必要があります。彼女たちにはこの問題を客観的に見ることができません。無条件に愛してくれる友人を何人か見つける必要があります。

６．**どのように始めるか。**　マーシャは頼れる友人たちを相手に限界設定の練習をします。たとえタミーとの友情が壊れてしまっても、これらの人たちとはこれからも互いに自分の責任を分かち合う友情が続くと気づきます。

7．**どのように境界線を引き合うか。** マーシャはタミーに自分の気持ちを伝え、これからは二人の友情を保つためにタミーもまた同様の責任を負う必要があると告げます。つまり、今度マーシャが電話をしたら、次にタミーがかけてこない限り、もう電話はしないということです。マーシャはタミーが寂しくなって電話してくるようになることを期待します。

最悪の場合、タミーの無反応のせいで二人の友情がしぼんでしまっても、マーシャには得るものがあります。それは、この関係は初めから双方向のつながりではなかったという認識です。そのときは悲しい思いをしますが、マーシャはそれを乗り越え、本当の友人を見つけるために前進します。

8．**次のステップは何か。** この小さな危機は、二人の友情のあり方を永遠に変えます。結局、友情関係などなかったことが明らかになるか、あるいはより良い関係を築くための土壌となるか、そのどちらかです。

友人同士の境界線問題に関する疑問

友人間の境界線問題は、扱いが難しいものです。なぜなら、友情関係を結ぶのは唯一、互いに対する愛着心だけだからです。そこには結婚指輪も仕事上のつながりもありません。あるのは友情だけです。そして多くの場合、それはあまりにも壊れやすく、いつ断ち切られてもおかしくないように思えます。

前述のような摩擦を経験している人たちは、自分の友情関係に境界線を引こうとするとき、しばしば次のような疑問を持ちます。

疑問一　友情は壊れやすくありませんか？

ほとんどの友情には、結婚や仕事、教会のように、互いをつなぎとめるための外的なコミットメント（忠誠・義務）が伴いません。いつのまにか電話がかかってこなくなり、双方の生活に特にこれといった波紋も残さず自然消滅することもあります。ということは、境界線問題が起きたとき、友情は他の関係よりも壊れるリスクが高いのではないでしょうか。

こう考えることには二つの問題があります。第一に、結婚、仕事、教会といった外的な枠組みこそが関係をつなぐ接着剤であるとみなしていることです。私たちをつないでいるのはコミットメントであり、愛着心ではないと思っているのです。聖書的にも現実的にも、これは真理から大きくかけ離れています。

次のようなことを、クリスチャンの間で頻繁に耳にします。「もし誰かを好きでないなら、好きであるかのように振る舞えばいい」。「彼らを愛するよう努力しなさい」。「愛すると決心して、それを実行すればいい」。「まずは愛することを選びなさい。そうすれば感情はついて来ます」

選択とコミットメントは、確かに良い友人関係の要素です。友情とは、都合の良いときだけ仲良くするという関係ではありません。しかしみことばは、コミットメントや単なる意志の力は当てにならないと教えています。なぜなら、それには必ず失望が伴うからです。パウロは、自分はやりたくないことをやってしまい、やりたいと思うことはできないと叫びました（ローマ7・19）。彼は行き詰まっていました。私たちも同じ経験をします。たとえ思いやりのある友情を維持しようと決意しても、悪いことは起こります。友人をがっかりさせてしまうことがあります。感情が冷めることもあります。歯をくいしばって頑張ったからといって、関係が立て直されるわけではありません。

私たちはパウロと同じ方法でジレンマを解決することができます。「こういうわけで、今や、キリスト・イエスにある者が罪に定められることは決してありません」（ローマ8・1）。答えは、「キリスト・イエスにある（in Christ Jesus）」ことです。言い換えれば、神との関係においても、人との関係においても、キリストとつながっていることです。神と、友人と、また支援グループとのつながりの中にとどまるとき、私たちは恵みに満たされ、くじけずに踏みとどまり、境界線の問題が起こってもそれに立ち向かうことができます。これら外側のつながりがないと、むなしい意志の力に頼らざるを得なくなり、その結果みじめな失敗に終わるか、自分は全能だと思い込むかのどちらかです。

繰り返しますが、聖書は全てのコミットメントの基盤は愛の関係であると教えます。愛されているからこそコミットメントと意志をもった選択をすることができるのです。その逆ではありません。

これは友人関係にどう当てはまるのでしょうか。こう考えてみましょう。もしあなたの親友がやって来て、「ひとつ君に言っておきたかったんだけど、僕が君の友達でいる唯一の理由は、この友情を続けると決心しているからなんだ。僕は君に惹かれるところは何もないんだよ。一緒にいても別に楽しくないし。でも、あえて君の親友であり続けるよ」と言ったら、どう思いますか。

あなたにとってこれは安心できる関係でもなければ、愛されていると感じることもないでしょう。彼が友達でいてくれるのは義務感からであり、愛によるものではないと思うでしょう。どうか騙されないでください。どんな友情も、愛着心の上に築かれなければなりません。そうでなければ、その友情の基盤は弱いのです。

友情が、結婚や教会、仕事などのように制度化された関係よりも弱いという考えの第二の問題は、これら三つの関係には愛着心がないと仮定していることです。それは真実ではありません。もし真実なら、結婚の誓いは離婚率０％を保証するでしょう。信仰の表明は忠実な礼拝出席率を保証するでしょう。雇用は出勤率１００％を保証するでしょう。私たちの生活に大変重要なこれら三つの制度は、かなりの部分、愛着心を基盤としているのです。

友人を私たちにつないでいる唯一のものが、私たちの能力ではなく、人の善さでもなく、あるいは彼らの罪悪感や義務感でもないというのは、恐ろしいことでもあります。彼らが私たちのところに来て一緒に時間を過ごそうとする唯一の理由、私たちのことを我慢してくれる唯一の理由は、愛なのです。そして愛だけは、私たちには支配できないのです。

いつでも、誰でも、友情から離れることはできます。しかし私たちの人生が愛着心を基盤にしたものになればなるほど、私たちは愛を信頼できるようになります。真の友情の絆はそう簡単には壊れないと学びます。そして良好な関係の中では、限界を設定してもつながりは傷つかず、むしろ強まると学びます。

疑問二　恋人との間にはどのように境界線を引くのですか?

独身のクリスチャンたちは、恋愛関係の中で真実を語ることで限界を設定しようとして、とても苦心しています。ほとんどの摩擦が、関係を失うことへの恐れに関わっています。たとえば私のあるクライアントは「今、とても好きな人がいるのですが、もし彼に『ノー』と言ったら、もう二度と会えなくなるのではないかと恐いのです」と言います。

恋愛関係においては、二つの特有な原則が作用しています。

1．**恋愛関係とは本来リスクを伴うものである。**　他者との間に健全な愛着心を築いた経験もなく、自分の境界線を尊重してもらったこともない独身の人たちが、交際を通して聖書的な友情の決まりを学ぼうとします。彼らは恋愛という安全な関係の中で、愛し、愛され、限界を設定できるようになるだろうと期待します。

これらの人たちは大抵、数か月の交際のあと、交際を始めた時よりもずっと傷ついた状態になっています。期待を裏切られたような、失望させられたような、利用されたような、そんな思いになっていることもあります。これは交際そのものが問題なのではありません。交際の目的を理解していないことが問題なのです。

交際の目的は、練習し、試すことにあります。通常、交際の最終目的は、遅かれ早かれ結婚するかどうかを決めることです。自分はどういうタイプの人と相性が良く、霊的・感情的に合うのかを見極めるための方法です。結婚に備えての練習場なのです。

この事実が恋愛関係特有の摩擦の原因となります。交際中は、「私たちはうまくいっていない」と言って関係をいつ終わらせてもかまわない自由があります。相手にも同じ自由があります。

境界線に傷を持っている人にとって、これは何を意味するでしょうか。しばしばその人は、自分の人格の未成熟な部分を大人の恋愛関係に持ち込みます。コミットメントは低くリスクは高い関係の中に、自分の傷が必要としている安心感と絆と一貫性を求めます。その人の必要はとても深刻なため、交際相手にあまりにも早く自分を委ねてしまいます。そして関係が「うまくいかない」と、すっかり打ちのめされてしまうのです。

これは、三歳児を戦場の最前線に送り出すようなものです。交際とは、大人が互いの結婚適性を見出すための方法であり、若くて傷ついたたましいが癒やしを求める場所ではありません。この癒やしは、恋愛感情抜きの関係に求めるのが最善です。たとえば支援グループや教会のグループ、セラピーや同性の友人との関係などです。恋愛関係と、恋愛を伴わない友情の目的を混同させない必要があります。

境界線を引く技術は、このような恋愛感情抜きの関係の中で学ぶのが一番です。そこにはより多くの愛情とコミットメントがあるからです。聖書的な境界線を認識し、設定し、維持することをいったん学んでしまえば、交際という大人の場所でそれを用いることができるでしょう。

2.**恋愛関係の中にも限界を設定することは必要である。**成熟した境界線を持つ人でも、交際関係の初期の段階では、相手を喜ばせるために境界線を抑えることがあります。しかし、恋愛関係の中で真実を語ることは、その関係を明確にするのに役立ちます。おのおの、どこまでが相手の領域で、どこから自分の領域が始まるのかを知るのに役立つのです。

互いの境界線について無知であることは、交際が不健全であることを示す大きな赤信号です。私たちは結婚前のカウンセリングで、カップルに「二人が同意できないのはどういう場面ですか。どこで衝突しますか?」と聞きます。答えが「私たちはびっくりするくらい相性が良くて、ほとんど違いがないのです」というようなものなら、そのカップルに宿題を出します。互いにどんな嘘をついていたのか突き止めなさい、と。もし二人の関係にうまくいく可能性があるなら、この宿題はたいてい役に立ちます。

疑問三　もし私にとって一番近い友人が家族だったらどうなりますか?

発達途上の境界線を持つ人は、しばしば「でも、母(あるいは父、姉妹、兄弟)が私にとっての親友なのです」と言います。ややもすると、家族間のストレスが当たり前になっているこの時代に、自分の家族が親友だなんてなんと幸運なことだろうと彼らは思います。自分の親きょうだいの他に、親密な友人の輪が必要だとは思わないのです。

　彼らは家族の聖書的な機能を誤解しています。神が家族を用意されたのは、その中で私たちが成熟し、必要な道具や能力を育てる保育器のような場所とするためでした。いったん保育器の役目が終われば、家族は一人の若い大人が巣を離れ、外界とつながりを持ち、自分自身の霊的・感情的な家族を作り上げるよう励ますべきです（創世記２・24）。その若い大人は、神が彼／彼女のために計画されたことを何でもする自由があります。

　私たちは、いずれは神の愛を世に知らせ、あらゆる国の人々を弟子とするという神の目的を達成するために召されています（マタイ28・19－20）。自分が生まれ育った家族の中に感情的に閉じ込められていると、この目的をなかなか達成できません。私たちがずっと同じ町に住みながら、どうやって世界を変えることができるでしょう。

　いくつかの限界を設定し、実家を離れ、どこか他の場所へ踏み出すことなしには誰も真に聖書的な大人になることはできません。そうでなければ、独自の価値観や信念、確信、つまりあなたのアイデンティティーが、すでに自分の中に構築されているのか、それとも家族の真似をしているだけなのか、知りようがありません。

　家族は友人になれるでしょうか。もちろんです。しかしもし私たちが家族に対して一度も疑問に思ったことがなく、家族との間に境界線を引かず、摩擦を経験したこともないのであれば、あなたはまだ大人同士のつながりを家族との間に持っていないかもしれません。もしあなたに家族以外の「親友」がいないのなら、家族との関係をじっくり見直す必要があるでしょう。あなたは家族から離れ、自己を確立し、自律的な大人になることを恐れているのかもしれません。

疑問四　必要を持つ友人に対してどうやって限界を設定したらいいですか？

あるとき、私はカウンセリングのセッションである女性と話をしていました。彼女は非常に孤独で、人生が空回りしているように感じていました。彼女にとって、友人との間に限界を設定することは不可能に思えました。彼女の友人たちはいつも危機に瀕していたからです。

そこで、彼女の友人関係の質について語ってもらいました。「ええ、私には大勢の友人がいます。教会では週に二晩、奉仕をしています。私がリーダーを務める聖書の学び会が週に一度あり、二つの委員会に入っています。そしてワーシップチームで歌っています」

「あなたの一週間の様子を聞いているだけで疲れてしまいますね」。私は言いました。「でも、それらの関係の質はどうですか？」

「とてもいいですよ。周りの人たちは私に助けられ、みんな信仰が成長し、問題のある結婚は癒やされています」

「ちょっと待ってください」。私は言いました。「私は友人関係について尋ねているのですよ。なのにあなたはミニストリーについて答えています。その二つは同じものではありません」彼女はその違いについて考えたことがありませんでした。彼女にとっての友情とは、必要のある人たちを見つけ、自らをその人たちとの関係の中に投げ出すことでした。自分が必要とするものについては、どうやって求めたらいいのかわからないままでした。

そして、それこそが彼女の境界線問題の源でした。これらの「ミニストリー上の関係」を除くと、彼女には何も残らなかったのです。だから彼女は「ノー」と言えなかったのです。「ノー」と言ったが最後、彼女は孤独の中に落ち込み、とても耐えられないことになったでしょう。

しかし、結局そうなってしまいました。彼女は燃え尽きてしまい、助けを求めてやって来たのです。

自分自身が受ける慰めによって慰めなさい（第二コリント１・４）と聖書が言うとき、それは私たちに何かを語っています。つまり、私たちは人を慰めることができるようになる前に、まず自分が慰められる必要があるのです。それは、ミニストリーには境界線を引いて、友人から育まれるようにという意味かもしれません。友情とミニストリーは、区別されるべきです。

祈りをもってあなたの友人関係を見直してください。そうすれば、境界線を引く必要のある友

人関係があるかどうかがわかるでしょう。境界線を引けば、大切な関係を減退させないですむかもしれません。そして恋愛関係が結婚へと導かれるとき、人間にとって最も親密な関係である夫婦の間でさえも、境界線を設定し、それを保つ必要があることを覚えておいてください。

第9章 境界線《バウンダリー》と夫婦

Boundaries

結婚ほど境界線の混乱が起きやすい人間関係は他にありません。結婚とは本来、夫と妻が「一体」（エペソ5・31）となるべく造られたものだからです。境界線が分離を助けるためのものであるのに対し、結婚の目的の一つは、それまで離れて二つだったものが一つになることです。混乱が起きるのは無理もありません！　最初から明確な境界線を持っていない人にとってはなおさらです。結婚が失敗する一番の理由に、境界線が不明瞭であることが挙げられます。この章では、境界線の法則と、それにまつわる神話を、結婚関係に当てはめて考察します。

これはあなたのもの、私のもの、それとも二人のもの？

結婚とは、キリストがご自身の花嫁である教会との間に持つ関係を反映するものです。キリストにはキリストにしかできないことがあり、教会には教会にしかできないことがあります。さらに、キリストと教会が一緒に行うことがあります。罪の身代わりとして死ぬことは、キリストだけにできることでした。キリストのいない地上においてキリストを現し、その命令に従うのは、教会だけができることです。そしてキリストと教会はともに働き、失われたたましいを救うなど多くのことを行います。同様に結婚においても、夫婦のどちらか一人がやること、もう一人がやること、二人が一緒にやることがあります。結婚式の日に二人が一つになるとき、二人は各々のアイデンティティーを失うわけではありません。共に関係を築きつつ、それぞれに自分自身の人生を持つのです。

誰がドレスを着て、誰がネクタイを締めるかでもめる夫婦はいないでしょう。誰が預金の管理をし、誰が庭の手入れをするかということになると、少し微妙になってきます。しかしこれらの仕事は、夫婦各人の能力や興味に従ってうまく調整することが可能です。境界線が混乱しやすいのは、人格の領域です。それぞれが自分で所持し、自分の意志で他者と分かち合える、たましいの領域です。

どちらかが相手の人格に侵入し、一線を越えてその人の感情や態度、行い、選択、価値観などを支配しようとするときに問題が起こります。これらは本人だけがコントロールできるものです。これらを支配しようとすると、誰かの境界線を侵すことになり、結局はうまくいきません。私たちとキリストの関係をはじめ、良好な関係はすべて、自由の上に成り立つのです。

いくつかの典型的な例を見てみましょう。

感情

二人の親密さを深める鍵の一つは、それぞれが自分の感情について責任を取れるかどうかです。夫の飲酒のために結婚生活に支障をきたした夫婦のカウンセリングをしていたときのことです。私は妻の方に、夫が飲酒をするとどういう気持ちになるのか、彼に告げてごらんなさいと言いました。

「彼は自分のやっていることがわかっていないのではないかと感じます。私が感じるのは、彼は……」

「いえ、それはご主人の飲酒についての、あなたの評価です。それについて、あなたはどう感じているのですか？」

「私が感じるのは、彼は気にもかけずに……」

「違います」。私は言いました。「それは、あなたが彼についてどう思うかです。彼がお酒を飲むと、あなたはどう感じるのですか？」

彼女は泣き始めました。「とても孤独で、怖くなります」。彼女はついに自分が感じていることを言いました。

その時、夫は手を伸ばし、彼女の腕に自分の手を置きました。「君が怖いと感じていたなんて、全然知らなかったよ。僕は君を怖がらせようなんて、少しも思っていなかったんだ」

この会話は二人の関係の転機となりました。何年もの間、妻は夫の振る舞いを咎め、夫がどうあるべきか口うるさく言ってきました。それに対して夫は、自分の行動は正しく、間違っているのは妻の方だと言いました。何度も長時間にわたって話し合ったにもかかわらず、彼らは平行線のままで互いにかみ合わなかったのです。どちらも自分自身の感情を「所有」せず、またそれを相手に伝えていなかったのです。

私たちが自分の感情を相手に伝えるときには、「私は、あなたは○○だと感じる」というような言い方はしません。「私は悲しい、傷ついた、孤独だ、怖い……」と言うのです。このように自分の弱さをさらけ出すときに、親密さと思いやりが育ち始めます。

感情はまた、何かをしなくてはならないという自分への警鐘でもあります。たとえば、誰かがやったことでその人に対して腹を立てているとしましょう。その場合、あなたにはその人のところへ行って、あなたが怒っている事実と、その理由を伝える責任があります。あなたが怒っているのは彼女に問題があるからで、何とかすべきなのは彼女の方だと考えるのなら、この先何年も待つことになるでしょう。そしてあなたの怒りは苦みへと変わるかもしれません。もし怒りを感じているのなら、たとえ相手があなたに対して罪を犯したのだとしても、それについて行動を起こすのはあなたの責任なのです。

これはスーザンが学ばなくてはならない教訓でした。夫のジムが帰宅後もパソコンを開いて仕事を続けることが週に二晩もあると、彼女は腹が立ちました。スーザンはそのことを夫にははっきりと話す代わりに、ただ無言になって夫を避けるのでした。ジムはスーザンが何を怒っているのか聞き出さなくてはならず、次第にそれが鬱陶しくなりました。しまいには、彼女のふくれっ面に耐えられなくなり、彼女を一人で放っておくようになりました。

傷ついた感情や怒りに対処しないでいると、人間関係が台無しになります。スーザンは、ジムが彼女の考えていることを聞き出してくれるのを待つかわりに、自分が何を感じているのかを彼に話すべきでした。スーザンにしてみれば彼女を傷つけたのはジムの方なのですが、彼女には自分の怒りと傷ついた感情に関して責任を取る必要があったのです。

この二人の問題は、単にスーザンが夫への怒りを表現するだけでは解決されませんでした。彼女はもう一歩、次のステップを取る必要がありました。それは、この摩擦の中で自分の欲求を明確にすることでした。

欲求

願いや欲求は、人格の中で妻と夫がそれぞれに責任を負うべきもう一つの要素です。スーザンが腹を立てたのは、ジムの帰宅後は二人で時間を過ごしたかったからでした。彼女は、ジムが仕事を優先させていると言って彼を責めました。彼らがカウンセリングに来たとき、私たちの会話はこんな具合でした。

「スーザン、どうしてジムに腹が立つのですか？」私は尋ねました。

「仕事ばかりしているからです」。彼女は答えました。

「それは理由にならないでしょう。人を怒らせるのは他の人ではありませんよ。あなたの怒りは、あなたの内側にある何かから出てくるはずです」

「どういう意味ですか。家に仕事を持ち帰るのは彼なんですよ」

「なるほど。では、もしその晩、あなたが友達と外出することになっていたらどうですか。それでもジムが家で仕事をするからと言って腹を立てると思いますか?」

「それは、怒らないでしょうね。それだと事情は違いますから」

「何が違うのですか。あなたは彼が家で仕事をするから腹を立てるのだと言ったでしょう。ジムが家で仕事をしているのに変わりはないのですよ。それなのにあなたは怒らないと言う」

「その場合は、彼は私を傷つけるようなことは何もしなかったことになりますから」

「そうではないでしょう」。私は指摘しました。「違いは、その時ジムがくれなかったものを、あなたは別に欲していなかったということです。あなたが傷つくのは、あなたの願いが満たされずにがっかりするからです。彼が家で仕事をすること自体があなたを傷つけているのではありません。問題は、その願いに関して、誰に責任があるかということです。これはあなたの願いであり、彼のものではありません。それを満たすのはあなたの責任です。それが人生の決まりです。私たちは欲しいもの全てを手に入れることはできません。そして、失望の責任を他人のせいにするのではなく、自分でそれを悲しまなくてはならないのです」

「でも、お互いに対する思いやりはどうなるのですか。家に仕事を持ち帰るのは自分勝手です」。彼女は言いました。

「そうですね、ジムは時には家でも仕事をしたいと思い、あなたは彼と時間を過ごしたいと思う。二人とも自分のために何かを欲しています。つまりあなたも彼と同じくらい自分勝手だと言えませんか。しかし本当のところは、二人とも自分勝手ではありません。あなたたちは単に相容れない願いを持っているのです。お互いの相容れない願いをうまく調整すること、それが結婚というものです」

この状況には、「悪者」はいませんでした。ジムにもスーザンにも自分の必要があっただけです。ジムは時には家で仕事を片付ける必要があり、スーザンは彼に自分と時間を過ごしてもらう必要がありました。問題が起こるのは、自分の必要や願いについて相手に責任を取らせようとしたり、自分の失望のゆえに相手を責めるときなのです。

与えられるものの上限

私たちは有限の生き物です。ですから、与えるときには、「心で決めたとおりに」与えなくてはなりません（第二コリント９・７）。どこまでなら渋々とではなく心からどうぞと与えられるか、意識していなければなりません。自分で際限なく与えておきながら、そのことで他の人を責めるなら問題が生じます。夫婦の間では、自分が本当に与えたいと思う限度を超えて与えておいて、そんな自分を止めてくれなかったと後から相手を恨むことがよくあります。

ボブの問題はまさにそれでした。妻のナンシーの願いは、新しいパティオや庭、そしてリフォームを施した主寝室のある完璧な家を持つことでした。ナンシーにはいつも何かしら、家周りの仕事でボブにやってもらいたいことがあったのです。そのうちボブは、ナンシーがやって欲しいと言ってくるプロジェクトを疎ましく思うようになりました。

ボブが私のところにやって来たとき、なぜ彼が怒っているのかを尋ねました。

「妻があまりに多くを要求するからです。自分のための時間も取れやしません」。彼は言いました。

「『取れない』とはどういう意味ですか。『取らない』の間違いではありませんか？」

「いいえ、取れないのです。もし私が妻の言うとおりにしなければ、彼女は怒るのです」

「なるほど。でもそれは彼女の問題ですね。怒っているのは彼女なのですから」

「そのとおりです。でも、それを聞かされるのは私です」

「いいえ、そうではありませんよ」。私は言いました。「あなたは奥さんのためにこれだけのことをすると自分で選んでいるのであり、しないときに彼女の怒りを受けるのも、あなた自身の選択です。あなたが奥さんのために何かをしてあげる時間は、あなたからの贈り物です。与えたくなければ与えなくてもいいのです。そのために彼女を責めるのはやめるべきです」

ボブは私の言うことが気に入りませんでした。自分が「ノー」と言うことを学ぶより、妻に欲しがるのをやめて欲しかったのです。

「毎週、どのくらいの時間なら家周りの仕事に費やしてもいいと思いますか?」私は尋ねました。

彼は少し考えてから答えました。「4時間くらいでしょうか。それならその後に、自分の趣味の時間を多少は取ることができます」

「それでは、奥さんにこう言ってみてはいかがでしょうか。しばらく自分の時間について考えていたんだけど、家族のためには他にもいろいろやっているし、家周りの作業ができるのは週に4時間までだ、と。その4時間を、奥さんは自分の好きなように使っていいのです」

「でも、4時間では足りないと言ったらどうしますか?」

「やって欲しい仕事を全部片付けるには確かに足りないかもしれませんが、それは彼女の欲求であり、あなたのものではないということを奥さんに説明してください。そうすれば、奥さんは自分自身の欲求に関して責任を持ち、それをどのように達成するかについては、彼女が自分で工夫すればいいのです。お金を稼いで人を雇ってもいいでしょうし、日曜大工を習得して自分でやってもいいでしょう。友達に手伝ってもらってもいいし、でなければ自分の願望を減らすこともできます。大切なのは、彼女の願望の責任を取るのはあなたではないのだと、彼女が学ぶことです。あなたは自分で決めたとおりに与えればいいのであって、残りは彼女自身の責任です」

ボブは、私の言っていることは筋が通っていると納得し、ナンシーと話をすることに決めました。最初は決して容易ではありませんでした。これまでナンシーは「ノー」と言われたことがなかったので、彼女はボブの限界をなかなか受け入れることができなかったのです。しかし、時間が経つにつれ、ボブはナンシーの際限のない願望を疎ましく思うよりも、自分の限界に責任を持つようになりました。そしてボブの限界は効力を発揮するようになりました。ナンシーは生まれて初めて世界は自分のためにあるのではないということを学びました。周りの人たちは彼女の願いや欲求の延長線上に存在しているのではありません。彼らにも彼らの願いや欲求があり、公平で思いやりのある関係のためには、それらを調整し合い、互いの限界を尊重し合わなくてはならないのです。

ここで鍵となるのは、相手は私たちの限界に関して責任を負わないということです。責任があるのは私たち自身です。与えることができるもの、与えたいものを知っているのは自分だけです。そしてその線を、責任をもって引くことができるのも自分だけなのです。その線を引かないでいると、私たちはたちまち恨みがましく感じるようになるでしょう。

境界線の法則を結婚に当てはめる

第5章で境界線の十の法則について解説しました。問題を抱えた夫婦関係に、それらの法則のいくつかを当てはめてみましょう。

種蒔きと刈り取りの法則

夫婦のどちらか一方が自制心に欠け、それでいて自分の行動の当然の結果を負わずにいるという場合が多くあります。夫は妻を怒鳴りつけ、妻はもっと愛情深くなろうと努力します。結果的に、夫のしている悪（怒鳴ること）が彼にとって良いこと（妻からのさらなる愛情）を生み出します。あるいは、妻が家計を顧みずに買い物にふけり、夫がそのつけを支払います。夫は請求書の山を片付けるために副業をすることになります。

これらの問題を解決するためには、行動に伴う「結果」が必要です。妻は度を超えて批判的な夫に対して、「もし怒鳴り続けるのなら、あなたが冷静に話し合いできるようになるまで別の部屋へ行きます」と伝えるべきです。あるいは「私はあなたと二人だけでこの問題について話し合うことはもうしません。カウンセラーがいるところでだけ話します」、または「もしもう一度怒鳴り始めたら、友達のところに行ってそこで一晩過ごします」と言うこともできるでしょう。浪費家の妻を持つ夫は、クレジットカードをキャンセルしたり、自分で使う分は自分で稼いできなさいと妻に伝える必要があるでしょう。この人たちは皆、自制心を欠いている夫または妻に、自分の行動の結果を負わせる必要があるのです。

私の友人は、妻の常習的な遅刻に関して、その結果を彼女に負わせることにしました。彼は妻が遅れることについてこれまでずっと不満を言い続けてきましたが、まったく無駄でした。ついに、彼は自分には彼女を変えることはできないと気づきました。彼にできることは、彼女に対する自分の対応を変えることだけでした。彼女の行動のつけを負わされるのにすっかりうんざりしていた彼は、それを彼女に返すことに決めたのです。

ある晩、彼らは夕食会に出かける予定になっていて、彼は遅刻したくありませんでした。遅れたくないので、もしも午後6時までに支度ができていなければ彼女を置いて一人で出かけると、彼はあらかじめ妻に言っておきました。彼女は時間に間に合わず、彼は一人で出かけました。その晩彼が帰宅すると、彼女は叫んで言いました。「よくも私を置いて一人で出かけたわね！」彼女が夕食会に行き損なったのは彼女自身が遅かったからだということ、一人で行くのは悲しかったけれどディナーを逃したくはなかったのだということを、彼は彼女に伝えました。その後、同じようなことが数回続いてからは、彼女は自分が遅いとその結果は彼ではなく自分に降りかかると悟るようになりました。そして彼女は変わりました。

相手はこれを操作的だと言って非難するかもしれませんが、そんなことはありません。相手の行いに対する自分の許容限度を明確にし、自制を示しているだけです。当然の結果が、それを負ってしかるべき人の上に降りかかるのです。

責任の法則

先の章で、私たちには自分自身に関する責任と、他者に対する責任があると書きました。前述の例はそれを示しています。限界を設定する人たちは、自制ある行動をし、自分自身に関する責任を取ります。そのような人たちは、自分のパートナーに対しても正面から向き合うことで責任ある行動を取ります。限界を設定することは、結婚における愛の行為の一つです。悪を縛り、制限することによって、良いものを守るからです。

パートナーの要求や支配的な行動に譲歩し、その人の怒りや不機嫌、失望に関して責任を負ってしまうと、夫婦間の愛は壊れます。愛する人のために責任を取ったり、彼らを窮地から助け出してしまうのではなく、悪を見出したなら、それに対峙することによって彼らに対する責任を果たす必要があるのです。これこそパートナーと夫婦関係を真に愛することです。最も責任ある行動は、大抵の場合、最も難しいものです。

力の法則

基本的に、私たちには相手を変えることはできない、という点はすでに見てきました。小言ばかり言う配偶者は、結局、その問題を長引かせているだけです。その人をありのままの姿で受け入れ、その人の選択をそのまま尊重し、そしてしかるべき結果を本人に負わせる方が、やり方としては適切です。そうするとき、私たちは自分にある力を行使することになり、誰も持ち得ないような力を振りかざそうとしないですみます。次の二つの反応の仕方を比べてみましょう。

境界線を引く前

1.「私に向かって怒鳴るのはやめて。もっと優しくできるでしょう」

2.「これ以上、お酒を飲むのはやめてくださぃ。家族がばらばらになってしまうわ。お願いだから言うことを聞いて。あなたは私たちの生活を壊しているのよ」

3.「ポルノを観るなんて、いやらしい。本当に下品。あなたって人は、どうしようもない変態ね。」

境界線を引いた後

1.「あなたが怒鳴り続けたいなら、そうすればいいわ。でもあなたが怒鳴るときには、私は席を外させてもらいます」

2.「飲酒の問題に取り組みたくないのなら、好きにしてください。でも私と子どもたちは、こんな混乱の中にはいられません。今度また酔っぱらったら、私たちはウィルソンさんのところで泊めてもらい、そのわけを全部話します。お酒を飲むのはあなたの選択ですが、どこまで我慢するかは私の選択なので。」

3.「私は雑誌やネットに出てる裸の女性と一緒にはされたくないわ。あなたのポルノ依存には誰かの助けが必要です。」

これらの例では全て、あなたが実際に支配できるもの――すなわちあなた自身――に対して力を行使し、他者に対して支配力を行使するのを放棄しています。

見極めの法則

あなたが夫や妻と正面から向き合って境界線を引き始めると、相手は傷つくかもしれません。境界線を引くことでパートナーが受ける痛みを見定めるにあたり、愛と限界とは両立するものだということを覚えておきましょう。境界線を引くときでも、痛みを感じている相手に対して愛を持って責任を果たしてください。

知恵と愛のある配偶者は、境界線を受け入れ、それを尊重するでしょう。支配的で自己中心的な配偶者は、腹を立てるでしょう。

境界線が扱うのはいつでもあなた自身であり、相手ではないことを忘れないでください。あなたは夫や妻に何かをさせようと要求しているのではありません。あなたの境界線を尊重させようとしているのですらありません。自分は何をし、何をするつもりはないかを知らせるために境界線を設置するのです。そのような種類の境界線だけが有効です。なぜなら、あなたには自分自身に対する支配力はあるからです。境界線を、配偶者を支配するための新しい方法だと勘違いしないでください。その逆です。それは支配を捨て、愛し始めることです。あなたは自分の配偶者を支配することをやめ、彼（彼女）が自分自身の行いについて責任を取れるよう助けているのです。

開示の法則

夫婦関係ほど、あなたの境界線を明らかにすることが大切な関係は他にありません。引きこもりや三角関係、不機嫌、浮気、受動攻撃的な行動（訳注：表面的には受け入れているようでありながら態度や行動で抵抗すること。例えば引き受けた仕事をいつまでもやろうとしないなど）といった受動的な境界線は、人間関係にとって非常に破壊的です。彼らがあなたに対して支配力を持たないことを示すのに受動的な方法を用いても、決して親密さを増すことにはつながりません。そのようなやり方ではあなたの真実の姿を相手に知らせることはなく、むしろ相手を遠ざけてしまうだけです。

境界線はまず言葉で、それから行動をもって伝達されなければなりません。境界線は明確であるべきで、弁解がましいものであってはなりません。先の章で言及した様々な種類の境界線を思い出してください。皮膚、言葉、真理、物理的な空間、時間、感情的距離、他者、結果などがありました。これらの境界線はみな、夫婦の間でもそれぞれに尊重され、時に応じて明らかにされるべきです。

皮膚　夫も妻も、互いに相手の身体的な境界線を尊重する必要があります。身体的境界線の侵害には、相手を傷つけるような愛情表現から暴力をふるうことまで、多岐にわたって含まれます。聖書は夫も妻も互いの身体に対して「権利」を持つと言っています（第一コリント7・4－6）。これは、自由に与えられた相互的な権利です。私たちはみな、「人からしてもらいたいことは何でも、あなたがたも同じように人にしなさい」というイエスの原則をいつも覚えておくべきです。

言葉　あなたの言葉は明瞭で、愛をもって語られなくてはいけません。しっかりと問題を直視し、「ノー」と言いましょう。受動的な抵抗をしてはいけません。不機嫌になったり、引きこもって黙り込んでいてはいけません。「それは好きではありません。私はしたくありません。私はしません」と言いましょう。

真理　パウロは、「あなたがたは偽りを捨て、それぞれ隣人に対して真実を語りなさい」（エペソ４・25）と言いました。正直な意志の伝達は常に最善の選択です。そこには、相手が気づかずに神の規範を侵しているときにそれをはっきり伝えることも含まれます。また、あなたは自分の感情や傷に関しても真実を所有し、あなたの夫または妻に愛をもって直接伝える必要があります。

物理的空間　しばらく一人になる必要があるときには、相手にそう言いましょう。養われるための場所が必要なときもあれば、限界を設定するために空間が必要なときもあります。いずれにしても、夫または妻に、なぜあなたが一人になりたいと思っているのか、理由がわからずに当惑させるようなことがあってはいけません。あなたの配偶者がまるで罰を受けているように感じさせてはいけませんが、自分の自制を欠いた行いのゆえにその結果を負わされているとわかるように、明確に意志の伝達をしましょう（マタイ18・17、第一コリント５・９－13）。

感情的距離　たとえばあなたのパートナーが浮気をした場合など、もしあなたの結婚生活が暗礁に乗り上げているなら、あなたには感情的距離が必要かもしれません。信頼を取り戻せるまでしばらく待つのが賢明です。あなたは相手が本当に悔い改めたのかを知る必要があり、あなたの配偶者は自分の行いには代償があることを知る必要があります。彼（彼女）は罰せられているかのように解釈するかもしれませんが、聖書は、人はその言葉によってではなく行いによって裁かれると教えています（ヤコブ２・14－26）。

さらに、傷ついた心が癒えるには時間がかかります。未解決の傷をたくさん抱えたままで、慌ててもとの信頼関係に戻ってはいけません。その痛みを表に出し、相手に伝えないといけないのです。もし傷ついているなら、あなたはその傷を自ら取り扱わなくてはなりません。

時間　夫婦のそれぞれが、二人の関係とは離れたところでも時間を過ごす必要があります。先に指摘したように、ただ限度を設けるためだけでなく、自分自身が養われるためです。箴言三一章に登場する妻は、自分自身の生活を持っています。彼女は外に出て多くのことをしているのです。彼女の夫についても同じことが言えます。二人とも、自分が好きなことをしたり、自分の友人に会うための時間を持ったりしています。

結婚のこの部分につまずく夫婦は大勢います。配偶者が一人になりたいと言うと、自分は捨てられてしまったかのように感じるのです。現実には、離れてみて、一緒にいることの大切さを認識することができます。健全な関係を持つ夫婦は、お互いの居場所を大切にし、相手にとって大切なものを互いに擁護します。

他者　なかには境界線を引くために他者からの支援が必要な人もいます。自分を主張したことのない人は、そのやり方を友人や教会から教わる必要があります。境界線を引いてそれを行使する力がない人は、配偶者以外の支援者に助けを求めてください。しかし、不倫につながる可能性のある異性に助けを求めてはいけません。カウンセラーや支援グループのような、すでに境界線が組み込まれている関係の中から助けてもらえる人を探しましょう。

結果　あなたの境界線を侵したらどういう結果になるかをパートナーにはっきりと伝え、言ったとおりに徹底的にそれを実行してください。事前にどういう結果になるかを明確にし、それを実行することは、あなたの配偶者にその結果を負う気があるかどうかの選択肢を与えることになります。自分の行動は制御できるので、その行動がもたらす結果も制御できるのです。

でも、それだと不従順のようですが

妻の境界線について話すと、聖書的な従順について質問する人が必ずいます。ここでは、従順についての総括的な論考はしませんが、心にとめておくべきいくつかの一般的な論点を以下に挙げてみます。

第一に、従順とは、妻だけでなく夫婦の両方が互いに実践すべきものです。「キリストを恐れて、互いに従い合いなさい」（エペソ５・21）。従順とはいつでも、一人からもう一人への自由な選択なのです。妻たちは自分の選択によって夫に従い、夫たちも自分の選択によって妻に従います。

キリストと教会の関係は、夫と妻のあるべき関係をよく表しています。「教会がキリストに従うように、妻もすべてにおいて夫に従いなさい。夫たちよ。キリストが教会を愛し、教会のためにご自分を献げられたように、あなたがたも妻を愛しなさい。キリストがそうされたのは、みことばにより、水の洗いをもって、教会をきよめて聖なるものとするためであり、ご自分で、しみや、しわや、そのようなものが何一つない、聖なるもの、傷のないものとなった栄光の教会を、ご自分の前に立たせるためです」（エペソ5・24－27）。

従順の問題が持ち上がったら、まず以下のことを問いましょう。「夫婦の関係はどういう状態だろうか。夫の妻に対するあり方は、キリストの教会に対するあり方に倣っているだろうか。妻には自由な選択があるだろうか、それとも『律法のもと』の奴隷になっているだろうか」。結婚生活に問題が起きるときは概して、夫が妻を「律法のもと」に閉じ込めようとし、妻は罪悪感、怒り、不安感、孤独といった、律法がもたらすと聖書が言っているあらゆる感情を感じています（ローマ4・15、ヤコブ2・10、ガラテヤ5・4）。

まず、自由、そして恵みについて吟味する必要があります。夫の妻に対する関わり方は、恵みと無条件の愛に満たされているでしょうか。妻は、教会がそうであるように「罪に定められることはない」立場にいるでしょうか（ローマ8・1）。夫は妻のすべての罪悪感を「洗った」でしょうか。エペソ人への手紙5章を引用する夫たちはたいてい、自分の妻を奴隷にし、従順ではないと言って彼女たちを責めます。もし妻が従順でないという理由で怒りや責めに合うのなら、この夫婦の関係は恵みに満ちたクリスチャンの結婚ではなく、「律法のもとにある」結婚であると言えます。

　このような状況では、夫はしばしば妻に何か傷つくようなことや、彼女の意志に反することをさせようとしています。このような行いはどちらも彼自身に対する罪です。「同様に夫たちも、自分の妻を自分のからだのように愛さなければなりません。自分の妻を愛する人は自分自身を愛しているのです。いまだかつて自分の身を憎んだ人はいません。むしろ、それを養い育てます。キリストも教会に対してそのようになさるのです」（エペソ5・28－29）。ここには奴隷のような従順が入る余地はありません。キリストが私たちの意志を取り去ったり、何か傷つくようなことを私たちにさせることは決してありません。彼は、私たちの限界を超えることは絶対に要求しませんし、私たちを物のように扱ったりしません。キリストは私たちのために「ご自身を献げて」くださったのです。彼はご自分のからだのように私たちの面倒をみてくれます。

　私たち（訳注：ヘンリーとジョン）の経験では、「不従順の問題」の根っこはほとんどの場合、支配的な夫です。妻が明確な境界線を引き始めると、支配的な夫にキリストらしさが欠けていることが明らかになります。なぜなら、妻はもはや夫の未成熟な行動を容認しないからです。彼女を傷つける行動に対しては聖書的な限界を設定し、真理をもって対決します。多くの場合、妻が境界線を設定すると、夫は成長し始めます。

バランスの問題

「主人はちっとも私と一緒に時間を過ごしてくれません。彼がしたがることと言えば、自分の友達とスポーツのベントに出かけることばかりです。私と一緒にいたいとは思ってくれないのです」。メレディスは不満そうに言いました。

「奥さんはそう言っていますが、どうなのですか？」私は彼女の夫に尋ねました。

「そんなことは全然ありませんよ」。ポールは答えました。「僕たちは四六時中一緒にいるように思えます。妻は会社にも一日二、三回電話をしてきます。僕が家に帰ると玄関で待ち構えていて、すぐに話をしたがります。夜も週末も、二人の予定でびっしりです。頭がおかしくなりそうですよ。だから、たまには息抜きにスポーツ観戦やゴルフにでも行きたいんです。息がつまりそうなんです」

「どのくらい出かけますか？」

「いつでも機会さえあれば。週に二回と週末の午後に一回くらいでしょうかね」

「そういうとき、あなたはどうするのですか？」メレディスに尋ねました。

「彼が帰宅するのを待ちます。彼がいないととても寂しいのです」

「あなたには自分のために何かやりたいことはないのですか？」

「ありません。家族は私の命です。私は家族のために生きているんです。皆がそれぞれ出かけてしまって、家族が一緒に時間を過ごせないのが大嫌いなんです」

「一緒に過ごす時間が全然ないわけではないですよね」。私は言いました。「とはいえ、全ての時間を一緒に過ごすことができないのも事実です。そしてそうなると、ポールはホッとして、あなたは悲しくなるようです。この不均衡について説明してくれますか？」

「『不均衡』って、どういう意味ですか？」メレディスが聞きました。

「全ての結婚には二つの要素があります。一緒にいることと離れていることです。良い夫婦関係では、夫婦それぞれがこの二つを同じ分量だけ持っています。たとえば、一緒にいることが百点、離れていることが百点あるとしましょう。良好な関係では一人のパートナーが一緒にいることと離れていることを五十点ずつ持ち、もう一人のパートナーも同様です。二人とも自分だけのことをする時間があり、それがお互いに対して相互に求め合う気持ちを作り出すのです。そして一緒にいると、時には離れる必要が生まれます。しかし、あなたがたの関係では、この二百点を違うやり方で分配しています。奥さんが一緒にいることの百点を持ち、ご主人が離れていることの百点を全部持っています」

私はさらに続けて言いました。「もしご主人に自分の方に来て欲しいのであれば、あなたはご主人から離れて、彼があなたを求めたくなるような余地を作るべきです。今のままでは、ポールはあなたを恋しく思う暇もないのでしょう。あなたがいつも彼を追い求めていて、彼は自分の場所を作ろうと向きを変えているのです。もしあなたが彼との距離を少し空ければ、彼もあなたに入って来てもらいたいと思うゆとりを持つことができ、そうすればあなたを追い求めるようになるでしょう」

「まったくそのとおりなんだ」。ポールが割って入りました。「メレディス、ちょうど君が大学院に行っていて、しょっちゅう留守だったときみたいにだよ。覚えているかい？　僕は君に会いたくてしょうがなかった。だけど今では、君に会えなくて寂しいと思うチャンスがないんだよ。君がいつもそばにいるから」

メレディスは、私の言わんとすることを認めたくないようでしたが、それでもポールと一緒に二人の関係にバランスを取り戻すために、積極的に努力することにしました。

バランス。それは、神が全ての体系《システム》に組み込まれたものです。どんな体系も、何らかの形でバランスを見出そうとします。そして結婚においても、いろいろな面でバランスが必要です。権力、強さ、一緒にいること、セックス等々です。これらの領域で双方が役割を交代することなく、夫婦のどちらか一方がいつでも権力を握りもう一人は無力だったり、一人が強くて一人が弱かったり、一人はいつも一緒にいることを願いもう一人は離れることを願ったり、一人はいつもセックスを欲しもう一人はそれを嫌がっているようなときに、問題が起こるのです。このような場合、夫婦はある均衡に到達していますが、それは相互のバランスではありません。

境界線が生み出すバランスは、二人の役割を分けて固定するものではなく、夫婦が互いに対して説明責任を持つことができるようにする相互のバランスです。境界線を持たない人が、夫婦で一緒にいる時を一人で全部つくり出そうとするなど、相手の分までやり始めると、その人は共依存への道を進むことになります。もっと深刻なことになるかもしれません。相手は分割された線の向こう側で生きるようになるでしょう。境界線は、結果を負うことを通して夫婦の間に説明責任を持たせ、バランスを相互のものにするのです。

伝道者の書の著者は、「すべてのことには定まった時期があり、天の下のすべての営みに時がある」（３・１）と言いました。対立するものの間にバランスがあるのが、人生や人間関係というものです。不均衡な関係にあるときには、あなたに境界線が欠けているのかもしれません。境界線を設定することで、その不均衡が修正できるかもしれません。たとえば、ポールがメレディスの要求に対して境界線を設定するとき、彼女はもっと自立せざるを得なくなるでしょう。

決意

問題を見つけるのは簡単でも、状況を変えるために思い切った選択をしたり、リスクを負ったりするのはなかなかできないものです。人が夫婦関係において変わるためのステップを考察してみましょう。

１. **症状を調べる。** まずは問題を認識し、それを解決するために行動を起こす決意をする必要があります。こうなったらいいなぁ、と願っているだけでは問題は解決しません。問題がセックスであろうと、子どものしつけであろうと、一緒にいる時間の欠如であろうと、不公平なお金の使い方であろうと、あなたはそれに当事者意識を持って向き合わなくてはなりません。

2. **特有の境界線問題を突き止める。** 症状を見極めたら、今度はそこにある特有の境界線問題を突き止めます。たとえば、症状は夫婦のどちらかがセックスをしたくないというものだとしましょう。この場合の境界線問題は、拒む人にとって夫婦関係の他の分野では十分「ノー」と言うことができず、セックスの問題だけが唯一自分の力を行使できる場所なのかもしれません。あるいは、彼女は性の分野で十分なコントロールを持てないと感じているのかもしれません。無力感があり、自分の選択は尊重してもらえないと感じているのかもしれません。

3. **摩擦の源を見つける。** 境界線問題が起きたのは、恐らく今回が初めてというわけではないでしょう。自分が育った家庭の人間関係の中で同様の関わり方を学んできたのかもしれません。その関係の中で発達したある種の恐れが、今なお息づいているのです。これらの根源的な問題を特定する必要があります。たとえば自分の親と夫を混同するのをやめる必要があるかもしれません。結婚ほど、かつて親との間にあった衝突が繰り返される人間関係は他にないのです。

4. **良いものを取り入れる。** このステップでは、支援体制を確立させます。「境界線は孤立状態の中で引くものではない」ということを忘れないでください。私たちは境界線を引き始める前に、絆と支援が必要です。見捨てられるのではという不安から、境界線を引くのをためらう人が大勢いるからです。

ですから、夫婦間に境界線を引くことを励ましてくれるような支援システムをまず確立してください。共依存者の自助グループやアラノン（訳注：アルコール依存症者の家族のための自助グループ）でもいいですし、セラピストや結婚カウンセラー、あるいは牧師でもいいでしょう。一人で境界線を引かないでください。あなたがこれまで境界線を引かなかったのは、恐れていたからです。脱出には支援が不可欠です。「一人なら打ち負かされても、二人なら立ち向かえる。三つ撚りの糸は簡単には切れない」（伝道者４・12）。境界線は筋肉のようなものです。それは安全な支援体制の中で鍛えられ、成長する必要があります。あまり重たいバーベルを急に持ち上げようとすると、筋肉を痛めてしまいます。助けを求めてください。

５．**練習する。**　安全な関係、つまりあなたを無条件に愛してくれる人たちとの間で、新しく築いた境界線を使う練習をしてください。仲良しの友人に、一緒にランチをとれないときに「ノー」と言ってみてください。あるいは、あなたの意見は彼女の意見とは違うと伝えてみましょう。あるいは、見返りを何も期待しないで友人に何かを与えてみましょう。安心して付き合える人たちとの間で練習するうちに、結婚生活においても限界を設定する能力がだんだんついてくるでしょう。

６．**害悪を拒否する。**　夫婦関係の中で、良くないものには限度を設けましょう。虐待には勇気を出して立ち向かってください。法外な要求には「ノー」と言いましょう。タラントのたとえ話を思い出してください。リスクを冒さず、恐れに立ち向かうことなしに成長はあり得ませんでした。成功することよりも、まず一歩を踏み出し、試してみることが大切です。

7. **赦す。** 赦さないことは、境界線の欠如です。赦せない人たちは、他者に自分を支配させています。あなたを傷つけた人を過去の負債から解放することは、その人たちに何かを要求するのをやめることです。それはあなた自身をも解放します。赦すことで過去の受動的な願いを切り捨て、現在において主体的な行動を取れるようになります。

8. **主体的になる。** 他の人に言われて何かをするのではなく、自分が何をしたいのかをよく考えて、自分のことは自分で決め、それを固持しましょう。自分の限界はどこまでか、どんなことなら関わってもいいのか、どんなことはこれ以上我慢しないのか、そして限界が侵されたときにはどんな結果を設定するのかを自分で決めましょう。自分を主体的に定義してください。そうすれば、必要なときに自分の境界線を維持できるようになります。

9. **自由と責任をもって愛することを学ぶ。** 境界線の目標を覚えていますか。それは自由から出る愛でした。これこそ新約聖書の言う真の自己否定です。あなたが自分自身をコントロールしているときにこそ、自己中心的で破壊的な行動に陥ることなく、愛する人たちの益になるやり方で与え、犠牲を払うことができます。このように自由をもって与えれば、それは実を結びます。「人が自分の友のためにいのちを捨てること、これよりも大きな愛はだれも持っていません」(ヨハネ15・13)とあるとおりです。これはキリストの律法に従って生きることであり、互いに仕え合うことです。ただし、境界線のない表面的従順からではなく、自由からなされなくてはなりません。

あなたの配偶者との間に確固とした境界線を引き、また相手の境界線を受け入れることは、これまでよりもずっと深い親密感を生み出します。しかしあなたの配偶者だけでなく、子どもたちにも境界線を実践する必要があります。そしてそれをするのに、決して遅過ぎるということはありません。

第10章 境界線《バウンダリー》と子ども

Boundaries

シャノンは泣き止むことができませんでした。二人の幼児を持つこの若い母親には、自分が怒ったり、自制心を失ったり、ましてや子どもを虐待するなど想像すらできませんでした。それなのに一週間前、彼女は三歳のノアを掴んで揺さぶったのです。激しく。そして怒鳴りつけました。大声で。決してそれが初めてだったわけではありません。それまでにも怒鳴ったことは何度かありました。ただ今回は、シャノンはもう少しで息子を身体的に傷つけるところでした。彼女は恐くなりました。

動揺したシャノンと夫のマイケルは、私（ジョン）と面談の予約を取り、この件について相談しにやって来たのです。シャノンはひどく恥じ入り、罪悪感で一杯でした。彼女は話をしながら、私と目を合わせようとしませんでした。

シャノンがノアにキレるまでの数時間は、悲惨でした。マイケルとは朝食のあいだ口論をしました。彼は「行ってきます」も言わずに出かけて行きました。一歳になるソフィーは床中に離乳食をぶちまけました。そしてその朝のノアは、これまでやってはいけないと言われていたことを片っ端からやりました。猫の尻尾を引っぱりました。玄関のドアを自分で開けて庭に出て、通りまで行きました。シャノンの口紅をダイニングルームの白い壁に塗りたくりました。そしてソフィーを床に押し倒したのです。

この最後の出来事でシャノンの堪忍袋の緒が切れました。ソフィーが床に倒れたまま泣き声をあげ、その横でノアが挑戦的な笑みを浮かべて立っているのを見たとき、もう我慢ができなかったのです。シャノンはカッとなり、とっさに息子のもとに駆け寄りました。続きはご存知のとおりです。

シャノンが少し落ち着いてから、私はマイケルとシャノンが普段どのようにノアをしつけているのかを聞いてみました。

「ええと、私たちはノアを突き放したり、彼のせっかくの元気をしぼませたりしたくないので……」マイケルが答えました。「あれもだめ、これもだめと抑えつけるのは、あまりにも、あまりにも……否定的じゃないですか。それで私たちは言葉で言ってきかせます。『今夜はアイスクリームは抜きだぞ』と言って警告するときもありますし、良い事をしたら誉めることもあります。悪い事をしたときは見て見ぬふりをすることもあります。そうすれば止めるかもしれないですから」

「ノアは、とどまるところを知らないのではないですか？」

二人ともうなずきました。「見たら驚きますよ」。シャノンが言いました。「まるで、私たちの言うことが聞こえないかのようなんです。自分がやりたいことは気のすむまでいつまでも続けます。そして大抵の場合、私か夫のどちらかが爆発して怒鳴るまでやめません。きっと問題児なのでしょうね」

「そうですね、確かに問題がありますね」。私は答えました。「しかし、ノアは誰かが癇癪を起こすまでは反応しないように訓練されてしまったのかもしれません。境界線と子どもについてお話しさせてください……」

境界線が不可欠な領域はいろいろありますが、育児ほどそれが密接に関わってくる分野は他にありません。私たちが育児にどのように境界線を取り入れていくかで、子どもたちの人格形成が大きく左右されます。それだけでなく、価値観の発達、学校での成績、友達の選び方、結婚相手、仕事での成功などにも甚大な影響を与えるのです。

家族の重要性

神は、最も深い意味において、愛なるお方です（第一ヨハネ4・8）。神は関係を重視し、関係を求めて働かれます。神は私たちと胎の中から墓に至るまでずっとつながっていることを願われます。「永遠の愛をもって、わたしはあなたを愛した」（エレミヤ31・3）。神の愛の性質は受動的ではありません。それは積極的です。愛は自己増殖していきます。関係を求める「愛のお方」である神は、同時に精力的な創造主でもあります。神はご自身が造られたこの宇宙を、神を愛し、また互いに愛し合う人たちで満たすことを願っておられます。

家族とは、この目的のために神がお造りになった社会的な単位です。それは、赤ちゃんが十分に成長して大人になるまで養い育てる場所です。子どもは成長して家族から離れると、今度は外の環境で神の似姿を増殖していくのです。

神は最初、イスラエルの民をご自分の子どもと定めました。しかしイスラエルが何世紀にもわたって神に反抗し続けた結果、教会を選ばれました。「かえって、彼ら（イスラエル）の背きによって、救いが異邦人に及び、イスラエルにねたみを起こさせました」（ローマ11・11）。キリストのからだである教会には、イスラエルが持っていたのと同じ役割があります。つまり、神の愛と人格を何倍にも増殖させることです。

教会はしばしば家族として表現されます。私たちは「特に信仰の家族に」良い行いをするようにと言われています（ガラテヤ6・10）。信者たちは「神の家族」です（エペソ2・19）。私たちは「神の家でどのように行動すべきかを、……知って」おく（第一テモテ3・15）必要があります。

この他にも多くのみことばが、神が家族を大切にするお方であることを力強く証ししています。神は親のようにご自分の心を語ります。神はお父さんであり、喜んでその役を引き受けておられます。聖書が描くこのような神の姿は、子どもを通してこの地上に神ご自身の人格をもたらすために、育児がいかに重要な役割を担うかを教えてくれます。

境界線と責任

良い親である神は、ご自分の子どもである私たちの成長を助けたいと願っておられます。神は私たちが「一人の成熟した大人となって、キリストの満ち満ちた身丈にまで達する」（エペソ4・13）のを見たいと思っておられるのです。この成熟過程の一環として、神は私たちが自分の人生に関して責任を取ることを教えます。

これは、私たちの血肉を分けた子どもたちに対しても同じです。親が子どもに与えられるもので、強い愛着や絆作りの学習の次に大切なものは、責任感です。つまり、自分は何に関して責任を負い、何に関しては負わないのか、どうやって「ノー」と言い、また他者の「ノー」を受け入れるのかを知ることです。責任感は、計り知れない価値を持つ贈り物です。

生後十八ヶ月の幼児並みの境界線しか持たない中年の大人を見たことがあるでしょう。彼らは周りの人に限度を言い渡されると、癇癪を起こしたり不機嫌になったりします。あるいは、波風を立てないよう、すぐに自分を曲げて妥協します。このような大人も、まずは小さな子どもから始まったことを忘れないでください。彼らは幼い頃に境界線を恐れるか、あるいは嫌うことを学んだのです。大人がこれを学び直すのは、非常に大変なプロセスです。

境界線を植え付けるか、矯正するか

成人した子どもを持つ賢明な母親が、小さな子どもに手を焼いている若い友人の様子を見ていました。子どもは聞く耳を持たず、この若い母親はたちまち苛立ってどうにかなってしまいそうでした。子どもを一人で椅子に座らせようと奮闘している母親を励まして、年上の女性は言いました。「今おやりなさい。子どもをしつけるのは今よ。そうすれば大きくなってからも何とかやっていけるかもしれないから」

子どもの頃から境界線を発達させることは、言わば「転ばぬ先の杖」です。子どもが小さいうちに責任、限界の設定、満足の遅延などを教えるなら、子どもの将来はずっとスムーズなものになるでしょう。始めるのが遅くなるほど、親も子も苦労が増えます。

もしあなたのお子さんがすでに大きくなっていても、気を落とさないでください。境界線に対する抵抗が増えるだけのことです。彼らにしてみれば、境界線を学んだからといって、大して得るものはないと思うのです。あなたは境界線を教えるためにより多くの時間を費やし、より多くの支援を友人たちから得る必要があるでしょう。そして一生懸命祈ってください！　この章の後半で、子どもの成長過程において年齢相応な境界線を作るためには何をすべきかを概観します。

子どもの境界線の発達

子どもの境界線を発達させるとは、責任を教えることです。責任の利点と限界を教えることで、私たちは子どもたちに自律を教えるのです。つまり、大人として機能できるように整えるのです。

聖書のみことばは、育児における境界線の役割について多くを語っています。普通私たちはそれをしつけと呼んでいます。学者が「しつけ」と訳したヘブル語とギリシア語の言葉は「教え」を意味しています。この教えには積極的な側面と是正的な側面があります。

しつけの積極的な面は、**先見性**と**予防**、そして**教示**です。積極的なしつけは、じっくりと教育し、課題を与えて訓練します。父親たちは子どもたちを「主の教育と訓戒によって」育てるようにと言われています（エペソ6・4）。しつけの是正的な面は、**矯正**と**懲らしめ**、そして**結果**《コンセクエンス》です。是正的なしつけとは、責任を学ばせるために子どもに自分の行動の結果を負わせることです。「道を捨てる者には厳しい懲らしめがあり」（箴言15・10）。

良い育児は予防のための訓練と練習、そして矯正のための結果という両方の側面を持ちます。たとえば、あなたの十四歳の子どもに就寝時間は10時と決めるとします。「10時に決めるのは、あなたが学校で頭がすっきりしているよう、充分な睡眠をとるためよ」と子どもに説明します。これが積極的しつけです。その後、子どもが11時半までぐずぐずと起きていたとします。次の日、「夕べ時間どおりに寝なかったので、あなたは今日一日電話やパソコンを使ってはいけません」と子どもに言います。これが是正的しつけです。

良い境界線の発達には、なぜニンジンとムチの両方が必要なのでしょうか。それは、神は練習、つまり試行錯誤を用いて私たちが成長するのを助けてくださるからです。私たちはまず学び、学んだことを試し、間違いを犯し、その間違いから学び、次にはもっとうまくやる、というプロセスを通して成熟していきます。

練習は人生の全ての領域において必要なものです。スキーを習うにも、エッセイを書くにも、コンピューターを操作するにもです。深い愛の関係を築いたり、聖書を学ぶためにも練習が必要です。そして、霊的・感情的な成長においても、同じことなのです。「固い食物は、善と悪を見分ける感覚を経験によって訓練された大人のものです」（ヘブル５・14）。境界線と責任を学ぶためには練習が重要です。私たちの犯す間違いが、私たちの教師なのです。

しつけは、子どもの中に内的境界線を発達させるための、外的な境界線です。それは、子どもがしっかりした人格を築き、しつけが必要なくなるまでの間、安全に練習できる枠組を提供します。良いしつけは、子どもの内的な構造と責任感の成長を促します。

しつけと罰は区別される必要があります。罰とは、悪い行いに対する償いです。法的には、法律に抵触して処罰を受けることです。しかし、罰には練習のための余地がほとんどなく、あまり良い教師とは言えません。代価が高すぎるのです。「罪の報酬は死です」（ローマ６・23）。そして「律法全体を守っても、一つの点で過ちを犯すなら、その人はすべてについて責任を問われるからです」

（ヤコブ2・10）。罰には間違いを許容する余地がほとんどないのです。

一方、しつけはそうではありません。それは悪い行いに対する償いではなく、自分の行いの結果を刈り取るという、神の自然な法則です。

しつけは罰とは異なります。なぜなら、神は私たちに対する罰を終えられたからです。キリストを救い主として受け入れる全ての人たちのために、罰は十字架の上で完了しました。「キリストは自ら十字架の上で、私たちの罪をその身に負われた」（第一ペテロ2・24）。キリストが受けた苦しみが、私たちの違反行為の代価を支払ったのです。

さらに、しつけと罰では時間との関係が異なります。罰は過去を振り返ります。その目的は過去の悪に対する支払いです。たとえば、キリストの苦しみは私たちの罪のための支払いでした。しかし、しつけは将来を見ます。しつけを通して学ぶ教訓は、同じ過ちを繰り返さないために役立ちます。「霊の父は私たちの益のために、私たちをご自身の聖さにあずからせようとして訓練されるのです」（ヘブル12・10）。

これは私たちにとって、どう役に立つのでしょうか。間違いを犯しても、裁かれたり関係を失ったりする心配をしなくてすみます。「こういうわけで、今や、キリスト・イエスにある者が罪に定められることは決してありません」（ローマ8・1）。十字架による自由のおかげで、私たちは法外な代価を支払わずに練習できるのです。唯一の危険は、間違いに伴う結果です。孤独や裁きではありません。

たとえば、母親が十歳の子どもにこう言ったとします。「もう一度お母さんに口答えしてごらんなさい。お母さんはもうあなたのことを可愛がってあげませんよ」。その子どもはたちまち逃げ道のない状況に追い込まれます。反抗することで自分にとって人生で一番大切な関係を失うか、あるいは妥協して表面的に従順なそぶりをみせるしかありません。その場合、この子どもは対決する練習の機会を失います。では、これを次のような対応と比べてみてください。「お母さんはいつでもあなたを愛しているわよ。それは決して変わらないわ。でも、もしまた口答えをするなら、三日間パソコンは使わせませんよ」。ここでは関係は損なわれていません。罪定めもありません。子どもには、責任ある行動を選ぶか、自分の行動の結果を負うことを選ぶかの選択肢が与えられ、そのことで愛と安全を失う危険はないのです。しつけによって安全に練習するうちに、子どもは成熟していき、固い食べ物を食べられるようになります。

境界線が満たす子どもの必要

境界線は、具体的には子どものどのような必要を満たすのでしょうか。限界を設定する能力にはいくつかの重要な働きがあり、いったん学んでしまえば生涯を通して計り知れない財産となります。

自己防衛

人間の赤ちゃんほど無力なものがあるでしょうか。人間の赤ちゃんには動物の赤ちゃんほど自分の面倒をみる能力がありません。誕生からの数ヶ月間は、母親と父親（あるいは他の保護者）が赤ちゃんと深くつながりを持つよう神が用意された時間です。親は、自分たちが分刻みに世話をしないと赤ちゃんは生き延びられないことを実感します。そしてこれらすべての時間とエネルギーは強固な愛着へと変わります。その愛着の関係の中で、子どもはこの世界で自分は安全だと感じるようになるのです。

しかし、子どもを成熟へと導く神のプログラムは、そこで終わりません。父親と母親が子どもの面倒をみたり必要を満たすためにいつまでもそばにいることはできないからです。この仕事は最終的には子ども自身にバトンタッチされる必要があります。成長したら、自分で自分を守らねばなりません。

私たちは境界線によって自分のたましいを守り保護します。境界線は良いものを中にとどめ、悪いものを外へ出しておくためのものです。「ノー」と言う、真実を語る、物理的な距離を保つ、などの境界線設定の技術は、子どもが責任持って自分を守ることができるように、家族の中で形づくられる必要があります。

次の二人の十二歳の少年の場合を見てみましょう。

ジャックは夕食の時間に両親と話をしていました。「聞いてよ。友達に一緒にマリファナを吸おうって誘われたんだ。嫌だって言ったよ、僕のことを臆病者呼ばわりしたよ。だから君たちは馬鹿だと言ってやったんだ。その中には嫌いじゃない友達もいたけど、一緒にマリファナを吸わないからといって僕のことを嫌いになるような奴は、本当の友達じゃないよね」

学校から帰って来たタイラーは、目が赤く、言葉は不明瞭で、足取りもふらふらしていました。両親がどうしたのかと問いただすと、最初は何もかも否定していましたが、最後にこう口走りました。「みんなやってるんだ。どうして僕の友達のことを嫌うんだよ」

ジャックもタイラーも愛に溢れ、聖書の価値観に忠実なクリスチャンホームで育てられています。それなのに、なぜこうも違ってしまったのでしょう。ジャックの家族は親と子どもの間に意見の相違があることを認め、境界線の引き方を練習させていました。親に対して境界線を引くことも含めてです。たとえば母親が、まだ二歳のジャックを抱っこしたり抱きしめたりしているときに、彼がもがくことがありました。ジャックが「おりる」と言うとき、それは「苦しくて息ができないよ、ママ」という意味でした。母親はもっと我が子を抱いていたいという気持ちを抑えて彼を床におろし、「じゃあ、トラックで遊ぼうか？」と言うのでした。

父親も同じやり方をしました。床の上で息子とレスリングをするとき、彼はジャックの限界に気を配っていました。もみ合いが激しくなったり疲れてきたときには、ジャックは「もうおしまい、パパ」と言い、そうすると父親はレスリングを止め、立ち上がります。そして別のゲームをするのでした。

ジャックは境界線の訓練を受けていたのです。彼は恐れているとき、不快なとき、物事を変えたいときなどに、「ノー」と言うことができました。この小さな一言が、彼に力を与えたのです。「ノー」のおかげで無力さや迎合に陥らずにすみました。そして彼が「ノー」と言っても、親から怒りやいかにも傷ついたという態度を示されることも、「でもジャック、ママは今、あなたを抱っこしたいのよ、いいでしょ」と丸めこまれることもありませんでした。

ジャックは幼い頃から自分の境界線は良いものであり、自分を守るために用いるものであると学んできました。自分にとって良くないものには抵抗することを学んでいたのです。

この家族の良いところは、同意しないことを認めていた点でした。たとえば、ジャックが両親と就寝時間について喧嘩をすることがあっても、両親はその意見の相違のゆえにジャックを遠ざけたり、罰したりすることはしませんでした。代わりに、息子の理由に耳を傾け、もしそれが納得のいくものであれば、自分たちの考えを変えることもありました。納得できなければ、自分たちの境界線を維持しました。

また、ジャックには家族内のいくつかの事柄に対して投票権がありました。家族で夜に出かけるとき、両親は映画を観に行くか、ゲームをするか、バスケットボールをするか、彼の意見に耳を傾けました。この家族には限度というものがなかったのでしょうか。その逆です！　境界線を設定することを、子どもたちが習得すべき技術として真剣に取り組んでいたのです。

これは、悪い時代（エペソ5・16）にあって悪に抵抗する良い練習です。ジャックの友人は彼のところに来て、薬物を使用するよう圧力をかけました。ジャックはどうやって断ることができたのでしょう。彼はその頃までには十～十一年にわたり、愛を失うことなしに、自分にとって大切な人と違う意見を持つ練習をしてきました。ジャックは友人に同調しないからといって、捨てられることを恐れなかったのです。自分の家族との間で、愛を失うことなしに何度もそれをやってきたからです。

一方のタイラーは、ジャックとは異なる家庭環境で育ちました。彼の家庭では「ノー」と言うと、二種類の反応が帰ってきました。母親は傷つき、身を引き、不機嫌になりました。それは「お母さんは、あなたのことをこんなに愛しているのに、どうして『ノー』なんて言うの」という罪悪感を負わせるメッセージを送っていました。父親はと言えば、怒り、脅し、「親に口答えするんじゃない！」と言うのでした。

自分のやりたいようにするためには、表面的に従っていればいいのだとタイラーが学ぶのに時間はかかりませんでした。彼は外側では大変従順になり、家族の価値観や支配に同意しているように見えました。夕食の献立だろうと、テレビ番組に対する制限だろうと、教会の選択、衣服、門限、どんなことでも自分の考えは内側に押し込んでしまうのでした。

一度だけ、タイラーは母親のハグに抵抗しようとしたことがありました。母親はただちに彼から身を引き、息子を押しやりながら言いました。「こんなふうにお母さんの気持ちを傷つけて。いつかきっと後悔するわよ」。こうしてタイラーは限界を設定しないよう、日ごとに訓練されていきました。

境界線を持たないように訓練された結果、タイラーは大人しくて礼儀正しい子どもに見えました。しかし十代というのは、子どもにとっては試練の時です。この困難な時期にこそ、子どもたちの中に実際にどのような人格・性質が作り上げられてきたのかがわかります。

タイラーはつぶれました。彼は友人たちのプレッシャーに負けてしまいました。十二歳にして初めて「ノー」と言った相手が自分の両親だったとしても、当然のことではないでしょうか。彼が生き延びるために発達させてきた従順で付き合いやすい偽りの自己が、恨みや何年にもわたる境界線の欠如のせいで蝕まれていたのです。

自分の必要に責任を取る

私が担当していたグループセラピーのセッションは静かでした。ジャニスが私の質問に答えられずにいたのです。その質問とは、「あなたには何が必要ですか?」というものでした。彼女は困惑し、深く椅子に座ったまま考え込みました。

ジャニスは、この一週間の痛々しい喪失体験を語ったばかりでした。夫が別居への手続きを取り始め、子どもたちは手がつけられず、仕事は危機に陥りました。このグループの参加者は皆、愛着と安全の問題を抱えており、彼らの表情にはジャニスへの気遣いが表れていました。しかしどうやって助けたらいいのか、誰にもわかりません。ですから私のこの質問は、グループの全員に対するものでもありました。そしてジャニスは答えることができなかったのです。

これはジャニスの育った環境からすると、もっともなことでした。彼女は、子どもの頃から両親の感情の責任を取り続けていました。家庭内の仲裁役として、いつも「お母さん。お父さんは、あんなふうに癇癪を起こすつもりじゃなかったと思うのよ。今日は疲れていたのよ」というような優しい言葉で、父や母の苛立った感情をなだめてきました。

ジャニスが家族に対して非聖書的な責任を負わされてきたことは、彼女の生活を見れば明らかでした。他者に対しては過度に責任を感じるのに、自分自身の必要には応じられないのです。ジャニスには他者の痛みを感じるレーダーはありましたが、自分の方に向けられたレーダーは壊れていました。私の質問に答えられなかったのも無理はありません。彼女は、神から与えられた彼女自身の当然の必要を理解していませんでした。それについて考えるための言葉を持たなかったのです。

しかしながら、この話の結末はハッピーエンドでした。グループの一人がこう言ったのです。「もし私があなただったら、何が必要なのかわかるわ。私にとって本当に必要なのは、この部屋にいる人たちは私のことを心から心配してくれているって知っていることよ。そして、誰も私のことを途方もなく恥ずかしい失敗作だとは思っていないこと、私のために祈ってくれること、そして話を聞いてもらうために今週みんなに電話しても構わないっていうこと」

ジャニスの目に涙が浮かびました。友人の心のこもった言葉が、彼女が自分でも触れることのできなかった何かに触れたのです。そして、自ら慰められた経験を持つ人が差し出す慰めを、自分の中に受け入れました（第二コリント1・4）。

ジャニスの話が物語るものは、子どもたちの境界線発達における二番目の実、すなわち、自分自身の必要を所有し、それに関して責任を取る能力です。私たちが空腹なとき、孤独なとき、困難の中にあるとき、圧倒されているとき、休息が必要なときに、自分でそれを察知し、必要を満たすために主体的に動くことを、神は意図されています。聖書によれば、イエスもこのことを理解していました。多くの必要のために多くの働きが求められていたときに、群衆を残して舟でこぎ出したのです。「出入りする人が多くて、食事をとる時間さえなかったからである」（マルコ6・31）。

この過程の中で境界線は主要な役割を果たします。私たちの限界は、他者との間に霊的・感情的な空間を生み出し、両者を分離します。これによって私たちは自分の必要を聞き分け、理解することができるのです。境界線がしっかり意識されていないと、自分の必要と他者の必要を区別することが困難になります。人間関係には多くの雑音があるからです。

他者ではなく自分自身の必要を感じ取れるようになると、それは子どもの人生で貴重な強みとなります。自分自身の必要を管理できずに燃え尽きてしまう心配をせずにすむからです。

どうすれば子どもは自分の個人的な必要を実感できるのでしょうか。親にできる最善のことは、これらの必要を言葉で表現するよう促すことです。たとえその必要が「家族の意向」に沿わないものだとしてもです。家族の意向に沿わないものでも求めることが許されるなら、たとえそれをもらえなくても、子どもは自分に何が必要なのかを意識するようになります。

以下のような具体例が役立つでしょう。

●子どもに自分の怒りについて話させる。

●自分の悲しみ、喪失感を表現させる。その際、彼らを元気づけたり、そのような感情から脱け出させようとしない。

●疑問に思うことには質問をさせる。親の言葉がみことばと同等であるとは思わせない。（親が精神的に安定していないと、なかなかできないことですが！）

●子どもが一人でいたり、落ち込んでいるように見えるとき、彼らが何を感じているのかを尋ねる。自分のネガティブな感情を言葉で表現するよう助ける。見せかけの協力や家族の親密感を演出するために、聞いたことを軽く受け止めてはいけない。

つまり、自分自身の必要を所有するための第一の側面は、必要を見極めることです。ここで私たちの霊のレーダーの出番となります。ジャニスのレーダーは壊れて未発達のままでした。彼女が自分の必要を見極めることができなかったのは、そのためです。

第二の側面は、他の人に頼るのではなく、自分の面倒を責任をもって見ることです。子どもが無責任なことをしたり間違いを犯したとき、それがもたらす痛い結果を子どもに経験させせなくてはなりません。これがヘブル人への手紙五章一四節の「訓練」であり、同一二章の「懲らしめ」なのです。子どもたちが家族のもとを離れる頃までには、彼らは自分の生活については自分で責任を持つという感覚をしっかり身につけているべきです。子どもたちは次のことを確信する必要があります。

●人生における成功や失敗は、私次第である。
●慰めや教示を求めて神や他者の助けを仰ぐべきだが、私の選択に責任を負うのは私だけである。
●私はいつでも自分にとって大切な人たちから深い影響を受けるが、私の問題は私の責任であり、他者のせいにしてはいけない。
●失敗することは避けられないし、支援を受けることも必要だが、過度な責任を持って私を霊的、感情的、経済的、そして人間関係での危機から毎回救ってくれるような個人に頼ってはいけない。

この「私の人生は私次第だ」という意識は、自分の人生の責任は自分で取るようにという神の考えに基づいています。イエスがタラントのたとえで語られたように、神は、私たちが与えられた才能を生産的に用いることを望んでおられます（マタイ25・14－30）。そしてこの責任は、大人になってもずっと私たちについてきます。それだけでなく、死後、キリストの裁きの御座の前に立つまでついてくるのです。

とすると、自分の人生に責任もって所有権を行使しない人を、キリストがどう思われるのか想像できます。「でも、私の家族は機能不全だったのです」。「でも、私は孤独だったのです」。「でも、私は疲れきっていたのです」。このような自己正当化の「でも」は、タラントのたとえに登場するしもべの言い訳と同じにしか聞こえないでしょう。もちろん、だからといって、私たちが良きにつけ悪しきにつけ、生活環境やさまざまなストレスに深く影響されることを否定しているのではありません。しかし、傷ついた未成熟な自分のたましいをどう扱うかは、究極的に私たち自身の責任だということです。

賢明な親は、子どもたちに「安全な苦しみ」を経験させます。「安全な苦しみ」とは、子どもに自分の行動に対する年相応の結果を経験させることです。六歳の子どもに夜暗くなってからの外出を許しても、それは大人になるための訓練にはなりません。その子は自分の年齢では適切に判断できないことを判断することになります。そのような選択をする必要のある状況には、そもそも置かれるべきではありません。

エミリーの両親は、娘に安全な苦しみを体験させることにしました。高校に入学したとき、彼らはエミリーに一学期分に相当するお小遣いをいっぺんに与えました。エミリーはその中から責任を持って学校での昼食代、衣類、友人との外出代、クラブ活動に必要な分を支払うことになっていました。もらったお小遣いはそれをするのに十分で、多少のおつりも来るくらいの金額です。表面的には、十代の子どもにとって夢が現実になったも同然でした。これだけのお金をもらって、それを自分の好きなように使えるのですから！

一学期目、エミリーは何着かの素敵な洋服を買いました。友人たちといろいろな行事に参加しました。何度か友人におごったこともありました。このような暮らしぶりは、三か月半のうちの最初の一か月くらい続きましたが、残りの二か月半は貧相なものでした。滅多に外出することもなく、お小遣いの残りを昼食代のために節約し、新しく買った服を何度も着ました。

二学期目は、もっとうまくやりくりしました。そして二年生になる頃には、銀行に自分名義の口座を開き、予算内でうまくやりくりできるようになりました。エミリーは境界線を発達させたのです。買い物依存症になりかねないところだったのを、それほど必要のない衣類や音楽や食べ物や雑誌などに対して「ノー」と言うことを学んだのです。彼女は自分の生活に責任を持つことを学び始めました。そして、いつも誰かに窮地から救ってもらってきたために、大学は卒業したものの自分では料理もできない、片付けもできない、銀行口座の管理もできないという、巷によくいるような大人にはならずにすみました。

子どもの行動と、それがもたらす結果は、できるだけ密接につながっていることが大切です。大人になってからの生活も、まさにそのとおりだからです。

宿題もまた、親が子どもに責任を取ることを学ばせるか、あるいは親が時も場所も構わずいつでも足りない分を補ってくれるという幻想を生み出すかの境目となる領域です。子どもが目に涙を浮かべて「明日までに十ページのレポートを書かないといけないのに、今やっと始めたばかりなの」と言ってきたら、親にとっては辛いところです。愛情溢れる親の気持ちとしては、調べ物をやってあげるか、資料をまとめるか、タイプを打つか、あるいはその全部をやって、助け出してあげたいと思ってしまいます。

どうしてでしょうか。それは、私たちは子どもを愛しているからです。ちょうど神が私たちのために最善を願うように、私たちもまた子どもたちのために最善を願うのです。それでも、神が私たちに失敗することも許すように、私たちもまた、子どもの良い成績表に汚点が付くことを容認する必要があります。これは往々にして、事前によく計画を立てなかったことの結果だからです。

支配と選択の自覚を持つ

「歯医者なんか行きたくない！　お父さんは私を強制できないからね！」十一歳のクロイーは足を踏みならし、玄関で待っていた父親のイーサンを睨みつけました。

以前の彼だったら、クロイーの強情さに条件反射的に反応していたでしょう。「ほほう、それはどうかな！」と言って、泣き叫ぶ子どもを無理やり抱きかかえ車に押し込んでいたかもしれません。

しかし、何回も家族カウンセリングを受け、関連書籍を読み込んでいたイーサンは、このような避けがたい状況に対して用意ができていました。彼は冷静に言いました。「まったく君の言うとおりだよ。お父さんには歯医者に行くよう君を強制することはできない。行きたくないなら行かなくてもかまわないよ。でも、約束を忘れないでくれ。もし歯医者に行かないなら、明日の夜のパーティーにも行かないからね。行くにしても行かないにしても、お父さんは君の意志を尊重しよう。予約をキャンセルするかい？」

クロイーは当惑した表情で、しばらく考えました。それからゆっくりと「行くわ。でも、行かないといけないから行くんじゃないからね」と言いました。クロイーの言うとおりです。彼女はパーティーを逃したくはなかったので、自分の意志で歯医者に行くことを選んだのです。

子どもにも、自分の生活に支配権と選択権を持つという自覚が必要です。自らを従属的で無力な親の持ち駒としてではなく、むしろ、意志と選択権を持った自分の人生の主体的な担い手と見るべきなのです。

子どもは生まれてきたときは無力で親に依存していました。しかし、子どもたちが自分で考え、意志決定をし、人生のあらゆる領域において自分の環境を治めるようになる手助けをすることこそ、神の御心に沿った子育てです。これは、朝その日に着る衣服を決めることから、学校で受講する講義を選ぶことまで、すべてについて言えます。年相応の決定ができるようになると、子どもたちは自分の人生に対する安心感と主導権を感じるようになります。

心配性で子ども思いの親は、子どもたちに痛みを伴う選択をさせません。子どもたちが失敗して膝をすりむかないように守るのです。彼らのモットーは「ほら、私が決めてあげよう」というものです。その結果、子どもの人格の中で発達すべき神の似姿の非常に重要な部分である自己主張をすること、すなわち変化をもたらす能力が萎縮してしまいます。子どもは、自分の人生と運命は、神の主権の範囲内で自分が決定するものであるという意識を持つ必要があります。これによって彼らは選択を避けるのではなく、熟考して選択するようになります。自分のために誰かがした選択の結果を恨むのではなく、自分で決定した選択の結果を味わうことを学びます。

満足の遅延《ちえん》

「今」という言葉は、小さな子どものためにあるようなものです。子どもは「今」のなかに生きています。二歳の子どもに明日になったらデザートをあげると言ってごらんなさい。納得しないでしょう。それはその子にとっては「あげません」と同じ意味なのです。実際、乳児は「後で」ということを理解する能力がありません。六ヶ月の幼児が母親が部屋から出て行くだけでパニックになってしまうのはそのためです。赤ちゃんにとって、自分の視界から消えれば、母親は永久にいなくなってしまったのと同じことです。

しかし、発達の過程で私たちは「後で」の価値を学びます。良いものを、さらに良いもののために我慢することです。これを**満足の遅延**と呼びます。後に得るもののために、自分の衝動や願い、欲求に対して、「ノー」と言える能力です。

みことばはこの能力に大きな価値を置いています。神はこの能力を用いて、私たちに計画を立て、準備することの意義を教えてくださいます。イエスはその最たる例です。「この方は、ご自分の前に置かれた喜びのために、辱めをものともせずに十字架を忍び、神の御座の右に着座されたのです」（ヘブル12・2）。

通常、この能力は生まれてから最初の一年間はあまり関係ありません。最初の一年では絆作りが優先される必要があるからです。しかしながら、二年目の最初にはもう、満足の遅延を教え始めることができます。デザートはニンジンの後であり、前ではありません。

この能力は、年齢が上の子どもも学ぶ必要があります。家庭の事情で、ある種の洋服や娯楽道具は年の後半になってからでないと買えないこともあるでしょう。ここでも、この過程を通して発達する境界線は、後の人生においてかけがえのないものになります。大人になったときに、生活に秩序がなく、衝動に振り回される広告業界の奴隷にならずにすみます。怠けてばかりでいつも危機に瀕している者ではなく、勤勉なアリのようになります（箴言6・6－11）。

満足の遅延を習得すると、目的意識のはっきりした子どもになります。自分にとって大切なものを得るために時間やお金を節約することを学び、自分が選んで買ったものを大切にします。私が知っているある家族では、息子が初めての車を買うために自分でお小遣いを貯めました。彼は十三歳のときに、父親の援助のもと、計画を立てることから始めました。十六歳になって週末と夏休みのアルバイトの積み重ねが車となって報われたとき、彼はそれをまるで高価な瀬戸物のように扱いました。ボンネットをお皿代わりにしてランチを食べることができるほどでした。彼は、

「費用を計算」して、その結果を大切にしたのです（ルカ14・28）。

他者の限界を尊重する

早い時期から、子どもは親や兄弟、友人の限界を受け入れることを学ぶ必要があります。子どもは、周りの人たちがいつでも自分と遊んでくれるとは限らないこと、自分が見たい番組を見たいとは限らないこと、自分が行きたいレストランに行きたいとは限らないことを知る必要があるのです。世界は自分を中心に回っているのではないのだと、知らなくてはなりません。

これは二つの理由で大切です。第一に、**他者の限界を受け入れることができると、自分のことも自分で責任を取るようになります。**他人がいつも自分の意のままに駆けつけてくれるわけではないと知り、外にばかり助けを求めるのでなく、内側に向かうようになるのです。リュックサックを自分で背負うように促します。

他人の「ノー」を受け付けない子どもを見たことがありますか。自分の欲しいものを手にするまではいつまでもぐずぐず言い続けたり、しつこくねだったり、癇癪を起こしたり、不機嫌になったりする子どもです。問題は、他者の限界を嫌い、抵抗することを長く続ければ続けるほど、より一層他者に依存するようになることです。自分のことは自分でするのでなく、他者が自分の面倒を見てくれるのが当たり前だと思うようになるのです。

いずれにしても、神は私たちが人生から直接この法則を学べるようにしておられます。この地上で人々が一緒に暮らしていくために、他の道はありません。遅かれ早かれ、私たちは無視することのできない誰かの「ノー」に直面する時が来ます。人生とはそのようにできているのです。他者の限界を受け入れようとしない人が、どのような順序で「ノー」に遭遇するのか観察してみましょう。

1. 親の「ノー」
2. 兄弟の「ノー」
3. 学校の先生の「ノー」
4. 学校の友達の「ノー」
5. 上司や監督の「ノー」
6. 配偶者の「ノー」
7. 過食、アルコール依存、無責任なライフスタイルからくる健康問題の「ノー」
8. 警察、裁判所、果ては刑務所の「ノー」

人生の早いうちに、時には右記の第一段階で境界線を受け入れることのできる人たちもいます。しかし最後の第八段階まで行ってやっと人生の限界を受け入れざるを得ないと納得する人もいます。「わが子よ、訓戒を聞くのをやめてみよ。あなたは知識のことばから迷い出ることになる」（箴言19・27)。抑えがきかない青年の多くは、三十代になるまで成熟しません。その頃になってようやく安定した仕事や住居がないことに嫌気を覚えます。そのような人たちは、経済的にもどん底に落ち込まないとわからないのです。時にはしばらく路上で暮らす羽目になるかもしれません。そのうち、やっと一つの仕事を続けていくようになり、貯金し、成長し始めるのです。彼らは徐々に人生の限界を受け入れるようになります。

自分はどんなに厳しい親だと思っていても、それ以上に厳しい人はいつでもいます。親が愛する我が子に「ノー」を受け入れることを教えないと、彼らを愛しているわけでもない人が、いずれその役を果たすことになるかもしれません。もっと厳しい人、もっと強い人です。ほとんどの親は、子どもにこのような苦しみには遭って欲しくないと思うでしょう。限界を教えるのは早ければ早いほどいいのです。

他者の限界を受け入れることが子どもにとって重要である第二の理由は(これは先の理由よりさらに重要です)、**他者の境界線に心を配ることで、子どもたちは愛することを学ぶ**からです。根本的に、他者の境界線を尊重することこそ共感、つまり自分が愛されたいように他者を愛することの基本です。子どもたちは、自分の「ノー」が尊重されるという恵みを受け、それと同じ恵みを他者にも与えられるようにならなくてはなりません。他者の必要に共感するとき、子どもたちは神と人への愛を深め、成熟していきます。「私たちは愛しています。神がまず私たちを愛してくださったからです」(第一ヨハネ4・19)。

たとえば、あなたの六歳の息子がうっかり、しかし不注意であなたの頭にソフトボールを強くぶつけたとします。あなたがそれを無視したり、痛くなかったかのように振る舞うなら、子どもは自分がしたことは大したことではなかったと理解するでしょう。すると彼は、責任を感じたり、他者の必要や痛みを意識せずにすんでしまいます。しかし、「わざとやったんじゃないのはわかっているけど、ボールが当たってすごく痛かった。もう少し気をつけてね」と、責めることなしに言うなら、子どもは、愛する人を傷つけてしまうこともあるから自分の行動には気をつけなくては、と思うようになるでしょう。

もしこの原則が教えられていないと、子どもたちはなかなか愛のある人へと成長できません。大抵の場合、自己中心で支配的な人になるでしょう。そうなると、成熟への神のプログラムは以前より困難なものになります。私のあるクライアントは、他者の限界を無視するようにと家族に教えられて育ちました。その結果、彼は操作的な人となり、盗みを犯して刑務所に入れられました。けれども、とても辛いプロセスではありましたが、これを通して彼は共感することを学びました。「私は他者にも必要や痛みがあるということを、本当に知らなかったのです」。彼はあるとき私に説明しました。「私は自分のことだけを考えるように育てられました。しかし、他者への配慮が足りないと正面から諭されたとき、私の内側で何かが起こりました。心のどこかに、他者のための空間が開いたのです。自分自身の必要を無視したのではありません。ただ、生まれて初めて前進できました。自分の行動がどれだけ妻や家族を傷つけてきたのか、罪悪感を覚え始めたのです」

彼はこれからも努力を続ける必要があるでしょうか。もちろんです。しかし、彼は正しい方向に向かっていました。壮年になってようやく境界線について学び、真に聖書的な愛のある人への一歩を踏み出したのです。

時期に応じた境界線——年相応の限界訓練

この本の目次を見て最初に開いたのがこの章なら、あなたにはお子さんがいらっしゃるのでしょう。そして恐らくお子さんとの間の境界線の難しさを経験されている最中かもしれません。問題が起きないようにこれを読んでおられるだけかもしれませんが、解決したいと思っている何らかの痛みをお持ちの可能性の方が高いのではないでしょうか。たとえば、生まれたばかりの赤ちゃんが泣きわめくのを止めないとか、幼児が家中を走り回るとか、小学生の子どもが学校で問題行動を起こしているとか、中学生の子どもが生意気な口をきくとか、高校生の子どもが飲酒をしているとか。

これらの問題はどれも、潜在する境界線問題を示唆しています。ここでは年齢に応じて子どもが学ぶべき境界線の課題について概略を述べます。私たちは親として、子どもの発達に応じた必要や能力を考慮に入れるべきです。そうすれば子どもたちに無理な要求をしたり、子どもが自分ですべきことは本人にやらせることができるでしょう。

以下は、子どもの成長の各段階における基本的な課題です。誕生から三歳までのさらに詳しい情報については、子ども時代の境界線の発達過程について述べた第四章を参照してください。

誕生から生後五ヶ月まで

この段階では新生児は母親、父親、あるいは第一養育者との間に愛着を築くことが必要です。自分の居場所がある、自分は安全で歓迎されていると感じることが、この段階の子どもが習得すべき課題です。限界を設定することは、まだそれほど大切な問題ではありません。赤ちゃんに安心感を与えるのが先です。

この時期に考慮すべき唯一の境界線は、母親の慰めに満ちた存在です。母親は赤ちゃんを守ります。母親の仕事は、赤ちゃんが強い恐怖や混乱した感情に打ちのめされないようにすることです。赤ちゃんにはまだ「自分」という枠がないので、一人にされると、孤独から恐怖に陥ってしまうのです。

何世紀にもわたって母親たちは――イエスの母であるマリヤも含めて――自分の赤ちゃんをおぶったり布で固くくるんだりしてきました。おぶわれることで赤ちゃんの体温が調節され、またしっかりくるまれることで赤ちゃんは安心感を覚えるのです。ある種の外的境界線と言えるでしょう。それによって赤ちゃんは自分がどこで始まりどこで終わるかが分かります。新生児は裸にされると、自分を包む枠がなくなるので、得てしてパニックに陥るものです。

クリスチャンの教師の中には、授乳や抱っこは時間を決めて行うように、という幼児の訓練理論をまじめに提唱する人たちがいます。これらのテクニックは赤ちゃんが泣いたり、なぐさめを要求したりしないように教えるものです。なぜなら赤ちゃんのそのような行動は「親ではなく子どもが支配権を握っている」から、あるいは「要求することは子どもの自分勝手で罪深い性質の表れ」だからと言うのです。このような理論は、聖書や子どもの発達に即して理解されないなら、非常に有害です。

生後四ヶ月の赤ちゃんが泣き叫ぶのは、世界が十分安全な場所であるかどうかを知ろうとするからです。その赤ちゃんは不快と恐怖と孤独の中にいます。まわりに誰もいなくても快適に感じることをまだ学んでいません。授乳や抱くことを赤ちゃんの必要に応じてではなく、親のスケジュールに合わせることは、イエスが言われた「咎のない者たちを不義に定め」るようなものです（マタイ12・7）。

これらの教師たちは、自分のプログラムはうまく機能しているのだから聖書的だと言います。「夜間はベビーベッドから抱き上げないことに決めてからは、生後四ヶ月の私の赤ちゃんは泣かなくなったわ」と言うでしょう。そのとおりかもしれません。しかし、泣かなくなったのは幼児性鬱のせいかもしれないのです。幼児性鬱とは、子どもが希望を失い、引きこもることです。「期待が長引くと、心は病む」（箴言13・12）。

満足の遅延を教えることは、赤ちゃんが満一歳になるまでは始めるべきでありません。一年が過ぎる頃までには、母親と赤ちゃんの間に安心感の基礎が確立されているでしょう。恵みがいつもまことに先立つように（ヨハネ1・17）、愛着は分離の前に来なくてはいけません。

五ヶ月から十ヶ月まで

第4章でも学んだように、最初の一年目の後半は、赤ちゃんの「孵化期」です。この頃の赤ちゃんは、「お母さんと私は同じではない」ということを学んでいます。外には恐いけれど魅力的な世界が広がっていて、赤ちゃんはそこに向かって文字どおり這って行くのです。彼らはまだ、ほとんどのことについて一人では何もできませんが、母親と一つであることから抜け出そうとしています。

子どもがこの時期に良い境界線を築くのを助けるために、親は子どもがしがみつくための錨の役をしつつも、親から離れようとする試みを後押しする必要があります。子どもにはあなた以外の人々や物に対しても興味や関心を持たせてあげましょう。あなたの家庭を赤ちゃんが安全に探索できる場所に整えましょう。

しかし、子どもが孵化するのを助けるとは、子どもの内面的な基礎作り、つまり「根ざし、基礎を置く」ために不可欠な、深い愛着を無視するという意味ではありません。絆作りは子どもにとってまだ主要な課題です。子どもの絆作りと情緒的安心の必要に気を配ってください。同時に、子どもがあなたを通り越して外の世界に向かっていくことも遮らないでください。

多くの母親は、子どもが自分との愛の関係から大きく広い世界へと向かっていくのを寂しく感じます。二人の間のこんなにも深い親密感が失われることは、特に妊娠・出産と一緒に過ごしてきただけに、とても辛いものです。しかし責任ある母親は、誰かのそばにいたいという自分の必要を、他の大人をとおして満たします。「結ばれるために離れる」時のために我が子を整えているという自覚を持ち、赤ちゃんが「孵化」することを励まします。

この時点では、ほとんどの乳児はまだ「ノー」を正しく理解し、それに応答する能力を持っていません。危険から守るためには抱き上げたり、安全でない場所には近づけないのが一番です。

十ヶ月から十八ヶ月まで

この「練習」期には、赤ちゃんは言葉を話しだすだけでなく、歩き始めます。そして多くの可能性が目の前に広がっていきます。世界は子どもの思いのままです。そしてあれこれといつまでも探索し、試してみるのです。この時期の子どもは、感情的にも認知的にも「ノー」という言葉を理解し、それに応答する能力を持っています。

この段階になると、限度を設定するにも受け入れるにも、境界線が次第に重要になってきます。この年齢では「ノー」を使う能力を発達させ始めることが非常に大切です。子どもは「ノー」と言ってみることで、自分の人生に責任を持つことは良い結果を生むのか、あるいは「ノー」と言うと他の人は引いてしまうのか、知るようになります。一方、親であるあなたは、赤ちゃんの「ノー」

を喜ぶようにしましょう。

同時に、子どもに自分は宇宙の中心ではないことをわからせるというデリケートな仕事もあります。ドアにいたずら描きをしたり礼拝の最中に叫ぶなら、それには結果が伴うのです。しかし、子どもが発達させつつある世界への興味や興奮に水を差すことなくこれをしなくてはいけません。

十八ヶ月から三十六ヶ月まで

子どもは今や、自分は人とは違うが人とつながりを持ち、その責任は自分にあるという大切な課題を学んでいます。練習期にある子どもは、人生にはいろいろな限界があること、しかし、分離していてもつながりを持てないわけではないことなどを悟り、さらに分別を身につけつつあります。この段階では以下の能力が目標です。

1. 自己意識と人から離れている自由を失うことなく、他者に愛着心を抱く能力。
2. 愛を失うことを恐れずに、適切な「ノー」を言う能力。
3. 感情的に引いてしまうことなく、他者の適切な「ノー」を受け入れる能力。

十八ヶ月から三十六ヶ月くらいでは、子どもは自律を学ぶ必要があります。親の決まりに縛られたくないのですが、この願いは親への深い依存と相容れません。賢明な親は、子どもが親への愛情を失うことなく個人としての感覚を養い、かつ自分は全能ではないことを上手に納得させます。

この段階で子どもに境界線を教えるためには、親は自らの確固たる「ノー」を保ちつつも、子どもの適切な「ノー」はいつでも尊重してあげる必要があります。子どもとの小競り合いの一つひとつに勝とうと思ってしまいがちですが、些細な小競り合いは山ほどあるのです。そのためにより大事なこと、すなわち愛情を築くことを見失うなら、結局は戦いに負けることになるでしょう。その場限りの些細な出来事を何もかもコントロールしようとしてエネルギーを消耗しないでください。勝利すべき大切な戦いを注意深く選びましょう。

賢明な親は子どもが楽しく遊ぶことを喜びますが、上記のことを練習中の子どもに対しては確固とした限度を一貫して守ります。子どもは家庭の規則と、それを破ったときにどうなるかを学べる年齢にあります。以下に掲げるものは、実行可能なしつけの一例です。

1．**一回目の違反。** 子どもにシーツに絵を描いてはいけないといいます。代わりに、塗り絵の本やお絵描き用の紙を与え、絵を描きたいという子どもの要求を満たすようにしてあげましょう。

2．**二回目の違反。** もう一度、子どもに「ノー」と言います。そして次にシーツに絵を描いたときの結果が何であるかを伝えます。部屋の隅で一分間一人で座っているか、あるいはその日はもうクレヨンは使えないと言い渡します。

3．**三回目の違反。** 結果を実行しましょう。理由を説明し、子どもが怒る時間を数分間与え、親から離れさせます。

4．**慰め、もう一度つながる。** あなたにもう一度つながるように、子どもを抱き、慰めましょう。これによって子どもは結果を負うことと愛を失うことは違うのだと理解できるようになります。痛みを伴う結果でも、決してつながりを失わせてはいけません。

三歳から五歳まで

この段階では、子どもは男性、女性としての役割を発達させる期間に入っていきます。それぞれ、同性の親に自分を重ね合わせるようになります。男の子はお父さんのようになりたいと思い、女の子はお母さんのようになりたいと思います。さらに、同性の親に対して競争心を持つようになったり、異性の親と結婚したいと願ったり、その過程で同性の親を打ち負かしたいと思うようになったりします。後の人生での大人の性役割に向けて準備を整えているのです。

親が境界線をしっかりさせることは、ここでも大切です。優しく、しかしはっきりと、母親なら娘たちが自分と同一視したり競争することを認めてあげる必要があります。母親はまた、息子の独占欲に対処しなくてはいけません。「あなたがお母さんと結婚したいのはわかるけど、お母さんはお父さんと結婚しているのよ」ということを、息子にわからせるのです。父親も、息子や娘たちに対して同様のことをします。これによって子どもたちは異性の親とも正しい関係性を築くようになり、男性、女性としての適切な人格を習得するようになります。

自分の子どもに性意識が芽生えるのを恐れる親は、子どものこれらの強い願いに対して批判的になりがちです。自分自身の恐れが子どもを攻撃したり辱めたりする原因になり、子どもの性意識を抑圧させることになるかもしれません。一方の極端な例では、愛情に飢えた親が感情的に、あるいは肉体的にも、自分の異性の子どもを誘惑することがあります。息子に「お父さんはお母さんのことをわかってくれないのよ。わかってくれるのはあなただけね」と言う母親は、息子が今後何年にもわたって性役割に混乱をきたすことを保証しているようなものです。成熟した親は、子どもの中に性役割の型ができてくるのを認めつつ、親子の間の線を明確に保ちます。

六歳から十一歳まで

この潜伏期とも勤勉な年月とも呼ばれる期間には、子どもは次にやってくる青年期に向けて準備をしています。この年月は真に子どもとして過ごす最後の期間になります。学校の勉強や遊びをとおして課題をこなすことを学んだり、同性の友人とつながることを学んだりするのに大切な期間です。

勉強や友達で非常に忙しくなるので、この期間は親にとって独特の境界線の課題があります。ここでは、宿題をする、家の手伝いをする、プロジェクトをするなどの課題の基本を助けてあげる必要があります。計画を立て、仕事を最後まで終わらせることができるよう訓練するのです。子どもたちは満足の遅延、目標に沿って行動すること、時間の割り振りなどの境界線を学ばなければなりません。

十一歳から十八歳まで

成人への最後のステップである青年期は、性的成熟、いかなる環境でも確固としたアイデンティティーを保つこと、自分に向いている仕事を見つけること、恋愛の選択など、重要な課題が関わってきます。子どもにとっても親にとっても、恐ろしいと同時に心躍る時期でもあります。

この時点までに「親離れ」のプロセスが始まっているべきです。あなたとあなたの子どもの関係が変化し始めています。子どもを支配するかわりに、影響を与えるようになります。子どもに以前よりも多くの自由と責任を与えるようになります。規則や制限、結果についてもう一度考慮し直し、今までよりも柔軟性を持たせます。

これらの変化はちょうど、ＮＡＳＡのスペースシャトルの打ち上げの秒読みのようなものです。若い大人が世界に向かって飛び立つ準備をしているのです。賢明な親なら、自分の十代の子どもたちが間もなく社会へ放り出されることを常に頭の片隅に置いています。親が考える問題は、もはや「どうやって行儀よくさせようか？」ではなく、「どうやって一人でもやっていけるように助けたらいいか？」になります。

十代になると、子どもたちは人間関係、時間の使い方、価値観、金銭などにおける境界線を、できる限り自分自身で設定する必要があります。そして境界線を踏み越えた時には、現実の世界の結果を負うべきです。十七歳になってもまだSNSやスマートフォンに関する規則でしつけを受けているような子どもは、大学生の一年目にして相当苦しい思いをするでしょう。教授、学部長、寮長は、このような規則を押し付けることはせず、落第、停学、退学といった手段を用います。

もしあなたの十代のお子さんがまだ境界線の訓練を受けたことがないなら、どうしたらいいか途方に暮れているかもしれませんね。あなたの子どもが今いる場所から始めるしかありません。もし彼らが「ノー」を言ったり受け入れたりできないのなら、家庭内の規則とその結果を明確にしましょう。それは若者が家を出るまでの最後の数年間で功を奏するはずです。

しかし、以下のような症状が見られる場合は、もっと深刻な問題が背後にあるかもしれません。

- 家族から離れて一人でいる
- 鬱状態
- 反抗的な行動
- 家庭内での絶え間ない摩擦
- 良くない友人
- 学校での問題
- 摂食障害
- 飲酒

●薬物の使用
●自殺願望や未遂

多くの親はこのような問題を見ると、境界線をやたらと引きすぎるか、あるいはほとんど引かないかのどちらかの反応を示します。厳しすぎる親は、まだ完全に大人ではない子どもを家庭から遠ざけてしまう危険を犯しています。甘すぎる親は、十代の子どもが誰か尊敬すべき人を必要としているのに、子どもの親友になろうとしています。このようなときは、十代の子どもの問題をよく知っているカウンセラーに相談するのが望ましいと思います。プロの助けを無視するには、問題が大きすぎるからです。

しつけのタイプ

子どもが境界線を尊重するようにどう訓練すればいいのかと混乱している親が大勢います。彼らはスパンクや禁止、規則や小遣いなどについての本や記事を数えきれないほど読んでいます。こういったノウハウについては本書の趣旨ではありませんが、答えを探している親が考えを整理するのに、以下の点が役に立つかもしれません。

1．**子どもに結果を負わせる目的は、自分の人生に対する責任感覚と支配権を増強することである。** 子どもの無力感を増長させるようなしつけは役に立ちません。十六歳の女の子を授業に引きずって行っても、彼女があと二年で大学生になった際に必要な、勉強しようという気持ちを築くことはできません。自分に合った学校を選ぶのに役立つような報酬と結果の組み合わせの方が、はるかに成功する可能性が高いでしょう。

2．**結果は年齢相応でなくてはならない。** あなたのしつけの意味を良く考える必要があります。たとえば十代の子どもをスパンクしても、その子どもを辱め、怒らせるだけです。しかし四歳の子どもには、うまくやれば規律を理解させる助けになるでしょう。

3．**結果は、違反の深刻さに見合ったものでなければならない。** 刑法制度でも異なる犯罪によって刑期に違いがあるように、ささやかな違反と深刻な違反の区別はつけなくてはなりません。そうでないと、深刻な罰が無意味になってしまいます。

あるクライアントが私にこう言ったことがあります。「私は小さなことでも大きなことでも、いつも激しく叩かれたものでした。それで、そのうち私はもっと大それたことをするようになりました。その方が得に思えたからです」。いったん死刑を宣告されたら、おとなしくしていたところで大して得られるものはありません！

4．**境界線の目標は、子どもが自ら動機を持って行動し、自らに結果を課すようになることである。** 子どもが自分でベッドから起き出して学校へ行き、責任を持ち、同情心を持ち、他者に優しくしようと思うとき、それが親にとって大切だからではなく、自分にとって大切だからという理由でそうするなら、子育ては成功したと言えます。愛と限界が真に子どもの人格の一部になって初めて、本物の成熟と言えるのです。そうでなければ、いずれは自暴自棄な振る舞いをする、迎合的なオウムを育てているに過ぎません。

親には、子どもが自分の内側にある境界線を自覚し、他者の境界線を尊重できるように教えるという、厳粛な責任があります。それが厳粛なのは、聖書がそう言っているからです。「多くの人が教師になってはいけません。あなたがたが知っているように、私たち教師は、より厳しいさばきを受けます」(ヤコブ3・1)。

私たちの訓練に子どもが耳を貸す保証は確かにありません。言われたことを聞いて学ぶ責任は子ども自身にあります。大きくなればなるほど、彼らの責任も大きくなります。それでも、私たち大人が自分の境界線を学び、それに関して責任をとり、自ら成長していけば、子どもたちが境界線を学ぶ可能性も高くなります。そして、大人の世界では、日々、境界線を扱う能力が痛切に必要とされているのです。

第11章 境界線《バウンダリー》と仕事

Boundaries

日曜学校でアダムとエバと堕落について学んだときのことです。堕落とは全ての「悪い」ことの始まりであると教えられました。その日、私は家に帰ると母親に言いました。「アダムとエバなんか嫌いだよ。この二人のせいで、僕は自分の部屋を片付けなくちゃいけなくなったんだから！」

八歳の子どもにとって働くことは面白くありません。面白くないことは、悪いことです。悪いことですから、それはアダムのせいだというわけです。子どもなりに考えた単純な神学理論でしたが、子どもらしい異端でした。労働は堕落以前から存在していたのです。労働は初めから、人類に対する神のご計画の一部でした。神は人々に二つのことを託されました。地を従えることと、支配することです（創世記１・28）。人は大地を所有し、それを管理することになっていたのです。これはまさに労働ではありませんか！

しかし、エデンは楽園でしたから、労働が困難なものになったのは堕落の後です。神はアダムに言われました。「あなたが妻の声に聞き従い、食べてはならないとわたしが命じておいた木から食べたので、大地は、あなたのゆえにのろわれる。あなたは一生の間、苦しんでそこから食を得ることになる。大地は、あなたに対して茨とあざみを生えさせ、あなたは野の草を食べる。あなたは、顔に汗を流して糧を得、ついにはその大地に帰る。あなたはそこから取られたのだから。あなたは土のちりだから、土のちりに帰るのだ」（創世記3・17－19）。

堕落には、私たちの労働に影響を与える別の側面もありました。第一に、自分の責任を認めるのを嫌がる傾向です。先の章で、自分のものに関して責任を取らないという境界線問題について書きました。これは、アダムとエバがエデンの園で最初に犯した罪について、他者に責任を負わせようとしたことに端を発しています。アダムはエバを責め、エバはヘビのせいだと言いました（創世記3・11－13）。彼らは自分の責任を認めず、他者を責めました。要するに「私を追求しないでください」と言っていたのです。他者に責任転嫁するこの傾向は、労働に関して鍵となる問題です。

さらに、堕落によって労働から愛が切り離されました。堕落以前には、アダムは神の愛につながっており、愛されているがゆえに働きました。堕落以降は、彼は完全な愛に動かされてではなく、堕落した世界ののろいと律法の一部として働かざるを得なくなりました。愛による「働きたい」が、律法による「働かなくてはならない」に取って替わったのです。

パウロは、律法の「しなくてはならない」は、私たちの反抗心を高めると言っています（ローマ5・20）。自分が「しなくてはならない」ことに対して怒りを覚え（ローマ4・15）、間違ったことをしたいという思いがわき上がるのです（ローマ7・5）。以上の結果、人は自らの行動、才能、選択を所有できず、責任をもって効率よく働く能力を失ってしまいました。これでは、仕事において問題が生じるのも無理はありません。

この章では、労働に関わる多くの問題を解決するのに境界線がどう役立つかを見ていきます。また、あなたが自分の仕事により満足感を持ち、幸せになるためにも境界線が関わってくる様子を見てみましょう。

品性の発達と仕事

クリスチャンはしばしば、一般の仕事に対して歪んだ見方をしています。「ミニストリー」（訳注：ここでは、牧師などキリスト教会内の働きを指す）以外の仕事は、どれも世的であるとみなすのです。しかし、仕事をこのように見ることは聖書的ではありません。フルタイムでミニストリーに関わっている人たちに限らず、私たちは皆、人類に貢献できる賜物と才能を持っています。誰もが天職、つまり奉仕への「召命」を持っており、どこで働き、何をしようとも、私たちは「主に対して」するのです（コロサイ3・23）。

イエスは、仕事に関するいくつかのたとえ話を用いて、霊的に成長する術を私たちに教えました。これらのたとえ話が取りあげているのは、金銭、仕事の完了、職務の忠実な遂行、職場での感情の正直な取り扱いなどについてです。これらはどれも、私たちの品性の発達を神や人との関係において教えています。神の愛を基盤にした職業倫理を教えているのです。

仕事とは霊的な活動です。働くなかで、私たちは神の似姿に形造られます。神ご自身が働き人であり、経営者であり、発明者であり、開発者であり、管理者であり、医者だからです。クリスチャンであるとは、人間社会において神の同労者になることです。他者に与えることで、真の充足感を得るのです。

新約聖書は、仕事は地上での一時的な充足感や報酬以上のものを私たちに与えると教えています。仕事とは、永遠における働きのために私たちの品性を整える場所なのです。それを心にとめつつ、職場で境界線を設定することが私たちの霊的成長を促進する様子を見ていきましょう。

職場での問題

境界線の欠如は職場に問題をもたらします。企業のコンサルティングをする中で私（ヘンリー）が見た限り、経営に関するトラブルの多くは、境界線の欠如がその大きな原因でした。人々が自分の仕事の責任を取り、明確な限界を設定するなら、私が相談を受けるような問題のほとんどは、そもそも存在しないはずなのです。

職場によく見られる問題が、境界線を適用することでどのように解決されるのか見てみましょう。

問題一　他人の責任を負わされる

ハンナは企業の研修を企画する小さな会社のアシスタントマネージャーです。彼女の責任は研修会の予定を組み、講師のスケジュールを管理することでした。同僚のジャックは研修会の会場設営を担当していました。資料を会場に持って行き、必要な器材を設置します。そして軽食を注文します。研修会が行われるためにはハンナとジャックの両方の働きが必要でした。

ハンナは、最初の数か月はその仕事が大変気に入っていたのですが、しばらくするとやる気を失っていきました。ある時ついに、同僚で友人のリンダがハンナにどうしたのかと尋ねました。ハンナは具体的に何が問題なのか、最初は自分でもよくわからなかったのですが、まもなく気がつきました。問題はジャックだったのです！

ジャックは「外に出ているついでに、これを取って来てくれよ」とか「この資料の箱を会場に持って行ってもらえないかな」などと、ずっとハンナに頼んでいました。ジャックは自分の責任を少しずつハンナに回していたのです。

「あなたはもう、ジャックの仕事をやったら駄目よ」。リンダは言いました。「自分の仕事だけやって、彼のことは気にかけないで」

「でも、何か困ったことが起きたらどうするの？」ハンナが聞きました。

リンダは肩をすくめました。「そしたら相手方はジャックを責めるでしょうよ。あなたの責任じゃないんだから」

「ジャックは私が手伝わなかったからだと言って怒るわ」

「怒らせときなさい」。リンダは言いました。「彼が怒ったところで、あなたには関係ないわ。それより彼のいい加減な仕事ぶりの方が、あなたにとってはよほど迷惑よ」

そこでハンナはジャックに対して限界を設けることにして、彼にこう言いました。「今週は忙しいので、あなたの代わりに資料を持っていくことはできないわ」。そしてジャックが時間切れで仕事が間に合わなくなったときには、「まだ準備ができてなくて大変ね。困っているのはよくわかるわ。でも、それは私の仕事じゃないから。次回からはもっとよく計画を立てた方がいいわよ」と言いました。

講師のなかには、備品が全部整っていないことを怒る人もいました。休憩時間に軽食が出なかったと言って怒った顧客もいました。しかし上司は、この問題の責任は担当のジャックにあることを突き止めました。上司はジャックに、もっときちんと仕事をするか、さもなくば他の仕事を探すようにと言い渡しました。最終的には、ハンナはまた自分の仕事が好きになり、ジャックはもっと責任をもって働くようになりました。何もかもハンナが境界線を引いて、それを固守したおかげです。

あなたは今、誰か他の人の仕事の責任を負わされていて、そのことで憤りを感じているでしょうか。もしそうなら、自分の感情を所有して、不愉快に感じるのは同僚のせいではなく、あなた自身のせいであると認めましょう。この場合も、ほかの境界線問題と同じように、あなたはまず自分自身に関して責任を取らなくてはいけません。

それから、同僚に対して責任をもって行動すべきです。同僚のところへ行き、あなたの状況を説明しましょう。あなたの責任ではない仕事であれば、彼が何を押し付けようとしても、「ノー」と言って、それを肩代わりすることを拒絶するのです。あなたが「ノー」と言ったことで彼が怒っても、あなたの境界線を動かしてはいけません。彼の怒りに対しては同情を示しましょう。怒り返してはいけません。怒りをもって相手の怒りに対抗しようとすると、いつまで経っても彼のゲームから抜け出せません。感情的な距離を保ち、「あなたを怒らせたならごめんなさい。でも、その仕事は私の責任ではないのです。ご自分でうまく対処できるといいのですが」と言いましょう。

彼がなおも言い返してくるなら、その件についてはもう話をしないと言いましょう。他のことについてなら、話しに来てもらってもいいでしょう。なぜ彼の仕事をやってあげられないのか、正当化しようとする誘惑に陥らないでください。あなたに余裕があるなら手伝うべきだという彼の考えに、いつのまにか嵌《はま》ってしまうからです。そして彼は、あなたに手伝わせる方法を見つけようとするでしょう。あなたには、自分の責任外の仕事をしないことについて、誰に対しても説明する義務はありません。

責任感のない人の隣で働く責任感の強すぎる人の多くは、同僚の行動のツケを回されます。いつも彼らの埋め合わせをしたり危機から救出してばかりで、自分の仕事や同僚との関係を楽しむことができません。境界線がないので、自分が傷つくだけでなく、他者の成長をも阻んでいるのです。これに身に覚えのある人は、境界線を引く訓練が必要です。

しかし、時には同僚が本当に助けを必要としていることもあります。自分の責任を果たしている同僚が危機に陥ったときに助けの手を差し伸べ、その助けを蔑ろにしない同僚に対して救済のための特別の譲歩をすることは、まったく理にかなっています。それは愛であり、良い会社は愛をもって運営されます。

同じ病院で働く心理士として、私たち（ヘンリーとジョン）は病院での任務を互いに助け合ったり、当直を代わったりすることがよくあります。しかし、もし私たちのうちのどちらかが相手を利用し始めるなら、そのようなことは止める必要があるでしょう。そうなると、相手のために代わってあげても、もはや助けているのではなく、悪い傾向に拍車をかけるだけとなります。

親切な行為や犠牲を払うことは、クリスチャン・ライフの一部です。しかし、他者の問題行動を促進することとは違います。あなたが与えることによって、相手をより良くしているか、悪くしているかを見極め、その違いを学んでください。聖書は、与えられた側からも責任ある行動を要求しています。しばらくしても相手にそれが見受けられなければ、限界を設定しましょう（ルカ13・9）。

問題二　時間外勤務をしすぎる

私が開業したばかりの頃、事務所の管理のために週20時間という契約で一人の女性を雇いました。出勤二日目のこと、私は彼女にひと山の仕事を渡しました。約10分後、彼女は書類の束を手に、私のオフィスのドアを叩きました。

「どうかしましたか?　ローリー」。私は尋ねました。

「先生、あなたには問題があります」。彼女は言いました。

「私に?　どういうことかな」。彼女が何を言っているのか全く予想もつかないまま、私は聞き返しました。

「私は週20時間の勤務ということで雇われましたが、たった今、40時間分の仕事をいただきました。どの20時間分の仕事を処理すればいいですか?」

ローリーの言うとおりでした。確かに問題がありました。私は自分の仕事量を上手に管理できていませんでした。私はもっと彼女に給料を払うか、プロジェクトを減らすか、あるいは誰か他の人を雇うかのどれかをしなくてはなりませんでした。しかし彼女の言うとおり、それは私の問題であり、彼女の問題ではありません。私がそれについて責任を取って、改善しなくてはならないことでした。ローリーは、あの「あなたの計画不足のせいで、私が緊急事態に陥る必要はない」という、至る所で見かける標語と同じことを言っていたのです。

世の中の上司の多くは、こんなに幸運ではないでしょう。彼らの部下は計画不足の上司の責任を取らされ、彼らに対して限界を設定することもありません。上司たちは、有能な部下を過労や燃え尽きで失って初めて、自分の境界線の欠如に向き合わざるを得なくなりますが、時すでに遅しです。このような上司には、明確な限度が必要です。しかし多くの社員は恐れてしまい、ローリーのような行動を起こすことができません。仕事を失いたくありませんし、悪い評価を受けるのが恐いからです。

もし、「収入が必要だから」とか、解雇されたくないからという理由で過剰な仕事をしているのであれば、あなたには問題があります。自分でしたいと思う以上の残業をしているなら、あなたは仕事に囚われています。契約のもとに雇われている者ではなく、奴隷と同じです。明確で信頼できる契約書は、雇用者側にも従業員側にも何が求められているかを明示し、それが実行できるようになっています。仕事は、その職務範囲と資格がきちんと定義されるべきです。

たとえ難しく見えても、あなたは自分自身に関して責任を取り、状況を変えるためのステップを取る必要があります。以下、具体的に何をしたらいいのか、例を掲げます。

1. **自分の仕事に境界線を引く**。何時間までなら時間外の勤務をしてもいいか、自分で決めます。時期によっては通常以上の残業がやむを得ない場合もあるでしょう。

2. **職務内容記述書があれば、それをもう一度読み直して確認する**。

3. **これから一か月の間にあなたが完成させなくてはならない全ての作業のリストを作る**。そのリストのコピーを作り、それぞれの作業に、あなたなりの優先順位を付けましょう。その中に職務内容記述書には書かれていない作業が含まれていたら、それに印をつけましょう。

4. **上司と面談する約束を取り、あなたの過剰な仕事量について話し合う**。先に作った作業リストを上司と一緒に見直し、どの作業から優先的に取りかかって欲しいのか、上司に順番を付けてもらいましょう。もし上司がその作業を全て終わらせたいと言い、あなたには時間内にそれを完了させることができないなら、彼はその仕事のために一時的にパートの人を雇う必要があるかもしれません。さらに、もし自分の管轄外の仕事をやらされていると思うのであれば、この機会に、あなたの職務内容についても上司と一緒に見直すといいかもしれません。

それでも上司があなたに理不尽な期待をするなら、一人か二人の同僚に同伴してもらって再度かけあうのもいいでしょう（マタイの福音書18章に記された聖書的モデルに準拠）。あるいは、人事課の担当者と話し合うのもいいかもしれません。その上でなお上司があなたがなすべき仕事について理不尽な考えを持ち続けるなら、別の部署、または別の会社にでも仕事を探した方がいいかもしれません。

仕事の可能性を広げるためには、夜間の学校に通ったり、さらなる訓練を受ける必要があるかもしれません。何百という求人広告を見て回ったり、山ほどの履歴書を送らないといけないかもしれません。（求職に関してはリチャード・ボールズの『興味を生かす適職選び』の最新版を参考にしてください。）自分で起業する、転職のためのつなぎの資金を貯め始める、などの選択肢も考慮してもいいでしょう。

何をするにせよ、あなたの仕事量が過剰なのは、あなたの責任であり、あなたの問題であることを忘れないでください。もし仕事のことで苛立っているなら、あなたがそれについて何かしないといけないのです。自分の問題を所有しましょう。虐待的な状況の被害者になるのは止め、限界を設定し始めてください。

問題三　誤った優先順位

ここまでは他の人に限界を設定することについて話してきましたが、自分自身に限界を設定することも必要です。自分にはどれだけの時間とエネルギーがあるのかを考慮し、それに従って仕事量を調整する必要があるのです。自分にできることは何か、いつそれをすることができるのかをわきまえ、それ以上のことには「ノー」と言いましょう。ローリーのように、自分の限界を知り、それを実践しましょう。あなたのチームや上司には、「今日、Aの仕事をするなら、Bは水曜日になるまでできません。それでもいいですか。それともどちらを先に片付けるか、考え直した方がいいですか」と言いましょう。

有能な働き手の特徴は次の二点です。まず、彼らは最上の仕事をすることに情熱を持っています。次に、彼らは最も大切な用件に自分の時間を使います。素晴らしい仕事をしながらも、どうでもいいことに関わって脇道にそれてしまう人が大勢います。どうでもいいことをとても上手にやっているかもしれないのです！　自分では良い仕事をしているつもりでいますが、肝心の目標が達成されていないので上司は怒ります。それで彼らは、自分は評価されていないと思い、憤りを感じます。多くの努力を費やしたのに報われなかったからです。彼らは一生懸命働いていましたが、自分の時間を費やすべきことに境界線を引かず、本当に重要なことには気を配らなかったのです。

重要でないことには「ノー」と言いましょう。そして、手を抜きたくなる気持ちにも「ノー」と言いましょう。一番大切なことで最上の仕事をしていれば、あなたの目標に到達することができます。

大切でないことに「ノー」と言うだけでなく、大切なことを達成するための計画を立てる必要もあります。そして課題の周りに柵を立てましょう。自分の限界を認識し、仕事にあなたの生活を支配されないようにしましょう。限界があれば、あなたは物事に優先順位を付けざるを得なくなります。一週間に限られた時間しか働く約束をしなければ、その時間をもっと賢く使うようになるでしょう。自分にはいくらでも時間があると思っていると、何に対してでも「はい」と言ってしまいます。最良のものにだけ「はい」と言いましょう。時には良いものに「ノー」と言わなければならない場合もあります。

ある人はミニストリーで年中旅行する必要がありました。そこで彼と妻は二人でよく考え、一年に百泊以上は出かけないことに決めました。依頼を受けると、まず旅行のために取り分けた時間があとどれくらい残っているか、そして依頼内容が本当に時間を費やすに値するかどうかを確認します。こうすれば自然と出張先が厳選され、ミニストリー以外の生活のためにも時間を取れるようになります。

仕事のために頻繁に家を空けていたある社長は、オフィスで過ごす時間は一週間に40時間までと決心しました。最初のうちは、時間をこのように振り分け、仕事量を調節することに慣れていなかったために辛く感じました。しかし徐々にではありましたが、自分には限られた時間しかないと気付き、その時間を賢く使うようになっていきました。より効率よく働かざるを得なくなったため、以前よりもむしろ多くの仕事を達成できるようになりました。

仕事とは、あなたがそのために割り振っておいた時間に合わせて膨らむものです。もし議題に制限時間がついていなければ、会議は際限なく続くことでしょう。いくつかの限られたことに時間を配分し、限度を保ちましょう。あなたはさらに効率よく働くようになり、仕事をもっと好きになるでしょう。

モーセのしゅうとイテロを見習いましょう。イテロはモーセに境界線が欠けているのを見て、なぜそんなに一生懸命働いているのかと言いました（出エジプト18・14－27）。「民は神のみこころを求めて、私のところに来るのです」。モーセは答えました。「あなたがしていることは良くありません」。イテロは答えました。「あなたも、あなたとともにいるこの民も、きっと疲れ果ててしまいます。このことは、あなたにとって荷が重すぎるからです。あなたはそれを一人ではできません」（17－18節）。モーセは良い働きをしていましたが、それでもイテロはこのままではモーセが疲れ果ててしまうだろうと気遣いました。良い仕事だからといって、やり過ぎてはいけません。限度が設けられていてこそ、良い働きが良いものであり続けるのです。

問題四　厄介な同僚

社内カウンセラーが、職場でストレスを溜めてしまった社員を私たちの病院のプログラムに送ってくることがよくあります。彼らの状況を聞くと、「職場でのストレス」とは、同じ職場に誰か非常に折り合いの悪い同僚がいる場合がほとんどです。その同僚はその人の感情に強い影響力を持っており、その人はこの同僚にどう対処していいのかわからないのです。

この場合、力の法則を思い出してください。力の法則とは「あなたにはあなた自身を変える力しかない、他人を変えることはできない」というものでした。あなたはまず、問題は自分自身であり、相手ではないことを理解しなければなりません。改善されるべき問題は相手だと思っていると、その人にあなたとあなたの心の健康を支配させることになります。他人は変えられませんから、あなたには為す術がありません。本当の問題は、あなたがその人とどう関わるかです。痛みの中にいるのはあなたであり、それを解決する力はあなただけが持っているのです。

自分には相手を変える力は一切なく、ただその人に対する自分の反応を変えればいいのだと気づいて肩の荷が下りたという人は大勢います。相手に影響されることを断固として拒まなくてはなりません。こう考えると人生が変わります。それは真の自制の始まりです。

問題五　批判的な態度

同僚または上司の中に非常に批判的な人がいると、何かとストレスになるものです。たいていその批判的な人をなんとか納得させようとするか（まず不可能ですが）、自分に怒りが湧くまでその人に言いたい放題言わせてしまうかのどちらかです。中には受けた批判を内側にしまい込み、深く落ち込む人もいます。これらの反応はどれも、その批判的な人から自分を切り離せず、境界線を維持できない状況を示しています。

批判的な人たちは、そのまま放っておきましょう。しかしあなた自身は、彼らとは一線を画し、彼らの批判を内側に取り込まないでください。もっと正確な自己評価を持つように心がけ、内側で彼らの言うことに反対するのです。

過度に批判的な人に対しては、聖書のモデルに従って、直接本人と話をしてもいいかもしれません（マタイ18章）。最初は、あなたがその人の態度についてどう感じているか、またそれがあなたにどう影響を与えているかを話します。もしその人が賢明なら、あなたの言うことに耳を傾けるでしょう。聞いてもらえなければ、そしてもしその人の態度が他の人にも悪影響を与えているなら、二人かそれ以上の人と一緒に行って話をするのもいいかもしれません。それでも態度を改めないのであれば、それができるまでは口を聞くつもりはないと伝えてもいいでしょう。

あるいは、会社の苦情相談窓口を利用することもできます。ここで覚えておくべき重要なことは、あなたはその人をコントロールできないが、あなたがどこまでその人と関わり続けるかはあなたが自分で決められるということです。あなたは物理的あるいは感情的にその人から距離を置くよう自ら選択できるのです。これが、自制です。

このようなタイプの人の歓心を得ようとすることは避けましょう。決してうまくいかず、ただ支配されているように感じるだけです。また、議論の相手をしてもいけません。決して勝ち目はないからです。「嘲る者を戒める者は、自分が恥辱を受け、悪しき者を叱る者は、自分が傷を受ける。嘲る者を叱るな。彼があなたを憎まないために。知恵のある者を叱れ。彼はあなたを愛する」（箴言9・7―8）という箴言を思い出してください。彼らに波長を合わせると、たとえ彼らを変えるつもりでも、結局は墓穴を掘ることになります。距離を置いてください。境界線を維持してください。彼らのやり方に呑み込まれてはいけません。

問題六　権威との摩擦

上司とうまくいかない場合、あなたは「感情転移」を起こしている可能性があります。感情転移とは、過去の未解決の問題に起因する感情を現在において経験することを言い、上司に対してよく起こります。なぜなら、上司は権威者だからです。あなたが過去に権威と衝突した経験があると、上司との関係において些細なことからその感情が噴出します。現在の上司に対して不適切な、強い反応を持ち始めるのです。

たとえば部長が、あなたが担当した仕事について、もう少し違うようにやってくれと言ったとします。あなたは直ちに「けなされた」と感じます。「彼は私が何一つ満足にできないと思っているわ。今に見ていなさい」とあなたは思います。部長は通りすがりにちょっと言っただけだったかもしれないのですが、それによってあなたの中にとても強い感情が引き起こされたのです。その感情はじつは、部長とのやりとりによって、過去に親や教師などの権威者との関係で受けた未解決の傷が思い出されたものかもしれません。

転移が起こると、あなたが親との間で持っていた古い行動形態がそのまま出てくることもあります。これは決して解決にはなりません。あなたは職場で子どもになってしまいます。

境界線を持つとは、自分の感情転移に関しても責任を取ることです。もし誰かに対して強い反応を感じているなら、しばらく時間を取って、その感情に覚えがないか、自分の内側を探ってみてください。過去の誰かに思い当たる節はありませんか。母親や父親が、あなたのことを同じように扱っていなかったでしょうか。彼らは今の上司と同じタイプの性格ではなかったでしょうか。

こういった感情には責任をもって対処しなくてはなりません。自分の感情に直面するまでは、他の人たちの本当の姿を知ることもできません。あなたは彼らを自分自身の歪み、つまり過去の未解決の問題を通して見ているのです。感情転移を抜きにしてはっきり見るならば、彼らとどう付き合えばいいかがわかるはずです。

もう一つの例は、同僚に対する強い競争心です。これは兄弟間のライバル意識のような、過去にきちんと対処されなかった競争関係を表しています。強い感情を感じるときはいつでも、それを自分の責任の一部とみなしてください。そうすることであなたは過去の未解決の問題を見直すようになり、癒やしがもたらされるでしょう。同時に、同僚や上司に対して理不尽な行動を取らないですみます。過去は過去のものとして対処し、それが現在の関係を阻害しないようにしましょう。

問題七　仕事に多くを期待しすぎる

最近、会社組織に「家族」代わりの役割を期待して職場に来る人が増えています。家族、教会、地方自治体がかつてのような支援的な役割をもはや果たさなくなった社会において、人々はもともと家族から得ていたはずの精神的サポートを同僚に求めるようになりました。この公私間の境界線の欠如には、さまざまな問題が伴います。

職場とは、理想的には支援的であり、安全で、養われる場所であるべきです。しかしその気風は、社員が仕事を学び、上達し、完成させるのを助けるなど、本来社員を仕事面で支援するものであるべきです。基礎的な養育、関係、自尊心、承認など、親が自分に与えてくれなかったものを仕事に求め始めると、問題が起こります。仕事はそのためのものではありませんし、一般的な仕事は、そのようなものを人に要求しません。この状況に内在する摩擦は、職場は機能できる大人を求め、社員は子ども時代の必要が満たされる仕事を求めている、という点です。これらの異なる期待が衝突するのは無理もありません。

健康でいるためには、まず子ども時代に満たされなかった必要を所有し、それを克服しなければなりません。問題は、職場はそれをする場所ではないことです。職場には職場の要求があります。

職場はあなたに与えることなしにあなたから得ようとします。なぜなら彼らはあなたに給料を支払っているからです。彼らには、あなたが必要としている精神的サポートを全て提供する義務はありません。

あなたが必要としている感情的回復やサポートは、仕事以外の場所で満たさなくてはいけません。支援や癒やしを与えてくれるようなネットワークにつながりましょう。感情的な傷や満たされていない必要を克服するのを助け、職場や、成人にふさわしい振る舞いが期待される世界で機能できるよう、あなたを建て上げる助けをしてくれるのは、そのようなネットワークです。人間関係における必要は、職場以外の場所に求めましょう。そうすれば、会社があなたに期待しているものと、あなた自身の必要とを混乱させることなく、最上の仕事ができるようになります。あなたの境界線を堅く保ちましょう。自分の中の傷ついた部分を、職場から守りましょう。職場は本来、癒やしのための場所ではなく、それどころか無意識にあなたに傷を負わせることさえあるのですから。

問題八　仕事のストレスを家庭に持ち帰る

個人的な問題にしっかりとした境界線を設け、それを職場に持ち込まないようにすべきであるのと同様に、仕事に対しても境界線を設け、それを家庭に持ち込まないようにすることが必要です。これには一般的に、二つの要素があります。

まず、感情的な要素です。職場での摩擦は、それがあなたの生活の他の部分に影響を与え始める前に、しっかり対処され、解決されるべきです。そうでないと、職場での摩擦が深刻な鬱やその他の病気を引き起こし、あなたの人生の他の領域にまで影響を及ぼしかねません。

あなたの人生が感情面で仕事に支配されないよう、職場での問題をよく理解し、それに直接向き合うようにしましょう。なぜ特定の同僚があなたに影響を及ぼすのか、なぜあなたの上司は仕事以外でもあなたの生活を支配できるのか、仕事での成功や失敗が、なぜあなたの気分の上がり下がりを決定しているのか、その理由を探りましょう。人格に関わるこれらの重要な問題は、取り扱われる必要があります。そうでないと、仕事があなたを所有するようになります。

二つめの要素は、時間やエネルギーなどの有限な資源です。文字どおり終わりのない仕事が、あなたのプライベートな生活にまで侵入したり、あなたの人間関係や大切なものを奪ったりしないよう、気をつけてください。通常の仕事よりも時間がかかる特別なプロジェクトには限界を設けましょう。そして残業が常態にならないよう、気をつけましょう。私が知っているある会社では、家庭生活をとても重視しているため、残業をすると給料を差し引かれます！　その会社は、社員が仕事上の限界を設定し、しかるべき時間に家族と一緒にいてほしいと思っているのです。あなた自身の限界を見定め、それに従いましょう。これは良い境界線です。

問題九　自分の仕事を嫌うこと

境界線こそあなたのアイデンティーを構築するものです。境界線は、私が何であり何でないのかを定義します。仕事は、与えられている才能を引き出し、その才能を共同体の中で用いていくという点で、私たちのアイデンティティーの一部です。

しかしながら、仕事における真のアイデンティティーをいつまでも発見できない人が大勢います。この仕事からあの仕事へと渡り歩き、「自分」と言える何かを決して見つけられないのです。ほとんどの場合、これは境界線問題です。そのような人たちは、他者の意見や期待に対して境界線を引けないため、自分自身の賜物や才能、願い、欲求、夢を所有できません。

これは、自分が育った家庭から分離できていない人に起こります。ある牧師は、教会及び長老たちとの間に大きな問題を抱えていました。そしてある時、役員会の真っ最中についに、「だから僕は、牧師になんかなりたくなかったんだ。それは母の夢であって、僕の夢じゃなかったんだ」と、こぼしました。この牧師は、自分の職業を決めるためのしっかりとした境界線を母親との間に持っていませんでした。結果として母親の願いに自分を合わせ、みじめさを味わうことになりました。彼の心は最初からそこになかったのです。

これは家族だけでなく、友人や文化についても同じです。他者の期待は、時として非常に強い影響力を持ちます。他人があなたという人間を型にはめてしまわないよう、自分の境界線を堅く保たなくてはなりません。あなたが本当はどういう人であるか、どういった仕事があなたにふさわしいのかを知るために、むしろ神のもとに出ましょう。ローマ人への手紙一二章二節は、他者から来るこのようなプレッシャーに対して境界線を引くことについて語っています。「この世と調子を合わせてはいけません。むしろ、心を新たにすることで、自分を変えていただきなさい。そうすれば、神のみこころは何か、すなわち、何が良いことで、神に喜ばれ、完全であるのかを見分けるようになります」。あなたは自分について考えるとき、本当の自分と、あなたならではの才能を持った真の自分に基づいて、現実的な期待を持つべきです。これは、境界線を引いて、「これが私であって、それは私ではありません」とはっきり言葉にして初めて可能になります。他者があなたに対して持つ期待に立ち向かいましょう。

ライフワークを見つける

自分の得意なことや情熱に合ったライフワークを見つけることにはリスクが伴います。まず、今までつながっていた人々から自分自身を分離させ、自分の願いを見極めながら、自己のアイデンティティーを確立させる必要があります。自分がどう感じ、どう考え、何を欲しているかについて、所有権を行使しなくてはいけません。自分の才能と限界を査定しなくてはなりません。そしてそれから、神があなたを導かれるままに一歩を踏み出していくのです。

神はそのご栄光のために、あなたが自分の賜物を発見し、それを用いることを願っておられます。

神はただ、あなたがその過程で神を閉め出さないことを求めておられるのです。「主を自らの喜びとせよ。主はあなたの心の願いをかなえてくださる。あなたの道を主にゆだねよ。主に信頼せよ。主が成し遂げてくださる」（詩篇37・4－5）。

神はまた、あなたがすることについて、説明責任も求めておられます。「若い男よ、若いうちに楽しめ。若い日にあなたの心を喜ばせよ。あなたは、自分の思う道を、また自分の目の見るとおりに歩め。しかし、神がこれらすべてのことにおいて、あなたをさばきに連れて行くことを知っておけ」（伝道者11・9）。

あなたが自分の賜物や才能を伸ばしていくとき、仕事はあなたと神との間の共同作業であることを認めましょう。神はあなたに賜物を与えて、それをあなたが伸ばすことを願っておられます。あなたの道を主に委ねましょう。そうすれば、あなたの仕事におけるアイデンティティーが見つかるはずです。神に助けを求めましょう。

第12章　境界線《バウンダリー》とデジタル時代

Boundaries

私（ヘンリー）は、子どもの頃に競技ゴルフをやっていて、特に夏場は多くの時間をゴルフ場で過ごしていました。そのゴルフ場の常連客のひとりに、昼間からいつも来ている医師がいました。毎日、一日中そこにいるわけではありませんでしたが、私は、彼は「まともな仕事」をしていないのだろうと思っていました。それくらい彼は、年中ゴルフ場に出入りしていたのです。「毎日ゴルフができるなんて、気楽な仕事だなあ」と思っていました。

ある日、私はついに、「どうして仕事をしないで、ここにいるんですか？」と尋ねてみました。「仕事中だよ」、彼はベルトのポケットベルを指差しながら言いました。「ぼくの仕事は緊急手術をすることなのさ。出番が来たら、ベルで呼び出される。待機中《オンコール》なんだよ。病院まで2分しかからないから、手術が必要になるまでここにいられる。救急車が到着するより先に病院に行けるからね。便利なものさ！」

うわぁ！なんてかっこいいんだろう、と私は思いました。職場にいなくても仕事中だなんて、ぼくもいつかそんな仕事がしたいな！

自分が願う事には気をつけましょう。それから数十年が経ち、「待機中」、つまり、いつでもどこでも、事実上誰とでも連絡が取れる状態であることは、当たり前の事実となりました。それも私だけではなく、子どもも大人もみんなそうなのです。

待機中《オンコール》の生活にようこそ

ゴルフ場の外科医のような仕事をしたいと願ったとき、私は要するに、特定の場所に縛られるような仕事はしたくないと思ったのです。どこにいてもできる仕事なら、どこへでも自由に行くことができるではありませんか。これは願望としては良いでしょうが、それがもたらす代償もあることは、今や誰もが知っています。

当時はまだ、「待機中」の生活には限界があり、オンコールとはもっぱら緊急事態に対応する人たちのものでした。ポケベルを持っていないと連絡は取れず、ポケベルの番号を知っているのは事務員や留守番電話、病院などの一部の人たちだけでした。いつ、誰があなたに連絡を取れるのか、その両方に境界線があったのです。

次に登場したのは携帯電話でした。当初、携帯電話は料金が高額で（通話1分あたり40セント以上）、皆が持っているわけではなく、持っている人も滅多に使いませんでした。しかし数年後には技術の向上のおかげでコストが下がり、やがて誰もが携帯電話を持つようになり、あなたの携帯電話の番号を知っている人なら、直接あなたに連絡できるようになりました。

極めつけは、インターネットと電子メールの登場です。デスクトップ・コンピューターを持っていれば、誰でもすぐに利用できるようになりました。緊急時だけでなく、ほとんどいつでも「呼び出し」を受けることが可能になったのです。上司やほかの誰からでも、昼夜を問わず連絡が来て、仕事が入るようになりました。友人からのメールでさえ、返信するなり何なりしなければならないという気持ちにさせられます。もう逃げられません。仕事は、職場の建物という境界線を正式に飛び出し、あなた個人の空間と時間の中で、文字どおり「家で」できるものとなりました。

そして、事態はさらに悪化していきます。携帯電話とインターネットが合体して生まれた、「スマートフォン」です。スマートな（賢い）人たちが発明したこの機器により、メールやテキストメッセージ、そして昔ながらの電話を使って、いつでもどこでもどんな理由でも、あなたと連絡が取れるようになったのです。オンコール生活はもはや、机でコンピューターを使っている時だけのものではなくなりました。なぜなら今や、あなたはこのデジタル侵入者をいつもポケットに入れて持ち歩いているからです。

そして、これ以上通信技術が境界線を越えることはないだろうと思ったまさにそのとき、携帯電話を生活の中に置くだけでなく、生活を携帯電話の中に置いてはどうかと思いついた人がいました。SNSやブログ、情報共有サイトといったソーシャルメディアです。そのおかげで、あなたがアクセスできる人や、あなたにアクセスできる人の数が爆発的に増えました。Facebook、YouTube、Twitter、LinkedIn、Google+、Snapchat、WhatsApp、Pinterest、Instagram……。これらはソーシャルメディアのプラットフォームのほんの一部です。実に想像を絶します。私の記憶では、Facebookが始まった当初、マイクロソフトの創業者のビル・ゲイツでさえも、友達申請が多すぎて時間を取られすぎるからと、Facebookを退会していました。

そして現在に至るわけですが、もはやテクノロジーに関しては、私たちを自然に守ってくれる「時間」や「物理的距離」のような境界線はありません。スマートフォンやインターネットが普及する以前は、「職場」か「自宅」でしかあなたに連絡を取ることはできませんでした。つまり、仕事のための場所と時間と、プライベートでの場所と時間は、物理的に隔てられていたのです。時間と空間は、あなたを守るための自然な境界線でした。仕事が終われば、あなたは「オフ」です。職場を離れ、家に帰って好きなことをします。帰宅すれば、そこは時間と空間によって仕事から守られていました。

この自然な境界線は、仕事以外での人間関係や活動にも当てはまります。親戚や友人や近所の人たちがあなたと連絡を取りたければ、ドアの呼び鈴を鳴らすか、電話をかけるか、あるいは手紙を書いて、それがあなたに届くまで数日間（！）待たなければなりませんでした。時間と空間の境界線によって、あなたは自然に守られていたのです。今は、もうそうではありません。

ここまでは仕事とプライベートな時間の話でした。しかし、この境界線の侵害は、ここで終わりません。仕事でもプライベートでも、以前は何らかの経路を通らなければあなたにつながれなかった人が、今や直接連絡を取ることができるのです。例えば、会社で働いていれば、受付を通すか、ボイスメールを残さなければなりませんでした。個人的につながるためには、共通の友人に紹介してもらわないと、会ったり話したりできませんでした。しかし今はどうでしょう。誰かがあなたの電子メールや携帯電話の番号を渡してしまえば、それをもらった人は誰でもあなたに直接アクセスすることができるのです。

これらの最近の展開を鑑みると、生活のすべてに影響が出ていることがわかります。「仕事《ワーク》と生活《ライフ》の調和《バランス》」（それが具体的に何を指すのかわかりませんが）が崩れただけでなく、とにかく生活全体にデジタル技術が侵入してきたのです。

これは何を意味するのでしょうか？　とても重要なことです。つまり、テクノロジーとソーシャルメディアにどう境界線を設定するかは、今や完全にあなた次第なのです。

デートナイト？　ご冗談でしょう？

私（ヘンリー）は、ある夫婦に結婚生活についてのカウンセリングをしていました。「デートナイト」を持ってみてはどうかと私が提案すると、妻は首を横に振りながら、「無駄ですね。私は行きません」と言いました。

彼女は少し心を閉ざしているように見えたので、私は「どうしてですか？」と尋ねました。

彼女はすぐさま、「だって、この人はいつもこうなんです」と言ってスマホでメールを打つ仕草をしました。そして続けて言いました。「悲惨な夜になるのは目に見えています」

今、あなたは24時間年中無休で連絡待ちをしているのと同じです。誰でも、いつでも、どこからでも、どんな理由でも、あなたに連絡を取ることができるからです。なんだか無防備になったように感じませんか？　感じて当然でしょう。なぜなら、実際そうなのですから。

自由を選び、破滅を避ける

テクノロジーやソーシャルメディアは、本質的に悪いものではありません。実際、あなたの生活や人間関係をいろいろな面で向上させてくれます。しかし、何事においてもそうなのですが、デジタルライフに支配されないよう、自らしっかり管理する必要があります。境界線が重要になってくるのはそこです。境界線とは、あなたの所有の範囲を定義するものでした。何があなたに属するものであり、何があなたに属さないかを明確にします。いわばフェンスのようなものですが、そこには門があります。門を開いたり閉じたりして、誰を中に入れ、誰は入れないかは、あなたが決めます。ここでの課題は、あなたのデジタルライフにおける「門」のポリシーをどう設定するかです。どういう場合に門を開き、どういう場合には固く閉じるのでしょうか。これを決めるのは容易ではなく、誰もが同じ基準に同意するわけではありません。私自身が数年前、二人の娘が中学生だった頃、まさにその問題に直面しました。

SNS事件

ＳＮＳが盛んになり始めた頃、私の娘たちは中学生でした。彼女たちはインスタグラムのアカウントを持っていて、親戚や祖父母、いとこ、親しい友人たちと連絡を取るために使っていました。娘たちはインスタグラムが大好きで、私も彼女たちがＳＮＳを使って親しい人たちと自分の生活を分かち合っている様子が好きでした。しかしある日、娘の一人が憤慨しながら学校から帰ってきました。

学校には新しい校長が赴任したばかりでした。私はその校長をとても尊敬していました（今でもそうです）が、その校長が新しい校則を作ったのです。それは、学校に所属する者は誰もＳＮＳのアカウントを持ってはいけない、というものでした。読み間違いではありません。学校でＳＮＳを使っ*てはいけない*、ではなく、アカウントを一切持っ*てはいけない*、という規則です。学校とは関係ないところで使うためであっても、いつでも、どこでも、ＳＮＳの使用を一切禁じられたのです。

これには私も憤慨しました。この新しい方針は極端で、行き過ぎだと思いました。中学生という時期は、まだ親や教師の監視が行き届くので、子どもが責任あるＳＮＳの使い方を学ぶのに最適な時期ではないでしょうか。高校生になって、誰の監視もなく自由にSNSを使えるようになってからでは遅いのです。この貴重な訓練の時期を逃してしまいます。SNSを禁止することで、学校は必要な準備期間、運転免許で言えば「仮免」の段階を飛ばすことになります。それは、学校が生徒の私生活に勝手に介入するようなもので、どう考えても行き過ぎた行為です。学校が祖父母やいとこなどの親戚とのコミュニケーションまで禁止するなど、おかしいでしょう。私たちは共産主義国に住んでいるのでしょうか。心理面や発達上からの理由、脳や神経学的に見た自制心を養うという理由、子育てや家族に関する理由、地域社会に関する理由、そして「権力」の介入とでも呼ぶべき理由から、私はこの規則には反対でした。

そこで私は、今まで一度もやったことのないことをしました。この件について話し合うため、校長に面談を申し入れたのです。私は経験豊富なユースワーカー（訳注：若者の自立支援に携わる人々）やキリスト教学校の全国協会の会長と話をし、いろいろと事前調査をしました。私が話を聞いた人たちは皆、私と同じ考えでした。そして校長との話し合いでは、私がなぜそれは行き過ぎであり、子どもたちにとって良くないと思うのか、子育て、心理学、神経科学、その他の理由を挙げて説明しました。学校での携帯電話やSNSの使用を禁止するのはよくわかります。しかし、生徒の家庭内での行動は、親の領分です。

校長の考えでは、生徒がSNSのアカウントを持つと、放課後の人間関係でも多くの面倒が起き、前日や前の晩に起こったことが翌日の学校生活に悪影響を及ぼすとのことでした。学校側は、このような厄介なことを扱いたくなかったのです。そこで、「一切禁止」のルールを貫こうとしたわけです。

私の考えは、だからこそ「一切禁止」にしないほうがいい、というものでした。もし、子どもたちが懲罰や訓練を必要とする問題を起こしたのなら、学校の役割は、懲罰や訓練を効果的に行うことです。これは、学校の仕事というだけではありません。これから高校生になる子どもたちが、より多くの自由を持つようになる前に、テクノロジーやSNSの責任ある使い方を教える絶好の機会でもあります。その機会を逃せば、生徒たちはほんの数年後には、何の準備も訓練もないままSNSの自由な世界に飛び込むことになってしまいます。

子どもの脳はまだ十分に発達していないという主張に対しては、脳の自制は、見守ってくれる人の支援と訓練と矯正の関係の中で育つという科学的な現実を指摘しました。それこそまさに、子どもたちと教師の関係です。子どもの発達しつつある脳に自制を植え付けるために、親にとっても、教師たちの協力が必要なのです。

それでもなお、校長は駄目だと言いました。生徒たちのSNS上の出来事のしわ寄せが学校に来るのはごめんだと思ったのです。境界線の門は閉ざされ、厳重に施錠されました。

私は当時、彼の判断に反対しましたし、今でもそうです。私は、この種の規則はうまくいかないと思います。面倒な出来事は排除できるかもしれませんが、それでは子どもは成熟しません。成熟とは、与えられた選択肢をうまく行使したり、それができずに選択肢を失ったりしながらもたらされるのです。使徒パウロは、コロサイの教会に、食べ物や飲み物に関して厳しい規則に縛られないよう指導したとき、「つかむな、味わうな、さわるな」という同様の原則に言及しています。「これらはすべて、使ったら消滅するものについての定めで、人間の戒めや教えによるものです。これらの定めは、……知恵のあることのように見えますが、何の価値もなく、肉を満足させるだけです。」(コロサイ2・21、16−23節も参照)。

しかしながら、校長がこのように感じたのには正当な理由があったことも理解できます。同じコロサイ書を例にとって、校長は「何を飲み、何を食べるかという規則に服従する必要はないが(そのような規則は成熟をもたらさないので)、無責任な飲み食いが非常に破壊的であることは確かだ」とも言えたでしょう。実際、それで命を落とすこともあり得ます。同様に、子どもたちが無責任にSNSを使うことは、学校での一日を台無しにする可能性があります。校長の判断は、私たちの多くも時にはすることでした。つまり、成熟や自制心が欠如している一部の人たちから自分を守るために、問題を引き起こす可能性のあるありとあらゆるもの(食べ物、飲み物、娯楽、異性、男女交際、テクノロジーなど)に、厳しい規則を作るのです。

良いものは内に、悪いものは外に

どのような状況であれ、境界線とは自由、自制、責任、そして愛に関わるものです。同時に、自由は決して、自分自身や他の誰かを傷つけるために使われてはなりません。私たちは自由であるように召されていますが、次のような注意も必要です。「その自由を肉の働く機会としないで、愛をもって互いに仕え合いなさい」（ガラテヤ5・13）。これが原則です。あなたは自由であり、境界線はその自由を守るためのものです。しかし、その自由を自分や他者を傷つけるために用いてはいけません。自由は愛するために使いましょう。

ここで、境界線とテクノロジーの用い方についての話に戻りたいと思います。あなたには確かにテクノロジーを用いる自由がありますが、その自由が自分や誰かを破滅させるようなことがあってはいけません。「良いものは内に、悪いものは外に」、境界線はそのためにあるのです。

それを実践するには、つまりテクノロジーに利用されることなく、あなたがテクノロジーを利用するにはどうすればいいのでしょうか。一つの方法は、安息日を守るにあたり、イエスが示したある原則に従うことです。古代イスラエル人が四百年にわたるエジプトでの奴隷生活から解放された後、神は彼らに安息日をお与えになりました。安息日は、神の民が仕事に費やす時間を制限し、一週間のうち一日を休息と礼拝に充てることができるようにしたものです。安息日は、人々の幸せのための贈り物だったのです。

ところが、当初は良い贈り物だったものが、やがて厳格な規則となり、時には祝福するどころか重荷を強いるようになりました。イエスが安息日に人を癒やしたとき、宗教指導者たちはイエスを非難しました。「仕事をする」ことで安息日を破ったと思ったのです。それに対するイエスの応答は、「安息日に律法にかなっているのは、善を行うことですか、それとも悪を行うことですか。

いのちを救うことですか、それとも殺すことですか」（マルコ3・4）という、端的なものでした。また、別の時には、イエスはこの原則をこう要約しています。「安息日は人の必要を満たすために作られたのであって、安息日の要求を満たすために人が造られたのではありません」（マルコ2・27 NLTより私訳）。つまり、他の健全な境界線と同様に、安息日遵守に関する規則は、私たちのためであって、私たちの安全を守り、神を最優先にすることで神との生活をより良いものにするためのものなのです。

重要なことは、これです。枠組みや境界線や規則を守ることは、私たちにとってとても良いことです。しかし、規則それ自体があなたの主人となって、他人や自分に対して良いことをする自由を奪うことがあってはなりません。ですから私はこのように言うのです。「苦痛のあるところにルールを作れ[1]」。生活の中で大変な思いをしている分野があれば、それが自分を苦しめないよう、個人的なルールを作ろう、ということです。例えば、ある食べ物を食べるといつもお腹が痛くなり、蕁麻疹が出るなら、それは食べないというルールを作るのです。アルコール依存症の人がワインを一口も飲んではいけないのと同じように、あなたはその食べ物を食べてはいけないのです。同じことがテクノロジーやSNSに境界線を設ける場合にも当てはまります。もしそれがあなたの生活や人間関係に支障をきたすようであれば、自分を守るためのルールを作りましょう。

私（ヘンリー）に関して言えば、仕事関係のメールや本の執筆作業が、プライベートや家族の時間に割り込みすぎていることに早くから気づいていました。そこで、夜は仕事のメールはしない、家では執筆をしない、というルールを作りました。他にも一つ、我が家にはルールがあります。それは、家族の夕食の時間には誰も携帯電話などのデバイスを使わない、というものです。なぜでしょう？　家族団欒の時間と空間を大切にしたいからです。たまには電話を受けたり、メッセージを送ったり、何かを調べたりすることはあるでしょうか？　もちろんあります。それは、「安息日に癒やす」ようなものです。しかし原則的にはしません。

苦痛のあるところにルールを作った、もう一つの例をご紹介しましょう。私は仕事で出張や講演をすることが、かなり多くあります。あるとき講演のための出張が憂鬱になっていることに気づき、これは困ったと思いました。気が重かったのは、講演そのものではありません。主催者が講演の前後に加える会談や夕食会、その他のイベントが負担だったのです。そういったイベントはとても良いことなのですが、スケジュールが詰まってしまい、本来の出張の目的、つまり講演内容をうまく話し、伝えることに集中できなくなります。そこで私は、講演の前後には会談などの予定は入れない、というルールを作りました。時には、そのルールを破ることがあるでしょうか？　もちろんんです。しかし、このルールのおかげで、講演旅行で気が重くなることはなくなりました。

繰り返しますが、この原則は、自分や他者に何らかの苦痛を与えているものがあるとき、その痛みのある場所にルールを作るということです。良いものを守り、悪いものを防ぐ、これが境界線というものです。この原則をテクノロジーやSNSに適用した例を、いくつか見てみましょう。

●人と会っているときの大切な時間（例えば、家族との夕食、デート、パーティー、友人との会話など）には、いつも携帯電話の電源を切り、しまっておく。

●重要な仕事の時間や、集中力や生産性、課題の完了が必要なときには、EメールやSNSをオフにする。

●SNSを使う時間を制限する（たとえば、一日一、二回、15分など）。

●夜寝る前の30分と朝起きてからの30分はテクノロジーを使用しない。

このような個人的なルールを設定すると、多くの苦痛を防ぐだけでなく、より多くの仕事がこなせるようになるかもしれません。たとえば、私は書き物をしているとき、気が散らないようにメールをオフにします。深く考えなければならない作業をしているときにEメールのようなもので邪魔されると、最大で20分相当の生産性が損なわれるという研究結果もあります。

一方で、メールにアクセスできるほうが、かえって時間とエネルギーを節約できる場合もあるかもしれません。たとえば、緊急の連絡を待っていて、連絡が入ったらすぐに知りたいという場合、会議中に携帯電話で通知を受けられるようになっていれば、むしろ会議に集中できるでしょう。たびたび立ち上がってオフィスに電話し、状況を確認する必要がないからです。そういう場合は、すぐに私と連絡が取れるようにしておくのです。そうすれば、火災報知器と同じで、鳴らない限りは「火事かな」と心配する必要がありません。

要するに、ここで重要なのは、自分自身、人間関係、人生、使命など、どんな目的であれ、それを助けるような方法で自ら舵取りをすることです。テクノロジーの使用に絶対的なルールはありませんが、自分にとって有益なルールを設定することはできます。この文章を書いている今、私は3時間に及ぶ家族会議を終えたばかりです。この会議では、来年の計画を立てたり、家族の役割分担を決めたりなど、いろいろなことを話し合います。家族会議が始まるとき、私は子どもたちに「携帯電話は禁止だよ。さあ、電源を切って」と言いました。これは役に立ちます。

コラム　あなたは依存症ですか？

私たちは心理学者として、長年にわたり依存症の治療について多くの訓練と経験を積んできました。一九八〇年代後半に私たちが複数の治療センターを始めたとき、ほとんどの人が「依存症とは人生に破壊的な結果をもたらすアルコールやさまざまな薬物への依存のことだ」と考えていました。しかしこの言葉は次第に、性衝動、ギャンブル、食習慣、働き過ぎなど、あらゆる種類の問題行動を含むようになりました。

依存する物質や行動が何であれ、その主な原理は、その物質を摂取したり特定の行動を取ったりすることで、脳の報酬中枢が刺激される、つまり一時的に不安が軽減されるなどして、その物質や行動の使用が強化される、というものです。化学物質の場合は、使い続けるうちに耐性ができ、同じ効果を得るために必要な量が増えていきます。それを使わないと離脱症状が出ます。イライラ、寒気、食欲不振、嘔吐、不眠、パニックなど、さまざまな身体的・感情的反応です。これが本当の依存症です。また、なんらかの衝動的な行為をしないと、別の不調を感じる人たちもいます。

実は、これと同じことがテクノロジーの使用にも当てはまります。テクノロジーを使いすぎる人には、アルコールや薬物依存と同様の症状が多く見られます。SNS、電子メール、テキスト（訳注：LINEやFacebookのMessengerなど）など、デジタルに関わるものを繰り返しチェックすることで、心理的な興奮や報酬（または不安の解消）を得るのです。その感覚や安心感が過ぎると、次の「ヒット」が欲しくなり、「中毒性」のサイクルが始まります。

ここで問題になっているのは、自制を失うということです。もしあなたがデバイスをコントロールできないなら、デバイスがあなたの主人になってしまいます。使徒パウロは、「『すべてのことが私には許されている』と言いますが、私はどんなことにも支配されはしません」（第一コリント6・12）と言って、このことを警告しています。この原則は、あなたのデジタルライフにも当てはまります。もし、あなたがそれを使わないでいることができないのなら、あなたはすでに支配されているのです。

なかには、長時間スマホをチェックできないでいると、緊張したり、「確認しなければ」という衝動に駆られたりする人もいます。テクノロジーであれ、SNSであれ、他の何であれ、「せずにはいられない」と感じるなら、あなたはもはや自由ではありません。あなたが「せずにはいられない」と思うことが、あなたにとって大切な他のことすべてを凌駕しているのです。

そこで、自分を試してみてください。テクノロジーやSNSから24時間離れてみて、どうなるか見てみるのです。ゲームを「しなければ」、アプリを「使わなければ」、何かを「調べなければ」、ほかの人たちがどうしているか「確認しなければ」、といった離脱症状が出ますか？　制限を守れるかどうか見てみましょう。守れない場合は、テクノロジーの使用があなたを支配している可能性があるので、深刻な問題として扱ったほうがいいかもしれません。

もう一つの有効なテストは、あなたにとって大切な人たちに、あなたの「デジタル飲酒」がその人たちとの関係にとって問題になっているかどうか、尋ねてみることです。彼らの言うことを素直に聞いて、言い訳や、彼らのフィードバックは大げさだと思いたい衝動に抵抗しましょう。依存症患者は誰しも現実否認に陥りやすいのです。ですから、相手の言うことに耳を傾け、さらなる質問をし、言われたことを心に留めてください。

ティーンとテクノロジーの境界線

ルールを作ったりテクノロジーに境界線を引いたりすることは、自分に対してであっても十分に難しいものです。しかし、あなたが親なら、特に中高生（ティーン）の子どもの親ならどうでしょう。

二人のティーンの娘を持つ父親として、私はこの問題を考えるだけで身がすくみます。自分の高校時代を振り返り、もし友人たちといつでもすぐに連絡を取り合え、いつでも誰にでも好きなものを送ることができたとしたら、どれだけ多くのトラブルに巻き込まれていたでしょうか。コミュニケーション・テクノロジーは、ティーンの危険な行動に新たな手段を提供するだけです。しかし、これはすでに始まったことで、もう後戻りはできません。これからのティーンにとって、デジタルライフは当たり前のことです。では、私たちには何ができるのでしょうか。

デジタル機器の使用に関して、非常に厳しい境界線を設けるべきか、それとももっと自由を認めるべきか。さまざまな意見がありますが、子育ての専門家たちが口をそろえて言うのは、「あなたは自分の子どものことを知らなければならない」ということです。子どものことを知るとは、子どもの近くにいて、子どもの友達も知り、しっかりとした関係を持ち続けるということです。子どもを監督するには、それが最善の方法です。デジタル機器の使用はあまりにも一般的になったため、常時監視することは事実上不可能です。しかし、ティーンの子どもと近い関係を築き、彼らに注意を払い、コミュニケーションを取り続けることは不可能ではありません。

この観点から言えば、テクノロジーに関する境界線を設定するには、まず信頼関係を築くこと、そしてプライバシーを特権として扱うことの二つが重要な原則となります。

信頼を得て、その信頼に応える

ティーンとの関係では、信頼がすべての鍵を握ります。彼らはこちらの信頼に応えますが、同時に彼らも、自分が信頼に値する存在であることを示してもらわなくてはなりません。ティーンとこのような信頼関係を築くには、本書ですでに説明した「種蒔きと刈り取りの法則」が最適です。私が自分の子どもたちにこの方針を導入したときのことをお分かちしましょう。娘たちがティーンになったとき、私たちはこんな会話をしました。


さて、君たちも、いよいよティーンになる。お父さんがまず言いたいのは、君たちの成長をどれだけ誇りに思い、君たちのこれから、そして君たちと過ごす私のこれからの人生をどれだけ楽しみにしているかということだ。きっとこれまでで一番エキサイティングで楽しい時期となるだろう。それは、こんなふうにして実現するんだよ。

十代というのは、今までよりもっと自由にしたいと思い、そして実際、より多くの自由が与えられる時期だ。一人でいろいろな場所に行き、まだやったことのないことをして、自分で決断することが増えてくる。信じてくれないかもしれないが、お父さんも、君たちにこれまで以上の自由を手にしてほしいと思っているんだよ。いずれ君たちは自分で車を運転して、いろいろな場所に一人で行けるようになる。お父さんは、君たちにたくさんの自由を手に入れてほしいんだ。実際、お父さんが一番したくないのは、君たちをコントロールすることなんだよ。その代わり、君たちには自分で自分をコントロールできるようになってほしい。お父さんがいつも君たちを監視したり、君たちの行動を制限したりしないといけないのは嫌なんだ。しかし、誰かがそれをしなくてはならない。そして、それをするのは、君たち自身であるべきだと思っている。だから、私が過干渉で神経質な親になる心配はない。お父さんは君たちの自由を楽しみにしているし、歓迎する。

ただし、自由が機能するための仕組みというものがある。**自由とは、君たちが責任を持ち、上手に使うことができる範囲でのみ与えられるものなんだ。**それを理解するのに役立つ方程式を教えてあげよう。

自由＝責任＝愛

この三つは常に等しくあるべきだ。責任を持って使える分だけ自由を得られる。そして責任とは、いつでも愛によって表現されるんだ。言い換えると、自分にも他者にも害を与えない方法でのみ、自分の自由を行使する、ということだ。

ある領域で君に自由が与えられたとしよう。君がそれを責任を持って用いている限りは、その自由を持ち続けることができるし、さらに多くの自由も与えられるだろう。逆に、もし与えられた自由を責任ある方法で用いず、自分や他の人に害になるようなことをするなら、君の自由は減らされる。そういう仕組みだ。お父さんは君たちを信頼し、君たちがうまく扱えるだけの自由を与えよう。その自由を乱用せず、私の信頼に応える限り、君たちはますます多くの自由を手に入れることができる。何か質問はあるかい？

上記の信頼関係の方程式は、デジタルライフにも当てはまります。携帯電話、タブレット、携帯ゲーム機、ＳＮＳのアカウントなど、特権を与えられたなら、責任を持って使わなければなりません。そうでなければ、その特権は取り上げられます。それが本書でもすでに説明した「種蒔きと刈り取りの法則」です。また、聖書が述べていることでもあります。「多く与えられた者はみな、多くを求められ、多く任された者は、さらに多くを要求されます」（ルカ12・48）。

特効薬や万能のアプローチはありませんが、ティーンのデジタルライフに境界線をうまく導くためにできる実践的なことはあります。ここでは、多くの親が選択し、役に立つと考える一般的な方法と実践をいくつか紹介しましょう。

●ガイドラインを設定し、ネット上のいじめ、過剰な個人情報の公開、いったん投稿したら永久に記録が残るＳＮＳの性質、自分の投稿が自分の評判に与える影響など、デジタルライフの非常に現実的な危険について知らせ、話し合う。危険な行動や不審な行動を見分けること、チャットルーム（犯罪者が多く出入りする）に近づかないこと、知らない人には個人情報を決して教えないことなどを、ティーンの子どもたちに教える。

●どういう内容《コンテンツ》のものはネットで見たり読んだりしても大丈夫か、どういうものは不適切で、どういうものは実際に危険か、話し合う。映画に年齢指定があるのと同様の理由による。また、サイトによっては、見るだけでティーンの脳が汚染され、考え方に悪影響を及ぼしたり、危険な人との関係に誘い込まれたりすることがある。

●子どものEメールやSNSのアカウントのパスワードを把握し、彼らの投稿や他人とのやりとりを確認する。また、プライバシー設定を確認し、オンラインで誰にも個人情報を教えないようにすることで、自分の身を守るように教える。これは、犯罪者や個人情報の盗難から子どもたちを守るためである。

●子どもたちが訪問するウェブサイトをチェックし、知らない人から受け取った電子メールやテキストメッセージのポップアップ広告やリンクを決してクリックしないように教える。

●子どもたちが接続するSNSで問題が起きていないか確認する。

●必要であれば、サイトブロッキングや監視アプリなどのツールを利用する。

●トラブルが起こったり信頼関係が崩れたりした場合は、信頼関係が回復するまで、パソコンは家族共有スペースで使用する。

●子どもたちが遊んでいるオンラインのマルチプレイヤー・ゲームに参加して、その仕組みやゲーム内でのプレイヤー同士のやりとりを理解する。ゲームによっては、大人やほかのティーンなど見知らぬ人との交流が多いものもある。その危険性を話し合い、危険を回避することについて教える。
●一日にどのくらいインターネットに接続したり、パソコンや携帯を使ってもよいかを話し合い、ガイドラインを設定し、その使用状況を確認する。
●ネット上で危険なことや嫌なことに出くわしたら、あなたに相談するように励ます。
●信頼関係が崩れたり、許容できない行動があったりした場合は、あらかじめ決めておいた方針（「結果」）に従う。他の保護者と連絡を取り合い、どういうアプローチがうまくいっているか情報交換をする。

プライバシーとは特権である

考えてみてください。あなたが十代だとして、友人との電話をことごとく親に聞かれたり、日記を親に読まれたり、友達が遊びに来るたびに、いつも親が同じ部屋にいたりしたらどうですか？　そんなのはご免ですよね。あなたのティーンの子どもも、あなたがテクノロジーやSNSの使用をチェックすることについて、おそらく同じように感じているでしょう。親から離れ、独立した個人としての自覚を持つようになることは、この時期の発達に不可欠であり、ティーンが大人になる訓練をするのは親の仕事です。二十代になるまでには、子どもたちは親から自立する必要がありますが、その移行がうまくいくようにしたいものです。

しかし、大人であっても、プライバシーという特権を失うことがあります。例えば、「相当な理由」があると判断した場合、警察は私たちのプライバシーを侵害し、私たちの身辺や財産を捜索することができます。また、裁判官が令状を発行し、警察官が私たちの家を捜索したり、コンピュータや個人的な文書を没収したりすることもあります。これは珍しいことではなく、統治《ガバナンス》の有用かつ保護的な側面として機能しています。しかし、そもそもこのようなことが行われるには理由があります。誰かが当局に、犯罪行為やテロリズムの兆候など、捜索や押収を行う正当な理由を与えているのです。理由があれば、当局はそれを確認しなければなりません。

子どもも十代になると、大人になりつつあるわけですから、できる限りプライバシーを与えるべきです。しかし、何か問題があると疑うに足る理由があれば、恐れずにプライバシーに踏み込み、権限を行使してください。知らない人と連絡を取っている、同じ時間や変な時間にインターネットに接続している、隠れてこっそり使っている、インターネットにつなぐと気分の変化（ポジティブまたはネガティブ）が表れる、などに気づいたら、それらはすべて疑うべき理由となります。もし、彼らの行動が疑わしい、または普段と異なる場合、彼らが孤立している場合、または危険な行動を疑う理由がある場合は、自分の中の「裁判官」を起動し、捜索令状を発行してください。危険な兆候を察知し、理解するために助けが必要な場合は、ワークショップに参加したり、十代のインターネット利用について調べてください。情報を収集してください。

そして、「自由＝責任＝愛」という公式を忘れないようにしましょう。この公式に基づいて信頼関係が築けていれば、たとえ子どものプライバシーを侵さなくてはならない場合でも、ずっとスムーズにいくはずです。しかし、むやみな侵害はしないようにしましょう。子どもが自分の自由を愛と責任を持って用いているのであれば、不法な捜索や押収は信頼を損ない、反抗の火種になりかねません。

このプロセスに子どもを関わらせることを恐れないでください。境界線は人間関係に関わるものであり、信頼は互いを知り、一緒に物事を考えることによって築かれます。子どもたちがあなたの心を知り、あなたが子どもたちの成長を助け、自由を与え、そして守ってあげたいと思っていることを信頼すれば、すべてのことがずっとうまくいくのです。娘たちが初めてデジタル機器を使い始めたとき、私は彼女たちにデジタルの危険性についての調査とセミナーを行わせ、私たちが遵守すべき方針を提案させました。そのおかげで、私たちは有意義な会話を持ち、良いルールを作ることができました。

ですから、自分の子どものことを知ってください。前にも増して、よく知ってください。また、彼らが日常的に誰と付き合い、誰とコミュニケーションを取っているかも知ってください。教会や学校など、家庭以外の場所で子どもたちが誰から教えを受けているかを知り、それらの場所であなたの価値観や習慣が強化されていることを確認しましょう。信頼を築き、それを継続的にチェックしましょう。信頼には、彼らの必要（デジタルライフが彼らにとってどれほど重要かを含む）を理解すること、そして彼らが安全に過ごせるように支援し、信頼の実績を確立することが含まれます。

FoMO《フォーモ》――最善のものを逃さないために、いくつかのものを逃す

大人である自分自身のために、そして子どもたちのために、テクノロジーに関するルールを決めても、両方の世代がともに苦労しそうなことが一つあります。以下にその問題と解決策を紹介します。

最近、私（ジョン）は州外のクライアントとその奥さんと、素敵なレストランで夕食をとっていました。私は忙しい一週間を終えたところでしたし、彼らは魅力的で面白い人たちだったので、楽しい時間を過ごしていました。彼らはとても感じのいい人たちでした。

夕食の途中で奥さんの携帯電話が振動し、奥さんはすぐにそれを握って席を外し、電話に出ました。私はクライアントに、「何事もなければいいのですが」と言いました。

「急を要する話ではないと思います」と、彼は少し不機嫌そうに言いました。「妻は誰からの電話にも出るんですよ」

「留守電にはしないのですか？」私は驚いて尋ねました。

「何度もその話はしているのですが」と彼は言いました。「彼女は電話を放っておくことができないのです。誰からかかってきても、私たちが何をしていても、いつも電話に台無しにされている気がします。これを変えさせるのは、もう諦めました」

私は悲しい気持ちになりました。彼のためにも、彼女のためにも、そして私のためにも。その電話は結局、翌週の会合を確認したいだけの友人からのもので、緊急でも重要でもありませんでした。しかし、せっかくの楽しい夜が、この電話のせいで中断されてしまいました。彼女のこのような状態は、近年FoMO《フォーモ》と呼ばれています。

FoMOとは、「fear of missing out（逃《のが》すことへの恐れ）」の略で、自分の知らないところで起こっている何か重要なことを見逃すのではないかという不安のことです。通常、個人の交友生活に関するもので、絶えず友人と連絡を取り合っていないと落ち着かないのが特徴です。何も見落とさないように、時には1時間、1分単位で確認しないと落ち着かないこともあります。FoMOは、イベントに関する場合もあります。たとえば、好きなバンドが近くで公演する機会は当分来ないかもしれないと心配して、無理してでもコンサートに行く、などです。

友人の間で今起こっていることを見逃さないために、数分おきにFacebookやメール、テキストアプリをチェックしたことはありませんか？　あるいは、InstagramやSnapchatなどの写真系アプリを一日に何十回、何百回も見て、友達がどんな服を着ているか、どんなお店に入っているかをチェックしたり、年がら年じゅう自分が食べているものや自分自身の写真をアップしたりしているティーンがいるかもしれません。それがFoMOです。

息子たちが高校生になったとき、平日の夜や週末に家族で過ごすはずの時間に、彼らがパーティーやらミーティングやらで外出することについて、何十回となく話し合いました。しばらくして、これらの会話にはあるパターンがあることに気がつきました。その多くは、「でも、もう最後だから」というフレーズで始まっていたのです。「でも、冬休みに入る前に会えるのはこれが最後なんだ」、あるいは「ぼくたち全員が十六歳なのはこれが最後なんだよ」、といった具合です。私も思い出は大切にする方ですが、ついに、「『最後だから』というのは、平日の夜に外出したり、家族の行事を犠牲にしたりする理由にはならないぞ」と言いました。「その人たちが君にとって本当に大切で、本当にもう二度と会えないかもしれない場合にのみ、許可しよう」。いくつかの例外はありましたが、この基準は役に立ちました。「最後の」という言い方は、FoMOのもう一つの症状なのです。

自分にとって重要な出来事や大切な人と関わりたいと思うのは当然のことです。私たちは皆、他者との関係や愛着に突き動かされているのです。そして、デジタル時代に人と関わることは、極めて単純で簡単です。しかしFoMOは、この欲求を、生活に支障をきたすレベルにまで強める可能性を秘めています。FoMOによって、目の前にあるリアルの世界と十分に関わったり、同席中の人たちとの時間を楽しむことができなくなるなら、それは問題です。私のクライアントとFoMOの奥さんとの夕食が中断されたように、実生活のつまずきになるのです。

デジタル時代になる前は、FoMOはさほど問題になりませんでした。それには二つの理由があります。まず、自分が何を逃しているのか、そもそもあまり知らなかったということがあります。SNSのような、ありとあらゆることについての情報をリアルタイムに知るための手段がなかったからです。知らなければ逃すこともありません。しかし今は、友人が近くのレストランで食事をしていればすぐにわかります。子どもたちも、すぐ近くで盛大なパーティーがあればすぐに嗅ぎつけます。第二に、たとえ自分が何を逃しているかを知っていたとしても、だからといってできることはほとんどありませんでした。遠方に住む友人のお祝い事に参加するには、長距離ドライブか高額の航空券が必要でした。それは簡単に手配できるものではありません。しかし、今や世界が小さくなり、旅行が簡単に、しかも手頃な費用でできるようになり、出かけていくことのハードルが低くなりました。

その結果、私たちは自分が逃しているものを思い知らされますし、入手した情報について実際に行動を起こすことができるのです。その現実を前に、自分はそれに関われないと思うと私たちは不安になり、動かずにはいられなくなるのです。こうしてFoMOの出来上がりです。

私にもいくらかFoMOがあります。妻と夕食に出かけたとき、トイレに行くために席を外した際にそのことに気づきました。私が戻ってくると、妻が「トイレでメールをチェックしたでしょ」と言いました。私の手もとを見ると、そこにはスマートフォンが握られていました。「あ、FoMOだ！」私もまた、食事に出かけている間、緊急でない普通のメールやテキストを見逃すことに不安を覚えていたのです。それからは、トイレに行くときはスマートフォンをテーブルに置いていくことにしました。

FoMOの根底にある問題は、スマートフォンやインターネットがすべてではありません。そこには心理学者が「依存」と呼ぶ、もっと深い側面があります。それは、人が自分一人では何かが足りないと感じ、不安を払拭するために他者との絶え間ない接触を必要とする場合に起こります。常に誰かとつながっていることで、内側の安定感や安心感を保つのです。

依存は良いことです。私たちは皆、愛と支えを必要としており、そのためにお互いに依存し合います。しかし、健全な依存関係とは、常にオンラインでつながっていなければならないというものではありません。私たちは、人とつながり、世界に出て、またつながり、燃料を補給し、また世界に出て行くのです。健全な生活とは、デジタル、非デジタルを問わず、人間関係を通して「燃料を補給」し、その後、なすべきことを成し遂げる生活なのです。デジタルで燃料補給をしないと重要な仕事に数時間も集中できないようであれば、デジタル機器に依存しすぎです。

では、あなたがFoMOかどうかを知るには、(トイレでメールをチェックしていたことを誰かに気づかれる以外に)どうすればいいのでしょうか？　以下にFoMOのいくつかの特徴を紹介します。次のような場合、FoMOの可能性があります。

●イベントなどの合間の休憩時間になると、まず携帯をチェックする(人と話す、ストレッチをする、歩く、考え事をする、などの代わりに)。
●休憩中に携帯をチェックできないと、「自分は何かを見逃していないだろうか」と不安になる。
●重要な返信を待っているわけでもないのに、自分が連絡した後でその人からすぐに返事が来ないと不安になる。
●会議が長引いて携帯をチェックできずにいると、イライラする。
●対面ではなく、オンラインの世界に関わることが当たり前になっている。
●他人から、あなたのオンラインへの関わり方に懸念を示されたり、オンラインに割く時間が長すぎるのではとコメントされたりする。
●人間関係でも仕事でも、デジタル機器で友人やニュース、趣味を追いかけた以外、たいしたことをしていないために、一日の終わりにその日の出来事を振り返るのが難しい。

もしあなたがFoMOの問題で悩んでいるなら、それを解決するためのガイドラインを紹介しましょう。

1. **一緒にいる人と積極的に関わる。** 大切な人たちと実際に一緒にいるときは、その人たちとのやり取りに集中しましょう。彼らはあなたにとってどれくらい大切でしょうか。その人たちと話すとき、どのような気分になるでしょうか。彼らに目を向けましょう。そして、意識的に、彼らに自分の注意を百パーセント向けます。そうすれば、あなたは彼らとの関係から「燃料補給」していることになり、他の人たちが今やっていることを見逃しても、あまり気にならなくなります。原則は、関係と愛が私たちを満たし、恐れや不安に取って代わるということです。「愛には恐れがありません。全き愛は恐れを締め出します」（第一ヨハネ4・18）。

2．**自由な人生を創造することに集中する。**成功する人は自主的で、自己管理ができる人であることを忘れないでください。あなたが最も尊敬し、憧れる人のことを考えてみてください。おそらく素晴らしい仕事と素晴らしい家庭を持っている人でしょう。彼らはたぶん、今ごろ誰が何をしているだろうかとか、自分は何かを見逃していないだろうかなどと、絶えず気にしてはいないでしょう。彼らは「誰かが私に連絡してくるかも？」の奴隷ではなく、むしろ自分にとって重要なことをするために、自主性と自由を持っているでしょう。

3．**デジタルではない普通の生活をする時間を持つ。**前にも言いましたが、デジタル機器へのアクセスをゼロにする時間を持つことが必要です。私のクライアントは、週に一度、妻と子どもと一緒に「ノーピクセル」（スマホやパソコン、テレビなどの画面を見ない）の夜を過ごすことにしているそうです。脳は強い刺激から休息する必要があり、これを毎日定期的に行えば行うほど、次第にFoMOを感じなくなっていきます。

4．**FoMOの「なぜ」をじっくり考える。**不安の根底にある思考回路をたどり、妥当な現実に到達するまでよく考えます。例えば次のように。

数分おきに携帯電話をチェックしないと不安だ。

——なぜか？

誰かが私に伝えたいことを見逃してしまうかもしれないから。

——なぜそこまでこだわるのか？

それは重要なことかもしれないから。

——この七日間を振り返ってみよう。私が受け取ったデジタル通信のうち、数分おきにチェックする必要があるほど重要なものは何パーセントあっただろうか？

およそ1パーセント。

——では、常にチェックすることに意味があるだろうか？

意味はないし、何の役にも立たない。


このように、「なぜ」を突き詰め、現実に照らして評価することで、あなたのFoMOを減らすことができるでしょう。
5．**周囲の人に、あなたからの即座の返信を期待しないようにしてもらう。**夕食中の私のクライアントの奥さんがそうだったように、FoMOの人はすぐに電話やメールに返信しようとします。そうすると、他の人たちは、この人はいつもすぐに返信してくれるという期待を抱くようになります。そこで、すぐに返信せず、しばらく間を置くようにしましょう。本当に緊急でなければ、状況に応じて、返信するのを数分、数時間、あるいは数日待っても構わないはずです。時には、返信しないほうがいいメッセージがあるかもしれません。危機的な状況でなければ、あなたを大切に思っている人たちは、あなたが即座に電話やメールを返さなかったからといって、苛立ったりしないはずです。いつも即座に電話を返してくる人がいると、もう退職したのかとか、人生が充実していないのかなどと思ってしまいます。

結局のところ、人生で何かを得るためには、何かを逃すことは避けられません。素晴らしい結婚をするためには、多くの候補者とのお付き合いは見送る必要があるのです。最善の仕事を見つけるためには、他のいくつもの素晴らしい仕事を逃さなければなりません。自分にとって最高の場所に住むためには、世界のどこにでも住めるというオプションを諦める必要があります。そして、地に足の着いた健康な子どもを育てるためには、自分の自由を欲しいだけ持つことはできません。何かを逃すことで自分が得ているものに、もっと注目しましょう。そして、あなたが最高の人生を送るために、然るべきものを逃しているのだと気づいてください。

人間関係という最も大切な資産を守る

私（ジョン）の息子ベニーが中学生の頃のことです。ある土曜日、私はキッチンで昼食を作り、彼はリビングで勉強していました。「ねえ、お父さん」とベニーが私を呼びました。「どうして人はあくびをするの？」

「さあねぇ」と私。「Googleで検索してみたら？」

「僕の本当のお父さんはGoogleだね！」とベニーは答えました。

このやり取りがきっかけで、「父親の役割と父親に期待されるもの」について、とても良い話し合いを持つことができました。基本的に、Googleは子どもと相撲をとったり、映画を見に行ったり、恋愛のアドバイスをしたり、お小遣いをあげたりすることはできません。しかし、この話は次のような境界線の問題もあぶり出します。それは、デジタル・コミュニケーションは便利だが、結局は対面でのコミュニケーションに劣るということです。電話やメール、テキスト、ビデオでつながることは、どれもそれなりの価値があります。しかし結局のところ、これらを対面での関係より優先させると、私たちが生き、成長し、健康であるために必要な親密さを十分に体験することができないのです。ここでは、なぜ対面がデジタルに勝るのか、その理由と、より健康的な交流を実現するための境界線を見ていきましょう。

親密さとは、贅沢ではなく必需品

神は私たちを、神との間だけでなく、他者との間にも密接で親密な関係を必要とする者として造られました。人間関係は人生の糧《かて》です。人間関係は、私たちに受容、励まし、共感、知恵、その他多くの栄養素を与えてくれます。これらの栄養素は、私たちを健康に保ち、成長させます。実際、多くの研究が、人生で十分な親密な関係を持たない人は、医学的・心理学的な問題が多く、死亡率も高いことを示しています。歌の歌詞ではありませんが、愛の欠如は文字どおり命取りになるのです。ですから、デジタル時代にどう向き合うにせよ、人間関係の糧を確実に得るようにしなくてはなりません。鍵となるのは、「可能な限りいつでも、デジタルを制限して、対面を優先させる」ことです。

親密さには複数のレベルの情報交換が必要

ちょっと退屈と言いますか、技術的な話になってしまいますが、満足のいく、安全で腹を割った人間関係で深く結ばれるためには、私たちは多くのレベルで自分自身を表現し、同時に他者を経験する必要があります。人間関係が良好であれば、感情、情熱、思考、意見について情報を交換するものです。相手のことを深いレベルで知れば知るほど、その人のことを実際に「知っている」と言えるようになるのです。

そのために神は、言葉、目線、表情、ジェスチャーなど、言葉や言葉以外のさまざまなコミュニケーション手段を使って、相互に「情報交換」する能力を私たちに与えてくださいました。ある研究によれば、人間関係において、言葉によるコミュニケーションはせいぜい半分程度だそうです。

また、親密な関係を築くには、他者との間にコミュニケーションの機微を経験することが必要です。例えば、あなたの中学生の娘が、自分の部屋に行って宿題をすることに口では同意しながら、うんざりした表情を見せていたら、それはあなたに何かを伝えています。それは、言われたとおりにはするが、喜んでするわけではないぞ、ということです。職場でチームとミーティングをしているとき、誰かが的確な発言を繰り返しながらもずっとため息をついているなら、その人はこのミーティングがいかに無用なものであるかを伝えているのかもしれません。

つまり、多面的な情報交換により、関係の距離が縮まる確率が高くなるということです。デジタル世界の限界の一端が見えてきたでしょうか。コミュニケーション・テクノロジーは有益な側面も多いのですが、人間関係を構築する絶対的な基準にはなり得ません。次のようなコミュニケーション形態において、何が得られ、何が失われるかを考えてみましょう。

- **対面での会話**　手元の情報が様々なレベルで交換される。視覚、聴覚、触覚、嗅覚、味覚の五感がすべて動員される。
- **ビデオ会話**　多くの情報を交換できるが、視覚と聴覚のみで、対面で会うときよりも制限がある。
- **電話での会話**　音だけの会話ですが、自然なやり取りができ、お互いの温もり、愛情、ユーモア、不安、ストレス、怒りなどの感情を聞き取ることができるのが良い点です。もちろん不十分な面もあります。人間関係において非常に多くの情報を伝える、表情を見ることができません。また、音声も対面で体験するほど明瞭ではなく、「人間らしい」ものではありません。

●**Eメール**　Eメールは、アイデアや計画、感情を文字で打って送信することで、相手に瞬時に伝えることができる優れものです。しかし、視覚や聴覚を伴わないため、限られたコミュニケーション手段でもあります。また、Eメールは次に述べるテキストメッセージよりも利便性が低いため、個人的なやり取りにはあまり使われなくなってきています。ビジネスではまだかなり利用されていますが、こちらもテキストメッセージが主流になりつつあります。

●**テキスト**　スマートフォンで短いフレーズを入力できるのはとても便利です。歩きながら、またジムで汗を流しながらでも使えます。長い文章は打ちにくいため、より複雑な考えを伝えるのはまだ難しいですが、技術の進歩により改善されています。

●**ソーシャルメディア（例えば、Facebook、Instagram、Snapchat など）**　文字と動画を組み合わせて提供するデジタル世界の領域で、家族や友人、興味のある組織と楽しく連絡を取り合うことができます。また、動画による情報提供は、その楽しみを大きく広げます。

このうち、最初の三項目の「対面」「ビデオ」「電話」は、「同期コミュニケーション」と呼ばれるものです。残りのEメール、テキスト、ソーシャルメディアは非同期コミュニケーションです。

同期コミュニケーションでは、私たちの発言はタイムラグ（時間の遅れ）がなく瞬時に伝わり、受け取られます。お昼を食べながら話すような、普通の会話がそうです。非同期コミュニケーションでは、発言と受信の間にタイムラグが生じます。例えば、「数分遅れる」というテキストメッセージを送ると、数秒後か数分後に相手からの返事が来ます。返事をただちに受け取ることはできません。

非同期やデジタルでのコミュニケーションは、同期コミュニケーションの代用にはなりません。対面、ビデオ、電話の順に情報交換の質と量は落ちますが、それでもデジタル通信に比べれば、はるかにましです。私たちは生まれたときから、直接、同時にコミュニケーションをとるようにできています。自分がAと言えば相手はすぐにAを聞き、相手がそれに対してBと言えば、あなたもすぐにBと聞くのです。それにより、お互いに、相手が自分の言っていることを理解したと感じられるのです。

非同期コミュニケーションで問題を解決するのがいかに難しいか、皆さんも経験があるのではないでしょうか。相手が誤解をして、話がいたずらにエスカレートし、しまいには収拾がつかなくなります。それは、言いにくいことを伝えるときには温かさが必要だからです。相手の顔が見えず、声の抑揚もないコミュニケーションでは、温かみが感じられません。配偶者にクレジットカードの出費について話をするときは、きちんと相手の目を見て、思いやりのある口調で話しかければ、Eメールの文字列で語るよりもはるかに同意に至りやすく、問題を解決できる可能性が高くなるでしょう。ですから私は、会社の幹部には、文化的な問題や人間関係の問題をデジタルで解決しようとするのはできるだけ避けるようにと指導しています。こうした問題に対処するためには、個人的な対話が最も効果的な方法なのです。

神経科学の最新の研究によると、人間は他者の感情表現を体験することで共感を学ぶと言われています。例えば、大切な人が悲しんでいるのを見ると、あなたの脳内にあるミラーニューロンという細胞が活性化し、あなたの中にも同じ感情を作り出します。そうやって、他者の痛みや喜びに真に共鳴する能力を身につけることができるのです。私が神経科学を好きなのは、研究が示す結果が、聖書が何千年も前から教えている、私たちが互いにどう関わるべきかということと、繰り返し一致しているからです。息子を亡くしたやもめに対するイエスの憐れみは、その好例です。「主はその母親を見て深くあわれみ」（ルカ7・13）。

ですから、私たちの脳が成長し、発達し、うまく機能するためには、「受肉」が必要なのです。受肉とは、神学者たちが、イエスが私たちとともにいるために血肉を伴う姿を取ったことを説明するために使う言葉です。私は、私たちがいかに「血の通った存在」であるかを説明するために、受肉という言葉を用いています。「わたしがあなたがたを愛したように、あなたがたも互いに愛し合うこと、これがわたしの戒めです」（ヨハネ15・12）。互いに支え合う存在でいることは、ストレスを減らし、幸せを促進します。ですから、実際に顔を合わせるということは、私たちが生き生きと成長するため基礎となるのです。

その反面、個人的なつながりよりもデジタルなつながりが多い子どもやティーンは、他人の傷や痛みに共感することができず、仕事、家族、友人関係、恋愛、結婚などで深刻な問題を抱える可能性が高いという研究結果もあります。

ですから、非同期コミュニケーションは、連絡を取り合うといった面では適していますが、それは可能な限り、大切な人間関係の根幹部分である同期コミュニケーションをサポートし、補足するために用いましょう。

最近、私（ジョン）のクライアントで、会社で高い地位にある人から、私生活での危機について電話がありました。彼と彼の妻は大きな問題に直面しており、そのことについてEメールや電話で話せないのはもちろん、スターバックスで会って話すことさえ困難だと言うのです。彼の問題とは、アルコール依存症といくつかの過ちによる深刻な問題を抱えている成人した娘のことで、それについて話すためにはプライベートな場で会う必要がありました。彼らが問題の本質を打ち明けてくれたとき、なぜ電話やメールやカフェなどでは話せなかったのか、よくわかりました。彼らは、自分たちのジレンマ、それに対する気持ち、それに対する二人の異なる認識、そしてそれが夫婦の関係にどのような影響を与えているかを説明する必要があったのです。このように、非常に複雑な課題や感情的な情報を整理する必要があったのですが、もし私たちが実際に会って話をしていなかったら、本当の問題にたどり着き、解決策を練るのにもっと時間がかかったことでしょう。

デジタル通信が唯一の選択肢である場合も確かにあります。私には宣教師の友人が世界中にいますが、彼らの多くはテレビ電話やEメールでしか大切な人とつながれません。軍隊に従事している友人も同様です。それは、受け入れなければならない現実です。しかし、原則はこうです。「判断に迷うときは、顔を合わせるか、何らかの同期的なコンタクトを取るのが第一の選択肢である」。

これを実践するためのヒントをいくつかご紹介しましょう。

1. **大切な人間関係はカレンダーに予定を入れる。** 私たちは皆、忙しい世の中に生きています。「また今度会おう」では、会うことを実現させるのはどんどん困難になっています。思いつきの電話でコンタクトが取れればいいのですが、なかなかそうはいかなくなりました。仕事や運動、夜の外出の予定を立てるのと同様に、毎月、あなたにとって大切な人たちとのリアルな（同期的な）会話をする時間を設けるようにしましょう。偶然の出会いに任せてはいけません。定期的にカレンダーに予定を入れることで、彼らとの時間を大切にしましょう。

2. **同期コミュニケーションを率先する。** レストランなどで、家族や友人たちがテーブルを囲みつつも、互いに会話するのではなく、スマートフォンを眺めているのが普通のことになりました。ほとんど会話しないのなら、なぜわざわざ時間やエネルギーやお金をかけて、一緒に外出するのでしょうか。

息子のリッキーが大学の友人たちと出かけたとき、彼は同期コミュニケーションを率先するために、全員の携帯電話をテーブルの上に積み上げて「スマホタワー」を作り、お互いが対面で話す時間を確保しました。そして、最初に携帯電話に手を伸ばした人が全員に夕食を奢らなければならないと決めました。お金をあまり持たない大学生にとって、それはとても効果的でした。要は、たいていの場合、率先する人がいれば、関係性の中で変化や成長を促すことが可能だということです。ぜひその人になってください。

3. **非同期コミュニケーションはあくまで補助手段として使う。** テキスト、Eメール、ソーシャルメディアは、思いついたことを伝えたり、相手の様子を伺ったりするための手段として活用できます。しかし、これらのコミュニケーション手段は、同期的なつながりを補うために使うのであって、その代用ではありません。

最善の境界線は充実した有意義な生活

デジタル時代はすっかり定着し、人々の生活、仕事、人間関係のあり方において、全体的に良い展開となっています。しかし、デジタルをうまく活用し、生活に支障をきたさないようにするには、それなりの努力と合理的なルールが必要です。

さらに、デジタルの世界を健全に生きるための最善の境界線の一つは、充実した生活を送ることです。充実した生活とは、有意義で楽しく、取り組む価値のある人間関係や活動に時間とエネルギーを費やしている状態です。そのためには、あなたの人生における神の使命を見つけてそれに従うこと、愛する人と深く正直な会話をすること、自分の情熱を発見して表現すること、恩返しや人に奉仕する方法を探索することなど、さまざまなことが考えられます。「自然は真空を嫌う」と言うとおり、充実した生活を送っていれば、デジタルワールドに邪魔されたり、依存的になったりする隙はなくなります。

イエスは言われました。「盗人が来るのは、盗んだり、殺したり、滅ぼしたりするためにほかなりません。わたしが来たのは、羊たちがいのちを得るため、それも豊かに得るためです」（ヨハネ10・10）。その豊かさとは、私たちに対する神のご計画であり、私たちが神の道に歩み、私たちの時間、自由、そして目的を盗み、殺し、破壊する可能性のあるものすべて（デジタル侵入者を含む）から自分たちを守るときにもたらされるのです。

もうすぐこの章を書き終わるという今、私は執筆に集中するために自宅から離れたホテルの一室にいます。スマートフォンは脇に置き、ノートパソコンで原稿を打ち込んでいます。メールもテキストも使えないようにし、ごく少数の人からの緊急の用件があるときだけ電話が鳴るように設定してあります。そうやって、私はこの本の構想や筋書き、そしてそれを伝える言葉を生み出すことに集中できるのです。

数分が経ちました。執筆の手を休めてみると、あとから読む予定のビジネス関連のメールに混じって、妻や子どもたち、そして何人かの友人から電話やテキスト、メールなどで連絡が入っているのを見つけました。デジタル時代のおかげで、留守中でも休憩時間には大切な人たちと「一緒に」いられることを楽しみにしています。

適切な境界線とルールがあれば、つながりたい人とつながりつつ、やるべきことをやり遂げるために必要な時間を確保することができます。時間と労力の使い方を大幅に変更する必要はありません。そして、その価値は十二分にあるはずです。

第13章　境界線《バウンダリー》と自分

セーラは深いため息をつきました。ここしばらく、カウンセリングでいくつかの重要な境界線問題に取り組んできました。何が誰の責任かをめぐって両親や夫、子どもたちとの間に摩擦があったのですが、これらは解決に向けて進展を見せていました。しかし今日、彼女が打ち明けたのは別の問題でした。

「これまで、この関係についてはお話ししていなかったのですが、やはり言っておくべきだと思います。実は、ある女性との間に大変な境界線問題があるのです。彼女は大食漢で、言葉がとても辛辣です。全く信頼できず、いつもがっかりさせられます。そして私のお金を使い込み、もう何年も返してくれないのです」

「どうして今まで彼女のことを黙っていたのですか？」私は尋ねました。

「なぜなら、それは私だからです」。セーラは答えました。

私たちの多くが、セーラと同様の問題を抱えています。私たちは、境界線は聖書的だと学びます。

他者に対して限界を設定し始めます。何でも引き受けてしまうのではなく、しかるべき責任だけ負うようになります。しかし、自分自身に対して、どのように限界を定めていけばいいのでしょうか。漫画家ウォルト・ケリーの描く人気キャラクター、フクロネズミのポゴも言っています。「我々は敵に出会った。それは我々自身である」

この章では、他者による支配や操作を見るかわりに、私たちが自分自身の身体をコントロールする責任について見ていきます（第一テサロニケ4・4）。他者との間に起きる外側の境界線の摩擦ではなく、**自分の内側の境界線問題**について考察します。これは微妙でやや扱いにくいテーマかもしれません。田舎の教会で礼拝のあと、不機嫌な教会員が牧師に向かって言うような反応が出てくるかもしれません。「説教をやめて、お節介を始めやがって！」

このように身構えた態度ではなく、自分自身を謙遜に見る方がずっと賢明です。他者の意見を求め、信頼する人々の言うことに耳を傾け、「私が間違っていた」と告白した方が、はるかに益になるのです。

制御不能の魂

聖書も、あらゆる心理学的研究も、健全で満たされた幸福な人々に共通する重要な現実を認めています。それは、彼らが「自制」と呼ばれるものを持っていることです。ガラテヤ人への手紙五章は、自制とは御霊の実であり、私たちはそれを結ぶように召されていると言います。しかし、私たちには皆、自制心を保ったり、自分自身に対して適切な境界線を維持したりすることができずに苦労している何らかの分野があり、それは誰もが証言するところでしょう。この概念が当てはまる領域はいろいろありますが、その中でもいくつかのありがちな課題について、以下で詳しく見ていきます。

摂食

テレサには密かに恥ずかしく思っていたことがあり、それはそろそろ隠しておけなくなっていました。身長一六〇センチの体では多少太っても目立たないものの、ここ数か月のあいだに体重が徐々に増加し、六十キロ代後半に到達していたのです。テレサはそれが嫌でたまりませんでした。男性との交際やスタミナ、自分自身への態度などに影響が出ていました。

彼女は自分を制御できなくなっていました。弁護士として成功してはいるものの、ストレスの多い仕事の中で、彼女の周りで何もかもが崩れていくようなとき、クッキーやキャンディーだけが彼女が逃避できる唯一の場所でした。一日12時間労働のせいで彼女は一人で過ごすことが多く、太りやすい食べ物以外に彼女の空虚感を満たすものは何もなかったのです。（駄菓子とはよく言ったものだわ）とテレサは思うのでした。

食べ過ぎの特に辛いところは、肥満は他人の目に明らかであることです。肥満の人は自分の現状について、途方もない自己嫌悪と恥を感じています。そして自分の行動を制御できずに苦しんでいる他の人たちと同じように、過食に対して抗しがたい恥を感じ、そのために人間関係から逃避し、ますます食べ物に向かうようになります。

慢性の過食者も、衝動的に大食をする人も、自分の内面に境界線の問題を持っています。過食者にとって、食べ物は偽りの境界線の役を果たしているのです。体重を増やし、魅力的でなくなることで人との親密な関係を避けるよう、食べ物を利用しているのかもしれません。あるいは、偽りの親密さを得ようとして過食に走るのかもしれません。過食する人にとって、境界線を必要とする本物の関係に比べると、食べ物から得る「慰め」はあまり怖くないからです。

金銭

今や有名になった車のバンパー・ステッカーに「借り越しのはずはない。まだ小切手は残っている！」というものがあります。人々は金銭に関する多くの領域で、非常に大きな問題を抱えています。例えば次のようなものです。

- 衝動買い
- いいかげんな予算

●収入に見合わない贅沢な暮らし
●銀行残高の問題
●慢性的に友人に借金する
●貯金計画が全くないか、現実的ではない貯金計画しかない
●家計のやりくりのために残業したり、仕事を掛け持ちしたりする
●無責任な金銭の使い方をしている人を、何度も助け出してしまう

神は金銭が私たちにとっても他者にとっても祝福であるように意図されました。「与えなさい。そうすれば、あなたがたも与えられます」（ルカ6・38）。実際、金銭が問題なのではなく、「金銭を愛することが、あらゆる悪の根」だと聖書は言っています（第一テモテ6・10）。

自分の財布をよく管理する必要については、ほとんどの人が認めるところでしょう。貯蓄し、コストを切り詰め、値段が下がっているものを選んで買うことなどは、どれも良い習慣です。金銭の問題とは、要するに収入の不足だと考えがちですが、問題は大抵の場合、高い生活費ではなく、お金をかけた贅沢な生活を続けることなのです。

支出が収入を上回る問題は、自己境界線の問題です。必要以上にお金を使うことに「ノー」と言えないでいると、他者の奴隷になってしまいかねません。「富む者は貧しい者を支配する。借りる者は貸す者のしもべとなる」（箴言22・7）。

時間

時間を全然管理できていないと感じる人が大勢います。いつでも締切りぎりぎりのところにいる「土壇場の人たち」です。どんなに頑張っても、一日が――そして毎日が――彼らからすり抜けてしまいます。仕事を全てこなすための十分な時間が、とにかくないのです。「早めに」という言葉は、彼らの日々の生活には存在しないようです。このような人たちが瀕している時間の束縛には以下のようなものがあります。

- 仕事の会議に準備を整えて臨む
- 昼食時の約束に遅れない
- プロジェクトの締切りを守る
- 教会や学校の活動にきちんと参加する
- 支払いを期限内に済ます

このような人たちは、会議に15分遅れで駆けつけ、息を切らしながら道路事情や膨大な仕事量、子どもの急病などの言い訳をして謝ります。

時間を管理しきれなくなっている人たちは、そのつもりがあってもなくても、他人に迷惑をかけています。問題は、以下のどれかに端を発している場合がほとんどです。

1．**全能感。** これらの人たちは、与えられた時間内で自分が達成できることについて、非現実的で過大な見通しを持っています。「大丈夫、やります」が彼らのモットーです。

2．**他者の感情について過度に責任を感じる。** パーティーからあまり早く引き上げると、主催者が見捨てられたように感じるのではないかと心配します。

3．**現実的な考慮をしない。** 彼らはあまりにも「今」だけを見て生きているため、計画段階で道路状況や駐車、外出のための着替えの時間などを考慮に入れません。

4．**正当化。** 彼らは、自分が遅刻するせいで他者が耐えなければならない苦痛や不便さを過小評価します。「友達なんだから、わかってくれるだろう」と思うのです。

時間に関する自己境界線を持たない人は、他の人だけでなく、自分自身も苛立たせることになります。彼は「望みがかなえられるのは心地よい」（箴言13・19）という実感を得られずに一日を終えます。代わりに、叶えられなかった望み、途中で焦げついたプロジェクト、明日もまた予定が遅れたままの状態で始まるのか、という思いだけが残ります。

課題の完成

課題（task）の完成は、時間に関する境界線問題の親戚とも言え、いわば「レースを完走」することです。ほとんどの人は、愛と仕事の分野において人生の目標を持っています。獣医や弁護士を志しているかもしれません。自分のビジネスを始めようとか、田舎に家を建てようと考えているかもしれません。聖書研究会の発起人になったり、健康のために定期的に運動をしようと思っているかもしれません。

私たちはみな、自分の課題について、それが大きなものであろうと小さなものであろうと、パウロのようにこう言いたいと思っています。「私は勇敢に戦い抜き、走るべき道のりを走り終え、信仰を守り通しました。あとは、義の栄冠が私のために用意されているだけです」（第二テモテ4・7－8）。さらに簡潔で雄弁なのは、イエスが十字架上で発した「完了した」という言葉です。（ヨハネ19・30）。

始める時は勢いがあるものの、始めたことを最後まで終わらせられない人が大勢います。さまざまな理由で、せっかくの創造的な考えが結果を出せないまま終わるのです。定期的な活動は滞り、成功するかと思ったところで突然取り去られます。

ゴールに到達できない人たちの問題は、次のいずれかである場合が多いのです。

1. **規律への抵抗。**完遂できない人たちは、計画という規律に従うことは面白くない、自分のやり方にそぐわない、と考えます。

2. **成功への恐れ。** 完遂できない人たちは、成功すると他者からのねたみや批判を買うことになるのではと気を使い過ぎます。友達を失うくらいなら、自らに災いを招く方がましだと思うのです。

3. **遂行力の欠如。** 完遂できない人たちは、プロジェクトを進めるのに必要な、基礎的で退屈な作業を嫌います。彼らはアイデアを生み出す過程には喜んで熱中しますが、それを遂行することは他の人に任せてしまうのです。

4. **散漫性。** 完遂できない人たちは、プロジェクトを完成させるまで集中力が持続しません。多くの場合、使いものになる集中力をそれまで身につけてこなかったのです。

5. **満足の遅延ができない。** 完遂できない人たちは、良い仕事をして満足を得るために、苦しみを通り抜けてプロジェクトを完成させるということができません。彼らは喜びに直行したいのです。ちょうど、バランスの取れた食事をする前にデザートを食べたがる子どものようなものです。

6. **プレッシャーに対して「ノー」と言えない。** 完遂できない人たちは、他の人たちやプロジェクトに対して「ノー」と言えません。そのため、どの仕事もきちんと終わらせる時間がありません。

課題の完成に問題を抱える人たちの感覚は、得てしてお気に入りのおもちゃに囲まれた二歳児のようです。しばらくとんかちを振り回して遊んだかと思うと、自動車をつかんで床を走らせ、人形に話しかけ、それから本に手を伸ばします。それぞれ2分と持ちません。仕事を終わらせられない人たちに特有の問題は、容易に見てとれます。自分の内側で「ノー」と言う能力が未発達のため、物事を終わらせるまで集中力を持続できないのです。

言葉

私が担当していたセラピーグループで、ある男性が一人でしばらくずっとしゃべり続けていました。彼は脇道にそれ、話題を変え、どうでもいい詳細を説明するのに延々と時間を費やしました。何が言いたいのかちっとも分かりませんでした。他の人たちは、ぼんやりしたり、居眠りをしたり、そわそわと落ち着かなくなっていました。彼の話が一向に的を射ないので、私が口をはさもうとしたちょうどその時、グループの中のある女性が単刀直入にこう言いました。「ビル、話をまとめてよ」

「話をまとめる」、つまり自分の言葉を制して境界線を引くことは、多くの人がなかなかできずに苦労していることかもしれません。どのように言葉を用いるかは、私たちの対人関係の質に深く影響を与えます。私たちの言葉は、祝福にも呪いにも用いることができます（ヤコブ3・9－10）。共感したり、心を通わせたり、励ましたり、諭したり、勧めたりするために用いるなら、それは祝福となります。しかし次のような目的で用いるなら、それは呪いとなります。

●絶え間なく話し続けることで、人と親しくなるのを避ける

●他者を支配するために会話を独占する
●ゴシップする
●皮肉を言って遠回しに敵意を表す
●敵意を露わにして相手を脅す
●へつらいを言うことで承認を得る
●だんまりを決め込む（誰かを罰するために口をつぐむ）
●見栄えをよくするために真実を盛る
●誘惑したり、操作したりする

自分自身の言葉に境界線を引けない人たちの多くは、自分のそのような問題にあまり気がついていません。友人に「あなたは時々、私が話し終わっていないのに割り込んでくる」と言われると、彼らは純粋に驚くのです。

人に個人的なことを知られるのを極端に嫌う女性がいました。彼女は人から話しかけられないように、自分から質問をし、大急ぎで話すのが常でした。けれども、一つだけ問題がありました。話し続けるためには途中で息継ぎをしなくてはならず、息継ぎをすると相手に何かを言う隙を与えてしまうのです。しかし、彼女は巧妙にその問題を解決しました。文章の最後にではなく、途中で息継ぎをするようにしたのです。それは人々の意表をつき、滅多に口を挟まれないですむようになりました。効果的な方法でしたが、話しかける相手を探し続けなくてはならないという問題が残りました。彼女と何度か話をすると、みんなどこかへいなくなってしまったからです。

聖書は、自分の言葉を気をつけて用いるようにと告げます。「ことば数が多いところには、背きがつきもの。自分の唇を制する者は賢い人」（箴言10・19）、「ことばを控える人は知識を持つ者」（箴言17・27）。旧約聖書語義辞典によると、ヘブル語の「控える」という単語は、「物、あるいは人を、後ろに引き止めておく自主的な行動。その行動を起こす人は、対象に対して力を持つ[1]」と説明しています。まさに境界線用語です。私たちには、自分の口から出てくるものに境界線を引く力があるのです。

自分の唇から出てくるものを引き止めておく、つまり境界線を引くことができないときには、私たちではなく、言葉が支配しています。しかしそうは言っても、それらの言葉に責任を持つのは私たちです。言葉は、腹話術師の人形の声のように、私たちの外側から出てくるのではありません。それは私たちの心が生み出すものです。「そういうつもりではなかった」と言うとき、「あなたについて私がこう思っていることを、あなたに知ってほしくなかった」というのが、恐らく真実により近い意味でしょう。私たちは自分の言葉に責任を取らなくてはいけません。「わたしはあなたがたに言います。人は口にするあらゆる無益なことばについて、さばきの日に申し開きをしなければなりません」（マタイ12・36）。

性欲

霊的・感情的な問題については、教会で安心して正直に話せるようになってきましたが、性的な行動は、特に男性にとって大きな問題として浮上しています。そこには、衝動的なマスターベーションや異性または同性との衝動的な性的関係、インターネットポルノ、売春、露出狂、のぞき、猥せつ電話、みだらな行為、子どもに対する性的虐待、近親相姦、強姦などが含まれます。

自制のきかない性的行為に囚われている人は、たいてい深い孤独と恥の意識を感じています。そのため、たましいの壊れている部分が暗闇の中に閉じ込められています。そこは神や人との関係の光が届かない、助けも解決もない場所です。その人の性欲は、非現実的で幻想に満ち、一人歩きを始めます。ある男性はそれを「自分ではない体験」と言いました。それは彼にとって、あたかも本当の自分が、彼の性的な行動を部屋の反対側から見ているかのような感じでした。一方、全く生気がなく、さめてしまっていて、性欲によってでしか生きている実感を得られないという人もいるかもしれません。

しかし問題は、多くの内的境界線摩擦と同様、性的な境界線欠如は暴君と化し、次から次へと要求し、際限がないことです。何度オーガズムに達しようとも、欲求はさらに深まるばかりです。自分の情欲に「ノー」を言えないでいると、ますます絶望と失意の淵へと自分を追い込むことになります。

薬物の乱用

薬物の乱用はおそらく内的境界線問題の最も顕著な例であり、常習者の生活を破壊します。この領域で限界を定められないでいると、離婚、失業、経済的危機、病気、さらには死に至ることすらあります。処方薬、大麻やコカインなどの薬物、アルコール、タバコなど、使用するものが何であれ、この領域で歯止めが効かなくなることは、その人にとっても人間関係にとっても悲惨なことになり得ます。

最も深刻なのは、薬物に手を出す子どもたちの低年齢化です。薬物の乱用は、外見上は品性と境界線を身につけている大人にとっても難しい問題ですが、境界線がまだ傷つきやすく形成の過程にある子どもにとっては、しばしば生涯にわたって身体を蝕む結果となります。

なぜ私の「ノー」には効果がないのか？

「私の『ノー』は、もう誰かにあげますよ」。ジャスティンが言いました。「他人に限界を設定するときには働くのですが、自分の仕事を時間どおりに完成させようとすると、決まって壊れるんです。どこへ下取りに出せばいいでしょうかね」。

実際、どこでしょう。前述の制御不能の領域について読んだとき、あなたはもしかすると敗北感と、自分に対する苛立ちを覚えたかもしれません。恐らくあなたにもいくつか当てはまるものがあったと思います。そして、これらの内的領域に成熟した境界線がないことで落胆した経験がきっとあると思います。何がいけないのでしょうか。なぜ私たちの「ノー」は、自分に対しては効力を持たないのでしょうか。

少なくとも三つの理由が考えられます。

1. **私たちこそ自分にとっての最悪の敵である。** 外的な問題は、内的な問題よりも対処しやすいものです。限界設定の焦点を他者から自分に移すとき、責任の所在が大きく変化します。それまでは、私たちは他者に「関して」ではなく、「対して」だけ責任がありました。しかし今や、関係はずっと複雑です。私たちこそが他者なのですから。そして私たちは自分に関しても責任があるのです。

あらゆることに欠点を見つけ出すような批判的な人のそばにいるときには、その人の絶え間ない批判にどこまで自分をさらすか、あなたが限界を設定することができます。話題を変えたり、部屋や家、あるいは国を出るという選択があります。そこを立ち去ればいいのです。しかし、その批判的な人があなたの頭の中にいるとしたらどうでしょう。あなた自身がその問題のある人であったらどうしますか。出会った敵が、あなた自身だったとしたら？

2. **人間関係が最も必要なときに、そこから身を引いてしまう。** ジェシカは摂食障害の治療のために私のところへ来ました。彼女は三十歳で、十代の頃からずっと過食をしていました。私は、彼女がこの内的境界線の問題に今までどう対処してきたのかを尋ねました。「運動をして、バランスのいい食事を心がけるようにしています」。彼女は言いました。「でも、いつも挫折してしまうのです」

「このことについて、誰と話しをしますか?」私は尋ねました。

「どういう意味ですか?」ジェシカは困惑した表情でした。

「摂食障害がもうあなたの手には負えないというとき、あなたは誰にそのことを話すのですか?」

みるみるジェシカの目に涙が浮かびました。「そんな無理なことを聞かないでください。これは個人的な問題です。誰にも言わなくてもいいじゃないですか」

問題の隠蔽は今に始まったことではありません。実際、エデンの園にまで遡ります。（アダムとエバは禁断の実を食べたあと、神から身を隠しました。）堕落以降、何か問題を起こしたとき、つまり他の人を最も必要としているときに、人間関係から身を引こうとするのが私たちの本能になってしまいました。安心感の欠如、恵みの喪失、恥、プライドなどのために、私たちは困難に陥ると外側よりも内側に向くのです。そして、それは問題なのです。伝道者の書の著者が「倒れても起こしてくれる者のいない　ひとりぼっちの人はかわいそうだ」（4・10）と言ったとおりです。

このような退避行動は、私たちの病院のプログラムでも何度も起きています。傷ついた人たちはスタッフや他の患者との間に愛着を持ち始めます。彼らは初めて、人とつながりを持つ必要を理解し始めるのです。大雨の後でバラが花びらを持ち上げるように、彼らは神と神の民の恵みのもとでつながりを持ち始めます。

そこへ思いがけない困難が起こります。痛みを人に知られて、彼らの鬱が一時的に悪化することがあるのです。トラウマの記憶が蘇ることもあります。また家族の誰かとひどく衝突したりします。このような痛みと恐れに満ちた感情や問題を、やっと見つけた仲間に相談するかわりに、しばしば彼らは自分の部屋に籠《こも》って一人でなんとかしようとしてしまうのです。コントロールを取り戻そうと、数時間あるいは一日中でも、できる限りのことをします。何とかして「気を晴らす」ために、自分自身に肯定的なことを語りかけたり、やみくもに聖書を読んだりします。

このような解決への試みが破綻して初めて、彼らは自分の霊的な痛みや重荷を一人で抱え込まず、クリスチャンの仲間に打ち明ける必要を悟ります。孤立した人にとって、これ以上に恐ろしく、危険で、愚かに思えることはありません。そのような人は、よほど安全だと感じられなければ、自分の霊的・感情的問題を他者のところに思い切って持っていこうなどとは思いません。

しかし、聖書はそれ以外に答えを認めていないのです。有効で癒やしをもたらす恵みは、自分の外から来なければなりません。枝がぶどうの木から切り離されると、いずれしおれてしまうように（ヨハネ15・1－6）、神と人とにつながっていることなしには、いのちを養うことも感情的に回復することもできないのです。どんな問題に取り組むときも、神と神の民こそ、それに必要な燃料であり、エネルギーの源です。私たちが癒やされ、成長するためには、キリストのからだの「あらゆる節々を支えとして組み合わされ、つなぎ合わされ」る必要があります（エペソ4・16）。

私たちの境界線問題は、それが食べ物、金銭、時間、課題の完成、言葉、性欲、薬物など、何に関するものであれ、孤立状態の中では解決されません。解決できるなら、とっくに解決しているでしょう。自分自身を孤立させればさせるほど、私たちの闘いは一層厳しいものになります。ちょうど放置されたがんが広がって短期間のうちに命を脅かすほどになるように、自己境界線の問題は、孤立が深まるほどに悪くなっていくのです。

3．**境界線問題を解決するために、意志の力を用いようとする。**「解決できました！」ピートは自分の浪費癖をついに克服したと、有頂天でした。敬虔なクリスチャンであり教会のリーダーでもあるピートは、自分のどうしようもない経済状態をひどく気にしていました。「もう二度と、自分の予算を超えて浪費しないことを神と自分に誓いました！とても単純なことですが、これしかありません！」

私はピートの興奮に水を差したくなかったので、しばらく様子を見ることにしましたが、あまり長く待つ必要はありませんでした。次の週、彼は打ちひしがれ、絶望して私のところにやって来ました。

「どうにも抑えられなくて」。彼は嘆きました。「出かけたときに、スポーツ用品を買ってしまいました。それから妻と私は新しい家具を買いました。ちょうど必要だったのです。値段も手頃だったし。唯一の問題は、私たちにそんなお金はなかったことです。もう絶望的ですね」

ピートは絶望的ではありませんでしたが、彼の考え方――それはクリスチャンの間ではよく見られるものです――は確かに絶望的でした。彼は自分の境界線問題を解決するために、意志の力に頼ろうとしていたのです。恐らくこれは、歯止めのきかない行動に対する最も一般的なアプローチでしょう。

意志の力によるアプローチは単純です。問題行動が何であれ、とにかくそれを止めればいいのです。言い換えれば「ただノーと言え」ということです。「止めることを選べ」、「ノーと言う決心をせよ」、「二度とそれをしないと自分に堅く誓え」といった命令形は、このアプローチによく見られるものです。

このアプローチが問題なのは、意志を偶像化していることです。それは決して神の意図するものではありません。私たちの心や思いが堕落によって歪められてしまったように、正しい決定をする力もまた、歪められてしまったのです。意志は、ただ関係の中においてのみ強められます。一人では決心したことを遂行できないのです。神はモーセに、ヨシュアを励まし、力づけるように言いました（申命記3・28）。「ただノーと言え」と教えなさい、と言ったわけではありません。

もし私たちが自分の意志の力だけに頼るなら、失敗は目に見えています。私たちは、十字架によって約束された、関係の力を否定していることになります。悪に打ち勝つために意志だけですむのであれば、私たちには救い主など必要ないことになります（第一コリント1・17）。自己境界線の葛藤に対して、意志の力だけでは役に立たないというのが真実です。

もしあなたがたがキリストとともに死んで、この世のもろもろの霊から離れたのなら、どうして、まだこの世に生きているかのように、「つかむな、味わうな、さわるな」といった定めに縛られるのですか。これらはすべて、使ったら消滅するものについての定めで、人間の戒めや教えによるものです。これらの定めは、人間の好き勝手な礼拝、自己卑下、肉体の苦行のゆえに知恵あることのように見えますが、何の価値もなく、肉を満足させるだけです。

（コロサイ2・20－23）

欽定訳聖書では、「好き勝手な礼拝」にあたるギリシア語を「意志による礼拝」と訳しています。言い換えれば、そのような自己否定の実践は、どんなに霊的に見えようとも、制御不能の行動を止めるには無力だということです。私たちのたましいの中で境界線を持たない部分は、意志がそこを占拠しようとすると、より一層憤ります。そして反抗するのです。特に、「二度とやらない」とか「絶対にやる」というようなことを宣言した後では、私たちは反動で、かえって行動を起こします。ジェシカの過食、ピートの浪費、誰かの愚かで中傷的な会話、また別の誰かの「絶対にプロジェクトを間に合わせる」という決心などは、ただ「歯を食いしばって頑張る」だけでは癒やされないのです。

自分自身に境界線を設定する

自己境界線に関して成熟することは容易ではありません。私たちの前進を妨げるものは数多くありますが、神は私たちが願う以上に、私たちの成熟と自制を願っておられます。神は私たちの味方であり、勧め、励まし、厳かに命じられます（第一テサロニケ2・11―12）。抑制のきかない行動に歯止めをかける一つの方法として、第8章で用いた境界線チェックリストに少し修正を加えたものを適用するといいでしょう。

1．**症状は何か。** 自分にノーと言えないせいであなたが結んでいる破壊的な実を見てみましょう。鬱や不安、パニックや恐怖症、怒り、人間関係における摩擦、孤独、仕事上の問題、心身障害などを経験しているでしょうか。これらの症状はどれも、自分自身の行動を制限できないことと関係がありそうです。症状を手がかりにして、あなたが持っている特定の境界線問題を見極めていきましょう。

2．**ルーツは何か。** あなたの自己境界線問題の原因を見極めることは、問題へのあなた自身の加担（どう罪を犯したか）、発達過程における傷（どう罪を犯されたか）、そして問題に寄与してきたと思われる主要な人間関係を理解する手助けになるでしょう。

自己境界線問題のルーツとして、以下のような例が考えられます。

●**訓練の欠如**　成長過程で、限界を受け入れたり、自分の行動に対する結果を負ったり、満足を遅延することを学ばなかった人たちがいます。たとえば子どもの頃、自分のだらしない生活態度に対して何の結果も経験しなかったのかもしれません。

●**破壊的な行為が報酬を受ける**　父か母がアルコール依存症の家庭で育つうちに、手に負えない行動を起こせば関係を保てると学んだ人もいます。依存症の人が酔って問題を起こすと、家族が一致団結したのです。

●**歪められた必要**　境界線問題の中には、筋の通った、神から与えられた必要が姿を変えているものもあります。神は私たちに、子孫繁栄と配偶者との歓びのために性的な欲求を与えられました。ポルノに病みつきになっている人は、この良い欲求を歪めてしまったのです。彼は欲求を行動に移しているときだけ、生きている実感を持ちます。

●**人間関係への恐れ**　本当は愛されたいのですが、自分のどうしようもない行動（例えば、過食、働き過ぎなど）が他者を遠ざけます。言葉によって他者を寄せ付けないようにする人もいます。

●**満たされていない感情的飢餓**　私たちは皆、人生の最初の数年間に愛を必要とします。この愛を受け取っていないと、残りの生涯を通してそれを求め続けることになります。この愛への飢え渇きは大変強く、人との関係の中にそれを見出せないと、今度はそれを他の場所に求めるようになります。たとえば食べ物とか、仕事、性的な行動、浪費などです。

●**律法の下に置かれる**　律法主義的な環境で育った多くのクリスチャンは、自分で物事を決めさせてもらえませんでした。自分自身の決定をしようとすると、罪悪感を覚えるのです。この罪悪感のため、彼らは破壊的な方法で反抗します。食物への依存や衝動買いなどは、厳しい規則に対する反応であることが多いものです。

●**感情的な傷を覆う**　感情的に傷ついている人たち、子どもの頃に放置され虐待された人たちは、自分の痛みを過食や深酒、あるいは仕事への没頭などによってごまかします。愛されず、求められず、孤独でいることの真の痛みから目をそらすために、薬物の使用に走ることもあります。このような偽装行為をやめると、彼らの孤独感は到底耐えられないものになってしまいます。

3．**何が境界線の問題なのか。**　摂食、金銭、時間、課題の完成、言葉、性欲、あるいはアルコールや薬物乱用に関わるあなたの自己境界線問題を考えてみてください。境界線問題のかなりの部分がこれら七つの領域に入ると思いますが、これが全てではありません。あなたの人生の他のどんな領域が制御不能に陥っているのか、洞察する力を神に求めてください。

4．**誰が所有権を行使すべきか**　この時点で、歯止めのきかない自分の行動の責任を取るという、痛みを伴うステップを取りましょう。その行動パターンの原因は家族の問題や放置、虐待、トラウマなどにさかのぼることができるかもしれません。言い換えれば、境界線問題はすべてが自分のせいではないかもしれないということです。しかしそれでも、それらの問題は自分の責任です。

5．**何が必要なのか。** 他者との間に安全で信頼でき、恵みと真理に溢れた関係を築くよう、積極的に取り組まなければ、境界線問題に対処しようとしても無意味です。神が用意された霊的・感情的燃料の供給源から切断されていては、自分自身に対するコントロールや洞察を得ることは非常に難しくなります。

何でも自分でやろうとする人は、ピアノや配管工事やゴルフを学ぶときにハウツーもののマニュアルを買うように、抑制のきかない行動を解決するのにもマニュアルを求めます。そのような人たちが他者との関係につながろうとすると、概してもどかしさを感じます。彼らはこの境界線設定に関わる仕事を手早く終わらせたいのです。

ところが、自己境界線で悩んでいる人たちの多くは、深い人間関係からもかなり孤立しています。神にも人々にも「根ざして」いないのです（エペソ3・17）。そのため、彼らは他者とつながることを学ぶために、後戻りと思える段取りを踏まなくてはなりません。人々とつながることは時間がかかり、冒険や痛みを伴うプロセスです。適切な人たち、グループ、教会を見つけるのが難しいだけでなく、仲間に入ったあとで、自分の必要を他者の前で認めるのは一層難しいかもしれません。

何でも自分でやろうとする人たちは、時間もかからずリスクも少ないからという理由で、認知的、つまり意志の力に頼ったアプローチに逆戻りすることがよくあります。彼らはしばしばこう言います。「私は人間関係が欲しいのではない。私には手に負えない行動があって、その痛みから逃れたいのだ！」彼らのジレンマはよくわかりますが、彼らが向かっているところは、手っ取り早い解決策という別の袋小路です。対症療法、すなわち症状に対処することだけで問題を解決しようとすると、ほとんどの場合、さらなる症状を生み出します。イエスは、あるたとえ話の中でこのプロセスについて語りました。

汚れた霊は人から出て行くと、水のない地をさまよって休み場を探します。でも見つからず、「出て来た自分の家に帰ろう」と言います。帰って見ると、家は掃除されてきちんと片付いています。そこで出かけて行って、自分よりも悪い、七つのほかの霊を連れて来て、入り込んでそこに住みつきます。そうなると、その人の最後の状態は、初めよりも悪くなるのです。

（ルカ11・24－26）

私たちのたましいが空の家になっていると、悪がそこを乗っ取ります。私たちの生活が秩序だっているように見えるときでさえ、孤立していると、まず間違いなく霊的に脆くなるのです。私たちの家が神と人との愛で満たされているときにこそ、悪魔の策略に対抗することができます。人とのつながりを持つことは、オプションでも贅沢でもありません。それは霊的・感情的な死活問題です。

6．どのように始めるか。 一旦あなたの境界線問題を見極め、所有すれば、それに対処できるようになります。自分自身に境界線を引く練習として、次のようなところから始めてみましょう。

自分の本当の必要に目を向ける　制御不能の行動パターンは、往々にして背後にある必要を覆い隠しているにすぎません。行動に対処する前に、まず根底にある問題に目を向ける必要があります。たとえば、衝動的に食べてしまう人は、食べ物を恋愛関係や性的に親密な関係から離れて安全でいられるための手段にしていたと気がつくかもしれません。このような感情的に重たい状況に直面するのが怖いので、食べ物を境界線として使っているのかもしれないのです。異性に対する内的な境界線が確立するにつれ、このような人たちは暴食という境界線を破棄することができます。そして、症状だけでなく、本当の問題のために支援を求めるようになります。

失敗を受け入れる　本当の必要に目を向けたからといって、問題行動がなくなるとは限りません。自己境界線問題の根底にある本当の必要に対処しても、その問題が繰り返し戻ってくるのでがっかりする人が大勢います。「うーん、教会でサポートグループに入ったけれど、私の遅刻癖（あるいはポルノ、浪費、人の話に口をはさんでしまう癖）は相変わらずだ。これは全部無駄だったのだろうか？」

そうではありません。破壊的なパターンが戻ってくるのは、神が私たちを永遠のために整え、聖別し、成熟させていることの証拠です。私たちは物事を学ぶ練習を続ける必要があります。より良い自己境界線を学ぶプロセスも、車の運転や水泳、外国語などを学ぶのと同じです。

私たちは失敗を避けようとするのではなく、それを受け止める必要があります。失敗を避けることに腐心する人たちは、成熟から逃げています。私たちがイエスに惹かれるのは、彼が「お受けになった様々な苦しみによって従順を学」ばれたからです（ヘブル5・8）。成長する人たちはまた、顔に戦いの傷跡や、苦労によるシワや、涙の跡のある人たちに引き寄せられるものです。そのような人たちの教えは、顔にシワの刻まれていない、一度も失敗したことのない人たち、本当の意味で人生を体験したことのない人たちよりもずっと信頼するに足ります。

他者の思いやりのある忠言に耳を傾ける　境界線を引き損ねたとき、あなたにはそのことを愛情を込めて知らせてくれる人が必要です。多くの場合、自分では自分の失敗に気がつかないものです。あなたに境界線が欠如しているために、愛する他の人たちがどれほどダメージを被っているのか、実はよくわかっていないこともあるでしょう。他のクリスチャンたちから別の視点と支援をもらいましょう。

キースは借りたお金をなかなか返せない人でした。お金がなかったわけではありません。自分勝手というわけでもありません。ただ忘れっぽかったのです。彼は自分にお金を貸してくれた人たちに与えている不快感がどのようなものか、ほとんど気づいていませんでした。

ある日の午後、数か月前にキースにお金を貸した友人が彼のオフィスに立ち寄りました。「キース」。彼は言いました。「僕は、君に貸したお金について何度か尋ねたよね。まだ返事をもらっていないんだけど。君がわざと僕の要求を無視しているとは思ってないさ。だけど、僕は君のその忘れっぽさのせいで辛い思いをしているんだ。お金を返してもらえなかったから、僕は休暇をキャンセルしなくちゃいけなかったんだよ。君の忘れっぽさは僕を傷つけている。それから僕らの友情もね」。キースは驚愕しました。自分にとっては些細なことが、親しい友人にとってそんなにも意味のあることだとは、まったく思いも及ばなかったのです。友人に多大な迷惑をかけていた事実を深く嘆きつつ、彼は即座に小切手を書きました。

責めたりなじったりすることなく、この友人はキースが自己境界線の問題にもっと注意をするように促しました。彼は、キースが親しい友人に対して感じる思いやりの気持ちに訴えたのです。自分の友人に痛みを与えてしまったという心からの嘆きは、キースがもっと責任を持つようになる強力な動機となりました。私たちの自己境界線の欠如が相手をどう傷つけているか支援グループの仲間に知らされるとき、恐れではなく愛が私たちを動かすようになります。

聖書に基盤を置く支援グループは、思いやりと明確な忠言を与えます。人々の行動が他者にどのような影響を与えるかを知らせることで、彼らに責任感を持たせます。一人のメンバーが他のメンバーに「あなたの放縦な言動のせいで、私はあなたから離れたくなるのです。あなたがそのように振る舞うなら、私にはあなたを信頼できると思えません」と言うとき、その手に負えない行動をしている人は、親や警察に見張られているのではありません。仲間から愛をもって真実を聞かされているのです。このような対峙は、思いやりに基づいた品行と、愛に基づいた自制を建て上げます。

行動が引き起こした当然の結果を、教師として歓迎する　種蒔きと刈り取りの法則について学ぶことはとても有益です。それは、自分が責任をもって行動しなければ何かを失うことになると教えてくれます。衝動的な過食者は、健康面でも社会面でも困難をきたすでしょう。浪費家は破産裁判所のお世話になります。慢性的に遅刻してばかりの人は飛行機に乗り損ない、大切な会議を逃し、そして友人も失います。怠け者は昇進やボーナスを逃します。他にもまだ多くの例があります。

私たちは、神の訓練学校へ入学して、自分の無責任さによる苦しみを味わう必要があります。すべての苦しみを受け入れるべきだというわけではありませんが、[2] 自分に愛や責任が欠けているのが原因で苦しむなら、その痛みは私たちの教師となります。

より良い自己境界線の習得は、秩序だったプロセスです。まず、他者が私たちの破壊的な行動に対峙します。この忠言に心を留めないでいると、次に行動の結果がやって来ます。言葉は行動に先立ち、私たちが苦しむことになる前に、破壊的なものに背を向ける機会を与えてくれるのです。

神は私たちの苦しみをご自分の喜びとはなさいません。愛に満ちた父親が自分の子どもたちが痛みのうちにあるのを見ると心が砕かれるように、神は私たちに苦しみを与えたくはないのです。しかし、神の言葉も他の子どもたちからの忠言も届かないのであれば、行動の結果だけが私たちをさらなるダメージから救う唯一の道です。神はちょうど、十代の子どもに飲酒をしたらもう車は使わせませんよと警告する親のようです。最初に「飲酒を今すぐやめなさい。そうしないと悪い結果が伴いますよ」という警告が来ます。次に、もしそれが聞き入れられないのであれば、車を使う権利が取り去られます。この痛みを伴う結果は、飲酒運転による事故という深刻な事態が起きるのを未然に防ぐのです。

愛に満ちた支援的な人々と交遊を深める　忠言を聞き、結果を負いながら、あなたの支援者の人たちと近密な接触を保ちましょう。あなたが抱えている困難は、一人で負うには重すぎます。あなたには、愛に満ち、支援的で、しかしあなたを助け出してしまわない人たちが必要です。

一般的に言って、自己境界線の問題を持つ人の友人は、次の二つのうちのどちらかの間違いを犯します。

1. **批判的で保護者のようになる。**　その人が失敗すると、「だから言ったでしょう」という態度を取ったり、「さあ、この経験から何を学んだの？」などと言ったりします。こうなると、その人は別の友人を求めてよそへ行くか（誰でも親は二人いれば十分です）、あるいは結果から学ぶのではなく、単に批判を避けるようになります。「兄弟たち。もしだれかが何かの過ちに陥っていることが分かったなら、御霊の人であるあなたがたは、柔和な心でその人を正してあげなさい」（ガラテヤ6・1）。

自分もまた神の恵みによって支えられているのですから、保護者のように振舞うのでなく、優しく励ましましょう。

2．**救助隊になる。** その人を苦しみから助けてあげたいという衝動に負けてしまいます。本人が酔っぱらっているときに上司に電話をし、彼／彼女は病気だと言います。貸すべきではないときに、さらにお金を貸します。遅刻する人がいると、その人をおいて先に食事を始める代わりに、皆を食卓で待たせます。

誰かを助け出すとは、愛することとは違います。神の愛は、人々に自分の行動の結果を負わせます。助け出してしまう人たちは、もう一度だけ助けてあげれば、相手が愛に満ちて責任感のある人になるだろうと期待します。結局、彼らはその人を支配しようとしているのです。

思いやりを持ちつつも、セーフティネットにはならないという態度を取る方が、ずっと賢明です。「今年になってまた仕事を失って、本当に大変だね。でも、先に貸した分を返してもらうまでは、もうこれ以上お金は貸せないんだ。それでも、話を聞くくらいのことはさせてもらうよ」と言いましょう。こうすることで、人々はあなたが自己境界線の発達についてどれだけ真剣であるかを見てとります。誠実に解決を求めている人は、このアプローチに価値を見出し、あなたのサポートの申し出をありがたく受け入れるでしょう。操作的な人であれば、その限界に憤り、すぐにもっと優しげな人を他に探すことでしょう。

自己境界線を発達させるためのこの五箇条の処方箋は循環します。つまり、本当の必要を取り扱い、失敗し、思いやりのある忠言を得、結果を負い、回復することを繰り返すたびに、あなたは内的境界線をより強固なものへと建て上げていくのです。自分の目標から離れず、正しい人々と共にいるなら、生涯を通して真にあなたの人格の一部となる自制が身につくでしょう。

あなたが被害者の場合

自分自身に対して境界線を引くのは容易ではありません。あなたの境界線が子ども時代にひどく侵されていたのであればなおさらです。子ども時代に虐待を受けた覚えがない人には、このような人たちの経験を真に理解することはできません。あらゆる傷の中でも、このタイプのものは特に深刻な霊的・感情的ダメージを生じさせます。

被害者は、無力な状態にあるときに、他者に搾取されて傷つけられた人です。虐待には言葉によるものもあれば、身体的なもの、性的なもの、さらには悪魔的な儀式によるものもあります。どれも子どもの人格形成に極度のダメージを与え、子どもは霊的・感情的・認知的に歪みのある大人になります。どのような虐待の場合も、無力さ、傷、搾取という三つの要因は共通しています。

虐待がもたらす結果には次のようなものがあります。

- 鬱
- 強迫的疾患

- 衝動的疾患
- 孤立
- 他者を信頼できない
- 親密な愛着を築けない
- 限界を設定できない
- 人間関係における誤った判断
- 人間関係におけるさらなる搾取
- 深い自己嫌悪
- 恥
- 罪悪感
- 無秩序なライフスタイル
- 無意味感や無目的感
- 説明のできない恐れやパニック発作
- 恐怖症
- 発作的な怒り
- 自殺願望や自殺に関わる思い

虐待の影響は、それを乗り切って大人になった人たちの人生に、長期的に、広範囲にわたって続きます。被害者の発達過程は虐待によって傷を受け、妨害されているために、彼らの癒やしは容易ではありません。最も主要なダメージは、被害者が信頼感を失うことです。信頼、つまり必要があるときに自分自身や他者に依存する能力は、霊的・感情的に生き延びるための基礎的な必要です。私たちは、現実を認識する自分の力を信頼できなくてはなりません。また、大切な人たちと進んでつながれなくてはなりません。

自分自身を信頼する能力は、他者を信頼する経験に基づいています。「流れのほとりに植えられた木」（詩篇1・3）のような人たちは、神や他の人たちからの愛の流れがあるために、頑丈に感じます。

被害者は、加害者が子どもの頃の知り合い、または自分にとって大切な人であったため、人を信頼することができなくなります。その関係が自分にとってダメージを与えるようなものになったとき、信頼感が崩壊したのです。

虐待や性的虐待が持つもう一つの破壊的な影響は、被害者が自分のたましいに対して所有意識を持てなくなることです。事実、被害者はしばしば自分は公共の所有物であるかのように感じます。自分が持つお金、身体、時間は、求められればいつでも他者に差し出すべきだと感じるのです。

虐待によるもう一つの傷は、自分の全てが悪い、間違っている、汚い、恥ずかしいという意識が深く浸透していることです。彼らが愛を受けるに値することや彼らの性質について他者がどんなに肯定してくれても、彼らは心の奥底で自分には何一つ良いものがないと確信しています。傷の深刻さゆえに、多くの被害者の境界線は浸透性があり過ぎます。彼らは悪くないのに自分が悪いと思い込みます。自分が扱われたやり方は自分にふさわしかったのだと信じ始めます。悪いとか邪悪だとか幾度となく言われてきたために、それは真実に違いないと思っている被害者が大勢いるのです。

被害者の援助としての境界線

本書で説明してきたように、境界線を発達させることは、被害者が回復と癒やしへ向かうにあたり、非常に役に立ちます。しかし多くの場合、その問題が持つ深刻さのゆえに、被害者は専門家の助けなしには自分で境界線を設定することができません。虐待の被害者の方は、カウンセラーのもとで適切な境界線を設定し、それを維持する手ほどきを受けるよう、強くお勧めします。

おわかりのように、自分自身との境界線問題には、さまざまな異なる原因や表出の仕方があります。しかし幸いなことに、自分との境界線は回復可能であり、強化することができます。私たちはそれを何度も見てきましたし、あなたもまた、助けと癒やしを得て練習を積むならば、必要な自己境界線を発達させることができるでしょう。

第14章　境界線《バウンダリー》と神

Boundaries

聖書を読んで、聖書とは「あれをしろ、これはするな」という規則の本だと思う人たちがいます。また、人生哲学や賢者の原則だと思う人たちもいます。さらに、人間の実存とジレンマについて語った物語だと思う人たちもいます。

確かに聖書には、この地上に存在するとはどういうことかを説明する規則や原則、物語が含まれています。しかし私たちにとって聖書とは、「関係」について語られた生きた本なのです。神から人への関係、人から神への関係、そして人々のお互いの関係です。この世を創造し、そこに人間を置き、人間と関係を持ち、その関係を失い、そしてその関係を癒やし続ける神についての書物です。また、創造主としての神についての書物です。この世は神の創造物だからです。さらに、支配者である神についての書物です。神は究極的にご自身の世界を支配しておられ、将来にわたって治められるからです。そして、贖い主である神についての書物です。神は、迷い、囚われの身になっているご自身の愛する者たちを探し出し、救い、癒やすお方だからです。

ある律法学者が律法の中で一番大切な戒めは何ですかとイエスに尋ねたとき、イエスはこう述べました。「『あなたは心を尽くし、いのちを尽くし、知性を尽くして、あなたの神、主を愛しなさい。』これが、重要な第一の戒めです。『あなたの隣人を自分自身のように愛しなさい』という第二の戒めも、それと同じように重要です。この二つの戒めに律法と預言者の全体がかかっているのです」（マタイ22・37－40）。「神を愛し、あなたの隣人を自分自身のように愛しなさい」と、聖書全体が愛のメッセージを伝えています。

しかし、どうやってそれを行えばいいのでしょうか。そう、だからこそ聖書には他にもたくさんのみことばがあるのです！　神や隣人を愛することは容易ではありません。それが難しい主な理由の一つは、境界線問題です。境界線問題とは、要するに責任の問題です。私たちは、誰が何に関して責任を負うのか、どこで私たちが終わってどこから他人が始まるのか、どこで神が終わってどこから私たちが始まるのかがわからないのです。聖書は境界線を明確にし、この愛の働きのために誰が何をすべきなのかを明らかにします。

境界線を尊重する

私たちには神との関係において、自分の境界線、自分の地境があります。神は境界線が尊重されるようにと、この世をデザインされました。神は私たちの境界線を尊重し、私たちも神の境界線を尊重する必要があります。

神はいろいろな意味で、私たちの境界線を尊重してくださいます。第一に、**神は私たちにしかできない仕事は私たちの手に任せます。**そして、私たちの行動の結果が痛みを伴うときにもそれを経験させます。それは私たちが変わるためです。神は私たちのうち誰も滅びることを望まれませんし、喜ばれもしません（第二ペテロ3・9、エゼキエル18・23）。むしろ神は、私たちが自分自身の益のために、そして神のご栄光のために変わることを願っておられます。私たちがそうしないと、神は深く悲しまれます。しかしだからと言って、私たちを助け出すこともなさいません。神は私たちが自分のために、自分で努力することを願われるからです。私たちが一人になりたいと願うなら、早く戻ってくるようにと切望はされても、私たちの願いを踏みにじるようなことはなさいません。

第二に、**神は私たちの「ノー」を尊重されます。**神は私たちを支配することも、やかましく口出しすることもなさいません。神は私たちが「ノー」と言って歩み去るなら、そのままにしておかれます。放蕩息子のたとえや金持ちの役人の話、あるいはヨシュアとその民の話を考えてみてください。これらの例ではどれも、神は選択肢を与え、人々に自分で決めさせました。人々が「ノー」と言うとき、神はそれを認めつつ彼らを愛し続けます。神は与えるお方です。そして神がいつもお与えになるものの一つに「選択肢」があります。さらに、神は真に与えるお方ですから、それらの選択がもたらす結果もまた、お与えになります。神は境界線を尊重されるのです。

しかし、これらの聖書の登場人物ほど正直ではない人が大勢います。「私はあなたのやり方ではやりたくありません、自分のやり方でやります」というのが単刀直入で正直な放蕩息子の姿でした。ぶどう園でのたとえ話には二人の息子が出てきましたが、私たちはむしろ、二番目の息子のように振る舞いがちです（マタイ21・28－31）。口では「はい」と言うものの、行動が「やりません」と言っているのです。神は正直さを好まれます。「誓って果たさないよりは、誓わないほうがよい」（伝道者5・5）。神が求めておられることが何であれ、正直に「ノー」と言うのであれば、その方が私たちにとってはるかに良いのです。なぜなら、次のステップは悔い改めだからです。正直に「ノー」と言うとき、私たちは神に対して「ノー」と言うことがいかに破壊的であるかを知り、義に対する真の飢え渇きへと導かれます。

ジェレミーは私が指導していた支援グループのメンバーでした。彼は浮気をしていたのですが、自分は悔いている、姦淫を犯す者にはなりたくないのだ、とずっと言っていました。彼は本当に神に従いたかったのですが、いくらそう言っても、やることはちっとも変わりませんでした。彼は、変わるための努力もしないで、自分は変わりたいと思っていると信じたかったのです。

心底変わりたいと言う彼の言葉に聞き飽きた私は、神とグループのみんなに真実を語ってはどうかと勧めてみました。彼は実は変わりたくなくて、不倫を楽しんでいたのです。そして彼の本当の願いは、神がご自身の規則をどこか別の場所に持って行ってくれたら、というものでした。

ジェレミーは驚いたようでしたが、徐々に全くそのとおりであるとわかってきました。そしてついに、自分には神への愛が欠けていて、実際はいかに好き勝手なことをやりたがっているかと、真実を語り始めました。このように認めることに、初めのうちは恐れがありましたが、自分は聖さを求めるクリスチャンなのだという虚偽を脱ぎ捨てたのです。そして、どんな嘘よりも正直に語る方が気持ちがいいとわかったとき、何かが起こり始めました。

恵みという安全な環境の中で、自分をありのままに見ることができ、彼は自分の姿に後悔し始めたのです。彼は心の空虚さに気づき始めました。本当の自分を心から所有したとき、彼は自分が好きになれませんでした。彼は真摯な悲しみを感じるようになりました。それは悔い改めをもたらす類いの悲しみでした。そして彼は変わり始めたのです。愛人にもうこれ以上会わない旨を伝え、妻に対して改めて忠誠を誓いました。今度こそ本気でした。何年にもわたって口では「はい」と言いつつその逆の行動をとってきたのですが、ついに神に対する自らの「ノー」をしっかり見据え、正直に所有したのです。そしてそのとき初めて、変化が可能になりました。

神との境界線を所有するまでは、私たちはその境界線を動かしたり、神にそれを取り扱っていただくことは決してできません。その境界線は隠されていて、互いに伝達されていないからです。境界線は正直に所有され、開示され、私たちの一部となる必要があります。そうなって初めて、私たちは神と共に問題に直面することができます。

私たちが心の底から正直になり、真の自分という人間を所有するとき、そこには神に対して怒りを表現する余地があります。神から切り離された多くの人たちは、神に対して怒りを表明するなど畏れ多いと感じているため、感情的に無感覚な状態になっています。怒りを感じるまでは、怒りの下に埋もれている愛の感情を感じることもできません。

ヨブは、神への失望や怒りを残さず言い表したいと思いました（ヨブ13・3）。しかしそれをする前に、彼は次の二点を確認する必要がありました。ヨブが神に求めていたのは、①罰の手を引いていただき、②対話を始めてもらうことでした（同・21）。ヨブは、もし関係が確かなものであれば、自分が本当に感じていることを神に言っても大丈夫だと知っていたのです。

対人関係の中で正直な気持ちを言って傷ついた経験などから、私たちは怖くてなかなか正直になれないものです。ヨブと同様、私たちは捨てられ、報復されるのではないかと恐れます。私たちが本当に感じたとおりを人に言ったとき、見放され、攻撃されたことがあるからです。

しかし安心してください。神は私たちの「心のうちの真実」を喜ばれます（詩篇51・6）。神は、ご自身と本当の関係を持つ人々を探しておられます（ヨハネ4・23－24）。私たちにはどんなにひどいことのように思えても、神は全てをお聞きになりたいのです。私たちが自分の境界線の中にあるものを所有し、それを光のもとに差し出すとき、神はご自身の愛をもってそれを変えることができるのです。

神の境界線を尊重する

同様に、神はご自身の境界線が尊重されることも期待されます。神が選択をしたり、私たちに「ノー」と言うことは、神の権利であり神の自由です。もし私たちが神と本物の関係を持つつもりなら、私たちはその自由を尊重しなくてはなりません。私たちが「あなたは○○をしなくてはいけない」と言って神を縛り付けようとするなら、それは神の自由を試みていることになります。神が何かをしてくれないと怒っているとき、私たちは神本来の自由を認めていないのです。

人間関係における基本的な問題は、自由の問題です。人々が自分の願うことをしないという理由で、私たちは彼らを悪者にします。彼らが自然に、自分の思いのままを行っているとき、そのことで彼らを裁きます。彼らが最善と思って行っていることでも、それが私たちの求めるものではないなら、彼らを愛することをやめてしまうのです。

私たちは神に対しても同じように振る舞います。自分は神から恩恵を受けて当然だと思っています。あたかも、神には私たちがして欲しいことをする義務があると言わんばかりです。もし誰かがあなたに頼み事をしておきながら、あなたにそれをするかどうかの選択の自由を与えないとしたら、どう思いますか。この子どもじみた権利意識のせいで、大勢の人が神に不満を持ちます。ちょうど自分の生活の中で他者に対して不満を持つのと同じです。他者の自由を憎むのです。

神は私たちに縛られません。神が私たちのために何かをなさるとき、それはご自身の選択によります。神は「強制」されたり、罪悪感に左右されたり、誰かに操作されたりしません。何をするにも、ご自分がそうなさりたいからするのです。私たちのために死なれたのもそうです。私たちは神の純粋な愛の中に安息を得ることができます。神がなさることのうちには、隠された憤りなど何一つありません。神は自由であるがゆえに愛するのです。

神の自由に直面し、それを受け入れることを学んだ聖書の登場人物は大勢います。神の自由を受け入れ、神の境界線を尊重するとき、神との関係は必ず深められました。ヨブは、願ったときに自分を助け出さない神の自由を受け入れざるを得ませんでした。自分の怒りと神への不満を表現しました。そして神は、その正直さのゆえにヨブに報いました。しかし、ヨブは自分の心の中で「神を悪者にした」のではありません。不満を全てぶつけて、神と縁を切ったのでもありません。ヨブには神が理解できませんでしたが、それでも神の自由を受け入れ、神を愛することをやめなかったのです。神に腹を立てていた時でさえもです。これが本当の関係です。

同様に、パウロも神の境界線を受け入れました。旅が計画どおりに進まなかったとき、パウロは神の主権を受け入れました。彼は何度も、ある癒やしを求めて神に祈りましたが、神はそれを聞き届けられませんでした。神は「いいえ、わたしはあなたが今求めているようなやり方であなたを愛することを選ばない。わたしはわたしの臨在をもって、あなたを愛することを選ぶ」と言われました。パウロは神が境界線を引かれるのを拒みませんでした。

イエスはその苦しみを通して完全な者とされました（ヘブル5・7－10）。ゲッセマネの園で、この苦しみの杯を私から去らせてくださいと求めましたが、神は「ノー」と言われました。イエスは神の願いを受け入れ、それに自分を従わせました。そしてそれをとおして「ご自分に従うすべての人々にとって永遠の救いの源」となりました（ヘブル5・9）。もしイエスが神の境界線と神の「ノー」を尊重しなければ、私たちは皆、失われたままだったでしょう。

私たちが他者に自分の「ノー」を尊重してもらいたいのと同様に、神も私たちが神の「ノー」を尊重することを願っておられます。神はご自分の選択のせいで悪者扱いされることを望みません。罪悪感によって支配されたり、操作されることを望まないのは、神も同じなのです。

「敬意をもって反対します」

一方で、神は私たちがご自身との関係において受身でいいとは思っておられません。時には、対話をとおしてご自身の気持ちを変えられることもあります。私たちは神に影響を与えることができるのです。それは、私たちと神との関係が、アブラハムと神との関係と同じく、本物だからです（創世記18・16－33）。神はソドムを滅ぼすとおっしゃいましたが、アブラハムは、もし十人の義人を見つけることができれば思いとどまってくださいと神を説得しました。

私たちが自分の感情や願いを知らせるとき、神はそれに応答されます。私たちはあまり神をそのように捉えないのですが、この点について聖書は明らかです。それはちょうど、「もしあなたにとってそんなに大切なことなら、そうしてもかまわないよ」とおっしゃるかのようです。聖書の中で最も驚くべき教えの一つは、私たちは神に影響を与え得る、ということです。もしそうでなければ、それは本当の関係とは言えないでしょう。「『さあ、来たれ。論じ合おう』――主は言われる――」（イザヤ1・18）。真の友のように、あるいは真の父のように、神は「あなたの言い分を聞かせておくれ。わたしはそれを考慮しよう。あなたが考えていることは、わたしにとっても大切なことのだ。もしかしたらあなたの言うことで、わたしは気持ちを変えるかもしれない」とおっしゃるのです。

祈りについてのイエスのたとえ話を考えてみましょう。一つの話では、「神を恐れず、人を人とも思わない」裁判官が、正義を要求するやもめを何度も退けていました。しかし、やもめがあまりにしつこく頼み続けたため、彼は気持ちを変え、彼女の願いを聞きました（ルカ18・1－8）。イエスがこのたとえ話をしたのは、「いつでも祈るべきであり、失望してはいけないことを教えるため」（同・1）でした。もう一つの話では、パンを求めてしつこく頼み続けた隣人が、大胆に求め続けた結果、その願いを聞き入れられました（ルカ11・5－9）。癒やしを何度も求められたために、イエスは癒やすことにしたというケースもたびたびありました。（マタイ15・21－28）

神は、私たちが神の境界線を尊重するよう願っておられ、神に「ノー」と言われたからといって、私たちが愛の関係から退いてしまうことは望まれません。しかし、私たちがお心を変えてくださいと説得を試みることについては、全く嫌な顔をされないのです。事実、神は私たちに執拗さを求められます。私たちがどれくらい本当に求めているかを知るために、神はしばしば「待ちなさい」

とおっしゃいます。また別の時には、私たちとの関係のゆえに、そのお心を変えることもあるようです。いずれにしても、私たちは神の願いを尊重し、神との関係にとどまります。

神はご自身の境界線を尊重される

互いの境界線を尊重することに加え、自分に属するものをいかに尊重すべきかについても、神は良いお手本です。

神ほど徹底してご自分のことについて責任を取る方はいません。もし神が誰かに痛みを負わされても、神はご自分の痛みについて責任を取られます。もし私たちが神に暴言を吐き続けても、神は自虐的な方ではないので、ご自身の面倒を見られます。私たちは、自分自身のためにも、神の境界線の結果を負うような事態は避けたいものです。

結婚の披露宴のたとえは、神が責任を取るお方であることを示しています（マタイ22・1－14）。披露宴を設けようとしていた王が大勢の人たちを招きました。彼らが行かないと言ったとき、王は来るように嘆願しました。彼らはそれでも拒み続け、自分の用事をしていました。ついに王はうんざりし、その状況の責任を取るために、しもべたちに言いました。「披露宴の用意はできているが、招待した人たちはふさわしくなかった。だから大通りに行って、出会った人をみな披露宴に招きなさい」（同・8－9）。

神は十分待ちわびたなら、「もうたくさんだ」と見切りをつけ、ご自身の所有物やお心を尊重し、より良い状況を生むための行動を取られます。神はその痛みの責任を取り、ご自身の営みを改善するために、処置を取られるのです。神は拒絶する人々のことは手放し、新しい友に手を伸ばされます。

神は良いお手本です。私たちが傷ついているとき、私たちはその傷に関して責任を取り、状況を好転させるために適切な行動を取る必要があります。それは誰かを手放し、新しい友を見つけることかもしれません。誰かを赦し、気持ちをすっきりさせるため、責めるのをやめることかもしれません。

本当の関係

この章のはじめに、関係についてお話しました。関係こそ福音の神髄です。それは「和解」の福音です（ローマ5・11、コロサイ1・19－20）。この福音は、敵対している者同士を結び合わせ（コロサイ1・21）、神と人との関係、そして人と人との関係を癒やします。

福音は、被造物をしかるべき秩序へと回復させます。真理と神の秩序です。関係という点から言えば、神の秩序とは、神ご自身と、神が働かれる方法ではないでしょうか。だからこそ、私たちは境界線がとても重要だと思うのです。なぜなら、神は境界線を持っておられ、私たちは神の似姿に変えられるようにと贖われたからです。

境界線は、神が造られた全ての関係に内在しています。境界線が、互いに愛し合う双方を定義付けるからです。この意味で、私たちと神との間の境界線は大変重要です。それは、私たちと神が一つとなることを否定するものではありません（ヨハネ17・20－23）。しかし、一つとなる二者を定義します。独自のアイデンティティーがなければ、一致もありません。そして境界線は、そこに関わる者たちの独自のアイデンティティーを定義します。

私たちは、神との間にある境界線を知る必要があります。境界線は、私たちが到達することのできる最高の姿、すなわち神の似姿になるのを助けます。境界線によって私たちは神の本当の姿を知ることができます。それは、私たちが人生を生き抜き、責任と義務を全うすることを可能にします。神がなすべき働きを私たちが代わりにやろうとするなら、私たちは失敗するでしょう。私たちがなすべき働きを代わってやってもらおうと思っても、神はそれを拒絶するでしょう。しかし、私たちが自分の働きをし、神が神の働きをなされるなら、私たちは創造主なる神との本当の関係の中で力を見出すことになります。

第三部

健全な境界線《バウンダリー》の発達

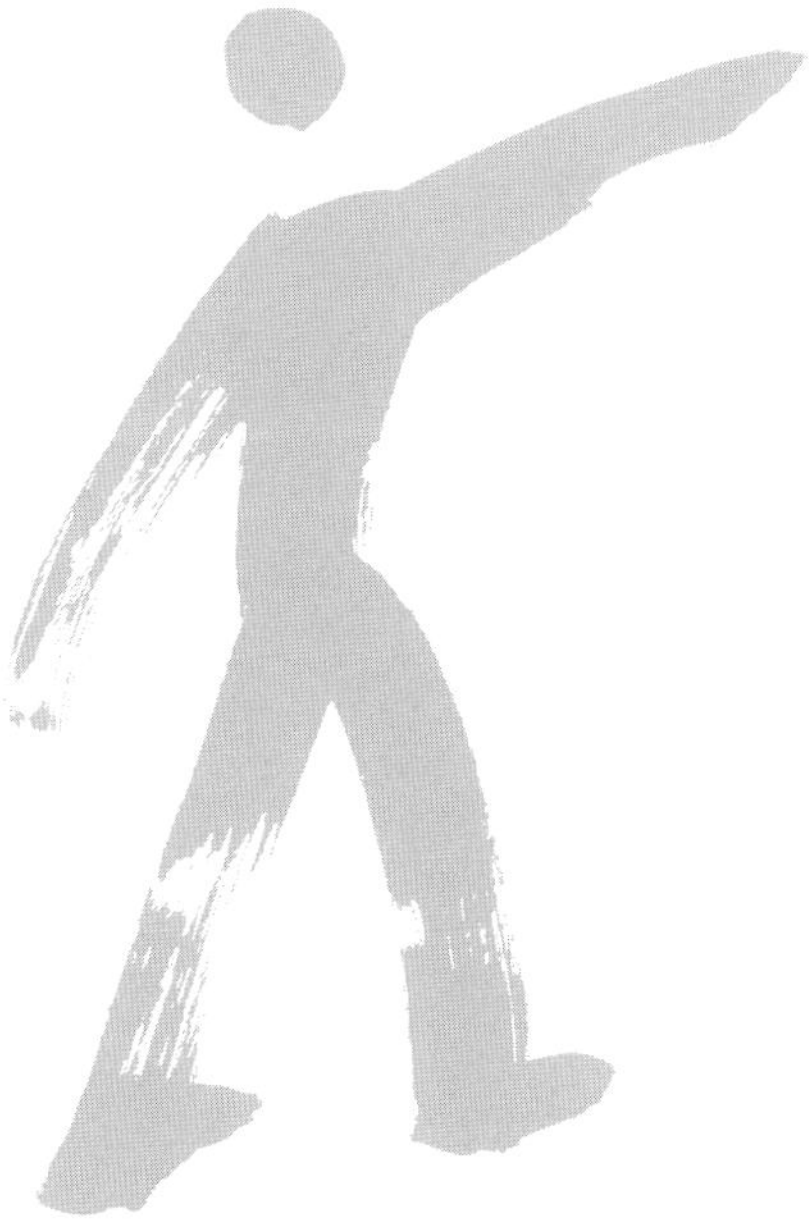

Boundaries

第15章　境界線《バウンダリー》への抵抗

私たちが生きていく上で、境界線がいかに必要で有益であるかについてお話ししてきました。実際、境界線の無い人生は人生ではないと言っても過言ではありません。しかし、境界線を引き、それを維持するためには、多くの努力と訓練、そして何より、そういう生き方をしたいという願いが必要です。

境界線の原動力となるべきものは、本人の願いです。大抵の場合、私たちは暮らしの中で何をなすべきか知っています。しかし、納得できる理由がないと滅多にそれを実行に移せません。境界線を設定し維持しなさいと神がおっしゃるのだから、それに従順であるべきだというのは、確かに最も良い理由です。しかし、従順よりもっと説得力のある理由が必要な場合もあります。正しいことは同時に、私たちにとって益になると実感する必要があるのです。そして私たちは、痛みを感じるようになってようやく、そのような良い理由に気づきます。痛みがあればこそ、行動に移そうという気になるのです。

Boundaries

より良い人生を送りたいと思っていても、境界線の設定を躊躇する理由がもう一つあります。闘争が始まるから、という理由です。そこには衝突や戦いがあるでしょう。口論があるでしょう。損失があるでしょう。

　霊的戦いの概念は新しいものではありません。何千年もの間、神は人々に、破滅の生活を送るか、保証されたものを所有するかの選択を与えてきました。そしてそこにはいつも戦いがありました。神がイスラエルの民をエジプトから約束の地へと導き出したとき、その地を所有するまでに、彼らは何度も戦い、数え切れないほどの教訓を学ばなくてはなりませんでした。

　私たちはまた、癒やしのためにも戦わなくてはなりません。神は私たちの救いと聖化を確かなものにしてくださいました。立場と原則において、私たちを癒やされたのです。しかし私たちの側も、自分のうちに神の似姿が形造られるよう努力しなければなりません。

　この癒やしのプロセスはある部分、境界線の回復でもあります。私たちがイエスのようになるにつれ、イエスは私たちの境界線と限界を取り返してくださるのです。神は、私たちがどういう者であり、どんな限界を持つのか明確にされました。それは私たちを祝福するためでした。「主は私への割り当て分　また杯。あなたは　私の受ける分を堅く保たれます。割り当ての地は定まりました。私の好む所に。実にすばらしい　私へのゆずりの地です」（詩篇16・5－6）。

　しかし、戦わなくてはならないのは私たちです。戦いには二種類あります。外側の抵抗と、内側の抵抗です。つまり、他者から受ける抵抗と、自分自身の中から来る抵抗です。

外側の抵抗

ジュリーは人生のほとんどを境界線問題で苦労してきました。子どもの頃、父親は横暴で、母親は罪悪感を用いて彼女を支配しようとしました。そのため彼女は、人の怒りを買ったり、「人を傷つけ」て罪悪感を覚えたりするのが恐くて、境界線を引くことができないでいました。自分のために何かをしたいときも、人々の怒りやふくれっ面を見ると、結局それで自分の決断が左右されてしまうのでした。

このような家庭で育った上、ジュリーが結婚した相手は非常に自己中心的で、怒りによって彼女を支配する男性でした。成人してからもずっと、彼女は夫の怒りによる支配と母親の罪悪感による支配の間を行ったり来たりしていました。ジュリーは誰に対しても境界線を引けませんでした。そうして何年も過ぎ、彼女は鬱になりました。そして最後には、私たちの病院に入院してきたのです。

何週間にもわたるセラピーのあと、彼女は自分がみじめなのは境界線が無いせいであることを理解し始めました。そして遂に、思い切って夫との間にいくつかの限界を設定する決心をしました。ある日、セラピストと夫との合同セッションで、ジュリーは夫にはっきりと言うべきことを言って対決しました。彼女は涙を流しながら支援グループのところに戻って来ました。

「どうだった?」メンバーの一人が尋ねました。

「最悪よ。境界線なんて役に立たないわ」。ジュリーは答えました。
「どういうことなの？」グループ担当のセラピストが尋ねました。
「このような仕打ちを受けるのはもう耐えられないので、これ以上は我慢しないと夫に告げたの。夫は腹を立てて怒鳴り始めたわ。もしその場にセラピストがいなければ、私はどうしていいかわからなかった。あの人、絶対に変わらないわ」

彼女の言うとおりでした。そこが病院で、セラピストがその場にいたのは幸いでした。境界線の設定を学ぶにあたって、彼女には多くの支援が必要でした。なぜなら、夫からも自分自身からも多大な抵抗に遭うのは間違いないからです。

ジュリーはその後の数週間で、人は彼女の限界に対して激しく抵抗してくること、それに反撃するためには計画が必要であることを学びました。そしてそれを実行すれば、相手が変わる可能性は高いということも。事実、そうなりました。ジュリーの夫は、もはやいつでも「自分のやりたいようにやる」わけにはいかず、自分の必要だけでなく他者の必要も考慮しなくてはならないと、ついに学んだのでした。

怒りの反応

外側から受ける抵抗で最もよくあるのが、怒りです。他者が境界線を設定したからといって怒り出すような人は、人格に問題があります。このような人たちは自己中心的で、世界は自分と自分の慰めのためにあるのだと思っています。彼らは他者を自分の延長と見なしているのです。

他者が彼らに「ノー」と言うと、彼らは欲しいものを奪われて「ママのばか！」と叫んで駄々をこねる二歳児と同じ反応をします。他者を、自分の欲しいものを奪う「悪者」であるかのように感じ、怒るのです。彼らは怒って当然のことに対して怒っているのではありません。「彼らに対して（to them）」害悪は何もなされていないのです。誰かが「彼らのために（for them）」何かをしてあげないだけです。彼らは満足の遅延や他者の自由を尊重することを学んでこなかったため、自分の願いがかなえられないと怒るのです（箴言19・19）。

怒りに満ちた人には、人格の問題があります。もしあなたがそれを助長するようなことをするなら、怒りは明日、明後日と状況を変えて何度も繰り返されます。その人を怒らせているのは状況ではありません。自分には他者から何かを得る権利があるという思いが彼らを怒らせるのです。彼らは他者を支配しようとし、その結果として自分自身に対するコントロールを失っています。そのため、自分が求めていた他者への支配を失うと、「キレる」のです。彼らは怒ります。

第一に、問題があるのは、あなたが境界線を引いたことに対して怒っている人の方であると理解してください。これを悟らないと、あなたは自分に問題があると思ってしまうかもしれません。あなたが自分の境界線を維持することは、相手にとっても益になります。それは自分の育った家庭で学ばなかった、他者を尊重する習慣を彼らに教えるからです。

第二に、あなたは怒りを現実的に捉えるべきです。怒りとは、人の内側にある感情に過ぎません。

それが部屋の向こう側から飛びかかってきて、あなたを傷つけるようなことはありません。あなたがそうさせない限り、他者の怒りはあなたの「内側に入って」は来ないのです。他者の怒りから距離を置くことは極めて重要です。怒りはその人のものにさせておきましょう。人が回復するためには、自分の怒りを感じる必要があります。もしあなたが彼をそこから助け出したり、彼の怒りを代わりに負ったりすると、怒っている人は良くならず、あなたも奴隷になってしまいます。

第三に、誰かが怒っているからといって、そのせいであなたが何かをしてあげたりしないようにしましょう。境界線を持たない人は、他者の怒りに自動的に反応します。怒っている人を助け出したり、承認を求めたり、あるいは自分自身が怒ったりします。何もしないという選択には威力があります。自制を失っている人のせいで、やろうとしていたことを変えてはいけません。その人には怒らせておいて、あなたがなすべきことは自分で決めましょう。

第四に、支援してくれる人たちにしっかり根ざすことを忘れないでください。怒りを用いてあなたを支配してきた人に対して、何らかの限度を設定しようとするときは、まず支援してくれる人たちに相談して計画を立てましょう。自分が何と言うか、あらかじめ考えておきましょう。相手が言うことを想定し、それにどう反応するか決めておきましょう。支援者たちと状況に合わせた役割練習をしておくのもいいかもしれません。それから、相手に対決した直後に支援者たちと話ができるよう、確認しておきましょう。何人かの支援者に一緒に来てもらうのも一つの手です。いずれにしても、話し合いの直後にはプレッシャーに潰されないように、支援してくれる人たち

離を保つことができます。

第五に、怒っている人につられて、あなたまで怒りだしてはいけません。「愛をもって真理を語り」ながら、愛のある態度を保ちましょう。律法の「目には目を」や、この世の「悪には悪をもって報いよ」の考え方に囚われると、身動きが取れなくなります。境界線があれば、愛するための距離を保つことができます。

第六に、結果をもたらすためには、必要なら物理的な距離や他の限界を用いましょう。「私は怒鳴られっぱなしにはなりません。あなたが言葉の暴力をやめて、この件について話し合いができるようになるまで、私は別の部屋に行きます。それができるようになったら、話をします」と言えばいいと悟って、人生が変わった女性もいます。

これらの重要なステップを取るのに、怒りは必要ありません。あなたには愛をもって相手に共感を示しつつ、相手に譲ったり支配されたりせずに会話が続けられるはずです。「私がそれをしてあげないので、あなたが腹を立てているのは理解できます。あなたがそう感じているのは残念です。何か手助けはできますか?」という具合です。ただし、忘れないでください。共感を示すと言っても、あなたの「ノー」を取り下げることは無意味です。他の選択肢を与えましょう。

あなたが自分の境界線を保てば、あなたに腹を立てている人たちは自制を学ばざるを得なくなります。彼らはこれまで他者を支配してきましたが、それは彼ら自身をも破壊するものでした。もはやあなたを支配できないとなれば、彼らは別の方法でつながりを持とうとするでしょう。しかし、怒りであなたを支配できる限り、彼らは変わりません。

辛い現実ではありますが、支配力を失うと、あなたともう口をきかなくなったり、関係から離れて行ってしまう人たちも中にはいます。これは賭けです。神はこの危険を日々負っておられます。神は正しいやり方でしか事をなさらず、悪には加担しないと言われます。その上で人々が自分のやりたいことを選ぶとき、神はそのままにしておかれます。時には私たちも同様にしなくてはなりません。

罪悪感を負わせる

ある人が母親に電話をかけると、母親はとても弱々しく、蚊の鳴くような声で電話に出ました。病気なのかと心配になり、彼は尋ねました。「お母さん、どうしたの？」母は答えました。「おまえたちが巣立っていった後は、もう誰も私に電話をしてくれないものね」

「私の声はもう使いものにならなくなってしまったみたいでね」。

支配的な人の手持ちの武器で、罪悪感に訴える発言ほど強力なものはありません。確固とした境界線を持たない人は、罪悪感を覚えるような言葉を浴びせられると、まず間違いなく、それを自分の内側に取り込んでしまいます。罪の意識を覚え、恐縮して、従ってしまうのです。以下のような発言を見てみましょう。

●「あれだけいろいろしてやったというのに、よくも私にそんなことができるわね」
●「一回くらい自分以外の人のことも考えてみたらどうなんだ」
●「本当に私のことを愛しているなら、電話ぐらいしてくれたっていいじゃないの」
●「家族のことを思っているなら、これくらいはやってくれるよね」
●「よくもそんなふうに家族を見捨てることができるもんだな」
●「私の言うことを聞かないとどうなったか、覚えているでしょう」
●「結局、あなたは指一本動かさず、自分で何かをするということもなかった。今度こそ、あなたの番なんじゃないの」
●「もし私が持っていたら、きっとあなたに与えただろうって、わかるでしょう」
●「私がどれだけあなたのために犠牲を払っているか、わからないのね」
●「私が死んでいなくなれば、あなたも悪かったと思うでしょうよ」

時には、罪悪感による操作は、神のことばに変装してやって来ることもあります。

●「よくそれで自分のことをクリスチャンだと言えますね」
●「聖書には『あなたの父と母を敬え』と書いてあるんじゃなかったの？」
●「あなたはちっとも従順じゃない。主はきっと悲しんでおられるよ」

●「クリスチャンというのは、他の人のことを考えるもんだと思っていたわ」
●「自分の家族を捨てるように教えるって、どんな宗教なの？」
●「そんなふうに振る舞うなんて、あなたにはきっと霊的な問題があるに違いない」

このようなことを言う人たちは、あなたの選択について罪悪感を持たせようとしています。時間やお金の使い方について、成長して親から離れていくことについて、友達や霊的なリーダーとは異なる生活を持つことについて、あなたに気まずい思いをさせようとしているのです。ぶどう園で働く労働者についてのたとえで、主人が言ったことを覚えていますか。「自分のもので自分のしたいことをしてはいけませんか」（マタイ20・15）。聖書は、私たちは与えるべきであり、自己中心的ではいけないと言います。しかし、他の人が私たちから欲しがるものは何でも与えよとは言っていません。自分が与えるものは、自分で決めるのです。

恐らく、罪悪感を覚えるような言い方をされれば、誰しもある程度はカチンとくるでしょう。しかし、自分の境界線に自信がないと、家族や他の人たちが言うことを、つい受け入れてしまうかもしれません。以下は、これら外側からのメッセージに対応するコツです。

1．**罪悪感に訴える発言を聞き分ける。** 罪悪感を引き起こすようなメッセージを、それがどれだけ支配的であるか考えず、そのまま飲み込んでしまう人がいます。たしなめられたり意見を言われたりしたときには、素直に耳を傾けましょう。しかし、罪悪感に訴える発言は、あなたの成長や益を意図していません。あなたを操作し、支配するために語られるのです。

2. **罪悪感に訴える発言は、実は怒りのカモフラージュである。** あなたを罪悪感に駆り立てようとしている人は、あなたがしたことであなたに抱いた怒りを、正直に認めることができないのです。それは恐らく、怒りを認めると、支配的な自分の本性が露わになるからでしょう。彼らは自分がどう感じるかよりも、むしろあなたとあなたの行動に焦点を合わせます。自分の感情に焦点を合わせると、その責任を取らざるを得なくなるからです。

3. **罪悪感に訴える発言は、背後に悲しみと傷を隠している。** このような感情を表現し所有するかわりに、人々はあなたとあなたの行為をスケープゴートにします。罪悪感を呼び起こす発言は、時には語り手の悲しみや傷、必要の裏返しであるということを心にとめておきましょう。

4. **もしあなたが罪悪感を覚えるなら、それはあなたの問題であり、彼らのものではないことを認識する。** 問題の本当のありかを知ってください。それは内側にあります。それを知って初めて、外側についても愛と限界をもって正しく取り扱えるのです。他人に言われたことであなたに罪悪感が「生じた」からと言ってその人を責め続けるなら、彼らはあなたに対していつまでも力を持つことになり、彼らがそれをやめない限りあなたは平安を取り戻すことができません。彼らにあなたの人生の支配権を与えているのです。他人を責めることはやめましょう。

5. **説明したり正当化したりしない。** それをするのは、悪さをした子どもたちだけです。あなたがそんなことをすれば、相手の思うつぼです。あなたに罪悪感を与えようとしている人に対して、あなたは何の説明義務も負いません。ただ何を選択したかだけ伝えればいいのです。選択の理由を相手に理解してもらうために説明したいというのであれば、そうしても構いませんが、嫌な気持ちにさせられたくないとか、自分の罪悪感を何とかしたいという理由で説明するのであれば、彼らが仕掛けた罠にはまっています。

6. **自分の考えははっきりと述べ、彼らの発言は彼らの感情に関するものであると解釈する。**「私が○○を選んだことで、怒っておられるようですね」、「私が○○をしないので、悲しんでおられるみたいですね」、「私が決めたことについて、ご不満なのはよくわかります。そのように感じておられるのは残念です」、「これはあなたにとって期待外れだったのですね。何か手伝えることはありますか?」、「私に他にしなければならないことがあると、あなたには辛いですよね」

要するに原則は、人々が感じている苦痛には共感するが、それは彼らの苦痛であることを明確にするということです。

愛と限界こそ唯一の明確な境界線であることを忘れないでください。もしあなたが他人の苦痛に反応するなら、あなたは自分の境界線を失っています。「自分の霊を制することができない人は、城壁のない、打ち破られた町」(箴言25・28)。もし他人があなたに反応させる力を持つなら、その人はあなたの城壁の内側、境界線の内側にいます。反応することはやめましょう。自分の意志で主体的に動きましょう。「今苦しいところにおられるようですね。よかったら話を聞かせてください」というように、共感しましょう。罪悪感を与えるような話し方をする人は、単に自分の辛い状況を誰かに話したいだけという場合もあります。聞き上手になりましょう。しかし、非難を受け入れてはいけません。

息子に罪悪感を与えようとした母親のことを思い出してください。確固とした境界線を持つ人であれば、母親に共感して「お母さん、一人で寂しいんだね」と言うでしょう。罪悪感に訴えるような発言の裏にある母親の感情を、ちゃんと聞き取っていますよと彼女に伝えるのです。

結果と対抗措置

ブライアンは父親との関係で苦しんでいました。彼の父は裕福な人で、いつもお金で人を支配していました。家族でさえもです。この父親は、経済的支援を止める、または遺言から名前を削ると脅しては、子どもたちを自分に従わせてきました。

歳をとるにつれ、ブライアンは父親からもっと自由になりたいと思いましたが、父の財力と、それがもたらす快適さから離れられなくなっていました。妻と別荘で休暇を過ごせるのは楽しかったですし、大学バスケットボールの「ビッグテン」の試合を観戦するのも好きでした。カントリークラブの会員権も捨てがたいものでした。

しかし、ブライアンは父親の支配によって、感情的・霊的に犠牲を払わなければならないのが嫌でした。そこで、やり方を少々変えてみる決心をしました。まず、自分や自分の家庭の秩序を乱すような父の要請に対しては「ノー」と言うところから始めました。子どもたちが他にやりたいことがある時には、休日の旅行に誘われても断りました。父はそれを快く思いませんでした。

予想されたように、父親はブライアンへの経済的援助を打ち切りはじめました。兄弟たちに向かって、ブライアンを見せしめにしました。ブライアンの兄弟や妹に今まで以上の援助を与えるようにし、ブライアンの決心がいかに誤りであるかをわからせようとしました。しまいには、遺言も書き換えました。

ブライアンにとっては辛いところでした。ライフスタイルを変え、今まで当たり前だったことから手を引かざるを得なくなりました。それまでは父の財産を当てにしていたので、将来についての計画も変えなくてはなりません。要するに、ブライアンは父の支配から自由になるという自分の選択の結果を負わなくてはならなかったのです。しかし、生まれて初めて、彼は自由になりました。

このような話はよく聞きます。失うのは親の財産ばかりとは限りません。大学進学のための経済的援助かもしれないし、母親に子守りをしてもらうことかもしれません。あるいはビジネスのための父親からの援助かもしれないし、関係そのものを失うという深刻な事態を招くかもしれません。境界線の設定は、結果として支配的な人々による対抗措置をもたらすでしょう。あなたが境界線の設定を実行に移すと、彼らはそれに反発するのです。

第一に、境界線の欠如によってあなたが得ているものが何で、境界線を引くと失うものは何か、よく考えてみてください。ブライアンの場合はお金でした。人によっては、それは人間関係かもしれません。非常に支配的な人たちのなかには、誰かが自分の前に立ちはだかると、その人との関係を断ってしまう人もいます。機能不全家族の一員としての振舞いを放棄した途端、実家から切り離されてしまう人たちも大勢います。親や「友人」が、もはや口をきいてくれなくなるのです。

境界線を設定し、自分の人生の支配権を握るにはリスクが伴いますが、ほとんどの場合、結果はそれほど激しいものではありません。なぜなら、あなたが真剣であることに気づくと、すぐに相手は変わり始めるからです。彼らは、限界の設定は自分にとっても益になると気づきます。イエスが言われるように、あなたは「彼らを勝ち取った」のです。この場合、友の訓戒が結果的に良い薬になります。

善良で正直な人たちでも訓練が必要です。そして彼らは、たとえしぶしぶであっても限界に応答します。一方、心理学者が「パーソナリティ障害」と呼ぶ症状を持つ人たちがいます。彼らは自分自身の行動や生活の責任を取るのを嫌がります。友人や配偶者が彼らのために責任を負うことを拒むと、彼らは立ち去って行くのです。

あなたの決断の結果として払う犠牲について考えるとき、それがどんなに辛く、大きな犠牲のように思えても、「あなた自身」を失うことに比べれば、はるかにましです。聖書の教えは明確です。リスクを知り、それに備えなさい、ということです。

第二に、失う覚悟ができているか、よく考えましょう。「あなたが負うべき十字架」は、「あなた自身」にとってそれを負う価値のあるものですか？　人によっては代価が高すぎることもあります。彼らは関係を失うくらいなら、支配的な親や友人の言いなりになり続ける方がましだと考えます。介入治療の専門家は、アルコール依存症者の家族に、患者が治療を受けなかったとき、あらかじめ決めておいた結果を断固として患者の上に実行できるか、よく考えるように警告します。結果を伴わない境界線は、境界線ではありません。自分は本気で結果を実行するつもりがあるのか、境界線を設定する前に判断しなくてはなりません。

第三に、あなたが失ったものを埋め合わせるよう、熱心に努力しましょう。ブライアンの場合、もっと収入を増やす方法を見つけなくてはなりませんでした。新しいベビーシッターが必要な人もいるかもしれませんし、新しい友人をつくったり、孤独に対処する術を学んだりしなければならない人もいるでしょう。

第四に、実行しましょう。相手の強引さと、私たちの境界線がもたらす結果に対処するためには、境界線を実際に設定して、計画を遂行する以外に方法はありません。計画ができたら、ペテロに倣って実行しましょう。舟から出て、イエスに向かって歩き出すのです。あなたの「信仰の完成者」であるイエスに目を留めましょう（ヘブル12・2）。一番難しいのは第一歩です。外に踏み出し、実行しましょう。そして神の助けを求めましょう。忘れないでください、主は「戦いのために私の手を鍛え、腕が青銅の弓も引けるようにして」くださるお方です（詩篇18・34）。

第五に、困難はまだ始まったばかりだと肝に命じてください。限界を設定して戦いが終わるのではありません。それが始まりです。今こそ支援してくれる人たちのグループへ戻り、あなたが堅く立ち続けられるよう、彼らから霊的な養いを得てください。境界線設定のためにあなたが参加し始めた支援グループとの学びを、そのまま続けてください。

境界線の設定に対して相手が講じてくる対抗措置と闘うのは、決して容易ではありません。しかし神は、あなたが「自分の救いを達成」しようとする努力に報いてくださるでしょう。

身体的な抵抗

この段落を本書に含めないといけないのは残念ですが、身体的に圧倒されているために、他者との間に境界線を維持できない人たちがいます。虐待する配偶者や恋人は、あなたの「ノー」を受け入れないでしょう。限界を設定しようとしている女性が、身体的に虐待されるのはよくあることです。また、高齢者への虐待はあまりにも日常的です。

虐待を受けている人には助けが必要です。彼女たちは様々な理由により、過去の出来事や現在起きていることを誰かに語るのを恐れます。彼女たちは、友人の間や教会で自分の配偶者の評判を守ろうとします。自分がこのような仕打ちを受けていると認めることを恐れます。もし誰かに言ったら、ますますひどく打たれるのではないかと怯えるのです。彼女たちはこの問題の深刻さを理解し、外部からの援助を仰ぐべきです。問題はさらに深刻化することはあっても、自然に無くなることはないからです。

もしあなたがこのような状況にいるなら、虐待に制限を設ける助け手を探してください。家庭内暴力の問題を扱ったことのあるカウンセラーを探してください。あなたの配偶者や友人が暴力をふるい始めたときに助けを求めて電話できる人を用意しましょう。脅されたときに、たとえ何時であっても逃げ込んで一晩過ごせる場所を確保しましょう。警察や弁護士に連絡を取りましょう。相手が限界を一切尊重しないなら、接近禁止命令を出してもらいましょう。あなたとあなたの子どもたちのために、そうしてください。このような状況が続いていてはいけません。助けを求めましょう。

他者の痛み

愛する人たちとの間に境界線を設定し始めると、とても辛いことが起こります。彼らが傷つくのです。これまで、彼らの孤独、乱れた生活、経済的無責任の穴埋めをあなたがしていましたが、今や彼らはその穴を埋められないと感じるかもしれません。それが何であれ、彼らは喪失感を覚えるでしょう。

彼らを愛しているなら、それは見るに耐えないことです。しかし、傷ついている人に接するときには、あなたの境界線はあなたにとって必要であるだけでなく、彼らにとっても有益であることを忘れないでください。今まで彼らの無責任さにあなたが加担していたのなら、あなたが限界を設定することで、彼らは自分の責任を考えるようになるかもしれません。

非難する人たち

非難する人たちは、まるであなたの「ノー」が彼らを殺そうとしているように振舞い、「よくも私にそんなことができるわね」と声高に反応します。泣いたり、ふてくされたり、怒ったりするでしょう。このように非難する人たちには、人格的な問題があることを覚えておきましょう。あなたが何かを与えないせいで自分がみじめになったかのように彼らが言うとき、それはあなたに属するものを非難し、要求しているのです。これは謙遜な人が必要に迫られて何かを求めるのとは全く違います。他者の不平の本質に耳を傾けましょう。彼らが自分で責任を取るべき事柄についてあなたを責めているのなら、対峙しましょう。

スーザンは自分の弟と対峙しなくてはなりませんでした。彼は新しい車を買うためのお金を彼女から借りたかったのです。二人とも成人していました。彼女は責任感があり、よく働きました。彼は無責任で、稼いだものをちゃんと貯蓄したためしがありませんでした。もう何年にもわたり、何かにつけてスーザンに借金をしていました。そして彼女は、お金を渡し続けていました。彼が借りたお金を返すことは滅多にありませんでした。

ある時、スーザンは境界線に関するセミナーに参加しました。彼女はついに希望を見いだし、次に弟が借金をしに来たとき、その要求を退けました。彼はあたかもスーザンが彼の人生を台無しにしたかのような反応をしました。新しい車がないと仕事を取ってくることができないので、

「スーザンのせいで」彼はもう出世できないと言いました。古い車のままでは、「スーザンのせいで」恋人とデートもできないと言いました。

非難を聞くことを学んでいたので、スーザンは弟に対峙しました。仕事がうまくいっていないのは気の毒だと思うが、それはあなたの問題であると言いました。このような応答の仕方は、スーザンにとっても弟にとっても有効でした。

本当の必要

本当に必要がある人たちとの間にも境界線を引かなければならないときがあります。愛情深い人なら、愛する人が必要の中にあるとき、それに「ノー」と言うことは辛いものです。しかし、あなたにできること、与えられるものには限りがあるのです。適切に「ノー」と言えなくてはいけません。「いやいやながらでなく、強いられてでもなく」（第二コリント9・7）与えることを言っているのではありません。あなたの同情心が与えたいと願っているけれど、もし与えたらあなたが倒れてしまうという場合です。

出エジプト記一八章で、モーセが燃え尽きそうになったときの話を思い出してください。義父イテロが、モーセが民のために働いている様子を見て、より良く民に仕えるために仕事のいくらかを他の人に委ねなさいと忠言しました。

自分の限界がどこまでなのかを学び、「心で決めたとおりに」与えましょう。そしてあなたが助けられない人たちは、助けることのできる人の元へ送りましょう。彼らの状況について共感を示しましょう。そのような人たちは往々にして、彼らの必要がもっともなものであり、本当に助けが要ることを、あなたにわかって欲しいのです。そして、彼らのために祈りましょう。これこそ、あなたには満たすことのできない他者の痛みや必要のために、あなたができる最も愛に満ちた行為です。

赦しと和解

赦しと和解の区別がつけられない人は少なくありません。このような人たちは、相手に寛容を示すにはもう一度譲らないといけないと感じるために、外的な抵抗に対処できないでいます。実際、赦すとは自分の境界線をもう一度取り払い、相手に自分を傷つける力を与えることだと勘違いしてしまうため、恐くて赦せない人が大勢いるのです。

聖書は、①私たちはいつでも赦す必要があること、②必ずしもいつも和解できるとは限らないこと、という二つの原則について明快です。赦しとは、私たちが心の中でするもの、つまり相手が私たちに負う負債を赦し、そこから解放する行為です。その人の負債を帳消しにし、その人はもはや私たちに対して何も負うものがありません。私たちはこれ以上その人を責めません。その人は潔白です。赦しとは、「私」さえいればできることです。私に負債を負っている人が私に赦しを乞う必要はありません。それは私の心の中の恵みの働きだからです。

　このことは、必ずしもいつも和解に到達できるとは限らないという、二つ目の原則につながります。神はこの世を赦しました。しかしこの世界全体が神と和解したわけではありません。神は全ての人を赦しましたが、全ての人が自分の罪を所有し、神の赦しを自分のものにしたわけではないのです。赦された側が赦しを自分のものにしたとき、和解が成立します。赦しは片方だけでできますが、和解には両者が必要です。

　私たちは、相手が本当に自分の問題を所有したのを見るまでは、その人に対して自分を開きません。相手が自分の行為を所有し、「悔い改めにふさわしい実」（マタイ3・8）を結ぶまで境界線を保つことは、聖書が何度も触れているとおりです。真の悔い改めは、ただ「ごめんなさい」と言うだけではありません。向きを変えることです。

　相手を赦しつつも、相手が信頼するに足ると証明するまでは、あなたはまだ相手を信頼していないことを明確に伝える必要があります。相手が本当に向きを変えたかどうかを見極めるための十分な時間が経過していないのです。

　覚えておきたいのは、神があなたの模範だということです。神は人々が自らの行動を変えるのを待たずに、人々に責めを負わせるのをやめられました。しかし、もはや責めていないからといって、神が全ての人々と関係を結んでいるわけではありません。人は自分の罪を所有し、悔い改めることを選ばなければなりません。そうなって初めて、神との関係が開かれるのです。両者が関わってこそ、和解が成立します。赦したからといって、和解もしなくてはならないとは思わないでください。和解を申し出てもいいですが、それは相手が自分の行いを所有し、信頼するに足る実を結んでからです。

内側の抵抗

前節で見てきたように、私たちは外側に対してきちんとした境界線を持つべきですが、同様に自分の内側にも確固とした境界線を持つ必要があります。私たちの人生を占拠しようとする自滅的な行動や罪深い行動に対して「ノー」と言うためです。私たちの内面で成長を阻むものとの関係から、境界線を見てみましょう。

人間としての必要

レイチェルはろくでもない男性とばかり交際する傾向があったため、カウンセリングを受けていました。彼女は、人当たりが良くて魅力的な男性に出会うと、すぐに恋に落ちてしまうのでした。最初のうちはいつも「最高」でした。そのような男性たちは、彼女が「いつも待ち望んでいた」タイプであり、彼女の欠けた部分を補ってくれるように思えました。

このような状態がしばらく続くのですが、そのうち彼女は、次第にその関係の中で「自分を見失い」始めるのでした。そしていつの間にか、自分が譲りたくないことを相手に譲るようになり、したくないことをするようになり、与えたくないものを与えるようになっていくのでした。レイチェルが好きになった男性は、実はとても自己中心的で、彼女の必要を覚えてその境界線を尊重することができないのが常でした。そのうち彼女はみじめになっていきました。

　レイチェルが友人に話をすると、皆が「その男はろくでなしよ。別れてしまいなさい」と、すでにわかっていることを言いました。しかし、わかっていても実行に移すことができず、その関係に縛りつけられたままなのでした。彼女には境界線がなく、「ノー」と言えなかったのです。

　このようなパターンを見ていくにつれ、私たちは、レイチェルがそんな男たちから離れられない理由を理解するようになりました。彼女は、別れて鬱状態になるのを避けたかったのです。さらに、その鬱は、父親によって満たしてもらえなかった、彼女の内側にある空虚な部分に根ざしていることもわかりました。レイチェルの父親は、彼女の感情に無頓着で、娘に愛を示そうとすることがなく、彼女が選ぶ恋人たちとよく似た性格の男性でした。レイチェルは、決して彼女の必要を満たすことのない破壊的な人々によって、本来なら父親が埋めるべき場所を満たしてもらおうとしていたのです。境界線に対するレイチェルの内側での抵抗は、成長の過程で満たされなかった必要に由来するものでした。

　神は人を、その成長過程において家族から特別な必要を満たしてもらうようにデザインしておられます。これについてはすでにお話ししましたし、他の本で、特にこのテーマについて深く掘り下げています。[1] 自分の中に満たされていない必要があるとき、そのような壊れた場所を数え上げ、キリストのからだ（教会）によって満たしてもらわなくてはなりません。大人になってからの人生で、境界線の闘いに耐え得るだけの強さを備えるためです。

境界線を引くことへの抵抗のほとんどが、このような発達上の満たされていない必要によるものです。神の御心は、子どもたちが敬虔な家庭に育つことでした。そこでは親が神の命ずることをし、私たちを養い、良い境界線を保ち、赦し、善悪を見分ける判断を助け、責任ある大人となるよう私たちを力づけます。しかしながら、このような経験をせずに育った人が大勢いるのです。彼らはキリストのからだによって神の家族に迎え入れられ、ケアを受ける必要のある、心理的な孤児です。程度の差こそあれ、これは私たち全てに当てはまります。

未解決の悲しみと喪失

「良いもの」を得ようとする中で「満たされていない必要」が境界線に対する抵抗を生むとすれば、「悪いもの」を手放す過程では悲しみが生じます。境界線を引けない理由は、多くの場合、彼らが癒着してきた人を手放せないからです。ジェーンは、愛情に満ちた父親が欲しいという自分の必要を満たそうと努力し続けました。しかしこの必要が満たされるためには、彼女は決して得ることのできないものを手放さなければならなかったのです。それは、自分の父親からの愛でした。これは彼女にとって、非常に大きな喪失でした。

聖書には、神が人々に、望ましくない人たちや生活を「捨て去る」ように求める例がたくさんあります。神はイスラエルの民にエジプトを離れ、もっと良い暮らしをするようにとおっしゃいました。しかし彼らのうちの多くは、後ろを振り返り、自分の目に良いと思われるものにしがみつきました。ロトとその妻がソドムを離れたときも、後ろを振り返らないようにとの警告が与えられていたにもかかわらず、彼女は振り返り、塩の柱になってしまいました。

聖書的な回復の基本原則は、神を知る前の生活にはしがみつくほどの価値はなく、私たちはそれを失い、悲しみ、手を放し、そして神がくださる良いものを受け取らなくてはならないということです。私たちは、「いつか愛してくれるだろう」という希望にしがみつき、私たちを愛することのない誰かを変えようともがき続ける傾向があります。しかし、神が与えてくださる新しいものに私たちの心が開かれるためには、このような叶わぬ願望を悲しみ、手放さなくてはならないのです。

多くの場合、誰かに対して境界線を引くとは、あなたが長い間切望していた愛を失う可能性があるということでもあります。支配的な親に「ノー」と言うのは、彼らとの間に欠けているものを必死に得ようとする代わりに、欠けていることの悲しみに向き合うことです。必死に努力するという行為が、あなたを悲しみから遠ざけ、八方塞がりの状態に閉じ込めます。しかし、彼らの現状を受け入れ、彼らが変わってくれさえすればという願いを手放すことが、悲しみの本質です。それは実際、悲しいことです。

私たちは境界線を引く代わりに、「もし○○だったら」と夢想します。無意識のうちに自分自身にこう言うのです。「彼の完璧主義的な要求に対決する代わりに、私がもう少し努力すれば、彼は私を好きになってくれるだろう」、あるいは「もし私が彼女の願いを聞き入れて、怒らせるようなことをしなければ、彼女は私を愛してくれるだろう」といった具合です。愛を得るために境界線を捨てることは、相手についての真実を知り、その真実の持つ悲しさを受け止め、手放し、前に向かって人生を歩み続ける、といういずれは避けて通れないプロセスを先延ばしにするだけです。

この内的な抵抗に直面するために必要なステップを一つひとつ見ていきましょう。

1．**自分には境界線が無いという事実を所有する。** 自分には問題があると認めましょう。あなたは支配され、操作され、あるいは虐待されていますか。その場合、あなたが悪い人と一緒にいて、その人があなたをみじめにすることが問題なのではないという、その事実を所有しましょう。問題は、あなたに境界線が無いことです。他人を責めてはいけません。問題は、あなたにあるのです。

2．**抵抗を自覚する。**「まあ、要するに限界を設定すればいいのでしょう」とあなたは思うかもしれません。そうすれば、あとは事態が好転していくだろうと。そんなに簡単にすむのであれば、とうの昔にそうしていたでしょう。あなたが境界線を引きたくないのは恐いからだと告白してください。内側にある抵抗のために、あなたは自分の自由を妨げているのです（ローマ7・15、19）。

3．**恵みと真実を求める。** 他のすべてのステップにおいてそうですが、これらの厳然たる真実にあなたひとりで向き合うことはできません。自分の内的な抵抗を告白し、悲しみのプロセスを敢行することができるよう、他者からの励ましが必要です。良質の悲しみは関係の中でのみ経験できます。私たちには神と他者からの恵みが必要なのです。

4．**願いを見極める。** 限界を設定できない背後には、喪失への恐れがあります。生きるためには誰の愛を手放さなくてはならないのか、見極めてください。名前を挙げてみましょう。誰を祭壇に献げ、神にお返しする必要がありますか。あなたがその人に強く結ばれていることで、あなたは身動きが取れなくなっているのです。あなたがたは、私たちによって制約を受けているのではなく、自分自身の愛情の中で拘束されているのです」（第二コリント6・12　NASBより私訳）。パウロの愛に心を開けなかったコリントの人々のように、あなたも自分自身の「愛情」、つまりあなたが本来手放すべき人々とのつながりの中で、身動きが取れなくなるのです。

5．**手放す。** あなたを支援してくれる安全な人間関係の中で、あなたが相手から決してもらえないもの、あるいは相手が象徴している人物に、向き合ってください。これは葬式のようなものです。あなたは、否認、交渉、怒り、悲哀、受容という、悲しみの段階を通過するでしょう。必ずしもこの順番どおりではないかもしれませんが、恐らくこれら全ての感情を経験するはずです。それは自然なことです。

あなたを支援してくれる人たちに、失ったものについて話しましょう。これらの願いはあなたの心の奥底にまで流れていて、向き合うには強い痛みを伴うかもしれません。プロのカウンセラーに会う必要があるかもしれません。自分が決して得られなかったものを手放すのは困難なことです。しかし最後には、あなたはそれを失うことで、いのちを得るのです。ただ神だけが、ご自身の愛と人々の愛を通して、残された空洞を埋めることができるのです。

６．**前進する。**悲しみの最後のステップは、あなたが何を求めているのかを見出すことです。「探しなさい、そうすれば見つかります」。古い生き方を手放す覚悟さえあれば、神はあなたに本物の人生を用意しておられます。しかし、神は動いていない船の舵を取ることはできません。あなたが自ら行動を起こし、神があなたのために備えておられる良いものを探し始めなくてはならないのです。

決して手に入らないものをついに手放すなら、人生にどれだけの変化がもたらされるか、あなたは驚くことでしょう。古い生き方を何とか守ろうとするあまり、あなたは多大なエネルギーを費やし、多くの虐待や支配に自分をさらしてきました。手放すことが平静への道です。悲しみはその通り道なのです。

怒りに対する内側の恐れ

ある会社のマネジメントチームで、他社とのビッグプロジェクトのために三人が一緒に働いていました。交渉を進める中で、相手方の社長がこの三人にひどく腹を立ててしまいました。彼らが社長の願うような仕事をしなかったのです。

三人のうちの二人は夜も眠れず、心配し、交渉が決裂したことを思い悩んでいました。相手の社長に愛想を尽かされたらどうしようと考えました。そこで三人で今後の方策について話し合うことにしました。二人は社長の怒りをなだめるために、今までのプランの全てを変更するつもりでいました。そしてもう一人のパートナーに「店舗を譲渡する」計画について語ると、彼は二人を見てこう言いました。「何がそんなに問題なんだ？　社長が怒ってるだけだろ。何かほかに話し合うことは？」

彼らは自分たちの馬鹿さ加減に気づいて笑い出しました。まるで親を怒らせた子どものように振舞っていたのです。ちょうど彼らの心理的な生き死にが社長のご機嫌にかかっているかのように。

二人のパートナーが社長の怒りを恐れていたのは、それぞれが育った家庭環境のせいでした。彼らの家庭では怒りが支配の道具になっていたのです。一方で、もう一人のパートナーは、そのようには育てられていませんでした。その結果、彼は確固とした境界線を持っていました。彼らはこの三番目のパートナーを自分たちの代表に選び、相手方の社長との交渉に当たらせました。彼は、もし社長が自分の怒りを鎮め、彼らと今後もビジネスを進めたいと思うのならそれでよし、さもなくば彼らは別の会社と働くことにすると言って、社長と対決しました。

これは良い教訓になりました。先の二人はこの社長のことを、親に依存する子どもの視点から見ていました。彼らは、あたかも世界でこの人だけが頼りであるかのように振舞っていました。だから彼の怒りが彼らを怯えさせたのです。一方、残る一人は社長を大人の視点から見て、もしこの男がきちんとした行動を取らなければ、自分たちはよそに行くだけだとわかっていました。

先の二人にとって、これは内側の問題でした。同じ人の同じ怒りが、二つの異なる反応を生み出したのです。この二人は限界を設定することに抵抗しましたが、三人目はそうではありませんでした。境界線能力を持った人の内側にあるものが展開を決定したのであり、怒っている人の方ではありませんでした。

もし誰かの怒りのせいであなたの境界線が失われてしまうなら、恐らくあなたの頭の中には今なお怒れる人が住んでいて、それがあなたを怯えさせるのでしょう。その怒りが過去にもたらした痛みを取り扱う必要があります。あなたの中にある傷つき怯えた部分は、神とその民（訳注：教会共同体）の光と癒やしにさらされる必要があります。あなたの中の怒れる親を手放し、あなたがいま直面している大人に向かって立ち上がるためには、愛が必要です。

あなたが取るべきステップは以下のとおりです。

1. **問題を自覚する。**
2. **あなたの無力な状況について誰かと話す。**あなたひとりではこの問題に立ち向かえません。
3. **支援的な関係の中で恐れの原因を探り、頭の中の怒りの人が誰を表象しているのか認識する。**
4. **過去の事柄に関する、あなたの痛みや感情について話をする。**
5. **本書に出てくる境界線設定の技術を練習する。**
6. **何も考えずに戦ったり受身になったりすることで、あなたの境界線を放棄しない。**自ら応答できるようになるまで、自分自身に十分な時間とゆとりを与えてください。物理的な距離が必要ならば、それを得てください。しかし、あなたの境界線を放棄してはいけません。

7．**あなたの用意が整ったら、応答する。**自制のきいた言葉だけを使いましょう。自分の決断を変えてはいけません。自分が何をするつもりで、何をしないつもりかだけを言葉にしましょう。そして相手が怒るなら、怒らせておきなさい。あなたが相手のことを心配していると伝えましょう。その人のために他に何か手伝えることがあるか、聞いてもいいかもしれません。しかし、あなたの「ノー」を妥協してはいけません。

8．**支援者たちのもとに戻る。**あなたの支援者たちに、あなたと相手が話し合ったときの状況を分かち合い、あなたが自分の立場を保てたか、失ったか、あるいは相手を攻撃していたか、確認しましょう。多くの場合、本当は意地悪をしていたわけではないのに、自分が意地悪であったかのように感じるものです。ですから、その点についても現実を確認する必要があるかもしれません。自分は境界線を保ったと思っていたのに、実は領地をそっくり明け渡していたということもあるでしょう。意見をもらいましょう。

9．**練習し続ける。**役割練習をし、引き続き過去についての理解と洞察を得られるよう努め、あなたが失ったものについて悲しみましょう。現在における技術を習得し続けましょう。しばらくすれば、「以前は怒っている人たちが私を支配していたけれど、それを許していた内側の問題を取り扱ったからもう大丈夫。自由でいられることは素晴らしい」と思うようになるでしょう。忘れないでください、神は怒れる人があなたを支配することを望まれません。神はあなたの主であることを願い、あなたを他の支配者と共有したくはないのです。神はあなたの味方です。

未知のものへの恐れ

境界線設定に対するもう一つの強力な内側の抵抗は、未知のものへの恐れです。他者に支配されるのは、安全な牢屋にいるようなものです。全ての部屋の場所がわかっているからです。「地獄から抜け出したくなかったのです。あそこなら通りの名前を全部知っていましたから！」と言った女性もいました。

境界線を設定し、自立するのには恐れが伴います。なぜなら未知の領域に足を踏み入れることになるからです。聖書には、神に召し出されて、慣れ親しんだ場所から見知らぬ土地へと出て行った人たちの話がいくつも記されています。そして神は、もし彼らが信仰によって一歩を踏み出し、神のやり方に従って生きるなら、より良い地へと彼らを導くと約束されました。「信仰によって、アブラハムは相続財産として受け取るべき地に出て行くようにと召しを受けたときに、それに従い、どこに行くのかを知らずに出ていきました」（ヘブル11・8）。

変化とは恐ろしいものです。しかしもしあなたが恐れているなら、あなたはたぶん正しい道――あなたを成長させ、変えていくための道――にいるのです。そうと知っていれば慰められませんか？　私の知り合いのあるビジネスマンは、もし一日のどこかの時点で心底恐れを感じることがなければ、自分を限界まで引き伸ばしていないのだと言います。彼は仕事において、とても成功しています。

境界線は、既知の事項や不足のない状態からあなたを引き離します。境界線は、あなたの前にあらゆる選択肢を並べます。慣れ親しんだものを手放し、新しい領域へと分け入って行くとき、あなたは複雑な気分になるでしょう。

これまでも、未知で不安を伴う境界線発達の節目が、あなたにもっと大きく、さらに良い世界をもたらしてきました。これらについて少し考えてみましょう。二歳の時、あなたはお父さんとお母さんの手もとから歩み出し、世界を探検しに行きました。五歳の時には学校に行くために家の外に出て、それは学習と社会性習得の機会をあなたに与えました。思春期に入り、新しい能力や可能性が出てくるに従って、あなたは親元からさらに遠くへと離れていきました。高校を卒業すると、進学や就職を通して自分の人生を生きることを学びました。

これらのステップは実際、恐れを伴います。しかし恐れの中にあっても、新しい高みに向かって、可能性に向かって、神と自分自身と世界の理解に向かって、あなたは自分を引き伸ばしてきました。ここに境界線の二面性があります。あなたは何かを失うかもしれませんが、平安と自制のある新しい人生を得るのです。

恐れに立ち向かうのに有益と思われる、いくつかの方法があります。

1. **祈る。** 信仰と希望、そして私たちを愛しているお方を知ること以上に、将来への不安に効く薬はありません。祈りによって、私たちの平安を保ってくださるお方につながることができます。神に頼り、あなたの将来の歩みを導いてくださるよう願うのです。

2. **聖書を読む。** 神は聖書の中で、私たちの将来は神の御手の中にあること、私たちを導くと約束しておられることを、繰り返し語っています。聖書は、神が人々を未知の世界へと導くにあたり、いかにご自身が忠実であったかという話で満ちています。不確定な将来に直面する大学生の頃、私が好きだったみことばは「心を尽くして主に拠り頼め。自分の悟りに頼るな。あなたの行く道すべてにおいて、主を知れ。主があなたの進む道をまっすぐにされる」(箴言3・5－6)でした。みことばを暗記していると、未知の事態に直面したときの慰めになります。神は信頼するに足るお方であると思い起こせるからです。

3. **あなたの賜物を発達させる。** 境界線があれば、人は自立して機能できるようになります。自立しても、十分に発達した技術と能力がないと、自信がつきません。講習を受けましょう。情報を得ましょう。カウンセリングを受けましょう。さらなる訓練と教育を積みましょう。そして、練習あるのみです。あなたの技術が発達するにつれ、将来はそれほど恐くなくなります。

4. **支援してくれる仲間たちに頼る。** 境界線を学んでいる最中の子どもは、勇気を補給するために振り返って母親の姿を確認する必要がありますが、大人も同じです。通過中の変化の中で慰めを受けるために、あなたにも支援してくれる仲間たちが必要です。彼らに頼り、彼らから力を得てください。「二人は一人よりもまさっている。二人の労苦には、良い報いがあるからだ。どちらかが倒れるときには、一人がその仲間を起こす。倒れても起こしてくれる者のいないひとりぼっちの人はかわいそうだ」（伝道者4・9―10）。思い出してください。弟子たちが未知の世界へと踏み出そうとしていたとき、イエスは彼らが一致して一つとなるように、そして互いへの愛と神への愛のために祈りました（ヨハネ17章）。

5．**他者の証から学ぶ。**自分と同じ経験の持ち主、また同じことで現在苦しんでいる人たちと体験を分かち合うことは大いに有益であると、調査結果や経験から私たちは知っています。これは単なる支援以上のものです。同じ経験をし、同じように恐れを抱きつつ、あなたにもできると証ししてくれる人たちの話を聴くのです。どの点があなたの経験と似ているか、そして神がどれだけ彼らに忠実であったか、彼らが通った試練に耳を傾けましょう（第二コリント1・4）。

6．**自分の学習する力に自信を持つ。**現在あなたが行っていることで、学ぶ必要のなかったものは何一つありません。あなたが今行っていることは、かつてはあなたにとって未知で恐ろしいことでした。それが人生というものです。ここで覚えておいてほしい重要なことは、あなたは学習できるということです。新しい事柄を学んで、新しい状況に対処することは可能なのだと自覚すれば、将来への恐れはなくなります。未知の事柄に強い恐怖を感じる人たちは、事前に「何もかも知って」いないと気のすまない人たちです。しかし誰でも、実際にやってみるまでは、やり方がわからないのが普通です。実際にやってみて学ぶのです。自分の学習能力に自信を持っている人たちもいますし、そうでない人たちもいます。自分は学習できるということを学び始めれば、将来の未知の世界も全く違ったものに見えてくるでしょう。

鬱の人たちの多くは、「学習性無力感」と呼ばれる症候群にかかっています。学習性無力感とは、自分が何をしようとも結果には何の違いももたらさないと、時間をかけて教えられることです。破壊的な悪循環にはまっている機能不全の家庭の多くが、これを自分の子どもたちに植え付けています。しかしあなたが成長し、もっと別の選択肢を目にするとき、家庭で学んだ無力感の中にいつまでも留まっている必要はありません。あなたは人間関係を築き、社会で機能する新しい方法を学べるのです。これこそ、神があなたに持ってほしいと願っている、個人的な能力の本質です。

7．**過去の別離をもう一度見直す。** しばしば、何らかの変化や喪失を通らなければならないときに、恐れや悲しみが状況に見合わないほど大きく感じられることがあります。このような昂《たかぶ》った感情は、過去の別離や変化の記憶から来ているのかもしれません。

たとえば度重なる引っ越しのせいで友人を失うなど、深刻な喪失の経験があるなら、あなたは未解決の過去を引き出している可能性があります。

知恵のある人を見つけ、現在の状況に直面するときにあなたが感じる恐れや痛みが、過去の何か未解決の問題から来ているのではないか、見極めましょう。そうすれば、あなたなりに感じ、考えている事柄について、バランスの取れた見方ができます。あなたは現在の三十五歳の視点ではなく、六歳児の視点で世の中を見ているのかもしれません。過去を見直し、それがそのまま将来になってしまわないようにしましょう。

8．**枠組み。** 多くの人にとって生活上の変化は耐え難いものです。それは枠組みを失うことになるからです。そのような変化において、私たちはしばしば内的な枠組みと外的な枠組みの両方を失います。内側で私たちが頼っていたものは、もはやそこには無く、人々、場所、スケジュールなど、外側から私たちを支えていたものも無くなってしまいます。その結果、私たちは混乱に陥るのです。

このような再編成の時期には、内的及び外的な枠組みを作ることが役立ちます。内的枠組みは、本書に記したステップに従って境界線を引いて作ります。加えて、新しい価値観や信念を得る、新しい霊的原則や情報を学ぶ、新しい規律や計画を持ち、それを堅持する、あなたの痛みを他者に聞いてもらう、などはどれも枠組みの建設となります。しかし同時に、あなたにはいくつかの頑丈な外的な枠組みも必要です。

友人に毎日電話をする時間を決め、支援してくれる人たちと毎週会うためのスケジュールを組みましょう。あるいは、定期的な聖書の学び会や十二ステップなどの自助グループに加わるのもいいでしょう。混乱の時期には、あなたの新しい変化に方向付けをしてくれるような何らかの枠組みが必要かもしれません。あなたが成長するにつれ、そして変化がそれほど大きくないときは、いくつかの枠組みは破棄しても大丈夫になっていきます。

9．**神が何をしてくださったかを思い出す。** 聖書は、人々に将来への信仰を与えるために、神が過去になさったことを思い出させる話でいっぱいです。希望は記憶に根ざすものです。過去に助けられたことを思い出し、それによって将来への希望を得るのです。なかには、過去に助けられたという記憶を持たないために、まったく希望を持てない人たちもいます。

神があなたに何をしてくださったか、また神はどのようなお方であるかを、よく思い出してください。長く信仰の歩みを送っている人なら、人生を振り返り、神がどのようにご介入してくださったか、どのような状況から救い出してくださったか、どのように届いてきてくださったか、思い出してください。他の人にも聞いてみましょう。御子をとおして私たちに現してくださった恵みを思い出しましょう。神は無駄にそのことをなさったわけではありません。それは私たちの贖いと未来のためでした。

もしあなたが神に失望させられた経験があるなら、あるいは神はあなたに何もしてくださらなかったと思えるなら、今、始めていただきましょう。神はご自身の民を救い出す前に、長期間にわたって惨状が続くのを許されることもあります。私たちには神のタイミングはわかりません。しかし、今あなたが回復を始めたところなら、神はあなたの人生で動いておられます。解放の時は近いのです。諦めずに、神が他の大勢の人々のためになさったことを、あなたのためにもしていただきましょう。「ですから、あなたがたの確信を投げ捨ててはいけません。その確信には大きな報いがあります。あなたがたが神のみこころを行って、約束のものを手に入れるために必要なのは、忍耐です」（ヘブル10・35－36）。

赦さない心

十八世紀の詩人アレクサンダー・ポープは言いました。「過つは人の常、赦すは神の業」。そして私たちが赦さないなら、それほど愚かなことはありません。

赦すとは、とても難しい行為です。それは、誰かがあなたに対して「負って」いるものを手放すことです。赦しとは、過去から自由になることです。過去にあなたを傷つけた、虐待的な人からの自由です。

聖書は、赦しを法的な負債からの免責にたとえています。負債ができるとき、人々があなたの土地に不法に侵入するとき、そこには実際の「借り」ができます。あなたの心の「台帳」には、誰が何をあなたに負っているかの記録があるのです。母親はあなたを支配していたので、彼女はあなたに対してそれを改善する義務を負います。父親はあなたを威圧していたので、それを改善する義務を負います。もしあなたが「法のもと」にいるのであれば、彼らからこれらの負債を取り立てようと思うでしょう。

取り立てようとする試みはさまざまな形でなされます。支払いやすくするために、彼らを喜ばせようとするかもしれません。もう少し何かをすれば、彼らはきっと返済として、あなたに負っている愛を与えてくれるだろうと思うのです。あるいは、対決を続けていれば、彼らは自分が悪かったと認めて償ってくれると思うかもしれません。あるいは、あなたがどれだけひどい目にあったか、そしてあなたの両親がどれだけひどい親であったかを人々に十分わからせれば、それで何とか清算できると思うかもしれません。あるいは、腹いせに、あなたが被《こうむ》ったのと同じ罪を他者に対して（あるいは本人に対して）犯し、相殺《そうさい》しようとするかもしれません。あるいは、相手にその行為がどれだけひどいかを何とかわからせようと努力し続けるかもしれません。相手がそれを理解すれば、きっと状況を改善し、負債を返済してくれるだろうと思うのです。

物事の解決を望むのは、少しも悪いことではありません。問題は、解決の方法は一つしかないということです。つまり、恵みと赦しによってです。目には目を、歯には歯をでは解決になりません。一度なされた過ちは決して取り返せないのです。しかし、過ちを赦し、それによって無効にすることはできます。

赦すとは、ご破算にすることです。手を放すことです。収支計算書を破棄することです。債務を取り消すことです。「私たちに不利な、様々な規定で私たちを責め立てている債務証書を無効にし、それを十字架に釘付けにして取り除いてくださいました」（コロサイ2・14）。

赦すとは、相手が私たちに負っているものは絶対に返してもらえないと認めるということです。そして、私たちが気に入らないのは、そこです。過去は変えようがなく、その実現しないことについての深い悲しみが生じるからです。

人によっては、これは決して経験できなかった子ども時代を悼むことを意味します。体験は人さまざまでしょうが、いずれにせよ、いつまでも要求し続けるなら、赦していないのであり、私たち自身にとってこれほど破壊的なことはありません。

警告：赦しと、さらなる虐待に身をさらすことは、同じではありません。赦しは過去に関するものです。和解と境界線は将来に関わります。限界は、相手が悔い改め信頼できるようになるまで、私の所有物を守ります。彼らがまた罪を犯すなら、もう一度赦しましょう。七を七十倍するまでもです。しかし、悪気なく私を傷つけてしまう人は構いませんが、私を傷つけたことを正直に認めようとせず、改善する意志のない人たちのそばにはいたくありません。それは私にとっても彼らにとっても極めて有害です。自分の罪を所有するなら、彼らは失敗から学べます。私たちはそれを乗り越えることができます。彼らはより良くなりたいと願い、その場合、赦しは助けになります。しかし、相手が自分の行為を認めず、あるいは何の変化も起こそうとせず、助けも求めず、改善するからと口先で言っているだけなら、私は自分の境界線を保つ必要があります。たとえ彼らを赦しているとしてもです。

赦しは、私に境界線を与えます。私を傷つける人から解き放ち、それによって責任を持ち、賢明な行動を取れるようになるからです。もし私が彼らを赦していないなら、私はまだその人たちと破壊的な関係の中にあるのです。

神からの恵みを受け取り、他者の負債は手放しましょう。貸し倒れの勘定を請求し続けるのはやめ、手を放し、あなたに必要なものは、それを与えることのできる神と人から受け取るのです。その方が良い人生です。赦せないでいると、境界線が壊れます。赦しは、あなたの所有物から不良債権を取り除くことで境界線を作ります。

最後にもう一つ、覚えておいてほしいことがあります。赦しとは現実否認ではありません。赦すためには、あなたに対して犯された罪を名指しにする必要があります。神は私たちが神に対して行ったことを水に流したのではありません。手順を踏んで克服されたのです。罪を名指しにし、それに対するご自身の感情を表現され、泣き、お怒りになりました。それから神は手を放したのです。そして神は、これを「関係」の中においてなさいました。三位一体の中で、神は決して孤独ではなかったのです。ですからあなたも同じようにしてください。そして、あなたを過去に閉じ込め、ないものねだりをさせようと抵抗するものに気をつけてください。

外側への集中

人は自分の外側に問題を探す傾向があります。このような外向きの視点は、あなたを被害者のままにします。それは、他の誰かが変わらない限りあなたは決して納得しないと言っているのです。これが無力な非難の本質です。それは道徳的にあなたを相手よりも高い位置に置くかもしれませんが（あなたの思いの中だけで、現実にはそうではありません）、決して問題を解決しません。

変わるべきは自分自身なのだということを認めない自分に、正面から向き合いましょう。あなたが自分自身に直面することは非常に重要です。なぜなら、それこそ境界線の始まりだからです。責任は、告白と悔い改めという内省から始まります。今まで自分には境界線が無いままだったという真実を告白する必要があります。そしてそこから立ち返らなくてはなりません。自分自身を見つめ、問題は自分の外にあると思おうとする内側の抵抗に直面しなくてはいけません。

罪悪感

罪悪感とは難しい感情です。なぜならそれは、悲しみや怒り、恐れのような本当の感情とは違うからです。それは内的な糾弾の状態です。私たちの良心は堕落によって懲罰的な性質を帯びていて、「そんなことをするお前が悪い」と言うのです。この状態のため、イエスの死が必要でした。つまり、私たちを「罪に定められることのない」状態に置くためです。聖書的に言うと、これは神の御前における私たちの立場のことであり、感情の問題ではありません。

みことばは、私たちは罪の責めから解放されるべきであって、罪悪感から行動すべきではないと教えています。私たちの動機は愛であるべきです。そして私たちが失敗したときに愛がもたらす感情は、「神のみこころに添った悲しみ」（第二コリント7・10）です。これは「死をもたらす」ことになる「世の悲しみ」、すなわち罪悪感とは対照的です。

この罪悪感は、おもに幼少期に人との付き合い方を教わる中で生まれます。ですから、私たちが感じる罪悪感はいつでも正しいというわけではありません。何も悪いことをしていなくても、私たちが教えられてきた内的な基準が破られたことで、罪悪感が表れる場合もあるのです。私たちが間違っているかどうか、罪悪感をもとに判断するのには慎重であるべきです。なぜなら、罪悪感そのものが間違っていることがよくあるからです。さらに、そもそも罪悪感は良い動機ではありません。責め立てられている状態から愛するのは難しいものです。自分がどれだけ「悪い」かではなく、他人に与えた痛みに目をとめることのできる「神のみこころに添った悲しみ」を感じるためには、責められていないと感じる必要があります。罪悪感は現実を歪め、私たちを真実から引き離し、他者のために最善を行うことを阻みます。

このことは、境界線については特にそうです。聖書が、私たちに良い境界線を持ち、結果を遂行し、限界を設定し、成長して実家を離れ、言うべきときには「ノー」と言うようにと教えていると、これまで何度も述べてきました。これらを行なっているなら、私たちは正しいことをしているのです。これらの境界線は、私たちが取るべき愛の行いです。痛みを伴うものではありますが、他者にとっても益となる行為です。

しかし、堕落した良心は、私たちが境界線を設定しようとすると、あなたは悪人だとか意地悪だとか言うのです。境界線を引く相手も、しばしば私たちの罪の意識を掻き立てるようなことを言います。境界線は悪いものだと暗黙のうちに、あるいはあからさまに言うような家庭に育った人なら、よくおわかりでしょう。人の要求に対して「ノー」と言うとき、罪悪感を覚えます。他の人があなたに付け込むのを許さないとき、罪悪感を覚えます。自分自身の生活を立て上げるために家族から離れるとき、罪悪感を覚えます。無責任な人を助け出してあげないとき、罪悪感を覚えます。まだまだ他にもたくさんあります。

罪悪感は正しい行いからあなたを遠ざけ、身動きが取れない状態にします。多くの人たちが、自分の頭の中にいる「内なる親」に背くことを恐れ、良い境界線を持てずにいます。この罪悪感を避けるためにはいくつかのステップがありますが、まずは次の点を理解することが第一歩となります。それは、罪悪感は、あなたの問題であるということです。境界線を持たない人たちの多くは、「誰それさんは私が『ノー』と言うと、私が悪いような気にさせる」と不平を言います。まるで、その相手が自分に対して何らかの力を持っているかのように、です。このような幻想は幼少期、あなたから見て両親が絶対的だった頃の経験から来るものです。

誰もあなたに「罪悪感を持たせる」ような力は持っていません。それに同調しているのはあなた自身です。心の中に刻まれた口うるさい保護者の声があり、それが呼び覚まされるのです。ならばそれはあなたの問題です。問題はあなたの所有地の中にあるのですから、あなたが支配権を奪回しなくてはなりません。他人に操作されるのはあなたの問題であると認めましょう。そうすれば、それを征服することができます。

1．**罪悪感を所有する。**
2．**支援してくれる人たちを得る。**
3．**罪悪感を持たせるメッセージがどこから来るのか調べる。**
4．**自分の怒りを意識する。**
5．**あなたを支配する人を赦す。**

6. **支援してくれる友人たちとの間で、境界線を設定する練習をする。** 徐々に難しい状況で境界線を設定するようにします。これはあなたが力を得るのに役立つだけでなく、あなたの良心を建て直す支えとして必要な「声」を習得するのにも役立ちます。

7. **あなたの良心のために新しい情報を取り入れる。** 本書のようなものや、神が境界線について語っておられるみことばを読むことは、古い声に代わってあなたの指針となる新しい情報を与えてくれます。神のやり方を学ぶにつれ、あなたの心に植え付けられた罪悪感は消え、あなたのたましいは回復し始め、心には喜びがやってきます。

8. **罪悪感を良しとする。** 変な言い方かもしれませんが、回復のためには、あなたの心に植え付けられてきた良心に逆らう必要があります。そのためには、正しくかつ罪悪感を覚えるようなことも、時にはしなくてはならないでしょう。もうこれ以上、罪悪感があなたの主人のように振舞うのを許さないでください。境界線を設定し、それからあなたの新しい支援者のもとへ行き、罪悪感に負けないための助けを得ましょう。

9. **支援してくれる仲間たちの中に留まる。** 罪悪感は思考の再教育だけでは解決しません。あなたの頭に新しい声を内在化させて、それを支えるための新しいつながりが必要です。

10. **悲しみが生じても驚かない。** あなたは悲しい思いをするでしょう。しかし、この過程において他の人からの愛を受けてください。悲しむ人は、慰めを受けることができます。

見捨てられることへの不安――孤独の中で自分の立場を明確にする

発達について書いた第4章で、境界線は絆作りの後に来ると述べました。神は学習のプロセスを、そのようにデザインされたのです。赤ちゃんは、境界線を学ぶ前に、まず安全でなければなりません。そうでないと分離の習得は恐いだけで、新しく心躍るものにはなりません。良いつながりを持っている子どもたちは自然に境界線を引き始め、他者から離れるようになります。彼らは思い切って境界線を設定し、自立を獲得するために十分な愛を内側に持っているのです。

しかし、安定した絆を確立していない人には、境界線設定は不安が強すぎます。見捨てられることを恐れるあまり、破壊的な関係に留まってしまう人たちが大勢いるのです。彼らは、自分自身のために立ち上がると天涯孤独になってしまうのではないかと恐れます。境界線を持たないでいくらかのつながりがある方が、境界線を持ってひとりぼっちになるよりはましだと思うのです。

境界線は孤立状態の中で作られるものではありません。それは安心して付き合える人々との強固な絆によって支えられるべきものです。そうでないと、うまくいきません。愛する人との間に境界線を引いた後で行くことのできる良い支援グループがあれば、あなたはひとりぼっちにはなりません。

キリストのからだの中で、また神との間で、愛に「根ざし、基礎を置く」ことは、境界線設定のリスクを乗り越えるのに必要な燃料です。人々はしばしば妥協と孤独の間を揺れ動きます。どちらも健全ではなく、長続きするものではありません。

私たちの病院のプログラムでは、破壊的なパターンの中にいる人々が、一人きりでやろうとして限界を設定できないでいるのを繰り返し見てきました。しかし、このプログラムに参加する人々の理解と支援によって、今までは決してできなかった難題を実行する勇気が出たと、彼らは言うのです。

もし簡単なら、とっくにやっていたでしょう

この章は、イエスが警告していたような、苦難についての章です。「世にあっては苦難があります。しかし、勇気を出しなさい。わたしはすでに世に勝ちました」（ヨハネ16・33）。イエスのやり方で物事を行おうとすると、あなたは苦難に突き当たります。外側からも内側からもです。この世、悪魔、そしてあなた自身の肉さえも、あなたに抵抗し、間違ったやり方をさせようと圧力をかけるのです。

しかし、間違ったやり方ではうまくいきません。正しいやり方でやるのは困難がありますが、イエスはあらかじめ告げておられます。「いのちに至る門はなんと狭く、その道もなんと細いことでしょう」（マタイ7・14）。神のみこころに添ったアイデンティティーを形造るためには、多大な勇気と努力が必要です。そして、多くの闘いもあります。

抵抗にあうのは、あなたが必要なことを行なっているという良いしるしでもあります。努力するだけの価値があるのです。聖書の中にある明らかなメッセージを忘れないでください。あなた

が抵抗にあうとき、そこで最後まで忍耐するなら、「信仰の結果であるたましいの救いを得」る（第一ペテロ1・9）という大きな報いがあるのです。ヤコブもこのように言いました。「私の兄弟たち。様々な試練にあうときはいつでも、この上もない喜びと思いなさい。あなたがたが知っているとおり、信仰がためされると忍耐が生まれます。その忍耐を完全に働かせなさい。そうすれば、あなたがたは何一つ欠けたところのない、成熟した、完全な者となります」（ヤコブ1・2−4）。

これらの抵抗は、必ずやって来るのです。もし来ないのであれば、あなたはとうの昔に境界線を設定していたはずです。抵抗にあうとき、それを聖書的な観点から見てください。それは、あなたの信仰の先輩たちが経験してきた長い歴史の一部です。彼らは、より良い地を求めて信仰の一歩を踏み出し、多くの試練に出会いました。この旅には困難が満ちています。しかし私たちが自分の分さえ果たすなら、私たちの羊飼いであられる神が最後まで面倒を見てくださるという約束もあるのです。進み行こうではありませんか。

第16章　境界線《バウンダリー》の成果を測るには

Boundaries

ジーンはキッチンの椅子に座り、ティーカップを手に持ったまま驚きに浸っていました。それはあまり覚えのない感覚でしたが、心地良いものでした。彼女はぼんやりと今朝の出来事に思いを巡らせました。

八歳になる息子のブライアンは、朝起きて来ると、いつものように愚図りました。むっつりとふくれっ面をし、「学校には行かないよ！　誰が何と言おうと行かないからね！」と宣言しながら、朝食のテーブルにつきました。

いつものジーンなら、何とか学校に行かせようとブライアンをなだめるか、じれて怒鳴り散らすかのどちらかだったでしょう。しかしこの朝は違いました。ジーンはただ、「そのとおりねブライアン。誰もそれを無理強いできないわ。どうしたいかは、あなたが自分で選ぶこと。でも、学校に行かないということは、今日一日、テレビとビデオゲーム抜きで自分の部屋でじっとしていることをあなたが選ぶ、という意味よ。自分で決めなさい。先週みたいにね」とだけ言いました。

ブライアンは癇癪を起こしつつも、少したためらいました。食卓を整える手伝いを嫌がってしなかったとき、夕食抜きで自分の部屋にこもらなければならなかったのを思い出したのです。ついに彼は言いました。「わかったよ、行くよ。でも、好きで行くわけじゃないからね！」「もちろんよ」ジーンは同調しました。「何でもかんでも好きじゃなくたっていいのよ。学校とかね。でも、あなたは正しい選択をしたとお母さんは思うわ」。ジーンはブライアンが上着を着るのを助け、迎えのバスまで歩いて行くのを見届けました。

それから10分も経たないうちに、夫のアロンから電話がかかってきました。今朝は早めに出勤していたのです。「ジーン、今わかったんだけど、今日は仕事のあとでミーティングがあるんだ。この前、夕飯に間に合わなかったとき、何も残ってなかったよね。今日は僕の分も残しておいてもらえるかな」

ジーンは笑いながら答えました。「この前は、帰りが遅くなるって電話してくれなかったじゃない。前もって知らせてくれて助かるわ。子どもたちには先に食べさせて、私たちは後から一緒に食べましょう」

（息子は愚図りながらでも学校へ行き、夫は予定が変わったと電話をくれる……。夢でしょうか、主よ。）

夢ではありませんでした。明確な境界線を引き、それを守ることの報酬を、彼女は生まれて初めて享受していたのです。このために多くの努力と、リスクを負う作業をしてきました。しかし、頑張った甲斐がありました。ジーンは椅子から立ち上がると、仕事に取りかかる準備を始めました。

ジーンは、境界線のための努力が生活の中で実を結んでいることを身をもって感じていました。状況は、もはや以前とは違いました。しかし、彼女はどうやってA地点（境界線の無い状態）からB地点（成熟した境界線のある状態）へと進んだのでしょう。境界線の発達は、測ることができるのでしょうか？

できます。測れるのです。成熟した境界線に先立って、具体的で秩序だった変化が現れます。そのような変化に、よく気をつけておくといいでしょう。以下の十一のステップを用いれば、成長の度合い、つまりあなたが今、発達段階のどこにいるかを測ることができます。あなたが取るべき次のステップへのガイドとして、この章を用いてください。

ステップ1　憤り――初期の警告灯

ランディは、これまで親友ウィルの皮肉めいた当てこすりに苛立ったことがなかったので、その憤りは彼には馴染みのない感覚でした。もともと冗談のネタにされるくらい、彼にはどうってことなかったのです。「性格のいいランディ」は何を言われても平気でした。

しかし今日、教会でウィルが彼のところにやって来て、みんなの前で「君の買う服は小さいのかな、それとも太ったのかな」と言ったとき、ランディは笑ってすませることができなかったのです。何も言いませんでしたが、ウィルの言葉はランディの心に深く突き刺さりました。彼は恥かしいと感じ、また傷つきました。これまで何年もやってきたように、それを振り払うことはできませんでした。

（今まではこんなことはなかったのに。）ランディは心の中で思いました。（今回はどうしてこんなに堪えたのだろう。少し過敏になっているのかもしれない。）

境界線の発達を示す初期の兆候の一つは、それとない当てつけやあからさまな侵害に対して覚える憤り、苛立ち、怒りの感覚です。外国のミサイルが接近するとレーダーが察知して信号を出すように、怒りは生活の中で境界線が侵害されていることを警告しているのです。

ランディが育った家庭では、摩擦や不一致を極力避ける傾向がありました。議論はほとんどなく、代わりに妥協がありました。三十代になって、彼はずっと悩んでいた摂食障害に関して治療を受けました。驚いたことに、セラピストは食事や運動の計画については話さず、ランディが支配的な人たちに対してこれまでどう反応してきたかを尋ねました。

最初、支配的な人など思い浮かびませんでした。しかししばらく考えてから、ウィルのことを思い出しました。ランディをからかうウィル、友達の前でランディに恥をかかせるウィル、ランディに感謝しないウィル、ランディを利用するウィル。

これらの記憶は、ランディの頭の中の単なる記録画像ではありませんでした。そこには傷、怒り、憤りが伴っていました。そしてこれらこそ、ランディの生活に境界線を芽生えさせる種だったのです。

自分が侵害されても、操作されても、支配されても怒ることのできない人たちは、紛れもなくハンディキャップを背負っています。境界線問題を察知する「警告灯」が無いのです。この警告灯は、正常なら、攻撃されるとすぐに点灯します。聖書では怒りを表現するのに炎が使われます。「すると、主の怒りがモーセに向かって燃え上がり……」（出エジプト4・14）、「それで主の怒りがこの地に向かって燃え上がり……」（申命記29・27）。怒りは、心の中に燃え上がる炎のように、対決すべき問題があることを知らせるのです。

怒れないのは、たいてい、真実を語ると人が自分から離れていくのではないかと恐れているからです。誰かに対して不満を正直に話すと、その人との関係が壊れるだろうと恐れるのです。しかし、真理は常に自分の友であると認めるとき、私たちは怒ることに対して抵抗を感じなくなります。

そこで、何か対決的なことを言う前に、あるいは最初の境界線を設定する前に、あなたの心を吟味しましょう。「他人に支配されたとき、怒りを感じてもいいと思っているだろうか。人に侵害されているとき、私はそれに気づいているだろうか。私には初期の警告が聞こえているだろうか？」と自問してください。もし答えが「はい」なら、あなたは正しい場所にいます。そうでないなら、今こそ真実を安心して語れる場所を見つける時です。違いや不一致について正直になるにしたがい、怒りをあなたの味方につけることができるようになります。

ステップ2　好みの変化――境界線を愛する人たちに惹かれる

タミーとスコットが教会を移ってから、ちょうど十二か月が過ぎました。彼らはこの一年について思いを巡らせていました。

以前の教会には、結婚して以来、数年間通っていました。正しい教義と活発な交わりを持つ教会でしたが、どうしても一つ気になることがありました。それは、行事参加についての教会員の態度でした。聖歌隊のコンサートや夕拝、週ごとの聖書の学び会など、教会の行事やプログラムのすべてに出席することが大前提だったのです。

スコットとタミーが集まりを欠席しなければならなかったとき、摩擦が生じました。それは別の町から古い友人が訪ねて来た時のことでした。タミーは聖書の学び会のリーダーであるジャニスに電話をして、その晩の集まりには参加できないと伝えました。

「タミー、どうもコミットメントの問題があるようね」。ジャニスは答えました。「もし私たちがあなたにとって本当に大切なら、ちゃんと出席するはずよ。でもあなたは平気で出かけて自分の好きなことをするわけね」

タミーは激怒しました。そして傷つきました。友人に会いに行きたいという願いが、いかにも恥ずかしいことのように言われたのです。このグループが「ノー」という言葉を理解できなかったために、二人はその後、他の教会へ移る決心をしました。

一年が経った今、タミーとスコットは自分たちの決断に満足していました。現在の教会もまた保守的で、活動的で、群れに深く関わることを強調するのですが、ここの人たちは理由があって欠席せざるを得ないときに、批判的になったり裁いたりはしません。

「違いが、はっきりしてるよね」。スコットはタミーに言いました。「きのう、ロサンゼルスから夜行便で帰って来た後、メンズ朝餐祈祷会のリーダーのマークに電話したんだ。このまま朝食会に行ったらぶっ倒れるだろうってね。マークは何て答えたと思う？『どうして電話なんかしてるんだ。早くベッドにもぐって寝なくちゃ駄目じゃないか』って言ってくれたんだよ。こんなふうに理解してもらえると、次回はぜひ行こうという気になるよね」

スコットもタミーも、以前の教会の考え方が正しいと思っていたときがありました。あの頃は、人に「ノー」を理解してもらえるとは考えもしなかったのです。しかし一年が経った今、もはやあのような状況に戻ることは想像もできないのです。

限界を設定する能力を充分に身に付けていない人たちは、「境界線を蹴散らす人」と関わっている場合が多いものです。家族かもしれませんし、同僚、配偶者、教会の人、あるいは友人かもしれません。境界線の混乱が当たり前になっていて、それが自分や他者にもたらす破壊性にほとんど気づかないのです。

しかし、境界線に傷を負った人たちが自分自身の境界線を発達させるようになると、変化が起きます。彼らの「ノー」を批判せず受け入れてくれる人々に引き寄せられるようになります。傷つくことなく、被害者意識を持つことなく、彼らの境界線を引き倒そうとして操作的になったり支配的になったりせず、「了解。残念だけど、また次回にね」とさらりと言ってくれる人たちに。

このような方向転換が起こる理由は、神が私たちを造られた目的に秘密があります。私たちは一つの基本的な目的のために、自由な者として造られました。それは、愛することです。神や人と有意義で親密な関係を持つことです。「そして、これらすべての上に、愛を着けなさい。愛は結びの帯として完全です」（コロサイ3・14）。この根本的な真理が、私たちの心の一番深い部分を明らかにします。そして、限度を設定できる自由な関係を見出すとき、素晴らしいことが起こります。「ノー」と言える自由だけでなく、何の葛藤もない、感謝に溢れた心からの「はい」を言う自由を見出すのです。私たちは境界線を愛する人たちに惹かれるようになります。彼らといると、正直で、ありのままで、愛に満ちた個人でいられるからです。

境界線に傷を負っている人にとって、はっきりと「ノー」を言う人は時に素っ気なく、冷たく思えるでしょう。しかし境界線が固まるにしたがって、素っ気なくて冷たい人たちが、実は思いやりに満ちた、清々しいまでに正直な人たちであることがわかります。

私たちは境界線を愛する人たちと、深く意味のあるつながりを持つ必要があるのです。境界線は一人きりでは築けません。援助と理解を求めつつ、これらの人々とのつながりを作っていくなら、限度を設けるという難しい作業に必要な力と恵みを、彼らを通して神が与えてくださいます。また、境界線を持つ人々に惹かれるだけでなく、神にも引き寄せられるようになります。旧約聖書に描かれる聖であり義なる神は、それほど嫌でもなく、恐ろしくもないとわかってくるでしょう。神はただ、とても明確な境界線を持ったお方なのです。「天が地よりも高いように、わたしの道は、あなたがたの道よりも高く、わたしの思いは、あなたがたの思いよりも高い」（イザヤ55・9）。

ステップ3　家族に加わる

私たちが、曖昧な人間関係よりも、明確な境界線を持つ人々を好むようになるにつれ、後者のような人々との間に親密で意味のあるつながりが発達していきます。現在の関係において境界線が成長していくか、これから育てていくべき新しい関係が見つかるか、あるいはその両方でしょう。これは境界線の発達において重要な段階です。

境界線のしっかりした「家族」に加わることが、なぜそんなに大切なのでしょうか。主な理由は、他の霊的な訓練と同じく、境界線は孤立状態で学ぶものではないからです。この学びの中で励ましを得て共に練習し、一緒にいてもらうために、限界の設定と責任に関する聖書的価値観を共有する人々が必要なのです。これこそウェインが発見したことでした。

ウェインには状況の変化が信じられませんでした。過去数か月のうちに、自分には職場での境界線が欠如していると感じるようになっていました。同僚たちは定時に帰宅しているのに、彼だけは頻繁に残業を頼まれました。今後は業務時間をだらだら引き延ばさず、もっと妥当なものにする旨を上司にはっきり伝えたいと思いました。しかし上司に近づくたびに不安に襲われ、言葉を飲み込み、沈黙してしまうのでした。

職場において成熟した境界線を発達させることがウェインの切実な願いでした。この頃、彼は教会の支援グループに加わりました。グループの人たちとの関係は深まり、彼は仲間を信頼するようになっていきました。残業に関する摩擦を解決するために上司と話し合う日、彼は気持ちの上で「仲間の付き添い」に頼ることができました。ウェインが職場で真実を語るのに必要な力を与えてくれたのは、このグループの安心できる環境と支援でした。

イエスは交わりを、二人か三人が彼の名において集まることと定義し、彼はその中にいると言いました（マタイ18・20）。イエスの御霊と、自分を信じてくれる人たちがいると知っていること、まさにこの組み合わせによって、私たちは境界線を堅く保てるのです。なぜでしょう？　それは、自分に霊的・感情的な「家庭」があると知っているからです。どんなに辛辣な批判を受けても、摩擦の相手から激しく拒絶されても、私たちは一人ではないのです。これが、境界線を設定するうえで天と地ほどの違いをもたらします。

ステップ４　自分の宝物を大切にする

「恵みとまこと（真理）」（ヨハネ１・17）を良いものと信じる人と一緒にいて安心感を覚えるよ

うになると、あなたの価値観は変化し始めます。自分について責任を負うことは健全であり、他の大人の代わりに責任を負うのは破壊的であるとわかってきます。

長い間、物のように扱われていると、自分は誰か他の人の所有物なのだと思うようになります。身近な人たちが自分を扱ってきたように自分自身のことを見るため、自己管理に価値を見出しません。自らのたましいを養い、それを保とうとするのは利己主義で間違っているとずっと教えられてきた人たちが大勢います。やがて、彼らはそのとおりなのだとすっかり信じ込んでしまいます。そうなると、神が彼らの手に委ねたもの、つまり感情、才能、思考、態度、行い、身体、資源などの管理が蔑《ないがし》ろになっていきます。

みことばは、この原則をこう教えています。「私たちは愛しています。神がまず私たちを愛してくださったからです」（第一ヨハネ4・19）。言い換えると、私たちは愛されているからこそ、人を愛せるようになるのです。恵みを私たちの内側に発達させようと思ったら、まず外側から受けなくてはなりません。逆に言えば、愛されていないと愛せないということです。さらにつきつめて言えば、人から大切にしてもらう経験なしには、自分で自分のたましいを大切にすることもできないのです。

これは鍵となる原則です。自分をどう見るか、すなわち何が私たちについて事実であり真理なのかは、私たちにとって身近で重要な人間関係に由来するのです。子ども時代に愛されなかったために、大人になって親切な人たちにいくら愛されても、自分は無価値で愛されないという思い込みを払拭できない人が大勢います。その理由は、これです。愛される価値があるとどれだけ言われても、納得できないのです。

ヘレンは子どもの頃、父親から性的虐待を受けていました。それは彼女にとってひどいトラウマでしたが、そのことを隠し、家族を動揺させまいと努めていました。しかし十代になると、彼女の言葉ではなく行いが、無意識のうちに家庭の問題の「真実を語る」ようになっていきました。ヘレンは若いうちから性的に乱れた生活を送るようになったのです。

大人になって受けたセラピーの中で、彼女は混乱に満ちた十代を思い返してこう言いました。「男たちの顔を思い出すことすらできません。私が知っているのは、誰かが私に何かを求めていたということだけ。そして、それを与えるのが私の義務だと感じたのです。ただ彼らが欲しがったから、という理由で！　私には何も口出しできないように思えたのです」

ヘレンは、一番大切にしてくれるはずの人に大切にされてきませんでした。その結果、彼女は自分を大切にせず、誰でも求めてくる人たちに対して性的なサービスを提供してきたのです。彼女には、自分の心と体が神から与えられたもので、自ら守り成長させるべき「高価な真珠」（マタイ7・6）だという理解が無かったのです。

私たちが病んでいる状態から回復し、元気になり、神の似姿へと変えられていくこと（これらはどれも同じ意味ですが）に価値を見出すようになると、変化が起こります。神の投資が利益を生むことを願い始めるのです。（マタイの福音書二五章一四−三〇節のタラントのたとえを思い出してください。）自分自身に対処することが重要になります。

ある日、スティーブが興奮して私のところにやって来ました。彼はすぐ感情的になるタイプではなかったので、何か重要なことが起きているのがわかりました。スティーブは自分の聖書を見せてくれました。コリント人への手紙第一の八章一一節が開かれていました。「つまり、その弱い人は、あなたの知識によって滅びることになります。この兄弟のためにも、キリストは死んでくださったのです」

「何かが私の中に起こっています」。彼は言いました。「ずっと前から、私はこの箇所を読むたびに罪悪感を覚えていました。弱いクリスチャンを罪に陥れていると責められているような気がしたのです」

「ふむ、確かにそう書いてありますが」。私は答えました。「でも、何か他のことに気がついたのでしょう」

「そうなんです。私自身もまた『キリストが死んでくださった兄弟』の一人であることがわかったのです。つまり、他者に対してそうであるように、私自身についてもよく気を配り、大切にしなくてはならないということです。神が他の兄弟を思うのと、私を思うことの間には、何の違いもないのですから」

スティーブは神学的に重要な点に気がつきました。長い間クリスチャンは、自分の霊性と感情を保護することは自分勝手だと教えられてきました。しかし神は、人々が他者を愛することを望んでおられ、そしてあなたが他者を愛するためには、まずは自分自身が内側に愛を受け取らないといけないのです。

あなたもスティーブと同じ体験をしたことがありますか？　助けを仰ぎ、自己防衛を学び、聖書的な境界線を設定することは、あなたにとって重要ですか？　そうでないなら、適切な限界を発達させるという大仕事を達成するのは、不可能ではないにしても困難なものとなるでしょう。健全な境界線について熟知している人々と交わりを持ち、彼らをお手本にする必要があるかもしれません。

箴言の著者が書いた原則、「何を見張るよりも、あなたの心を見守れ。いのちの泉はこれから湧く」（箴言４・23）が、それをよく表しています。自分の心（私たちの宝物がある場所）を「見張る」とき、私たちは宝を守っているのです。宝は私たちにとって非常に価値があるので、それを堅固に守り続けます。価値を感じないものは守りません。銀行は、がらくた置き場よりも、ずっと警備が厳しいのです！

あなたの「宝」のリストを作ってみましょう。時間、お金、感情、信仰……人にこれらのものをどう扱ってほしいですか？　どう扱ってほしくはないですか？

ステップ5　小さな「ノー」を練習する

グループのメンバーは沈黙していました。何回かのセッションの間ずっと迷っていましたが、シャリーンはグループの他のメンバーに対して、生まれて初めて限界を設定しようとしているところでした。心の中で祈りつつ、グループの仲間たちはシャリーンが本音を言えるかどうか見守っていました。

私はシャリーンに、過去数回のセッションの中で、何か一つ気に障ることをした人がグループにいたら、その人にそのことを伝えてみるように言いました。彼女は怯えましたが、やってみることにしました。初めのうちは何も言いませんでした。明らかに勇気を奮い起こしている様子でした。それからゆっくりと、隣に座っている女性の方を向き、こう言いました。「キャロリン、何と言ったらいいのかわからないのだけど、でも、やってみるわね。私、あなたがいつも、グループの中でいい椅子を取るのが嫌なの」。そう言うと彼女は、反論されるのを予期して、すぐさま首を引っ込めました。

何の反論もありませんでした。少なくともシャリーンが予期したようなものは。「あなたが何か言ってくれるのを、ずっと待っていたのよ」。キャロリンは説明しました。「あなたが私を避けてるみたいって感じてたの。でもどうしてだかわからなかった。理由がわかって良かったわ。今、もっとあなたに近づいた気がする。思い切って正面から言ってくれた。どうする？

私、椅子をめぐってあなたと腕相撲だってするかもしれないわよ！」

些細なことだと思いますか。そうではありません。限界を設定すると母親に責められ、違う意見を言おうものなら父親が激怒するというシャリーンの育った家庭環境を考えれば、彼女がどれだけ思い切って一歩を踏み出したかがわかります。彼女にとって境界線を引くなんて、とんでもないことでした。その結果、不安と鬱で制御不能なほどに人生が歪められてしまったのです。このため、シャリーンが境界線を引く練習をするには、セラピーのグループが最も適した場所でした。

感情の境界線を引くときは、常に過去の傷を考慮に入れつつ、適度な速さでやらなくてはなりません。そうでないと、境界線が十分に固まる前に大崩壊を起こすこともあります。


「境界線の教えなんて、役に立たないじゃないですか」。フランクはセラピーのセッションで不満をもらしました。

「どうしてです？」私は尋ねました。

「僕は人との間に適度な限界を設置していないとわかったので、すぐさま親父に電話をして、そのことを言ったんです。そうしたら、どうなったと思います？　父はガチャリと電話を切りましたよ。まったく最高ですね。境界線のおかげで、状況は良くなるどころか、ますます悪くなってしまいました」

フランクは新しい自転車に補助輪が付いているのが我慢できない、気の急《せ》いた子どものようです。何度か転んで膝を擦りむいて、ようやく訓練の途中のプロセスをいくつか飛ばしていたことに気づくのです。

このステップを進んでいくために、次のようにしてみてはいかがでしょうか。あなたの支援グループ、あるいは親しい友人たちに、一緒に境界線を引く練習をしてもいいかと尋ねるのです。あなたが語った真実への反応によって、彼らの真の価値がわかります。あなたが異なる考えを持ち、彼らに向き合うことを温かく応援してくれるか、あるいは抵抗するかの、どちらかでしょう。いずれにしても、あなたは何かを学ぶことになります。良い支援関係は、そこに関わるすべての人たちの「ノー」を大切にします。仲間たちは、異なる意見を持つ自由の中にこそ真の親密さが築かれると知っています。「憎しみを隠すものは偽りの唇を持ち」（箴言10・18）。あなたの「ノー」を尊重し、それゆえにあなたを愛してくれる人たちとの間で「ノー」と言う練習をしましょう。

ステップ6　罪悪感の中で喜ぶ

奇妙に聞こえるかもしれませんが、あなたの中に境界線が生まれつつある兆候は、しばしば自責の念、つまり限界設定の大切な決まりを破ってしまったという感覚です。何が聖書的責任で何がそうでないかについて真実を語り始めると、多くの人たちは激しい自己批判を体験します。なぜでしょうか。奴隷と自由という観点からその答えを見てみましょう。

境界線が傷ついている人たちは奴隷です。彼らは自分自身の価値に基づいた決定をすることができず、たいてい周りの人たちの願いに合わせてしまいます。そして境界線を尊ぶ支援的な人たちに囲まれていても、なお限界設定に困難を覚えるのです。

ここでの犯人は「弱い良心」です。あるいは、口やかましく非聖書的な厳しさを持つ内側の裁判官と言ってもいいでしょう。確かに私たちは、「評価する者」を内に持ち、善悪の判断を助けてもらう必要がありますが、過度に自己批判的で、しかも誤った良心を持ち歩いている人たちが大勢います。彼らは間違っていないときにも間違っているように感じるのです。

この出しゃばりな裁判官のせいで、境界線が傷ついている人たちは限界を設定することにしばしば大きな困難を覚えます。「厳し過ぎるのではないか？」「どうしてパーティーに出席できないの。なんてわがままな！」と言った疑問が心に湧きます。

このような葛藤のある人が実際に一つ、二つ、たとえ小さいものでも限界を設定すると、どれだけの混乱が起きるか想像に難くないでしょう。非現実的な要求に従わないと、良心が暴走するのです。正直な境界線に対するこの反抗は、保護者のように支配しようとする良心からの威嚇です。たましいを激しく攻撃し、真理に外れた「あれをしろ」「これはするな」という規則に力ずくで再び従わせようとするのです。

そういうわけで、奇妙ではありますが、「対立的な良心」が活発になるのは霊的成長のしるしです。あなたが非聖書的な拘束に抗議しているというしるしなのです。もし良心が沈黙し、「よくそんなことができますね」と言って罪悪感を引き起こさないなら、あなたは内的な保護者の奴隷になったままなのかもしれません。罪悪感を覚えるなら喜びなさいと私たちが言うのはそのためです。それはあなたが前進している証拠です。

ステップ7　大きな「ノー」を練習する

次のことをしばらく考えてみてください。あなたにとって「境界線を蹴散らす人」といえば誰のことですか？　限度を設定しようとするとき、あなたが一番困難を感じる相手は誰ですか？　複数の人が心に浮かぶかもしれませんね。このステップでは、それらの非常に複雑で、葛藤のある、恐ろしい人間関係を扱います。これらの関係を正すことは、境界線を持つ人になる上での主要なゴールです。

これが2番目ではなく7番目のステップなのは、ここに至るまでに下準備と練習を手抜かりなく確実に終えることが重要だからです。重要な限界を大切な人々との間に設定するには、多くの努力と成熟を必要とします。

ここで、私たちの目標を混乱させないことが大切です。しばしば傷ついた境界線を持つ人々は、生活の重要な分野に限界を設定し、安定を取り戻すのが目的だと考えます。このような人たちは、「お母さんに『ノー』と言える」日を待ち望んでいるかもしれません。あるいは「伴侶の飲酒に対して限度を設ける」日かもしれません。このような対決はとても重要ですが（イエスもマタイの福音書一八章一五―二〇節でこれらについて語っています）、それが境界線を学ぶ究極の目的ではありません。

私たちの本当の目標は、成熟です。神がなさるやり方で、上手に愛し、上手に働けるようになる能力です。これこそ、よりキリストに似た者になっていくという、ゴールなのです。「愛する者たち、私たちは今すでに神の子どもです。やがてどのようになるのか、まだ明らかにされていません。しかし、私たちは、キリストが現れたときに、キリストに似た者になることは知っています。キリストをありのままに見るからです。」（第一ヨハネ3・2）

成熟の過程の中で、境界線の設定は大きな部分を占めます。私たちは境界線を持つまでは本当の意味で愛することはできず、そうでなければ、妥協や罪悪感から愛することになります。境界線が無いと仕事においてもあまり生産的にはなれません。他人の意図を追うことで忙しくなり、二心で心が定まらない（ヤコブ1・8）存在となるからです。目標は、境界線を持ち、自らに対しても他者に対しても、適切な時に限界を設定することのできる人格構造を持つことです。内側に境界線があれば、この世においても境界線を維持できます。「彼は自分が心の中で思う、そのとおりの人間だ」（箴言23・7　NASBより私訳）。

この段階では、明確で、正直で、目的意識のはっきりした人格構造を発達させます。この時までには多くの努力と練習を経て、これまでは恐ろしくてとても言えなかったような大きな「ノー」

を言う用意ができています。

時に、大きな「ノー」は危機をもたらします。あなたにとって大切な人が腹を立てるかもしれません。あるいは傷つくかもしれないし、乱暴を働くかもしれません。真実は人間関係の中にある分裂を露わにします。摩擦や不一致は、すでに存在していたのです。境界線は、ただそれを表面化させるだけです。

祈りをもって、あなたにとって大切な人間関係のリストを作ってみましょう。そして、その関係の中で侵害されている宝物を、具体的に書き加えてください。その宝物を守るために、実際にどのような境界線を引く必要がありますか。

ステップ8　罪悪感がないことを喜ぶ

ステップ6では、境界線習得の初期段階でまず間違いなく、過度に働く「弱い良心」の激しい抵抗に遭うことを学びました。しかし、地道な努力と良い支援があれば、罪悪感は減少します。私たちはより一層、「きよい良心をもって、信仰の奥義を保っている」ことができるようになります（第一テモテ3・9）。

霊的にも感情的にもあなたが従うものが変わった今だからこそ、このステップが可能となります。内側の保護者の声に聞き従うのではなく、愛と責任と赦しという聖書的な価値観に応答するように変わったのです。そしてこれらの価値観は、それを理解する人たちとの数多くのふれあいを通して、あなたの心に植え付けられてきました。あなたの心は、批判的な良心に頼らずとも、自己評価ができるようになったのです。愛と真実に満ちた人々を知っている、という思いが安息を与えます。

エヴリンは、夫の厳しい批判と対決したとき、自分の内側で何かが違っていたのがわかりました。「ここまでよ、ポール」。彼女は声を荒げることなく言いました。「もしあなたが10秒以内に冷静な声で話をしてくれないのなら、今夜は友達のアシュリーの家に泊まることにします。だから、自分で選択してください。私ははったりで言っているんじゃないのよ」

ポールはさらに畳みかけようとしましたが、口を閉じました。彼もまた、今回はエヴリンが真剣であることを察したのです。彼はソファに腰かけると、彼女の次の出方を待ちました。

エヴリンが自分でも驚いたのは、限界を設定した後に自己批判を感じなかったことです。普段なら心の中で「ポールに十分なチャンスをあげなかったわ」とか、「私がこんなに過敏になるのをやめればいいのよ」とか、「ポールだって一生懸命働いているんだし、子どもにも良くしてくれているわ」などと思うところでした。

エヴリンの支援グループが機能したのです。彼女の練習は報われました。そして彼女の良心は、成長し始めたのです。

ステップ9　他者の境界線を愛する

あるクライアントが私（ジョン）にこう尋ねたことがありました。「妻に対して境界線を引くとして、でも妻には、私に対して限界を設定させないでおく方法はありませんか?」彼の率直さには感心しましたが、答えは明らかに「ありません」でした。他者に自分の境界線を尊重してもらうつもりなら、私たちもまた彼らの境界線を尊重する必要があります。それにはいくつかの理由があります。

他者の境界線を愛することで、利己主義や自分は何でもできるという思い込みと向き合うことになる。他者の宝物を守ろうとするとき、私たちは自分の堕落した性質の一部である自己中心性と対峙します。自分より相手を中心に考えるようになるのです。

他者の境界線を愛することで、他者をもっとケアできるようになる。自分と気の合う部分についてだけ人を愛することは難しくありません。しかし、人から抵抗、対決、分離などを受けるとなると、話は別です。摩擦が生じたり、自分が願うものを相手から得られない場合もあるでしょう。私たちが他者の境界線を愛し尊重するとき、二つのことが達成されます。第一に、純粋に相手をケアすることができるようになります。なぜなら誰かが私たちに「ノー」と言うのを助けても、私たちには何の得にもならないからです!

他者の境界線を愛する第二の利点は、それが私たちに共感を教えることです。自分がしてほしいように相手にも行うことを教えてくれます。「律法全体は、『あなたの隣人を自分自身のように愛しなさい』という一つのことばで全うされるのです」(ガラテヤ5・14)。私たちは、自分の「ノー」のために戦うのと同じように、他者の「ノー」のためにも戦うべきです。それによって私たちが犠牲を払うとしてもです。

ステップ10　私たちの「ノー」と「はい」を解放する

「愛しているわ、ピーター」。夕食の席でコートニーはボーイフレンドに言いました。それは大切な瞬間でした。ピーターはコートニーにプロポーズをしたところだったのです。そしてコートニーはピーターに惹かれていました。多くの点で彼らは相性がいいように思われました。ただ、一つだけ問題がありました。二人は付き合い始めて、ほんの数週間しか経っていなかったのです。ピーターの衝動的なプロポーズは、コートニーからするとやや急ぎ過ぎの感がありました。「愛しているけれど……」彼女は続けました。「婚約をする前に、二人が一緒にいるための時間がもう少し欲しいの。だから、あなたに『はい』とは言えないから、『ノー』と言うわ」

コートニーは成熟しつつある境界線の実を示していました。彼女には、まだはっきりわからなかったので、「ノー」と言ったのです。限界設定の能力が未発達な人は、これとは逆のことをします。よくわからないときに「はい」と言うのです。そして、誰か他の人の計画に自分を合わせた後で、その状況から逃げ出したくなるのですが、時すでに遅しです。

私はしばらく児童養護施設の指導員として働いていたことがあります。活発な青年たちと一つ屋根の下で暮らす仕事で、そのためのトレーニングを受けていたとき、経験豊富なベテランの職員が私たちにこう言いました。「子どもたちとの関係を始めるのに二つのやり方がある。一つは、全てに『はい』と言うこと。その場合、あとから制限を付け始めると、彼らは腹を立て、反抗する。もう一つのやり方は、最初に明確な確固とした制限を示すこと。そうして彼らがそのやり方に慣れてきたところで、少し制限を緩めるんだ。彼らは一生、あなたのことを愛するようになるよ」

明らかに二番目のやり方の方が効果的でした。それは、子どもたちに対する私の境界線を明確にしただけでなく、私自身の「ノー」を解放することも教えてくれました。「私たちの『ノー』は私たちの『はい』と同じくらい自由であるか」という尺度の中核をなすのが、この原則です。言い換えれば、要求に対して「はい」と同じくらい自由に「ノー」と言えるなら、あなたの境界線は着実に成熟への道を歩んでいるのです。どちらの言葉を使うにしても、摩擦も、思い直しも、ためらいも無いのです。

前回、誰かから何かを求められた時のことを思い出してください。求められたものは、あなたの時間だったかもしれません。あなたは、それを与えるべきかどうかよくわかりませんでした。求めている人は、自己中心的でも操作的でも支配的でもないとしましょう。時には分別のある人が適度な要求をする場合もあります。

あなたは判断が難しいものを求められました。あなたにはそれを「喜んで」（第二コリント9・7）与えられるかどうかわかりませんでした。この場合、あなたがどう答えるかで、どういう境界線を持っているかがわかります。あなたは恐らく、次のどちらかだったと思います。

1．迷ったので「はい」と言った。
2．迷ったので「ノー」と言った。

どちらがより成熟しているでしょうか？　ほとんどの場合、後者です。なぜでしょう。持っているものの中から与える方が、与えられるかどうかわからないものを約束するよりも責任ある選択だからです。イエスは、私たちがやろうとしていることについて「費用を計算」すべきであると言われました。

「あなたがたのうちに、塔を建てようとするとき、まず座って、完成させるのに十分な金があるかどうか、費用を計算しない人がいるでしょうか。計算しないと、土台を据えただけで完成できず、見ていた人はみなその人を嘲って、『この人は建て始めたのに、完成できなかった。』と言うでしょう。」（ルカ14・28－30）

傷ついた境界線を持つ人たちが約束した後ですることは、①嫌々ながら行なう、②約束を守らない、のどちらかです。しかし境界線が発達している人たちは、自由に、喜んで行います。そうでない場合は、最初から約束しません。

罪悪感に苛まれた、あるいは妥協した責任の後処理をすることは、相当に犠牲が大きく、痛みを伴い、また不都合なものです。あなたが学ぶべき教訓は、霊的・感情的な費用を計算する前には、あまり多くを約束しないということです。

ステップ11　成熟した境界線――価値観に基づいた目標設定

ベンは机にペンを置くと、満足気に妻マリアの方を見ました。二人は丸一日かけて去年一年間を振り返り、次の年に備えて計画を立てたところでした。こうやって年末に計画を立てるのは、ここ数年の恒例行事になっていました。これは彼らにとって、生活に方向性と目的を感じるためのものでした。

一緒にゴールを設定するようになるまで、二人の生活は混沌としていました。ベンは支配的で衝動的でした。経済的な計画性に欠けるために、ろくに貯蓄もできませんでした。マリアは経済的にはしっかりしていたものの、妥協してばかりで夫に対峙しませんでした。そのため、ベンがお金を使えば使うほど、彼女はベンから遠ざかり、家庭外でのボランティア活動に精を出していました。

結婚カウンセラーと何時間にもわたって境界線について学んだあと、とうとうマリアはベンの自制を欠いた行為に対して制限を設け始めました。彼女はより正直になり、非難を控え、憤りを覚えることもずっと減りました。

ベンの方も、家族に対してより責任感を持つようになっていきました。妻を以前よりいとおしく思うようになりました。彼女がベンの無責任さについて何度か詰め寄った後でさえもです！

ベンは微笑んで言いました。「マリア、去年はおととし比べて百八十度の転換だったね。貯金もしたし、いくつかの経済的な目標にも達することができた。お互いに対しても、前より正直になったし、愛情も増したと思う。そして君も、町内会のボランティアで走り回らなくなった」

マリアは答えました。「もう、そんなことしなくてよくなったの。私の欲しいものはここにあるから。あなたがいて、子どもたちがいて、教会の支援グループがあって、そして私たちの奉仕の場もある。来年がもっといい年になるように、二人で成長して、変わり続けたいわ」

ベンとマリアは数年にわたる努力の実を味わっていました。彼らの境界線設定の能力は成熟しつつあり、あらゆる面で報われていました。結局のところ、境界線習得の最終ゴールは、神に管理を委ねられたこの人生を、私たちが自由な心で守り、養い、発達させることなのです。境界線の設定は、大人のすることであり、積極的で、主体的です。それは自分の人生を自ら管理することに他なりません。

成熟した境界線を持つ人たちは、混乱したり、慌てたり、自制を欠いたりしません。自分の人生に方向性を持ち、それぞれのゴールに向かって着実に前進しています。そして前もって計画を立てます。

賢明な境界線の報酬として、彼らは人生において願いがかなう喜びを味わいます。神からいただいた年月に投資してきたものが、実を結ぶのです。ちょうど、人生の最後に思いを馳せていたパウロに似ています。

私はすでに注ぎのささげ物となっています。私が世を去る時が来ました。私は勇敢に戦い抜き、走るべき道のりを走り終え、信仰を守り通しました。（第二テモテ4・6－7）

とはいえ、成熟した境界線を持つ人でも、人生でつまずくことはないでしょうか？　試練や困難に直面したり、神のものとは異なる彼らのやり方に引きずり込もうとする人々に出くわすことはないでしょうか？　もちろんあります。今の時代は本当に邪悪です。私たちの境界線やゴールを阻もうとする、あらゆる抵抗があるでしょう。

しかし、成熟した限界を持つ人なら、そういうものだと理解し、抵抗があっても驚きません。そして、必要とあらばいつでも使える「ノー」が心にあることを知っています。それは、攻撃するためではありません。他者を罰するためでもありません。神がくださった時間、才能、宝の数々を、この世での七十年の齢（詩篇90・10）の間に守り、発達させるためなのです。

第17章 境界線《バウンダリー》を持つ人のある一日

第1章に登場したシェリーを覚えていますか。彼女の生活は行き当たりばったりで思うように行かず、一日一日を過ごすのがやっとという状態でした。では、シェリーが本書を読んだとしましょう。彼女はこの本で説明したような明確な境界線の内側に自分の生活を立て直すことを決意しました。彼女の一日には今や自由、自制、そして親密な人間関係があります。境界線のあるシェリーの生活を少し覗いてみましょう。

午前6時

目覚ましが鳴った。シェリーは手を伸ばしてそれを止めた。(きっともう目覚ましなしでも大丈夫だわ)彼女は心の中でつぶやいた。(5分前にはもう起きていたんだもの。)7、8時間の睡眠は長らく彼女の夢だったが、家族がいては到底無理だと思っていた。

しかし、それが実現しつつあった。シェリーとウォルトが時間をきちんと制限しはじめたので、子どもたちは早く床に就くようになったのだ。寝る前に二人で少しのんびりする時間も持てるようになった。

とはいえ、この睡眠目標は簡単に達成できたわけではなかった。たとえば先日の晩も、シェリーの母親が前触れなく突然訪ねてきた。ちょうどシェリーが息子のトッドと科学プロジェクトの発表会の準備をしなければならない時間だった。

シェリーにとっては、これが一番言いにくいことの一つだった。「お母さん、私もお母さんとおしゃべりがしたいんだけど、今はちょっと都合が悪いのよ。トッドが太陽系に関するプロジェクトを仕上げていて、それを手伝っているところなの。かかりっきりになると思うわ。よかったら上がって見ていってもいいけど、でなきゃ明日私から電話をするから、その時に次に会う時間を決めましょうよ」

母親は良い反応を示さなかった。彼女の「殉教者症候群」はたちまち全開となった。「ええ、ええ、よくわかってますよ。孤独な老人と時間を過ごしたいと思う人なんていやしないのよ。うちに帰ってひとりぼっちになるわ。いつものようにね」

かつてのシェリーなら、この巧妙な「罪悪感」の猛攻撃に折れていただろう。しかしシェリーは、支援グループの仲間との多くの練習を通して、母親の突然の訪問にどう対応するかを心に決めていた。そして、もはやそれほど罪悪感を覚えることもなかった。母親は次の日になれば大丈夫なのだし、シェリーも夜ゆっくりすることができるのだから。

午前6時45分

シェリーは新しいワンピースに袖を通した。数か月前に着ていたものより二サイズ小さかったが、ぴったりだった。「神様、私の新しい自己境界線を感謝します」。そう彼女は祈った。シェリーのダイエットとエクササイズは、ついに功を奏したのだ。それは食べ物やトレーニングの新しい秘訣を学んだからではなく、自分自身のケアを、身勝手なものという視点ではなく、自己管理として見るようになったからだった。シェリーはエクササイズのために時間を割くことは自分勝手だと思うのをやめた。身体を鍛えているうちに、より良い妻、母、そして友になれたし、そして自分のことがもっと好きになった。

午前7時15分

エイミーとトッドは朝食を終え、自分の皿を流し台に持って行き、すすいでからそれを食洗器の中に入れた。家事を手伝うことは家族全員にとって当たり前の習慣になっていた。子どもたちとウォルトは、確かに初めは抵抗もしたが、シェリーは皆が片付けを手伝うようになるまでは朝食の支度をやめたのだ。すると子どもたちとウォルトに奇跡が起きた。「働かざる者、食うべからず」という現実に目覚めたのだ。

さらに嬉しかったのは、子どもたちが迎えの車に遅刻せず、数分間のゆとりを持って準備をするようになったこと。自分のベッドを整え、宿題も終え、お弁当もちゃんと自分でかばんに入れるようになった。驚くべきことである。

もちろん、ここに至るまでの道のりは決して平坦ではなかった。初めは、迎えに来てくれる友達の親に60秒はトッドたちを待って、それでも現れなければ先に行ってくださいと伝えた。そして彼らは、そのとおりにしてくれた。車に乗り損なってしまった時、エイミーとトッドは裏切られたと言ってシェリーを責めた。「僕たちの気持ちなんかどうでもいいんだ！」という子どもたちの言葉は、境界線を学ぼうとしている愛情に満ちた母親には辛いものだった。

それでも、熱心な祈りと、支援してくれる仲間たちのおかげで、シェリーは自分の境界線を守り抜いた。数時間の遅刻で学校まで歩いていく日が二、三日も続くと、子どもたちは自分で目覚ましをかけるようになった。

午前7時30分

シェリーはドレッサーの前で化粧をした。何年もの間、車のバックミラーを覗き込みながらアイラインを引くのが常だったので、何だかまだ慣れない。それでも、この安心（と安全！）を楽しんでいた。そして、数分間のゆとりをもって仕事に出かけた。

午前8時45分

シェリーはマカリスター社の人事事業部長（vice president）をしている。（彼女の「効果的なリーダーシップ」が認められ、昇進していたのである。）会議室に入ると、彼女は腕時計に目をやった。会議がそろそろ始まる時刻だった。議長はシェリー自身だ。

室内を見渡して、主要人物が三人まだ到着していないことに気づいた。これらの同僚とあとで話をするようメモに書き留めた。たぶん彼らも境界線の問題を抱えているのだろう。何か手助けができるかもしれない。

自分も同じ問題で苦労していたのはそう遠い昔ではなかったことを思い、シェリーは微笑んだ。職場の誰かが助けの手を差し伸べてくれていたら、どれだけありがたかっただろう。（神様、教会が聖書的な境界線について教えてくれたことを感謝します。）彼女は祈り、会議を始めた。定刻どおりに。

午前11時59分

内線電話が鳴った。「シェリー・フィリップスです」。受話器を取って答えると、相手の返事を待った。

「シェリー、ああよかった、そこにいてくれて。もしもう昼食に出ちゃっていたら、どうしようかと思っていたところだったわ」

聞き間違えようのないその声は、ロイス・トンプソンのものだった。この頃は彼女が電話をしてくるのは珍しかった。シェリーが不均衡な二人の関係を問題にするようになってから、滅多に電話をかけてこなくなったのだ。ある時、シェリーはコーヒーを飲みながらロイスにはっきりと言った。

「ロイス、あなたは自分が傷ついているときは、いつも私と話がしたくなるみたいね。それは構わないのよ。でも、私が苦しんでいるときは、あなたは相手をしてくれないか、気を散らしているか、興味がないかの、どれかよね」

ロイスは、そんなことはないと言って抗議した。「私はあなたの本当の友達よ、シェリー」

「いずれわかると思うわ。私はね、私たちの友情の土台となっているものが知りたいの。それは、私があなたのために何かをやってあげるからなのか、それとも真の友情で結ばれているのか、ということよ。そして、私がこれから設定するいくつかの境界線について、あなたにもわかっていてほしいの。第一に、私はいつもあなたのために全てを投げ打って駆けつけるなんてできないということ。ロイス、あなたのことは大好きよ。でも、私はあなたの痛みに対して、そういった責任を取ることはできないの。そして第二に、私が本当に苦しんで闘ってるときもあるはずよ。そういうときには、あなたに電話して助けを求めると思う。でも正直言って、あなたが私や私の葛藤について知っているのかどうか、ちっともわからなくて……。だから、私たち二人とも、それを知る必要があるんじゃないかしら」

それから数か月で、シェリーは二人の友情がどういうものであったのかを思い知らされた。ロイスの慢性的な緊急事態にシェリーが彼女を慰めてあげないと、ロイスは傷ついて不機嫌になるのだった。それでいて物事が順調なときは、シェリーを無視した。シェリーがどうしているかを気にして電話をかけてくることは、決してなかった。そして、問題があってシェリーの方からロイスに電話をしても、彼女は自分のことしか話さないのだった。

子ども時代からのつながりが、相互の友情として花開かなかったのを認めることは悲しかった。結局ロイスは、シェリーの世界を理解したいと思うところまでは、自己中心的な性格から抜け出せなかったのだ。

電話の件に戻ろう。シェリーは答えた。「ロイス、電話してくれて嬉しいわ。でもこれからちょうど出かけるところなの。後からかけ直してもいいかしら?」

「でも、私は今話がしたいのよ」。不満そうな返事が返ってきた。

「ロイス、よかったらまた後でかけ直して。今は都合が悪いの」

二人はそれぞれに「じゃあね」と言って電話を切った。ロイスはかけ直してくるかもしれないし、こないかもしれない。たぶんロイスの他の友達もみんな忙しくて、次の電話リストとしてシェリーの名前が頭に浮かんだのだろう。(ロイスが私のことを面白く思ってないのは悲しいけど……)シェリーは思いを巡らせていた。(でも、イエス様が御父と時間を過ごすために群衆から離れたときも、人々は面白くなかったに違いないわ。ロイスの感情に関して責任を取ろうとするのは、神様が私に与えておられないものを所有しようとすることだよね。)そう考えながらシェリーは昼食に向かった。

午後4時

シェリーの午後はとりたてて何事もなく過ぎていった。ちょうどオフィスを後にしようとしていたとき、直属の部下であるジェフ・モアランドがシェリーを呼び止めた。

歩く速度を落とさず、シェリーは彼に言った。「ああ、ジェフ。メッセージを残しておいてくれるかしら。30秒以内に出ないといけないのよ」。ジェフは苛立ちながらも、メッセージを残すためにその場を立ち去った。

わずか数か月の間に、なんという変化だろう。上司だった人が自分の部下になるとは予想外のことだった。しかし、彼女が自分の仕事に限界を設定し始め、ジェフがやるべき仕事の肩代わりをするのをやめたとき、ジェフの生産性は劇的に落ちた。彼の無責任さと実行力のなさが表面化し、ジェフの上司たちはついに問題の所在が彼にあることに気がついたのだ。

上司たちは人事部を背後で支えていたのはシェリーであることを知った。ジェフは手柄をほとんど横取りしていたが、実は彼女こそ「結果を出す」ことのできる人物だったのだ。

シェリーの境界線は効果を発揮し、ジェフの無責任さを露わにしたのだ。壁の穴の本当の在りかを明確にした。そしてジェフも変わり始めた。

最初のうち、彼は怒り傷ついていた。仕事を辞めると脅しもした。しかし最終的に、事態は少し落ち着いた。そしてジェフは前より時間を守るようになった。彼はやっと本気になったのだ。降格によって彼は目を覚ました。自分がこれまで他の人たちの働きに便乗していたことを悟ったのだ。

シェリーとジェフには、まだ問題も残っていた。彼はシェリーの「ノー」をなかなか受け入れられなかったし、シェリーにとっても、彼の憤りを我慢するのは難しいことだった。しかし問題があるからといって、境界線の無い自分に戻りたいとは決して思わなかった。

午後4時30分

トッドの四年生の担任の先生との面談はうまくいった。一つには、ウォルトがシェリーと一緒に面談に出席してくれたのが良かった。彼が支えてくれるとわかっているだけでも大きな違いだ。しかしそれ以上に、トッドに対して境界線を引くために二人が家庭で行ってきた並々ならぬ努力が実を結び始めていたのだった。

「フィリップスさん」。先生は言った。「正直に言いますと、トッドが三年生だった時の担任のラッセル先生と話したとき、トッドを受け持つことにややためらいがあったのです。でも、今の彼はずいぶん決まりを守れるようになりました」

ウォルトとシェリーは互いに微笑んだ。「魔法の公式のようなものがあったわけではありません」。ウォルトは言った。「トッドは宿題をしたり、親の言うことに耳を貸したり、家周りの仕事を手伝うのが大嫌いでした。でも、徹底した賞賛と結果を与えたのが功を奏したようです」

先生はうなずいた。「そのとおりですね。トッドは何でもおとなしく言うことを聞く天使ではありません。いつも自分が考えていることをはっきり言いますしね。それは子どもにとっていいことだと私は思っています。でも、言われたことに従うべきときにはちゃんと従えるようになってきました。今のところ、とても調子良くきています。お二人のご協力に感謝します」

午後5時15分

帰宅時のラッシュアワーに巻き込まれたとき、シェリーは不思議とそのことをありがたく感じた。（家族や友達について神様に感謝する時間にできるわ。そして楽しい週末の計画を考える時間にも。）

午後6時30分

エイミーはちょうど時間どおりにファミリールームに入って来た。「母と娘の時間よ、お母さん」。彼女は言った。「外に出かけましょうよ」

家を出ると、二人は夕食前の散歩をしながら、あたりを一周した。そのあいだシェリーは、エイミーが学校のことや読んだ本、友達のことなどをおしゃべりするのに、ずっと耳を傾けていた。それらはみな、シェリーが娘と話したいとずっと思っていたことだった。散歩はいつも、あっという間に終わってしまった。

今まで、いつもこうだったわけではない。クリスチャンのカウンセラーがエイミーの引きこもりについて本人や家族と面談したあと、彼はトッドの野放図ぶりが家族の関心を独占していることに気がついた。エイミーはうるさく自己主張をする方ではなかったため、シェリーやウォルトとあまり時間を過ごせなかったのだ。

次第に彼女は自分の中に引きこもるようになっていった。彼女に何かを与えることのできる人が、家族の中に誰もいなかったからだ。寝室が彼女の世界となった。

シェリーとウォルトはそれに気づくと、エイミーが自分の抱えている問題（トッドが抱えるような危機ではないにしても）について話しやすいように、特に気を配るようになった。

そのうち、光に照らされた花が開いていくように、エイミーは両親と再び交流を持つようになった。普通の女の子のように、気持ちが通じ合うようになっていった。シェリーとウォルトがトッドとの間に引いた境界線も、エイミーの癒やしのプロセスの一部となった。

午後7時

夕食の途中でシェリーの携帯電話が鳴ったが、シェリーはそれに気づかなかった。マナーモードにして別室に置いておいたからだ。あとから確認すると、そこにはメッセージが残されていた。「シェリー、教会のフィリスです。来月の修養会のことで、ちょっと協力してもらえないかしら」

携帯をマナーモードにしたことで、食事中に邪魔が入らなくなった。家族の境界線として「食事が終わるまでは電話に出ない」と決めたのだ。おかげで食卓を囲む家族の会話はより豊かなものとなった。

シェリーは、フェリスには申し訳ないが、あとから電話をして断ろうと心に決めた。シェリーとウォルトはこの頃、週末を二人で過ごすようにしていた。そうやって二人の関係を深めるための時間を確保することにしたのだ。

シェリーが境界線を引く作業を始めたばかりの頃、混沌とした生活を整理するために、一旦は教会での奉仕を退いていた。しかし興味深いことに、今は二つほどのミニストリーにもっと深く関わりたいと強く願うようになっていた。そこに神の召しを感じるのだった。（ちょうど自分が慰められたように、人を慰めるってことね。）シェリーは思った。しかし、フィリスの期待には決して添えないだろうとわかっていた。結局、それは神様とフィリスの間の問題だ。シェリーが関わることではなかった。

午後7時45分

子どもたちとウォルトは、言われるまでもなくテーブルを片付けた。朝食抜きはごめんなのと同じく、翌日の夕食抜きもごめんなのだ！

午後9時30分

子どもたちは宿題も終えてベッドに入っていた。寝る前にしばらく遊ぶ時間もあるくらいだった。ウォルトとシェリーはコーヒーを飲みながら二人でくつろいでいた。そして、お互いの一日について静かに語り合った。馬鹿話に笑い、失敗に同情し、週末の計画を立て、子どもたちについて話をした。互いの目を見つめ合い、相手がそこにいることを嬉しく思った。

奇跡中の奇跡だ。それはやっとの思いで勝ち取ったものだった。シェリーは自らカウンセリングを受けに行き、教会の支援グループにも加わった。『ウォルトを愛することで彼の怒りを静める』というやり方から抜け出すのにずいぶん時間がかかった。シェリーは夫に対決できるようになる前に、安心して付き合える人々との間で十分に境界線設定の練習をする必要があった。

そしてそれは恐ろしい期間だった。「あらかじめ言っておくわ。あなたが人前で私のことを批判すると、私は傷つくし、あなたから離れたくなるのよ。それでもやると言うなら、私は黙っていないし、すぐに意思を表明しますから。そしてタクシーに乗って家に帰るわ。嘘の生活はもうしたくないの。これからは自分のことは自分で守ります」。そう言って限界を設ける妻を、ウォルトはどう扱ったらいいのかわからなかった。

彼女はもはやウォルトの癇癪や沈黙に対して責任を取らなかった。「あなたが何に不満なのか私に言ってくれないのなら、私も何も言わないわ。友達のところに行ってくるので、あなたが話したくなったら連絡してね」。ウォルトは、彼の話を聞いて、怒りをなだめ、完璧でなくてごめんなさいと謝るシェリーに慣れていたため、これに適応するのは容易ではなかった。

彼女は、感情的に放置されている状態についても彼と対決した。「私は誰よりもあなたと一緒にいたいと思っているわ。あなたのことを愛しているし、私の心の中であなたのことをいつも第一にしたいと思っているのよ。でも、もしあなたが私のそばにいたくないなら、私は支援グループに行ったり、教会に行ったり、子どもたちと時間を過ごすようにします。部屋であなたがテレビを見ているのをただ見ているだけというのは、もうごめんです。これからは、自分のポップコーンは自分で用意してください」

彼は脅しをかけた。不機嫌な顔をしてみせた。だんまりを決め込んだりもした。

しかし、シェリーは決して譲らなかった。神、友人、カウンセラー、そして教会の支援グループに助けられ、彼女はウォルトが怒鳴り散らすことにも耐えた。ウォルトはシェリーがいつも手の届く所にいないと、どんな気分になるかがわかってきた。

そして、シェリーのことを恋しく思った。

初めて彼は、自分がシェリーに依存していたことに気づいた。自分がどれだけ彼女を必要としていたか。彼女がそばにいるとどれだけ楽しかったか。ウォルトはゆっくりと、少しずつ、再び妻と恋に落ち始めた。今度は、境界線を持つ妻に。

シェリーもまた変わった。ウォルトの犠牲者になるのをやめ、以前のようにあまり夫を責めなくなっていた。恨みがましくなることもなくなった。境界線が発達してきたことで満ち足りた人生を送るようになり、もはやウォルトに彼女が願う完璧さを求める必要がなくなったのだ。

決して理想的な夫婦というわけではない。しかし、以前よりは関係が強固になった。ちょうど嵐の中の錨のように。今や二人は、互いに対する愛と責任を持つチームのようになった。摩擦を恐れず、互いの間違いを赦し合い、それぞれの境界線を尊重し合うようになった。

午後10時15分

ウォルトの隣に寄り添ってベッドに横たわりながら、シェリーは数か月にわたる境界線設定の努力を振り返っていた。神が与えてくださった第二のチャンスに感謝しつつ、心が温かくなるのを感じた。

一つのみことばが心に浮かんだ。今までに何度も読んだことがあり、よく知っている箇所だ。山上の説教からのイエスのことばだった。

> 心の貧しい者は幸いです。天の御国はその人たちのものだからです。
> 悲しむ者は幸いです。その人たちは慰められるからです。
> 柔和な者は幸いです。その人たちは地を受け継ぐからです。
> （マタイ5・3―5）

（私はこれからも、いつも心の貧しい者だわ。）シェリーは思った。（でも、境界線のおかげで、天の御国を受け取るための時間ができた。私はこれからも、生きているかぎり、自分が失ったものについて悲しむのでしょう。そうだとしても、限界を設定すれば、神様や他の人たちからの慰めを見つけることができる。私はこれからも、いつも柔和な者でいるわ。そして、他人に縛られない一人の人間として、自ら進んで地を受け継ぐことができる。神様、ありがとうございます。あなたがくださった希望を感謝します。そして私と、私の愛する人たちとともに歩んでくださることも。)

――――

そして、ここに良い知らせがあります。シェリーの境界線における成長は、あなたの成長にもなり得るのです。本書で取り上げた原則は、私たち一人ひとりに当てはまります。私たちは皆、生涯を通じて、自分の境界線において成長していく必要があります。境界線の原則を適用することによって、多くの人々がさまざまな葛藤の中で成功を収めています。それを見させていただいたのは、長年にわたり、私たちにとって大きな励ましでした。結局のところ、私たちの人生と人間関係に秩序をもたらす神の方法は、実際に機能するのです。

日本語版に寄せて

本書を読まれた感想はいかがでしたか。「境界線《バウンダリー》」とは、あなた自身と、あなたの霊的生活、そしてあなたが持つさまざまな関係に関わるものであることがおわかりいただけたでしょうか。そこには愛、責任、自由といった極めて聖書的な問題が含まれます。神様のやり方と原則に従うとき、あなたも主体的で自立した人生と選択を自分のものにすることができるでしょう。人生において神様の道を進むため、本書が皆さんの励ましと導きになることを願ってやみません。

霊的な生活やさまざまな関係において変化をもたらすには、他の支援的な人々とつながりを持つことがどうしても必要です。私たちの葛藤を理解し、責めるのではなく私たちのために祈り、私たちの痛みや挫折について話をさせてくれる人たち、恵みを与え、健全な境界線を築きそれを維持しようとする私たちの努力を支えてくれる人たちです。このような同じ思いを持つ人々による助けなしには、上手に限界を設定することは非常に困難です。助けがないと、私たちは往々にして落胆や罪悪感、他者の反応に対する恐れを覚えるようになり、成長への道をあきらめてしまいがちです。

ヘンリーと私は、長年の経験から、この必要を満たす場としてスモールグループが適した方法であることを実感しています。スモールグループは人々が変化し、成長していくための支援的な環境を提供するからです。スモールグループとは基本的に、同じ霊的・関係的目標を持った少人数の人々による定期的な集まりです。グループのメンバーは共に聖書のみことばや霊的成長に関する本を学び、それぞれの生活や、問題に関する葛藤について分かち合います。そして、互いに支え合い、心を開き合い、導きを与え合い、祈り合います。これは人間関係に関する新約聖書の原則を全うする、最良の環境であると言えましょう。（ローマ15・7、エペソ4・2、コロサイ3・16、第一テサロニケ5・11、ヘブル10・24、第一ヨハネ3・11）

本書の中で「支援グループ」という言葉がたびたび使われていたことに皆さんもお気づきになったと思います。これは広い意味合いを持つ言葉で、さまざまな形式を取り得ます。多くの場合、支援グループにプロのカウンセラーは必要ありません。ただし、深刻な問題を抱えている場合には、そのような人のところへ行くのが最善でしょう。専門家による助けがすぐに得られるような環境にあるのでない限り、支援グループはセルや聖書の学び会のような形を取ることが可能です。米国では、ほとんどのスモールグループはプロのカウンセラー抜きで活動しており、それで十分に成長と学びの目的を果たしています。

あなたの教会ですでにスモールグループを実践しているなら、ぜひ参加してみてください。そしてリーダーに『境界線』についての学びを組み入れてもらえないか尋ねてみましょう。もしスモールグループがないのであれば、教会のリーダーの方たちに始めることができないか相談してみましょう。会衆全体で集まる礼拝の他に、スモールグループを始め、それを推進することによって教会が成長する様子を、多くのリーダーたちが経験しています。しかも、人々がそれぞれの生活や霊的必要のために互いに助け合うようになるため、カウンセリングのためにリーダーにかかる負担も往々にして非常に軽減されます。

このようなグループの本質は、単に誰かが他のメンバーたちに問題の解決法をアドバイスしたり指示を与えたりすることではありません。それではメンバーたちが本音で語りあったり弱みを見せ合うことができません。スモールグループの本質は、互いの人生や、困難、痛み、慈しみ、恵み、真理、そして現実を分かち合うことにより、キリストにあって共に成熟していくことにあります。心底安心して心を開き合えるようになるときにこそ、癒やしが始まるのです。

米国のサドルバック教会では、霊的・個人的成長のためのスモールグループの働きに力を入れています。特に彼らの「セレブレイト・リカバリー」と呼ばれるミニストリーでは、健全なスモールグループの形成に関するさらなる情報を提供しています。また、ウィロークリークコミュニティー教会もスモールグループを始めるための良い資料を提供しています。

もし身近にスモールグループが無い、あるいは教会を通して始めることができないというのであれば、自分でスモールグループを始めるという方法もあります。これは思ったほど難しいことではありません。霊的・感情的成長、個人や関係における成長に興味のある人々に声をかけ、定期的に集まることを誓うのです。そして共に学ぶ本、あるいは聖書の箇所を決めます。グループに骨組みと焦点を与えるため、誰か一人の人にまとめ役を務めてもらうといいでしょう。まとめ役は特別に訓練を受けた人である必要はありません。ただ話し合いをリードし、参加しているメンバーが居心地の悪い思いをすることがないように、またそこが安全であり、弱さを見せても大丈夫な場所だと思えるようにするだけです。もしあなたにスモールグループを始めたり、まとめ役をやりたいという願いがあるのでしたら、ヘンリーと私が執筆した『Making Small Groups Work』（邦訳『スモールグループから始めよう！』地引網出版）という本がきっと参考になると思います。

読者の皆さんがこれらの原則について学ぶことで、知恵と癒やしを得、たましいを触れられ、そしてさまざまな関係において大きく成長していかれることを願います。どうかこのことを忘れないでください。良い境界線は自己中心を促進するものでは決してないということを。むしろ境界線は、愛、恵み、責任、自由、そして自制において私たちの成長の助けとなるのです。皆さんが、神の愛の中であなたと共に成熟していきたいという、同じ願いを持つ人たちを見つけることができますよう祈っています。

祝福を祈りつつ

ジョン・タウンゼント　心理学博士

2　James Dobson, *Love Must Be Tough,* Waco, Texas: Word, 1983.

第12章　境界線とデジタル時代

1　Henry Cloud, *The One-Life Solution,* New York: Harper Collins, 2008『厄介な上司・同僚に振り回されない仕事術』ＮＴＴ出版 , 2009.

第13章　境界線と自分

1　R. Laird Harris, Gleason L. Archer, and Bruce K. Waltke, eds., *Theological Wordbook of the Old Testament*, Chicago: Moody, 1980, 329.
2　次の文献の第８章 "Helpful Hiding; Dealing with Suffering" を参照のこと。John Townsend, *Hiding from Love: How to Change the Withdrawal Patters That Isolate and Imprison You,* Grand Rapids: Zondervan, 1996.

第15章　境界線への抵抗

1　次を参照のこと。Henry Cloud, *Changes That Heal; Under standing Your Past to Ensure a Healthier Future,* Grand Rapids; Zondervan, 1992; and John Townsend, *Hiding From Love: How to Change the Withdrawal Patterns That Isolate and Imprison You,* Grand Rapids: Zondervan, 1996.

注

第３章　境界線の問題

1　四つの範疇に関する紹介は次を参照のこと。Dave Carder, Earl Henslin, John Townsend, Henry Cloud, and Alice Brawand, *Secrets of Your Family Tree,* Chicago: Moody, 1991, 176-79

第４章　境界線ができるまで

1　この箇所で紹介した構造はマーガレット・マーラーによって提唱されたもので、次を参照のこと。Margaret Mahler, Fred Pine, and Anni Bergman, *The Psychological Birth of the Human Infant,* New York: Basic Books, 1975.『乳幼児の心理学的誕生』黎明書房。研究者マーラーは、これらの聖書的な概念が一般啓示（自然界）の中で作用しているのを観察した。

2　絆作りと愛着に関する聖書的な見地についての情報は、次を参照のこと。Henry Cloud, *Changes That Heal,* Grand Rapids: Zondervan, 1992, ３～５章、John Townsend, *Hiding from Love,* Grand Rapids: Zondervan, 1996, ４章及び13章。

第６章　境界線に関する神話

1　Francis Brown, S.R. Driver, and Charles, A. Briggs, *A Hebrew and English Lexicon of the Old Testament,* Oxford: Clarendon, 1977, 60; Merrill C. Tenney, ed., *The Zondervan Pictorial Encyclopedia of the Bible,* Vol. 1, Grand Rapids: Zondervan, 1977, 196-68.

訳者あとがき

本書を翻訳し始めた時、何人かの友人がこう言いました。「この本はとてもアメリカ的な気がしますが、文化背景の異なる日本のクリスチャンにも受け入れられると思いますか」それに対して私たちはこう答えました。「ここに示されている『境界線《バウンダリー》』という概念は文化に依存するものではなく、神の御言葉である聖書の原理原則に基づくものです。それは日本人にも等しく当てはまるはずであり、日本の教会もまた、この原則を学ぶことで得るものは多いと思います」

聖書は、私たちが神に委ねられたものを責任もって管理し、主のご栄光のために用いるようにと教えています。しかしそのためにはまず、何が自分に委ねられているのかを知らなくてはなりません。それを明確にするのが「境界線《バウンダリー》」です。地境が地主の所有権の及ぶ範囲や責任の所在を明らかにするように、境界線は身体、思考、感情、霊のそれぞれの領域で私たちが「所有」するもの、すなわち私たちの責任の範囲を明らかにします。

原書の副題には「いつ『イエス』と言い、いつ『ノー』と言うか。あなたの人生を自ら管理するために」とありますが、本書はいわゆる自己主張訓練のための本ではありません。私たちが他の誰にも不健全に依存したり拘束されることなく、主にあって自立し、神の原理原則に従って主体的に生きていくことを実践的に教示するものです。また、個人主義の奨励でもありません。主にあって自立した主体的な生き方とは、恐れ、罪悪感、強制、妥協などではなく、愛を動機とした自由な選び取りによる関係を神と人との間に築くことだからです。そして境界線の設定には、信頼できる支援的な関係が不可欠であることが繰り返し強調されています。

私たちが経験する問題の多くは、さまざまな領域での境界線が曖昧であることに起因します。人はしばしば、自分の境界線の外側にあるものを支配しようとし、うまくいかずに苛立ち、疲れ果てます。また内側にあるものをないがしろにし、誰か、あるいは何かの奴隷になり、人生の舵取りができなくなって途方に暮れます。しかし、自分の責任の範囲を知り、神の導きに応答しつつそれを忠実に管理することを学ぶなら、私たちは愛と喜びに満ちた真の献身と従順の人生を生き、永遠に残る実を豊かに結ぶようになるでしょう。

本書が皆さまの他者との関係、神との関係、そして自分自身との関係をさらに自由で豊かなものにするために、少しでもお役に立てば幸いに思います。また、翻訳出版にあたりご尽力くださった地引網出版代表の谷口和一郎氏に心から感謝いたします。

主の御名を讃えつつ。

2004年8月　シカゴにて

中村佐知
中村昇

訳者あとがき（増補改訂版に寄せて）

この増補改訂版では、新たに加えられた「境界線とデジタル時代」（第12章）、および増補版にて修正された箇所を翻訳に反映させました。それ以外にも、内容には直接の影響はありませんが、訳文を見直した箇所もあります。また、本文中に引用されている聖書箇所は、「新改訳第三版」から「新改訳2017」に差し替えました。

邦訳版の初版が出版された2004年当時は、「境界線《バウンダリー》」は日本ではまだ馴染みの薄い概念でした。しかし現在では、日本版ウィキペディアにも「個人の境界線」という項目ができ、カウンセリングやセルフヘルプの分野でも重要な概念として広く認知されるようになっています。SNSやスマートフォンへの依存は、現代人にとって深刻な問題です。また、コロナ禍によりテレワークという働き方も珍しくなくなり、仕事と家庭の境目はますます曖昧になりました。今回新たに加えられた章は、この分野においても私たちに時代に即した洞察と具体的な示唆を与えてくれるでしょう。

しかしながら、境界線とは単なる便利なツールや概念ではありません。著者は、境界線とは「愛」と「自由」と「責任」に関わるものだと、さまざまな場所で繰り返し述べています。人間は本来、神のかたちに造られた者として、愛と自由と責任をもって神や他者との間に関係を築いていく存在として召されていたはずです。そうであれば、健全な境界線の回復、発達とは、私たちがキリストに似た者へと変えられ、神のかたちが私たちの中に回復されていくことだとも言えます。その過程で、私たちは神に愛されている者としての真の自分を見出すことになるでしょう。また境界線は、「あなたは心を尽くし、いのちを尽くし、知性を尽くし、力を尽くして、あなたの神、主を愛しなさい。」「あなたの隣人を自分自身のように愛しなさい」（マルコ12・30－31）という人間にとって最も重要な命令を守れるようにしてくれるでしょう。なぜなら、心も、いのちも、知性も、力も、私たちの境界線の中にあるものだからです。

境界線についての理解が進んでも、実際に健全な境界線を引いたり、それを自分の人格の一部として発達させていくことは、決して容易なことではありません。神の導きのもとで、本書がこれからも多くの方々にとって、豊かな人生を歩んでいくための助けとなることを祈ります。

2023年8月

中村 佐知
中村 昇

【著 者】ヘンリー・クラウド
リーダーシップの専門家、ニューヨークタイムズ・ベストセラー作家として高い評判を得ている心理学者。臨床心理学博士。リーダーシップ・コンサルタントとして、フォーチュン500に上げられる企業や、中小民間企業を助けている。エグゼクティブを対象としたコーチングの経験も豊富。

ジョン・タウンゼント
全米で有名なリーダーシップ・コンサルタント、心理学者であり、『境界線』を含む彼の著書は1000万冊以上売れている。臨床心理学博士。リーダーシップとカウンセリングのためのタウンゼント研究所を設立。企業コンサルティング、講演、リーダーとチームの能力開発のため広範囲に活動中。

【訳 者】中村 佐知（なかむら・さち）
シカゴ在住。翻訳家。霊的同伴者。伝道者聖ヨハネエピスコパル教会所属。著書に『魂をもてなす』（あめんどう）『隣に座って』『まだ暗いうちに』（いのちのことば社）、訳書に『心の刷新を求めて』『驚くべき希望』（あめんどう）、『福音の再発見』（キリスト新聞社）、『神のことばによって形造られる』（地引網出版）他がある。

中村 昇（なかむら・のぼる）
シカゴ大学地球物理学科教授。伝道者聖ヨハネエピスコパル教会所属。共訳書に『DNAに刻まれた神の言語　遺伝学者が神を信じる理由』（いのちのことば社）他がある。

境界線《バウンダリーズ》 ―実を結ぶ人生のための「はい」と「いいえ」の使い方―

2004年10月1日　第1刷発行
2015年12月20日　第8刷改訂発行
2019年 2月22日　第9刷発行
2023年11月20日　増補改訂版　第1刷発行

著　者　ヘンリー・クラウド、ジョン・タウンゼント
訳　者　中村 佐知、中村 昇
装丁者　村上 芳
発行者　谷口 和一郎
発行所　地引網出版
191-0065　東京都日野市旭が丘2-2-1
TEL 042-514-8590　FAX 042-514-8591
E-mail　info@revival.co.jp
URL　http://www.revival.co.jp

印　刷　（宗）ニューライフ・ミニストリーズ 新生宣教団

万一、落丁・乱丁の場合は送料当方負担でお取り替えいたします。上記住所まで、お送り下さい。

ISBN978-4-901634-54-0